世界建築史15講

Global History of Architecture
15 Lectures

「世界建築史15講」編集委員会 編

彰国社

「世界建築史15講」編集委員会
委員会幹事

布野修司
中谷礼仁
青井哲人

装丁・伊原智子
本文デザイン・新保韻香

ジェセル王の階段ピラミッド Step Pyramid of Djoser

サッカラ Saqqara　エジプト　BCE 2667–2648

●古代エジプト第3王朝第2代ファラオ、ジェセルによって建造された最古のピラミッド。最古の建築家としてイムホテプの名が知られる。ジェセル王以降、ギザの三大ピラミッドまでのおよそ100年間に数多くのピラミッドが建設された。階段ピラミッドは、メソポタミアのジッグラトなど各地の古代文明に見ることができる。

❷―イムホテプのミイラの棺
❸―構造計算図
❹―周辺コンプレックスの墓室

◆―――ピラミッド

2 ヴァナキュラー建築の世界〈1〉 The world of Vernacular Architecture

●建築の起源は、原初の住居、すなわち簡単な覆い（シェルター）の小屋あるいは洞窟である。
アフリカを出立して、世界各地に拡散していった人類は、それぞれの場所で、
地域の生態系に基づく多様な建築を生み出してきた。

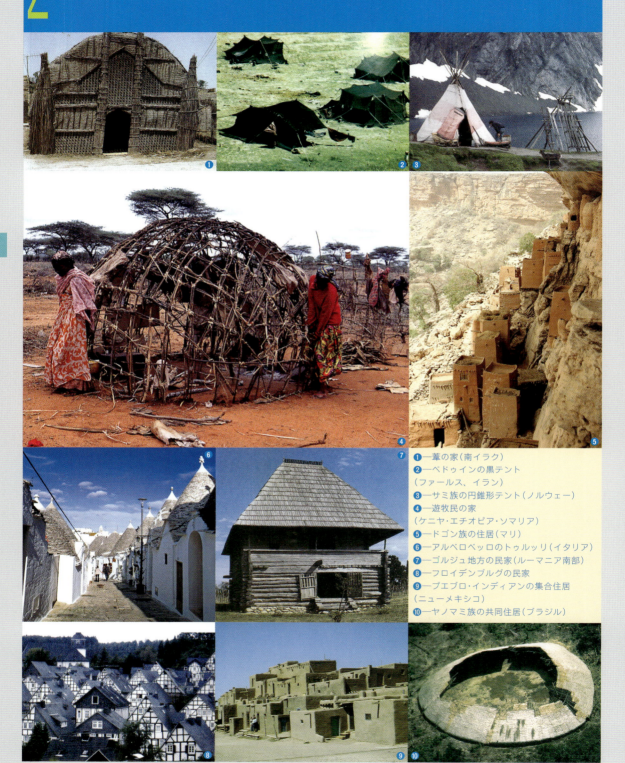

❶―葦の家（南イラク）
❷―ベドゥインの黒テント
（ファールス、イラン）
❸―サミ族の円錐形テント（ノルウェー）
❹―遊牧民の家
（ケニヤ・エチオピア・ソマリア）
❺―ドゴン族の住居（マリ）
❻―アルベロベッロのトゥルッリ（イタリア）
❼―ゴルジュ地方の民家（ルーマニア南部）
❽―フロイデンブルグの民家
❾―プエブロ・インディアンの集合住居
（ニューメキシコ）
❿―ヤノマミ族の共同住居（ブラジル）

ヴァナキュラー建築〈1〉

3 ヴァナキュラー建築の世界〈2〉 The world of Vernacular Architecture

● ヴァナキュラー建築は、機能的に組み立てられた今日のわれわれの住居とは異なる。
ときには過剰なまでに象徴的な意匠をほどこされるなど、気候と地形以外の要素が住居のかたちをつくり上げる。
住居は、まさに高度に統合された自然・社会・文化の生態学複合体なのである。

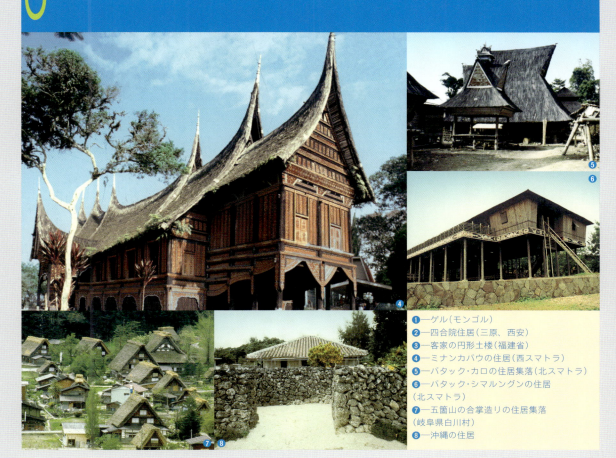

❶──ゲル(モンゴル)
❷──四合院住居(三原、西安)
❸──客家の円形土楼(福建省)
❹──ミナンカバウの住居(西スマトラ)
❺──バタック・カロの住居集落(北スマトラ)
❻──バタック・シマルングンの住居(北スマトラ)
❼──五箇山の合掌造りの住居集落(岐阜県白川村)
❽──沖縄の住居

◆────ヴァナキュラー建築〈2〉

4 パルテノン神殿 Parthenon

アテネ Athens　ギリシャ Greece　BCE 447-431

◉古代ギリシャのアクロポリスのアテナイの守護神アテナ女神を祀る神殿。
民主制の象徴として、古代ギリシャ建築の精華、ドーリア建築の傑作として、西洋建築の原点に位置づけられてきた。
平面は3重の入れ子構造をしており、コの字型のドリス式の2層柱列が木造の屋根を支える最奥のナオスに
アテナ神像が置かれていた。入口の門プロピライアの他、エレクティオン、アテナ・ニケ神殿などが残されている。
建築家としてフィディアスPhidiasの指揮の下、イクティノスIktinos、カリクラテスKallikratesなどの名が知られる。

③—エレクティオン
④—パルテノン神殿 西側 フリーズ
⑤—神殿の門に使われていた円柱のドラム

5 パンテオン Pantheon

ローマ Rome CE 25　マルクス・ウィプサニウス・アグリッパ Marcus Vipsanius Agrippa建造、
CE 118-128　ププリウス・アエリウス・トラヤヌス・ハドリアヌス Publius Aelius Trajanus Hadrianus再建

◉ローマの神々を祀る万神殿。直径43.2mの球を内接させる、深さ4.5mのコンクリート基礎の上に円形の壁（壁厚6m）を建て、半球形ドームを乗せるシンプルな建築。頂上部分にオクルスoculus（「目」の意）と呼ばれる採光のための直径9mの開口部がある。

❸—コンスタンティヌスのバシリカ
（マクセンティウスのバシリカ）
（フォロ・ロマヌム、312）
❹—ハドリアヌスのヴィラ
（ヴィラ・アドリアーナ）
（ローマ郊外、118-133）

◆——パンテオン

6 岩のドーム Qubba al-Sakhra
エルサレム Ersalem　イスラエル Islael　685-688

◉ムハンマドが夜の旅（イスラー）に旅立ち、また、アブラハムが息子イサクを犠牲に捧げようとした場所に、「聖なる岩」を取り囲むように建設された神殿であり、現存最古のイスラーム建築である。

❷─イブン・トゥールーン・モスク（876-879、カイロ）
❸─カイラワーン・モスク（チュニジア、836-875）
❹─ウマイヤ・モスク（ダマスカス、706-715）
❺─アヤ・ソフィア（イスタンブール、350-360）

イスラム寺院・モスク

7 タージ・マハル Taj Mahal
アグラ Agra　インド India　1632-54

◉基壇からドームの頂部まで、外部も内部もすべて白大理石で覆われ、各所に精巧な象眼細工を施したイスラームの墓廟を代表する建築。第五代皇帝シャージャハーンが愛姫ムムタズマハルのために建設したムガル朝最大の墓廟であり、その最盛期を象徴する。基壇中央に玄室を置く第二代皇帝のフマユーン廟（デリー）を原型とするが、長い参道（軸線）と基壇上4隅に高さ42mのミナレットをもつのが特徴である。

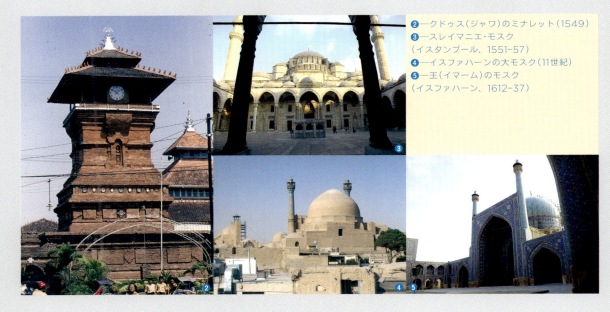

❷―クドゥス（ジャワ）のミナレット（1549）
❸―スレイマニエ・モスク（イスタンブール、1551-57）
❹―イスファハーンの大モスク（11世紀）
❺―王（イマーム）のモスク（イスファハーン、1612-37）

◆――イスラム寺院・ミナレット

8 ボロブドゥール Borobudur
ジョクジャカルタ Jogjakarta　インドネシア Indonesia　780-792　824-833

●大乗仏教の大ストゥーパ。一辺約120mの方形基壇の上に、ジャータカ（仏教説話）など浮彫を連ねる5層の方形段台を重ねる、そしてさらに72基の目透かし格子の小ストゥーパを配置する3層の円形段台を重ねる「立体曼荼羅」と称せられる壮大な構築物は世界に類例をみない。中部ジャワに拠点を置いたシャイレーンドラ朝(752-832)の王たちの造営。1814年に密林の中から発見、発掘された。

❷—アバヤギリ・ダーパガ
（スリランカ・アヌラーダプラ、114-136）
❸—マハーボディ寺院
（インド・ブッダガヤ、5-6世紀、再建1899）
❹—シュエダゴン・パゴタ
（ヤンゴン、1871）
❺—ワット・チェディ・チェット・テオ
（タイ・シーサッチャナライ、14世紀末-15世紀初）
❻—仏宮寺釈迦塔（山西応県、1056）
❼—法隆寺（奈良、607）

9 バイヨン Bayon

シェムリアップ Siem Reap カンボジア Cambodia　12世紀末−13世紀初

◎クメール王国の最大版図を実現したジャヤヴァルマンⅦ世（位：1181-1218/20 ?）が建立した都城アンコール・トムの中心寺院。アンコール・トムは、インド的都城の理念型をそのまま実現しようとしたユニークな例であり、観世音菩薩像の四面塔を林立させるバイヨンは仏教的宇宙観によるメール山を具象化するものと考えられている。

❷—カンダーリヤ・マハデーヴァ
（インド・カジュラホ、11世紀中葉）
❸—スーリヤ寺院
（オリッサ・コナーラク、13世紀前半）
❹—5つのラタ（マハーバリプラム、7世紀）
❺—グヌン・カウィ（バリ、11世紀後半）
❻—チャンディ・ロロ・ジョングラン
（ジョクジャカルタ、856頃）

◆──メール山を象どる寺院

10 サンタ・マリア・ノヴェッラ教会 Basilica di Santa Maria Novella

フィレンツェ Firenze　イタリア Italy　1278-1350　ファサード1456-70
レオン・バッティスタ・アルベルティ Leon Battista Alberti (1404-72)

◉建築は、時の経過とともに、新たな必要に応じて増改築が行われ、変化していく。現存のファサードは、ルネサンスの建築理論の先駆、レオン・バッティスタ・アルベルティによる。教会は、さらに16世紀末にジョルジョ・ヴァザーリの指揮下で改装され、また、ジョヴァンニ・アントニオ・ドシオによってガッディ家礼拝堂が建設された。そして、改装・修復は今なお続く。

❷—ノートルダム大聖堂
（パリ、1163創建、1225-1345）
❸—サン・ロレンツォ聖堂
（フィレンツェ、4世紀創建）
❹—サント・シャペル（パリ、1248）
❺—ランス・ノートルダム聖堂
（1211-1475）

変わりつづける教会

11 ヴィラ・ロトンダ Villa Rotonda

ヴィチェンツァ Veneto イタリア Italy 1567–91　アンドレア・パラディオ Andrea Palladio (1508–80)

●四方にファサードがある正方形の完全な対称形の建物であり、それぞれのファサードにポルチコがある。建物の四隅と各ポルチコの中心を通るように円を描くと、建物のほぼすべてがその中に納まる。パラディオは、平面図を基本にして空間を設計した最初の建築家とされる。

❷―Ch.バリィ , A.W.ピュージン
「イギリス国会議事堂」
（ロンドン、1836-60）

❸―バルタザール・ノイマン
「フィアツェーンハイリゲン巡礼教会堂」
（中部ドイツ、1743-72）

❹―F.ボッロミーニ「サン・カルロ・アッレ・クゥトロ・フォンターネ教会堂」
（ローマ、1638-67）

◆―――対称性をもつ建築

12 コロニアル建築の展開〈1〉 The development of colonial architecture

●植民地支配は、政治的経済的支配のための物理的な支配を基本とし、文化的、精神的支配をその大きな一環とする。西欧諸国による近代植民地の建設は、西欧世界の価値体系を移植していくことになるが、西欧世界で成立した「建築」という概念、その諸形式、諸様式が当初はそのままそのままもち込まれようとする。

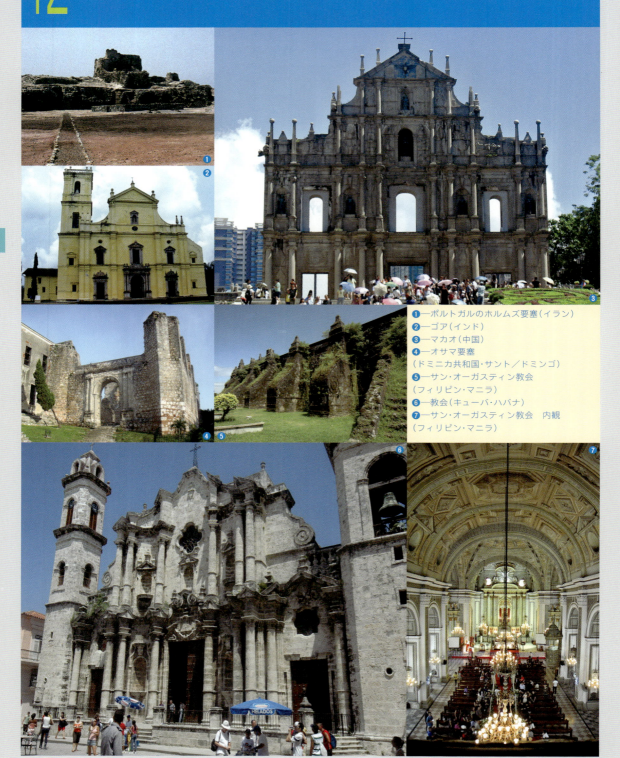

❶─ポルトガルのホルムズ要塞（イラン）
❷─ゴア（インド）
❸─マカオ（中国）
❹─オサマ要塞
（ドミニカ共和国・サント／ドミンゴ）
❺─サン・オーガスティン教会
（フィリピン・マニラ）
❻─教会（キューバ・ハバナ）
❼─サン・オーガスティン教会　内観
（フィリピン・マニラ）

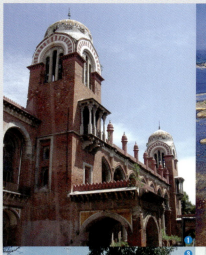

13 コロニアル建築〈2〉 The development of colonial architecture

● 植民地は、西欧世界で成立した建築の様式を必ずしもそのまま受け入れるわけではない。地域の生態系に基づいて成立してきた植民地の建築は、西欧建築の影響を受けるが（異化）、一方、もち込まれた西欧建築も植民地の風土に適応する（同化）。
コロニアル建築は、そうした文化変容のひとつの表現である。

❶─ハイコート（インド・チェンナイ）
❷─ゴール・フォート（スリランカ）
❸─オランダ・コロニアル住居（ケープタウン）
❹─スタダイズ（市庁舎）（マレーシア・マラッカ）
❺─ウィレムシュタット（キュラソー）
❻─ムンバイ市庁舎（インド）
❼─バタヴィア市庁舎
（インドネシア・ジャカルタ）
❽─ライターズ・ビル（インド・コルカタ）
❾─ヴェトナム

◆────コロニアル建築〈2〉　　　　　　　　　　　XV

14 バウハウス校舎 Bauhaus
デッサウ Dessau ドイツ Germany　1925　ヴァルター・グロピウス Walter Gropius（1883–1969）

◉近代建築は、鉄とガラスとコンクリート（工業材料）によって成立する。地域の生態系に基づいてつくられてきたそれ以前の建築とはまったく異なり、地球上どこでも（宇宙においても）同じようにつくりうるというのがその基本理念である。しかし、建築は、具体的な場所に建てられることにおいて、建築でありうる。

❷—E.ギマール「カステル・ベランジェ」（パリ、1894-8）
❸—A.アールト「夏の家（コエタロ）」（ムーラツッアロ、1952-53）
❹—F.L.ライト「ロビー邸」（シカゴ、1906）
❺—A.ガウディ「カサ・ミラ」（バルセロナ、1910）
❻—C.J.ブラアウ「メールウクの家」（ベルヘン、1919）
❼—ル・コルビュジエ「サヴォア邸」（ポアッソン、1931）
❽—G.H.リートフェルト「シュレーダー邸」（ユトレヒト、1924）

モダニズム〈1〉

15 シドニー・オペラハウス Sydney Opera House

シドニー Sydney　オーストラリア Australia　1959–73　ヨーン・ウッツォン Jörn Utzon

◉近代建築は、一方で、近代科学技術の発展に基づく新たな形態の追求を目指してきた。シドニー・オペラハウスは、コンペによって選ばれた当時無名の建築家による20世紀の近代建築を代表する建築である。着工から竣工まで15年を要した建設過程における建築構造と形態の格闘も歴史的偉業として評価される。

❷─F.L.ライト「グッゲンハイム美術館」
（ニューヨーク、1959）
❸─丹下健三「代々木屋内競技場」
（東京、1964）
❹─R.ピアノ、R.ロジャース
「ポンピドゥー・センター」（パリ、1977）
❺─N.フォスター「香港上海銀行」（1985）

◆─────モダニズム〈2〉

16 新国立競技場コンペ案 The New Tokyo National Stadium (project)

東京 Tokyo　日本 Japan　2012　ザハ・ハディド Zaha Hadid (1950-2016)

●現代建築を代表するのは超高層ビルである。それは、近代建築の理念とともに地球上の隅々にまで蔓延することになった。しかし一方、現代の建築技術はかつてない建築を生み出してきた。その代表がザハ・ハディドの一連の建築である。3次元モデリングなど最先端CAD、BIMを駆使することによって、数々の建築が実現されてきた。

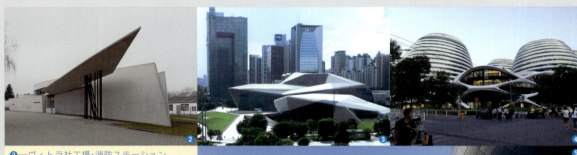

❷──ヴィトラ社工場・消防ステーション
（ヴェイル・アム・ライン、1993）
❸──広州大劇院（2010）
❹──銀河SOHO（北京、2012）
❺──東大門デザインプラザ
（ソウル、2012）

コンテンポラリー

はじめに　建築の世界史へ
Toward Global History of Architecture

　建築の歴史は人類の歴史である。建築する能力を獲得したこと、すなわち、空間認識そして空間表現の能力を得たことが、そもそもホモ・サピエンスの誕生に関わっている。そして人類は、BCE 3000年頃には、エジプトのピラミッド群のような巨大な、現代の建築技術によっても建設可能かどうかを疑われるような建築を建設し、その歩みとともに数々の偉大な建築をつくり出してきた。本書は、人類はこれまでどのような建築を創造してきたのか、建築がどのように誕生し、どのような過程を経て、現代に至ったのかを、わかりやすく叙述する試みである。

　建築の起源は、原初の住居、すなわち、簡単な覆い（シェルター）の小屋である。あるいは、特別な空間を記し、区別するために、一本の柱や石を置く行為である。それ故、誰にとっても親しい。人類は、家族を形成し、採集狩猟のための集団を組織し、定住革命・農耕革命を経て、都市を生み出す（G.チャイルド『都市革命』）。都市は、人間がつくり出したもののなかで、言語とともに、最も複雑な創造物である。都市や集落は、様々な建築によって構成される。建築の世界史、世界史の中の建築を振り返ることによって、本書は、建築のそして都市の未来を展望することになる。

　建築の世界史あるいは世界の建築史をどう叙述するかについては、そもそも「世界」をどう設定するかが問題となる。人類の居住域（エクメーネ）を「世界」と考えるのであれば、ホモ・サピエンスの地球全体への拡散以降の地球全体を視野においた「世界史」が必要である。しかし、これまでの「世界史」は、必ずしも人類の居住域全体を「世界」として叙述してきたわけではない。書かれてきたのは、「国家」の正当性を根拠づける各国の歴史である。一般に書かれる歴史はそれぞれが依拠している「世界」に拘束されている。

[口絵クレジット]
1―布野修司（すべて）
2―Colin Duly（❶）、P. Oliver（❷、❸、❹、❺、❾、❿）、丹波哲矢（❻）、太田邦夫（❼、❽）
3―布野修司（❶、❷、❸、❹、❺、❻）、日本建築学会（❼、❽）
4―杉本俊多（❶、❷）、K.T. Glowacki and N.L. Klein（❸、❹、❺）
5―土居義岳（❶、❷、❸、❹）、坂田清茂（❺）
6―杉本俊多（❶）、布野修司（❷、❸）、深見奈緒子（❹）、土居義岳（❺）
7―布野修司（❶、❷）、深見奈緒子（❸、❹、❺）
8―布野修司（❼をのぞく）、藍谷鋼一郎（❼）
9―布野修司（すべて）
10―杉本俊多（❶）、加藤耕一（❷、❸、❹、❺）
11―藍谷鋼一郎（❶）、編集部（❷）、杉本俊多（❸、❹）
12―布野修司（すべて）
13―布野修司（すべて）
14―杉本俊多（❶、❷）、鈴木敏彦（❸）、藍谷鋼一郎（❹）、新居隆晴（❺、❼）
15―布野修司（❶、❷、❸）、藍谷鋼一郎（❹、❺）
16―布野修司（❶、❸）、広田直行（❷）、川井操（❹）、新居隆晴（❺）

人類最古の歴史書とされるヘロドトス（BCE 485頃-420頃）の『歴史』にしても、司馬遷（BCE 145/135?-87/86?）の『史記』にしても、ローカルな「世界」の歴史に過ぎない。ユーラシアの東西の歴史を合わせて初めて叙述したのは、フレグ・ウルス（イル・カン朝）の第7代君主ガザン・カンの宰相ラシードゥッディーン（1249-1318）が編纂した『集史』（1314）であり、「世界史」が誕生するのは「大モンゴル・ウルス」においてである。しかしそれにしても、サブサハラのアフリカ、そして南北アメリカは視野外である。

　今日のいわゆるグローバル・ヒストリーが成立する起源となるのは西欧による「新世界」の発見である。西欧列強は、世界各地に数々の植民都市を建設し、それとともに「西欧世界」の価値観を植えつけていった。そして、これまでの「世界史」は、基本的に西欧本位の価値観、西欧中心史観に基づいて書かれてきた。西欧の世界支配を正統としてきたからである。そこではまた、世界は一定の方向に向かって発展していくという進歩史観いわゆる社会経済史観あるいは近代化論に基づく歴史叙述が支配的であった。

　世界建築史もまたこれまでは、基本的には西欧の建築概念を基にして、古代、中世、近世、近代、現代のように世界史の時代区分に応じた段階区分によって書かれてきた。そして、非西欧世界の建築については、完全に無視されるか、補足的に触れられてきたに過ぎない。しかし、建築は、歴史的区分や経済的発展段階に合わせて変化するわけではない。また、建築の歴史、その一生（存続期間）は、王朝や国家の盛衰と一致するわけではない。世界建築史のフレームとしては、細かな地域区分や時代区分は必要ない。世界史の舞台としての空間、すなわち、人類が居住してきた地球全体の空間の形成と変容の画期が建築の世界史の大きな区分となる。

　日本で書かれてきた建築史は、「西洋建築史」を前提として、それに対する「日本建築史」（「東洋建築史」）という構図を前提としてきた。そして、「近代建築史」という「近代」という時代区分による歴史が書かれるが、ここでも西洋の近代建築の歴史の日本への伝播という構図が前提である。近代建築の、日本以外の地域、アジア、アフリカ、ラテンアメリカへの展開はほとんど触れられることはない。『日本建築史図集』『西洋建築史図集』『近代建築史図集』『東洋建築史図集』（いずれも、日本建築学会編、彰国社刊）というのが別個に編まれてきたことが、これまでの建築史叙述のフレームを示している。もちろん、この問題は、歴史学における「日本史」と「世界史」の関係についても同じである。日本で「世界史」が現れるのは1900年代に入ってからであるが（坂本健一（1901-03）『世界史』、高桑駒吉（1910）『最新世界歴史』など）、明治期の「万国史」（西村茂樹（1869）『万国史略』、同（1875）『校正万国史略』、文部省（1874）『万国史略』など）は、日本史以外のアジア史と欧米史をまとめ、世界各国史を並列するかたちであった。西欧諸国についても、国民国家の歴史が中心であり、西欧列強の世界支配によって「世界史」が叙述されてきたのである。そうした意味では、「世界史」の世界史（秋田滋・永原陽子・羽田正・南塚信吾・三宅明正・桃木至朗編（2016）『「世界史」の世界史』ミネルヴァ書房）が問題である。

　建築史の場合、建築技術のあり方（技術史）を歴史叙述の主軸と考えれば、共通の時間軸を設定できるであろう。しかし、建築技術のあり方は、地域の生態系によって大きく拘束されている。すなわち、建築のあり方を規定するのは、科学技術のみならず、地域における人類の活動、その生活のあり方そのものであり、ひいては、それを支える社会、国家の仕組みである。

　世界各地の建築が共通の尺度で比較可能となるのは産業革命以降である。そして、世界各国、世界各地域が相互依存のネットワークによって結びつくのは、情報通信技術ICT革命が進行し、ソ連邦が解体し、世界資本主義のグローバリゼーションの波が地球の隅々に及び始める1990年代以降である。そして、各国史や地域史を繋ぎ合わせるのではなく、グローバル・ヒ

ストリーを叙述する試みも様々に行われてきた。本書は、日本におけるグローバル建築史の叙述へ向けての第一歩である。

本書の構成

本書は、半期15回の講義を考えて、15のレクチャー（論考）と関連するトピック（コラム）によって構成される。15講は、大きく「第Ⅰ部　世界史の中の建築」「第Ⅱ部　建築の起源・系譜・変容」「第Ⅲ部　建築の世界」の3部に分けられる。

第Ⅰ部では、建築の全歴史をグローバルに捉える視点からの論考をまとめた。建築は、大地の上に建つことによって建築でありうる。今や宇宙ステーションに常時人が居住する時代であり、宇宙空間にも建築が成立するといわねばならないけれど、建築は、基本的には地球の大地に拘束され、地域の生態系に基づいて建設されてきた。ここでは、地球環境の歴史を念頭に、建築の起源、成立、形成、転成、変容の過程をそれぞれ考える。建築という概念は「古代地中海世界」において成立するのであるが、それ以前に、建築の起源はあり、「古代建築の世界」がある。そして、ローマ帝国において形成され、その基礎を整えた建築は、ローマ帝国の分裂によって、キリスト教を核とするギリシャ・ローマ帝国の伝統とゲルマンの伝統を接合・統合することによって誕生するヨーロッパに伝えられていく。そうしてヨーロッパ世界で培われた建築の世界は、西欧列強の海岸進出とともにその植民地世界に輸出されていく。そして、建築のあり方を大きく転換させることになるのが産業革命である。産業化の進行とともに成立する「近代建築」は、まさにグローバル建築となる。

第Ⅱ部では、まず、世界中のヴァナキュラー建築を総覧する。人類の歴史は、地球全体をエクメーネ（居住域）化していく歴史である。アフリカの大地溝帯で進化、誕生したホモ・サピエンス・サピエンスは、およそ12万5000年前にアフリカを出立し（「出アフリカ」）、いくつかのルートでユーラシア各地に広がっていった。まず、西アジアへ向かい（12〜8万年前）、そしてアジア東部へ（6万年前）、またヨーロッパ南東部（4万年前）へ移動していったと考えられる。中央アジアで寒冷地気候に適応したのがモンゴロイドであり、ユーラシア東北部へ移動し、さらにベーリング海峡を渡ってアメリカ大陸へ向かった。南アフリカ最南端のフエゴ諸島に到達したのは1〜2万年前である。そして、西欧列強が非西欧世界を植民地化していく16世紀までは、人類は、それぞれの地域で多様な建築世界を培っていた。建築が大きく展開する震源地となったのは、4大都市文明の発生地である。そして、やがて成立する世界宗教（キリスト教、イスラーム教、仏教・ヒンドゥー教）が、モニュメンタルな建築を建設する大きな原動力となる。宗教建築の系譜というより、ユーラシア大陸に、ヨーロッパ以外に、西アジア、インド、そして中国に建築発生の大きな震源地があることを確認する。

第Ⅲ部では、建築を構成する要素、建築様式、建築を基本的に成り立たせる技術、建築類型、都市と建築の関係、建築書など、建築の歴史を理解するための論考をまとめた。さらに多くの視点による論考が必要とされるのはいうまでもない。

本書のもとになったのは、『世界建築史図集』あるいは『グローバル建築史事典』といった世界中の建築を網羅する資料集あるいは事典の構想である。しかし、そうした建築史集成や体系的な建築史叙述はいまだ蓄積不足で、時間もかかることから、まず、グローバルに建築の歴史を見通す多様な視点を示すことを優先したのが本書である。当面は、『日本建築史図集』『西洋建築史図集』『近代建築史図集』『東洋建築史図集』を本書のサブ・テキストとしたい。

2019年2月
布野修司

目次………世界建築史…15講

口絵 ——————————————————————————— III

はじめに——建築の世界史へ ————————————————— XIX

〈第I部〉 世界史の中の建築

Lecture 01 「大地と建築」の世界史
Buildinghood（大地からの構法) ———————————— 2
中谷 礼仁

Column 01 伊東忠太の世界旅行　法隆寺とパルテノンの間 ———— 10
中谷 礼仁

Lecture 02 「古代建築」の世界史
古代王権と建築 ———————————————————— 14
岡田 保良

Column 02 日本建築の古層をめぐって ————————————— 24
佐藤 浩司

Lecture 03 「世界建築史」の構想
有心から有軸へ　時空を架構する建築の夢 ——————— 28
中川 武

Column 03 オーダー・木組・比例 ——————————————— 36
溝口 明則

Lecture 04 「コロニアル建築」の世界史
西欧の世界支配と建築 ————————————————— 40
布野 修司

Column 04 植民地の神社 —————————————————— 50
青井 哲人

Lecture 05 「近代建築」の世界史
「ふたつの近代」の見取り図 —————————————— 54
土居 義岳

Column 06 モダン・ジャパニーズ・アーキテクチャー —————— 62
ケン・タダシ・オオシマ

〈第Ⅱ部〉　建築の起源・系譜・変容

Lecture 06　「ヴァナキュラー建築」の世界史
住居の多様な構成原理 ──────────── 66
布野 修司

Column 06　村田治郎の「東洋建築系統史論」──────── 76
川井 操

Lecture 07　「キリスト教建築」の世界史
イエスの空間をめぐる西欧建築の成立と展開 ─── 82
加藤 耕一

Column 07　建築と装飾　建築における「意味」伝達の歴史 ── 90
戸田 穣

Lecture 08　「モスク（イスラーム建築）」の世界史
預言者の家から葱坊主へ ────────── 94
深見 奈緒子

Column 08　イスラームの建築言語とディテール ─────── 102
渡辺 菊眞

Lecture 09　「仏教建築」の世界史
超源・類型・伝播 ──────────── 106
黄 蘭翔・布野 修司

Column 09　ストゥーパ　その原型と形態変容 ──────── 116
布野 修司

Lecture 10　「ヒンドゥー建築」の世界史
世界秩序を体現する寺院 ───────── 122
山田 協太

Column 10　王都アンコール・トム　ヒンドゥー教と仏教の宇宙像を象る ── 134
下田 一太

XXIII

〈第Ⅲ部〉　建築の世界

Lecture 11　「建築様式」の世界史
様式論の構造と変遷
杉本 俊多 ————138

Column 11　日本様式——和様・禅宗様・大仏様、擬洋風、帝冠併合様式、ジャポニカ
布野 修司 ————146

Lecture 12　「構造技術」の世界史
建築空間と構造・技術
斎藤 公男 ————152

Column 12　揺れる金字塔：映画『超高層のあけぼの』にみる霞が関ビィルディングの科学技術
辻 泰岳 ————164

Lecture 13　「公共建築」の世界史
制度と空間
布野 修司 ————168

Column 13　宮殿：王の空間
布野 修司 ————176

Lecture 14　「都市組織」の世界史
都市をつくる町屋
青井 哲人 ————182

Column 14　町屋（店屋・仕舞屋）成立のシナリオ
松田 法子 ————192

Lecture 15　「建築書」の世界史
建築をめぐる知の体系
杉本 俊多・布野 修司 ————196

Column 15　「建築家」、その起源、職能の成立と歴史的変遷
布野 修司 ————204

参考文献 ——作成：布野 修司・種田 元晴—— 212　　世界建築史地図 ——作成：石樽 督和・砂川 晴彦—— 220
世界建築史年表 ——作成：石樽 督和・砂川 晴彦—— 227　　本文注と図版出典 ———— 210
索引 ———— 239

世界建築史…15講

〈第Ⅰ部〉世界史の中の建築

〈第Ⅱ部〉建築の起源・系譜・変容

〈第Ⅲ部〉建築の世界

Lecture 01

「大地と建築」の世界史

Buildinghood
（大地からの構法）

中谷 礼仁

〈第1部〉世界史の中の建築

1. 過去と出会う

　建築を含めて私たちを取り巻く事物はすべて、この地球を原料としている。私たちはこの事実を意識することは少ないが、普段のなにげない出会いの中に私たちの想像をはるかに超えた地球の時間が含まれている。

　たとえば、工事現場の横を歩いていると、角が丸くとれた小石がいくつか地面に散らばっていることがある。おそらく工事現場に出入りしたトラックからこぼれ落ちたものだ。この固い小石の代表的なものはチャートといって、海水中のプランクトンが数千万年もかけて海底に堆積し、それが1億数千年前に大陸移動や隆起によって大地上に露出した。その大地がさらに川によって削られて、段丘を形成し、その一部であった礫層は様々な風化を受け、さらに数十万年をかけて川底に転がり込んでなめらかな小石となった[1]。そして業者が川をさらい、私たちの生活圏に現れたのである。それが建設用の骨材として都会の工事現場に持ち込まれて、同じく海底由来の石灰石から精製されたセメントと混ぜ合わされ、コンクリートの主要素材として用いられるのである。このようにあらゆる建築材料の出所を追っていけばはるか地球の誕生近くにまでさかのぼる。

　つまり現在を構成する事物とは長大な時間をかかえた各種物質の、人間による移動、組合せなのである。私たちの実感としての歴史-時間感覚は長くても

▶図1-1　ユーラシアプレートを中心としたプレート境界図と代表的古代文明の位置関係

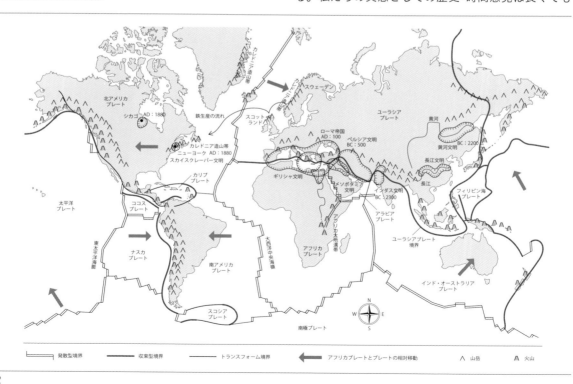

数十年である。しかしながらその一部である現在の構成に、人間の時間感覚をはるかに超えた地球時間がダイレクトに含み込まれている。それらが都市空間をつくっている。その意味で、現在とは一人一人の時間感覚を超えた、普段は意識できない長い歴史の組合せだといえる。過去は昔あったことではない。むしろ過去にできたあらゆる物質が、私たち人類が発生するはるか以前からここにいて、私たちがそれに直面しているのだ。そんな感覚を持ってみることは、世界を、そして人間的時間を超えた素材によってつくられた人間社会をどうとらえるかにおいて、新しい考え方や発見をもたらしてくれるだろう。

2. プレート境界と古代文明圏

2011年3月11日に東日本大震災が発生したことはまだ記憶に新しい。数多くの村や街が破壊され、多くの尊い人命が失われ、原子力発電所からの放射性物質の漏出と廃炉への道程など新しい人類史的側面がうまれた。

これらの主要因は地震とそれに伴って発生した津波である。その自然現象はプレート境界に位置する日本においてとくに考慮すべき環境的特質であった。一方で、日本という大地そのものがプレートテクトニクスという全地球的エネルギーを含む運動の結果として出来上がったことも事実である。つまりプレート境界における地球の運動は、私たちにとって破壊のみならず、私たちが生活する日本という環境そのものを創造してきたのである。

日本の国土が位置しているプレート境界の基盤はユーラシアプレートである。ユーラシアプレートは地殻を構成するプレートの中でももっとも主要なプレートの一つであり、他のプレートに接する境界は私たちの想像を超えて広く多様である。その境界は日本の南北軸をつらぬき、沖縄、台湾、フィリピン、そしてインドネシアと続き、マレー半島を北上、その後ミャンマーの奥地で西に急旋回して、インドプレート、アラビアプレート、そしてアフリカプレートと接触し、ジブラルタル海峡を越えていく。つまりプレート境界は日本固有の環境条件ではなく、広く世界各地に影響を及ぼす地球の基本条件なのだった。プレート境界の運動は、沈み込み、衝突、隆起、ずれ、溝など様々だが、それらがその境界地帯に、高山脈、隆起大地、火山帯、内海など実に多様な環境条件を生んだ。

そしてさらに興味深いことは、それらユーラシアプレート境界付近に、ジャワ、インダス、ペルシア、メソポタミア、チグリス・ユーフラテス、ギリシャを含む地中海、さらにはローマという、主要な古代文明の発祥地が位置していることである（▶図1-1）。プレート境界において地球が放つ莫大なエネルギーが、何らかのかたちで古代文明の成立に深く関与している。その関与のありかたは逆にプレート境界上に位置していない有数の古代文明であるエジプト文明と中国の黄河・長江文明の場合を考えるとよく理解できるかもしれない。

両文明の場所をよくながめてみると、人間ひいては文明の誕生には水、そして河川が必要不可欠であることがわかる。人間やあらゆる生物を潤し、そして交通輸送の要となるからである。

エジプト文明を支えたのはナイル川である。そしてその源流はカイロから遠く隔たり人類発祥の地とも言われる大陸中部にあるアフリカ大地溝帯というプレート境界に接続している。地溝帯は、プレートが離れていく場所であり、アフリカ大陸を南北に引き裂こうとしている場所である。その運動が地下マントルを上昇させ、地表を隆起させ、亀裂を起こし、高山帯や火山や深谷を生み、水を蓄え、その水がナイルへと合流するのである。

一方の中国古代文明を生んだ黄河・長江の源流は先のミャンマーの奥地で西に急旋回する雲南地域にある。それはインドプレートがユーラシアプレートに衝突して出来上がったホントワン（横断）山脈等を含んだ有数の山脈縦列地帯である。その源流は、長河文明といった現中国の文明圏のみならず、山脈ごとに、ホンソン川としてヴェトナムへ、メコン川、チャオプラヤー川としてラオス、タイ、カンボジアへ、イラワジ川としてミャンマーを潤し東南アジアの諸文明を生んだ。つまりプレート境界から離れた文明圏も、その文明を駆動した主要因である水系がプレート境界から豊富にもたらされ、境界地域とは隔たった川沿いの平地という好条件の都市発展地で、むしろその恩恵に最大限に浴してきたのである。

その意味でまず私たちが確認しておきたいのは次の点である。

・地球の活動は自律的で莫大なエネルギーを含んでいる。
・自然環境とは地球時間と地球のエネルギーがつくり上げた構築的結果でもある。
・その環境を基盤として、人間が各地でその大地に適合しうる生存方法を見出したときに、人間

の生活ひいてはその文明は発生した。

3. Buildinghood—人々の暮らしを支える大地からの構法

それでは具体的なプレート境界の大地と人々の暮らしの関係を検討してみたい。

2013年、わたしはユーラシアプレート境界のいくつかの地域を実見することによって、各地の人々の住まい方や文明発生の条件等を検討した[★2]。それらを整理して、建築原論としてその要点をここで紹介したい。まずは各種の環境に対応した建築のつくられ方である。

まずBuildinghoodという新しい概念を提案したい。それは、ある地域の人々が暮らすための実体的生産関係（＝Livelihood）の中で、その中心をなす空間の構築方法である。地域の人々の暮らしは大地の特性に大きく依存しているから、Buildinghoodは大地から見出された構法とも言える。そして空間の構築は人間の生活になくてはならないものなので、Livelihoodにおけるその存在意義は大きい。

両者の関係を、プレートがぶつかった褶曲運動によって生まれた世界最大の山脈であるヒマラヤの麓に位置するインド・ウッタラカンド州の高山地帯のサトリ（Saitoli）という小さな村での事例で報告する。

まずその一帯の大地は、土と岩の層がサンドイッチされ、ミルフィーユのようにほぼ水平に貫徹していた。そこで人々が家を建てるときは、まず岩の層から石を切り出す。その岩盤は地中の奥深くから隆起してきたため、すでに地中の強い圧力や熱によって変成作用を受けており、硬いが層状になっていて簡単に割れ、整形することができた。そしてできた建材を、岩盤層に直接積むことで伝統的な切石による組積造の家ができていた。もちろん屋根もその片岩を用いた石葺である（▶図1-2）。さらに建設に用いる石材を切り出し除去した大地を見れば、土の層がすでに露出している。つまりそこはもはや畑のベースなのであった。人々はそこにアーモンドや果樹を植えて食料や交換経済用の作物を栽培するのであった。これは建物の建てられ方（Buildinghood）と生活の立て方（Livelihood）がもっとも強固に結ばれた事例の一つであった。

さてこのような大地との応答によって人の住む場所、集落は形成される。現在でも世界各地の集落の多くは、その近傍の大地を素材として利用して集落をつくり上げている。その意味で集落とは大地をその皮一枚浮かして、そこに人間が住まうことのできる空間をつくることと定義することができる。その浮かせ方、要は空間をつくる方法は大地が産出する素材によって大きく異なる。これが大地からの構法（Buildinghood）の違いとなる。以下、代表的な、石、土、木についてその特徴をあげる。

4. 芸術をも産んだ石灰岩

石は横穴洞窟などのもっとも自然状態に近い住居の基盤であった。人類は風雨に侵食されて出来上がった岩盤の洞穴に生活空間を見つけ、そしてさらにそれを削りだすことによって空間の拡張を始めた。またそのような原始的な状態からは遠く離れて、石を材として切り出し、細部を加工できる技術が進むと、石がもつ圧縮に対する耐力が構法として期待されるようになった。加工した石を垂直に積み上げてつくられていくギリシャ神殿建築に代表される、まぐさ（柱梁）式の石造建築の誕生である。しかしながら石造建築における最大の弱点は石の塑性によるせん断（折れ）である。この弱点は石を梁などの横材に用いたときに顕著に現れる。石梁のせん断に対する弱さを克服するには、たとえばその梁せいを増やすことが考えられるが、それによってむしろ梁の自重がいたずらに増えてしまい、建物全体の構造計画に大きな影響を及ぼし、部材比例的にも、経済的にも不合理が生じる。ギリシャ神殿の歴史において長期にわたって、部材の比例関係を検討することが建築計画の主要となったのは以上の理由からであると推測される。シュムメトリアといった比例論を代表として、部材と規模の最適解の追求が美の追求となって行われた。結果として純粋な石造建築はその素材由来の建設規模の限界（＝適切さ）が存在する（▶図1-3）。

また石の中でもとりわけ石灰石、ならびにそれが変成化した大理石が神殿建築の素材としてよく用いられたのは、それらが石としての耐久性を確保しつつ、地域によっては良材が豊富であること、比較的軽便なこと、肌理、色目が均質であること、加工がしやすいことなど建築素材としての優れた点が多いからである。これは石灰石が、海中の小生物が残した殻などの堆積層がプレート境界の沈み込み帯で長い時間をかけて付加体[★3]として大地にせり上がってきた事情による。いわば海中生物の骨の緻密な塊であり、私たちとの生物的な親和性も高い。恐竜時代の名残である石灰石は、その後の人間社会での発見によって、とりわけその加工のしやすさによって、人間に彫刻芸術という重

要な技芸を授けた。細部に至るまでの薄いレリーフを平易に刻むことができるのは、骨の塊でもある石灰石の独擅場である（▶図1-4）。

5. 文字をも発明した土―レンガ

次に土である。土は石に比べて2つの大きな違いがある。1つは採取場所の違いであり、もう1つは加工方法である。土は地球の表面に露出あるいは隆起した各種岩石が風化した結果の微細な破片の総称である。それらは山や段丘の侵食風化とともに、盆地、川沿いや、低地に開ける部分の扇状地などに、沖積世（完新世）とよばれる、およそ1万年前から現在までの間にいたるところに堆積したものである。土は遍在している。しかしながら土を建築素材として用いるには加工方法の発明を必要とした。その加工方法とはレンガ製造である。土を型枠で整形し乾かし固める（日干しレンガ）だけで、土はそれを石造のように組積することができるようになった。またその寸法がその発生当初より現在までそれほど変わっていない。これはレンガが片手で持ちうる大きさという人間の作業上の普遍的な寸法に深く関わっているからである。レンガは土くれから空間を人の手によってつくらしめる発明であった。またそれに焼成を加えれば、耐力は大幅にました。レンガによる建築行為はジグラットの遺跡立地に代表されるようにメソポタミア周辺地域で特に栄えた（▶図1-5）が、そこは同時に文字の発明地だった。シュメール人たちは楔形文字という世界最古の文字をBCE30世紀頃に発明した。これは生乾きの粘土板に葦のペンを押し付けることによって記録された。土を原料とした粘土板である限り文字を刻むための「ノート」は無尽蔵であった。つまり文字とレンガは土があってこそ初めて成立したのである。そして貴重な文書は火入れされ永遠のものとなり、後に出土され、近代の解読者たちによって、当時の生活が事細かに復元されるようになった。レンガによる組積はその後一大発展を遂げるが、これについては後述する。

6. 共同性を生んだ木

建築行為には、ある時点で集団による共同行為が必要になってくる。その共同性を建築発展の契機として大きく内在させていたのが木材である。とくに高温多

▶図1-5 チョガ・ザンビール（Chogha Zanbil）遺跡、現イラン・イスラム共和国。メソポタミア文明の一大国家であったエラムの宗教都市に建設された一辺約100m、高さ50mの古代レンガによるジグラット。BCE1250年頃建造

▶図1-2

▶図1-2 サトリ付近モナ（Mauna）村の住宅の様子。近隣から切り出した石と付近の段々畑

▶図1-3 修復中のパルテノン神殿 BCE438年建造、アテネ、現ギリシャ共和国。きわめて精緻な石積みの加工が現れているが柱の全長はそれほど大きくなく10m程度である

▶図1-4 ペルセポリス遺跡の謁見の間に刻まれた生命感あふれるレリーフ。アケメネス王朝期BCE520年頃着手、現イラン・イスラム共和国

▶図1-3

▶図1-4

湿の亜熱帯では大地は樹に覆われるのだから、それらを大地からの構法の材料とするのは当然のことであった。

木造による住居の原初の形を正確に刻みつけているのは漢字体の「穴」である。「宀」は屋根であり（丁寧に出入口まで点を打って表現されている）、そして「八」はそれを支えた柱である。「穴」はいわゆる日本にも存在する竪穴住居を表現した字であった。それが意味上の穴に結びつくのは当初の竪穴住居が半地下形式を採用していたからである。竪穴住居は世界各地に見られるが、日本では縄文時代以降に盛んにつくられたとされている。というのも当時において木や板を組み合わせて壁を構成する技術は一般的ではなかったため、人が平地で空間を確保するためには地下を掘ることがもっとも理にかなっていたからである（▶図1-6）。

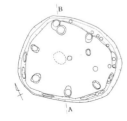

▶図1-6　竪穴住居断面模式図
千葉県高根木戸遺跡の事例に人を入れてみたもの

そして木造において、単独的な作業で可能なのは、地面に穴を掘って柱を立てる掘立て柱である。掘立柱はそれぞれに独立して施工できる。柱を順々に立て、梁を渡し、掘削した穴を壁とし、柱梁と地面を結ぶように土屋根を葺き屋根上に出入口をつけたのが木造住居の原型の一つである。しかし同じ掘立て柱であっても、その後の弥生時代においては高床式倉庫が発展した。これによって地下にあった床は大地を離れ空中に浮上した。軸組が発展し、柱をつなげる貫等の横材が発展した。そして「壁」という人工的な垂直面を実現したのだった。また大規模な、あるいは宗教的意図をもったり、共同的に用いられる建物においてはその建設は共同体の人々によって行われたし、木造固有の腐朽しやすさという性質はその建築に集団的維持の必要が生じた。BCE6世紀頃の中国大陸からの仏教伝来とともに伝わった建築様式の影響によって、その後日本の事例でも、木柱は地面に置かれた石の上に柱を置く石場立てを採用する場合も多くなった。これによって部材の寿命は飛躍的に伸びたといわれる。しかしながら、地面の穴が柱の固定を担当しなくなったため、木はそれ自体が組物として、堅固に一体的に施工される必要が生じた。これら施工はもはや単独、もしくは少人数の施工者のみではなしえず、縦横の木材を同時に共同で組み立てる必要があった。以上のように木造建築が社会的様式として発達した地域では、木造建築の構法には必ず強い共同性が刻印されている。たとえば上棟式のような儀式や建物維持のための共同行為である結、ひいては建築そのものを定年的に建て替える造替のような木造特有の行為を生んだのである。

▶図1-7　ソダン村における上棟式の様子。スンバ島、インドネシア共和国

日本の伝統的木造建築のみならず、各地には様々な木造建築の儀式がある。たとえば、インドネシア・スンバ島のソダン(Sodan)という集落で実見した上棟の様子は、屋根の基本軸組を一気に立ち上げるために2人を1単位とする8人の男性とそれを指揮する村長＝棟梁がその上棟の作業を行い、作業にリズムを与える人々の吟唱が響き、その周りでは賑やかに上棟式の準備がなされていた。まさに村一丸となった建築の風景であった（▶図1-7）。

7. 都市のBuildinghood

さて、いわゆる大規模な都市は一般に土の大地、要は河沿いのフラットな低地に成立することが多い。つまりもっとも非構造的である土くれから生まれたレンガ、周辺の駄石を用いた切石などの、人の手で扱える最小限の構造材が、やがては都市構造の実現に至ったのである。その過程はどのようなものであったろうか。

前提として柱や梁を持たない組積造であるレンガには、最大の問題があった。それは屋根をレンガのみで覆い渡すことの難しさであった。組積造であっても梁は木を横に渡したりして、木材に依存することが一般的であるが、これでは平面規模に限界がある。この限界を克服したのがアーチ構造であった。これによって純組積造に大空間を確保する余地が生まれたのである。

アーチ構造とは、素材間の摩擦で円弧状に組み合わせて、荷重を両脇の壁に一体的に伝達する方法である。さらにアーチ面を水平に押し出すように連続さ

れば、筒状のボールト構造になる。そしてアーチの中心を支点として回転させれば、ドームが出来上がる。この構法は土や切り石しか手に入らない環境で人々が空間をつくるためのごく日常的な技術からはじまった。たとえば現存するエジプト・テーベでつくられた倉庫（▶図1-8）は、一説には型枠なしの日干しレンガのみでボールト構造を実現している。つまりアーチの技術があれば、土くれから空間をつくることが可能となったのである。アーチの持つ幾何学的原理性は大空間に発展する可能性があった。それを実現したのが、ヨーロッパ、地中海周辺世界の覇権を握ったローマ帝国であった。

ローマはレンガの帝国でもあった。古代ローマ建築において石は表面装飾のための貼り物であり、その主要構造はもっぱらレンガ造なのである。ローマの建築技術が、日常から発生したレンガ・アーチ技術と地続きであったことこそが、帝国化にむしろ幸いした。ヨーロッパ各地、地中海をはじめとして中近東、北部アフリカにローマ帝国の植民都市の遺跡が存在するが、それは、ローマの植民都市がいかなる場所でも実現しえた結果に他ならない。ローマから送り込まれた技術者たちがそこの土くれを構築物に変え、都市をつくったのである。戦車も走行可能な道路が舗装され、水道橋が引かれ、闘技場や、公衆浴場が計画された。

そして紀元前後、さらに石灰由来のセメントを用いたコンクリートが発明された。切石を骨材としてセメントによって硬化させるこの技術はいわば土と石の結婚、混合技法であった。紀元128年、レンガ組積や凝灰岩とコンクリートとを巧みに使い分け、ローマ市内に直径43mの球体を完全に収納する万神殿＝パンテオン（▶図1-9）が竣工した。以降1000年以上、ルネサンスを迎えるまで、この大きさを超えるドームは世界に現れなかったのである。

その後ドーム架構の発展のなかで、使い勝手のよい方形の平面にいかに円形のドームを載せるかという課題が発生した。円と正方形との間にはギャップが存在するので、そのギャップの解決が求められたのである。その主な解決法がスキンチ、ペンデンティブと呼ばれる2つの構法である（▶図1-10）。スキンチはドーム円を正方形に内接させる方法である。この方法では正方形平面の隅と上部のドームとの間に円弧状の隙間が生じる。その隙間をドームから小アーチをわたすことによって正方形隅に力を伝達するようにしていったのである。これがさらに分割され精緻さを増すと、イスラームのモスク建築特有のムカルナスという極小曲面で構成される連続装飾が生まれた。

ペンデンティブはドーム円を正方形に外接させる方法であった。これによって方形平面からはみ出たドームは垂直に切り取られた。するとそのドームの横に大きな開口が開き、それによってドームは原理的には方形平面に接する4つの無限小の点によって構築されるという驚くべき解決法となった。このペンデン

▶図1-8

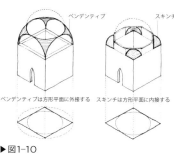

▶図1-10

▶図1-8　ラムセス三世葬祭殿裏の日干しレンガ造の倉庫、紀元前11世紀ごろ、現エジプト共和国

▶図1-9　パンテオン（ローマ）の直径43mに及ぶ完全球体を内包するドーム。レンガ、コンクリートの混合構法が用いられた。Giovanni Battista Piranesiの版画作品

▶図1-10　方形平面に円が外接するペンデンティブ（左）と円が内接するスクィンチ（右）の違い。

▶図1-11　シリアの古都アレッポのバザールに架かっていた連続ドーム。アレッポの旧市街は元ローマの植民都市であった。2004年撮影

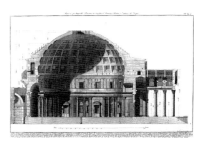

▶図1-9

▶図1-11

ティブを基にさらにドームを架けた形式がビザンチンの諸地域へ受け継がれることになった。土くれからつくられた都市とは以上のような幾何学による建築の増殖過程でもあった。方形平面に馴染んだドーム構築法は、建築のみならず都市を貫くパサージ（通行路）の天蓋を覆ったのである（▶図1-11）。

8. 鉄の特殊性―ジェネリック・シティの Buildinghood 理解のために

では現在進行形の、ジェネリック・シティ★4 とも名付けられた世界各地で急速に拡大する「似たような」都市のつくられ方はどのように位置付けられるのだろうか。

ジェネリック・シティは非歴史的な都市の具現化として規定されている★5 が、果たしてそれは正当な評価だろうか。ジェネリック・シティもやはり都市の歴史的な現れ方の一つであり、これまでいわば隠されていたBuildinghoodの特異な出現の仕方として、いったん吟味する必要がある。

試しにその命名者である建築家レム・コールハースによるジェネリック・シティの構法的特質の例をあげてみる。それは軽く、メンテナンス不要で、いつでもスクラップでき、かつ再生できるものである★6。その究極的な空間像として空港の構造体があげられている。

「空港という構造体は自律性を増す傾向にある。地元のジェネリック・シティと実際何の関係もない場合さえある。どんどん大きくなり、旅行と無関係の施設を増やしている空港は、やがてジェネリック・シティに取って代わるだろう。トランジット状態の空間が世界的に広がりつつある。」★7

確かに空港は、社会空間全体を覆うかのような屋根（シェッド）を想起させる。そのシェッドの下では、これまでの物理的な仕切りの多くは仮設となり、人間活動もトランジットな状態になる。そのシェッドは、軽く、伸長自在、スクラップ化も再生も容易な素材によってできている。これらの構法を現実に予兆させているのは、今まで本論が扱ってこなかった鉄素材である。

伝統的なBulidinghoodは、すでにあげた、石、土、木由来のものがすべてであった。それらは至るところにある遍在する素材であり、現在においても盛んに用いられ続けている。コンクリートですらローマ帝国時代の発明であった。しかし19世紀の産業革命以前には見られず、その革命時に突然現れた建築用の鉄素材、とくに鋼鉄こそが、現在の都市の、横に上下に拡張し続ける特性（ジェネリック的構法）を具現化している

のである。この鉄という、自己形状を様々に変容、伸長させうる素材そのものが、建造物が空を覆うという尋常のなさまでに人間の都市空間を進展させ、それは同時に2001年9月11日に発生したWTC（ワールド・トレード・センター、1972）という鉄骨構造の超高層建築物が一瞬にして溶け去るという異常な存在のあり方も引き起こした。以降、鉄による高層都市建設のBuildinghoodを試みに論じてみたい。

まずパソコン上で世界中の超高層建築を7万件近く（2017現在）プロットしたウェブサイトであるINTERACTIVE Skycraper Maps★8を参照することによって、超高層建築の立地の基本条件をおおまかに把握することができる。

その特徴とはほとんどが海際に立地していることである。内陸にある場合もその周辺には必ず相応の大きさの河川が流れている。海も川もない立地は極めてわずかであるが、その少数例であるサウジアラビアの首都リヤド（Riyadh）の超高層建築群を試しに確認すれば、その代役を1本の大きな幹線道路が担っていることがわかる。つまり超高層建築はその建設と使用双方に大規模な交通移動が一体的に計画されていなければならない（大きな道路もない田んぼにポツンと超高層建築が建設されているとしたら、誰しも不自然な印象を持つに違いない）。

超高層都市の到来を告げたアメリカにおける歴史的二大都市、シカゴとニューヨークも、もちろん例外ではない。大西洋に面するロング・アイランドにあるニューヨークはもちろん、北アメリカ中部に位置するシカゴも広大な五大湖の湖畔で、19世紀までの北アメリカ全体の交通、産業、交易の要衝であった。1871年のシカゴ大火後、1884年に骨組みに鋼鉄製鉄骨を用いた初の高層建築建設★9を皮切りに、鋼鉄による高層都市建設は本格化した。そしてその前年の1883年、ニューヨークでは初めて鋼鉄を使用したブルックリン・ブリッジが完成した。この鋼鉄による垂直、水平の都市の進展は、超高層建築都市と大規模交通移動とが一体であることを裏づけるものである。

20世紀前半の摩天楼開発期のニューヨークの空撮写真を眺めると、そのマンハッタンの興隆の垂直の姿とともに、その足元にある多数の海岸に突き出たドックの長さが、ちょうど超高層建築と比例的な関係にあることに気づく（▶図1-12）。この多量の輸送を保証する立地であるがゆえにマンハッタンの超高層建築群は成立するのである。

それではこれらビルや橋梁の建設に用いられた鉄

▶図1-12　マンハッタンの俯瞰写真

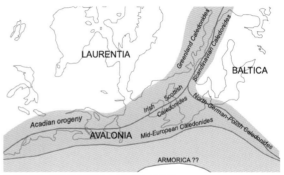
▶図1-13　古生代におけるカレドニア山地。
元アメリカ東海岸、アイスランド、スコットランド、スカンジナビア半島が一列に並んでいた

鋼はどこからやってきたのだろうか。

著名なカーネギー・ホール（1891）の建設主であり、ニューヨークをつくった主要人物の一人であるアンドリュー・カーネギーが鉄道王ならびに鉄鋼王であったことが象徴的である。彼は1872年に、当時鉄道幹線が集中していたペンシルバニア州のブラドック（Braddock）に当時最新の製鋼所を建設した。そしてミネソタ州には鉄鉱石鉱山を所有し、五大湖の輸送用蒸気船、炭坑とコークス炉、および石炭や鉄鉱石をペンシルバニアの製鋼所まで運ぶ鉄道も所有した。1900年までにカーネギー製鋼会社はイギリス一国よりも多くの鋼を生産したという[10]。その製鉄所のつくった鋼鉄は、河川、そして鉄道によって大都市に供給されていったのである。アメリカの鉄鋼生産は19世紀末にすでにイギリスを超え世界一になっていたが、当時の主要な製鉄／製鋼所は、東海岸のメイン州からバージニア州に集中している[11]。その中心部に位置する経済中心地であるニューヨークが鋼鉄製の高層都市として立ち現れた地勢的条件は、ほぼ必然的なのであった。

では、なぜアメリカの製鉄／製鋼所がこの東海岸に集中しているのだろうか。

それは鉄のBuildinghoodをつくり出す大地の性格に大きく関係している。北アメリカ大陸東海岸の同地域一帯は鉄の一大原料である縞状鉄鉱床を多く含むカレドニア造山帯に属しているのである。

現在カレドニア造山帯はアイスランドを横断する大西洋中央海嶺によって隔たっているが、現在の大陸が形づくられる以前、北ヨーロッパと北米大陸が一体的なつながりにあったことを証明する地帯である。そして産業革命時に興隆し19世紀半ばまで世界一の鉄の生産量を誇ったスコットランド地帯の大部分がこの造山帯に属し、そしてそれ以前に製鉄の世界的生産地であったスウェーデン・スカンジナビア半島もここに属する（▶図1-13）。そして現在でも有数の鉄の原産地のうちの一つである。つまりカレドニア造山帯が産業革命期を経て、鉄のBuildinghoodをもたらした大地だったのである。現代のジェネリック・シティにつながる19世紀末の高層建築による都市の誕生は、以上のような大地との関係によって誕生した。

それらの関係が見えにくかったのはその建設行為までの過程が、大量交通路を確保して緊密につながっていながらも立地的に隔てられていたからである。つまり精製された鉄は、古くから船輸送を通して川を下り、海を越え、またそれによってつくられた鉄道交通によって、そして次にはハイウェイによってさらにその勢力を拡大していったのである。

かつ鉄には、きわめて特殊な地球時間が含まれていた。鉄の原料である縞状鉄鉱床はごく一部を除いて19億年前にすでにその生成を完了していたという。30億年以上前、すでに海は形成されていたが、海には鉄イオン（Fe^{2+}）が大量に溶解し現在の成分とはまったく異なっていた。その鉄イオンが、光合成を行う生物の誕生と増加によって、産出される酸素と結合し、酸化鉄をつくり上げ、それが海中に堆積したのだった。そして今から2世紀ほど前に、それまで人間社会からまったくなりを潜めていた建築材としての鉄は近代製鉄技術によって採り出され、そこから鉄のBuildinghoodがつくり出されたのである。

鉄とはそのような意味で、人類がこれまで見たこともなかった地球時間を含めて私たちと直面している。高層建築による都市づくりから、ジェネリック・シティを経て、都市を覆う空港の屋根まで貫徹する鉄のBuildinghoodが非歴史的に見えるのは、実はその地球時間の持つ尋常のなさによるものなのである。

Column……01
伊東忠太の世界旅行
法隆寺とパルテノンとの間

中谷 礼仁

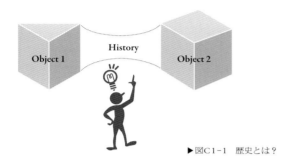

▶図C1-1　歴史とは？

歴史とは何か

《歴史とは少なくとも2つ以上の事象の間に発生する想像的な時空のことである。》（▶図C1-1）

そのように定義すると、これまで歴史は暗記もので、想像力のかけらもない学問分野であると思われている人は驚くと思う。しかしながら、この定義は正確である。なぜなら歴史的事象が明瞭に暗記できるように、有史以来、あらゆる地域で、同じ手法で、中立的に、毎年の事象を記録してきた書記官など存在しないからである。むしろ、もしそのような書記官が存在したら、そのとたん歴史学は存在しなくなる。つまり建築史のみならず歴史学とは、過去がわからないからこそわかろうと試みる学問なのである。歴史学とはそのようにして検討、構築された結果としての《想像的な時空》のことである。その時々において、歴史家は彼らがつくり上げた時空が厳密で妥当であることを願うが、今後とも何回もバージョンアップされていくに違いない。

そして歴史を発生させる発端は、具体的な事物の存在である。逆に想像のみからはじまる歴史は具体的な事物による裏打ちがなされなかった場合、妄想になってしまう。

また歴史という想像的時空を発生させる事物は必ず《二つ以上》存在している。たとえば、これまでに見たことのない建造物に遭遇したとき、その建造物が何であるかを考える。考えているときには、自分が今まで見たことのある建造物を頭の中に少なくとも一つ思い出して、それらとの比較の中で、目の前の建造物の性質を推測しているはずである。つまり2つ以上とは、歴史的な想像を生みだすためには《比較》という類推行為が必要不可欠であることを示している。このような具体的な事物との歴史的想像力との関係を確認するならば、さらに以下のことも追加できる。《歴史とはそこにある（あった）もの、そのものではない。歴史とは見出されたものである。》

事物は、その事物に遭遇した人間の類推行為がその事物に意味を与えてこそ歴史をもつのである。

そして現在の建築史学ひいては歴史学は、発見、吟味、さらなる比較を行いながら、安定した時間的順序をもつ物語として私たちの前に現れる。その結果として、歴史は非の打ち所がないように思え、その授業はとりつくしまのない暗記ものになってしまうのである。

では私たちは、歴史学の最初に生まれていたはずの発見的瞬間を追体験することはできないのだろうか。もちろんできる。とりわけもっとも手っ取り早いのは、建築史学の創始者が、どのようにして建築史をつくっていたのかを再確認することだろう。このコラムでは日本の建築史学のフロンティアである伊東忠太の作業を取り上げ、建築史が予想以上に発見的学問であることを紹介したい。

伊東忠太について

伊東忠太（いとう・ちゅうた、1867-1954）は日本で最初の建築史家であり、かつ特異な汎アジア的構成を得意とした建築意匠家、そして最初期の建築評論家であった。

明治政府によって整備された高等建築教育は、近代化を目的として、当時世界の先進地域であった西洋の建築様式や技術を学ばせることを目的として生まれた。その洋風政策から10年程度を過ぎ次第に、西洋建築のみならず今まで詳しく調べられていなかった日本国内の伝統建築についての研究を行うべき気運が高まっていた。彼はそのような流れに呼応し、日本建築を歴史的に検討し、学術的な俎上に載せた最初の世代の一人であった。その活動は際立っており、とくに法隆寺建築分析のオーソリティとして日本建築史の創始者としての地位を獲得したのであった。その研究の目的の一つとして、先行する外国人研究者たちによる日本建築についての歴史的想像力への批判が存在していた。

建築の木という問題

彼が東京帝大で建築学を学んでいた頃の建築学は、西洋の教育体系をもとにして構築されたものであった。西洋社会における建築史では、既に西洋建築史のみならず、イギリス人研究者のジェームス・ファーガソン（1808-1886）

を中心に、インドを中心とした東洋建築史が構築されようとしていた。これらが、伊東が批判を試みた先行する研究-歴史的想像力である。彼は相応に緻密なファーガソンの記述のなかにさえ、西洋中心的な世界観を感じ取ったのである。その背景を感じるには、専門家のみで流通していたファーガソンよりやや時代を下るが、当時日本でも翻訳されたフレッチャー父子(父＝1833-99、子＝1866-1953)の著作"A History of Architecture on the Comparative Method (比較法による建築史)"を紹介するのがよいだろう。同署はファーガソンら専門家の作業を下敷きにして「世界

▶図C1-3　法隆寺境内

伊東忠太の法隆寺論

「かの近視眼なる欧米の諸家は往々わが日本帝国の建築を度外視し、はなはだしきに至ってはすなわちわが日本帝国に建築と名づくべき芸術なしと誤認せり、殊に知らず、わが国建築の術は近く支那印度の建築と親密なる関係を有し、遠くペルシアギリシャの建築と通ずることを。」(「法隆寺建築論」1893年11月『建築雑誌』83号を現代文字使いへと改めた)

建築の木へといたるこのような背景の中で、伊東は1892(明治25)年に帝国大学の造家学科を卒業して、翌1893年に最初の法隆寺建築論を発表した。紹介した一節は、彼の主張がもっともよく現れた部分である。それは日本の法隆寺(▶図C1-3)の全体比例や細部に朝鮮半島や中国大陸との関連はおろか、時代もさらに千年近くさかのぼるギリシャの神殿建築からの影響を示唆した。これは通常のセンスでは思いつくことすらできない内容であった。こんな構想が可能だったのは、法隆寺を、中国建築をとび超えてギリシャ建築に関係づけ、西洋の樹形のより近い位置に《移植》しようとした当初からの目論見があったからである。その態度は西洋中心の世界建築の見方に対する本質的な批判にはなっていないが、少なくとも西洋建築の考え方を援用しても法隆寺ひいては日本建築がすぐれた存在であることを誇示したかったわけである。伊東の最初期の法隆寺論の特徴は、西洋建築学から学んだプラン、エ

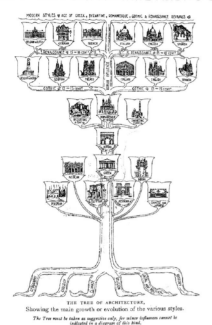

▶図C1-2　建築の木

建築史」を記述し、20世紀を通して改訂され続け、現在でも流通している。とりわけ重要なのは同署第5版(1905年)に掲載されていた1枚の系統図である。それは"THE TREE OF ARCHITECTURE(建築の木)"と題されたもので、世界各地の建築の系統を樹形図として描いたものである(▶図C1-2)。フレッチャー自身も示唆程度に留めるようにと注意書きをしているが、この図の影響力は大きかった。建築を規定する「根」は地理、地質、気候、宗教、社会及び政治形態、歴史であるが、それによって生まれた木には、幹になった主要部分の他にいくつかの分枝がある。主幹は当然のように西洋建築である。枝はペルシア、エジプト、メキシコ、インド、そして中国と日本である。そして中国と日本の建築文化は今にも枝払いされそうな、ごく最初期に分かれた枝なのであった。

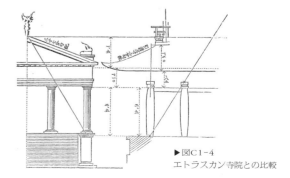

▶図C1-4
エトラスカン寺院との比較

Column 01……伊東忠太の世界旅行　法隆寺とパルテノンとの間

レベーション、プロポーション等の概念を駆使して、法隆寺とギリシャ神殿建築との類似性を主張したものだった（▶図C1-4）。また法隆寺の柱にとくにみることのできる中ほどがやや太くなっている特徴を、ギリシャ神殿建築の柱におけるエンタシスに関係付けた。これは現在でも法隆寺の世界性を語るものとして、一般に根強く流通している説である。しかしこれら伊東の作業は、日本建築史が当時の社会から期待されていた「想像力」を超えていた。そこまでしなくても、と思われたに違いない。予想通り、発表当時より複数の学界人が、伊東の主張の妥当性に強く疑問を呈した。しかし伊東はこの説にこだわり同論をアップデートし続け、1898（明治31）年に同じテーマで博士論文を完成し、1905（明治38）年に帝国大学教授に就任したのだった。

伊東忠太の世界旅行

当時帝国大学では教授に昇進するためには長期の海外留学が義務づけられていた。伊東はその年数を3年間にわたる世界旅行に仕立て直して申請した。行先はもちろん「西欧」であるがそこにたどり着くまで3年弱というこれまた掟破りのアイデアであった。交渉の末、なんとこれが実現することとなり1902（明治35）年3月から彼の世界旅行が始まったのである。

助手1名とともに中国各地を東西に奔走し、雲南からミャンマーへ抜け、インドへ航路で渡り、インド各地を回り、その後紅海を抜け、シリア、トルコ、ギリシャ、アレクサンドリア、エジプトで調査を続け、ヨーロッパ各地を経た後、イギリスからニューヨークを経由して1905年の6月に帰国している。

この旅行の目的には、ギリシャへ通じる伊東の壮大な法隆寺からの世界地図を補完する証拠探しが含まれていただろう。石橋を叩いてわたる歴史学一般からすれば、彼の法隆寺論は強くその傍証を求められていたはずだからである。

ギリシャ建築と法隆寺の間

それはことのほか早くに見つかった。1903年6月、山西省の大同にあまり知られていない寺院があるのを聞きつけ出向いたところに雲崗石窟があった（▶図C1-5）。

雲崗石窟は、紀元460年から40年ほどの建設期間で、約40窟の石をくりぬいた寺院の集合体で東西約1kmにわたっている。

彼はそこで法隆寺とギリシャ神殿建築をつなげる有力

▶図C1-5　雲崗石窟と伊東忠太（田邊泰と）

な細部意匠をいくつも発見した。

くり抜かれた仏像の光背で舞う天女の姿の意匠、そして光背の形そのものが法隆寺金堂の釈迦三尊像と同じタイプであった。

ギリシャとアッシリアの中間のような模様が刻まれた「大斗」の「斗繰」には蓮が刻まれ、その下に「皿斗」があり、その八角柱は粗野だがエンタシスの形状を残していた。

そしてもっとも決定的と思うものは、ギリシャ発祥と思われる建築的細部の特徴と法隆寺にあった特異な造形意匠が一体となった事例が確かに存在していたことである。たとえば10窟では屋根を支える桁下に法隆寺金堂の高欄に独特の意匠であった人型割束と斗栱の組み合わせがあり（▶図C1-6）、その横にイオニア式に似た柱頭を持つ柱が仏上の天蓋を支えている。そして同8窟ではシンプルだがドリス的な柱上に先の人型割束と斗栱の組合せが結合しさらに完成度を高めていた（▶図C1-7）。

▶図C1-6　法隆寺金堂と上部高欄に採用された法隆寺固有の装飾である人型割束（人型の束）

筆者にとって、このギリシャ的、法隆

▶図C1-7 雲崗石窟10窟細部における、法隆寺金堂の高欄に独特の意匠であった人型割束と斗栱の組合せとその横のイオニア式に似た柱頭を持つ柱

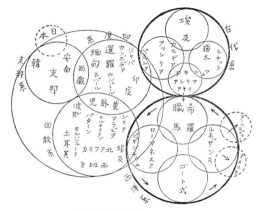

▶図C1-8 伊東忠太「建築進化地図」

寺的な意匠が渾然一体となった雲崗石窟の細部意匠は、悠久な時間をへだててなおギリシャ神殿と法隆寺とをつなぐ間があったことを示しており、相応の説得力を持つと感じる。

しかしながら、ここで歴史学の根本的問題が生じる。事物にはその関係を証明する保証文が刻まれているわけではないのである。そのため伊東がこれだけの発見をしても、それは絶対に間接的証拠で終わる。この出会いそのものが想像の産物であるとする懐疑の説に絶対的な反証はできないのである。それでは、伊東忠太のこの発見は何を物語るのだろうか。それは、世界はこのような姿でつながっていてほしいと思う彼の願い、希望ではないのだろうか。だから冒頭の定義は以下のように書き換えてもよいだろう。

《歴史とは少なくとも2つ以上の事象の間に発生した、世界はこうあってほしいという希望である。》

建築の木をこえて
建築進化地図が語るもの

それでは伊東忠太は、先の大発見後の2年半以上の世界旅行をすることによって、最終的にどのような世界像をつかまえたのであろうか。

それは世界旅行の4年後の1909年に日本の建築の将来像を考える合同講演会で発表した「建築進化地図」（▶図C1-8）と呼ばれるものである。それは伊東忠太の世界旅行の軌跡を注意深くなぞるようにして複数の円が重なった複層状の構造をしている。そしてその縁に日本の建築の将来

が屹立しているのだと伊東は述べたのであった。この図は当時さほどの説得力を持たなかった。彼の世界旅行での体験を共有できる者は当時ほとんどいなかったこともその一因だろう。残念ながらその後、伊東忠太の建築史学上の構築作業も停滞することになる。しかしながらこの図をいわば上から見たものと捉え、その円の重なり合いの関係をそのままに横から見るように作図してみると、この地図が多義的な状態を少数の要素で作り出すセミラチス的な構成をしていることに気がつくだろう（▶図C1-9）。

この補助図をもって先の「建築の木」とくらべれば、伊東の建築進化地図の姿がそれとは異なった複雑な樹形を構成していたことだけは確かなのである。

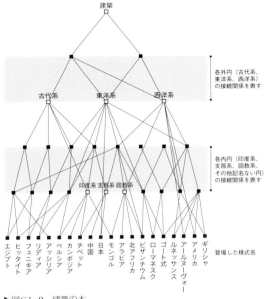

▶図C1-9 建築の木

Column 01……伊東忠太の世界旅行　法隆寺とパルテノンとの間

Lecture 02

「古代建築」の世界史
古代王権と建築

岡田 保良

1. 建築の地球的古代

　建築の歴史において、第一に何をもって古代となすか、さらに、地球上に共通して適用できる概念としての古代などありうるか。私たちは冒頭から悩ましい問題にいきなり直面する。かつてなら、世界の古代は「四大文明」として済ますこともできたかもしれない。エジプト、メソポタミア、インダス、黄河という、大河を擁する4つ別々の地域で文明は独自に誕生し、発達した、と私たちは教わった。そこでいう誕生期の文明の時代とは、先行する先史文化の段階を脱し、都市、王権、文字といった文明の基盤となる様々な要素が、それぞれの地域でほぼ自律的にはじめて出そろう段階——初期の都市国家から領域国家へと展開してゆく時期——とも重なる。建築という文明の所産に目を向ければ、権勢を誇示する記念碑的でしばしば巨大な造形が顕著である。かつ、それらを構成する諸要素はある地域的広がりをもって展開し、後の時代に大きな影響をとどめることになる。本章でも、絶対的な年代を想定するのではなく、そのような地政学を考慮した文明史の時代概念として古代をとらえたい。ただし文明圏のとらえ方は、4か所に限定する見方を今やだれも支持しないし、4か所それぞれの様相についてもまた、近年の研究成果を吟味しなければならない。

　今から1世紀以上前、ヨーロッパでは世界地図を前

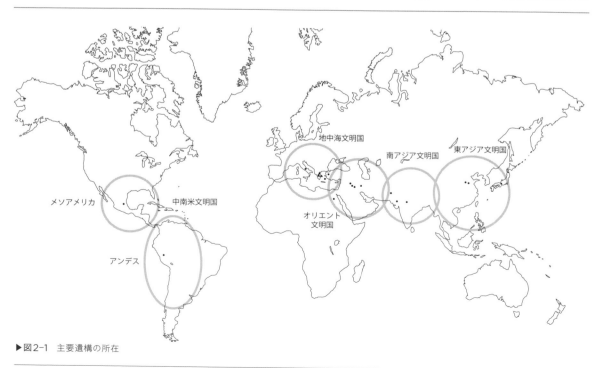

▶図2-1　主要遺構の所在

提とした建築史を描こうとする試みが相次いだ。改訂を重ねるB.フレッチャー卿の『比較研究法による建築史』の初版は1896年、先年邦訳版が出されたA.ショワジーの『建築史』は1899年の刊行である。それらに先行するJ.ファーガソンの『最初期から現在に至る全世界の建築史』(初版1865)は、「全世界all countries」の「古代ancient」という文脈を、エジプト、アッシリア、ギリシャ、ローマ、サーサーンと連ねた通時的系列に「古代アメリカ」と「サラセン(イスラーム)建築」を加えて扱った。フレッチャーの構想もほぼ同じで、前半は「歴史様式」として、エジプト、西アジア、ギリシャ、ローマ、初期キリスト教、ビザンチンをすべて「ヨーロッパのロマネスク」の前史とし、インド、中国・日本、古代アメリカ、サラセンという4地域の建築を後半「非歴史様式」にまとめた。これら先学の試みから、世界の建築史はまず地域優先でとらえるほかなく、文明の所産としての建築の古代のありようもまずそれぞれで読み取るしかないという共通のスタンスを認めることができる。

では結局のところ、地球上にどれほどの文明圏、それも初期段階のものを想定するべきか、ここではできるだけ大きく次のようにとらえて記述の前提としたい。旧大陸を東から眺めると、まず黄河流域のみならず農耕文化が新たな初期文明観をもたらしつつある長江流域と日本など周縁国家を包摂する「東アジア文明圏」。「南アジア文明圏」はメソポタミアとの交流もあったというインダス文明が及んだ地域で、その延長上に仏教・ヒンドゥーの世界を見込む。そしてエジプト、メソポタミアを一括りにするとともにアナトリア、ペルシア世界へと拡張した「オリエント文明圏」。人類史上もっとも早く都市文明をもたらした地域である。隣接するのは古代ローマとそれに先行するギリシャおよび地中海沿岸をコアとする「地中海文明圏」。ヨーロッパ圏と呼び替えてもよいが、少なくともその古代は地中海域を舞台に展開することは間違いなく、こう称したい。そしてメソアメリカとアンデス両地域にまたがる「中南米文明圏」を想定する(▶図2-1)。ほかにユーラシア草原地帯の文明圏、東南アジア、太平洋島嶼地域の文明圏なども有力だが、ここでは近接するよりコアとなる文明圏の周縁地域として扱うことにする。またアフリカ大陸サブサハラ地域にも一つを立てるべきかもしれないが、他地域に比肩する古代の様相を読み取ることは難しく、ここでは扱わない。

2. 東アジア文明圏

①中国の古代

中国では1960〜70年代にかけ、唯物史観をベースとする自国の建築史編纂が国家的事業の枠組みで行われ、今では19世紀のアヘン戦争以前を「古代」と総称する歴史観が定着している。殷代(または商)から西周・春秋時代(BCE5世紀)までを「奴隷制社会」を基盤とする初期の国家形成期とし、戦国時代以降、19世紀半ばまでを「封建制社会」の時代として括る。ただ日本を含め周辺諸国の建築史観との関係から、ここでの古代の視野は、国都の所在が洛陽、長安を主軸に展開した唐代までの諸王朝にとどめておきたい。

河南鄭州城は殷代中期(BCE1400頃)のより明確で中国最古の都城遺跡である。正方形に近い市域を囲う全長約7kmに及ぶ城壁は、「夯土(こうど)」と呼ばれる版築技法で築く。都城内には基壇を伴う宮殿の痕跡をわずかに認める。秦の咸陽城の内外には目を見張る規模の宮殿や陵墓の建設が相次いだことが知られる。未発掘の阿房宮のほか、城内で発掘された1号宮殿址から、外観3層で下層周囲に回廊を巡らせる「代榭(たいしゃ)」式建築が復元されている。「代榭」とは夯土で築いた方形の土壇「代」の上に木造の架構「榭」を載せる春秋戦国時代特有の様式をいう(▶図2-2)。桁外れの規模と計

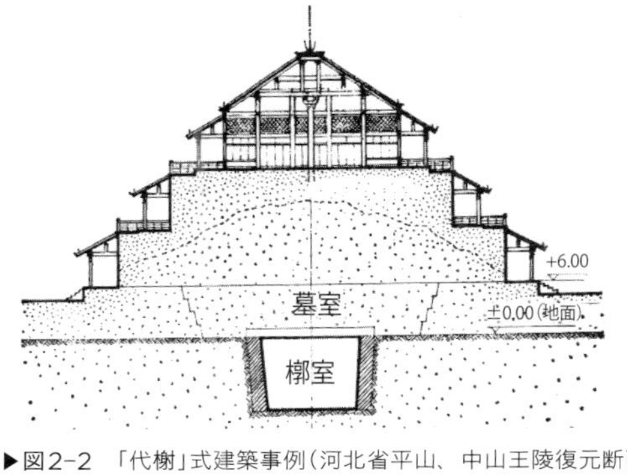

▶図2-2 「代榭」式建築事例(河北省平山、中山王陵復元断面)

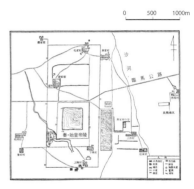

▶図2-3 秦の始皇帝陵全域配置図

画で知られる秦の始皇帝陵（驪(り)山稜）は、よく知られた兵馬俑坑以外にも、近年の再計測で南北515m、東西485mとされる方錐形の封土の下に現生の宮殿と同規模の居住施設が埋め込まれていると信じられている。2,165×940 m という南北に長い墓域を、夯土で築く二重の城壁が囲う（▶図2-3）。被葬者始皇帝の墓室に用いられた建材、構造は知るすべもないが、前漢以前に石造や塼造の墓室は普及していないので、おそらくは木構造だった。「空心塼」や小型塼を用いたアーチやヴォールト構造が墓室に普及するのは後漢以後のことらしい。

なお近年の考古学上の新たな成果は、河姆渡(かぼと)や良渚(りょうしょ)、あるいは三星堆(さんせいたい)など長江流域において、黄河流域とは別系統の初期稲作農耕文化とそれに伴う発達した建築技術を証する遺跡の存在を明らかにしており、中国の初期国家形成に伴う建築の歴史が今後どのように書き換えられるか、注目する必要がある。

②中国文明の東縁と南縁、日本の古代

中国南縁地域では、1世紀以降メコンデルタ地方にクメール人による扶南、真臘などと記録された初期国家の建設がすすむ。後にアンコール王朝によるヒンドゥー教、仏教の壮大なモニュメントが誕生する礎となった。ヴェトナムのチャンパ王国の成立は2世紀末頃とされるが、ミーソンの遺跡で知られるようなレンガ造祠堂（カラン）の遺構は8世紀をさかのぼらず、それ以前は木造だったらしい。ミャンマー地域ではイラワジ川沿いに、チベット系民族による城郭都市の形成が見られ、3世紀の中国史料にはパガンに先行するピュー国の存在が記される。東南アジアに仏教が到来した最初の地であり、レンガ造ストゥーパの遺構を含むその遺跡は世界遺産にも登録された。

エジプトでピラミッド、中国で始皇帝陵をあげているので、日本古代の始点ともいえる代表的古墳を主張するとすれば、卑弥呼の墓説が有力な奈良桜井の箸墓古墳、大王を頂点とした階級社会をもっとも顕著に反映するという観点では、最大規模を誇る仁徳天皇陵古墳（大山古墳）をあげることになろう（▶図2-4）。いずれにせよ、前方後円墳は墓室を土で覆っただけの墳墓ではなく、綿密な葬送儀礼を想定し、計画的で精度の高い土木技術を採用して築造されたことが重要である。そこには標準的な構成要素に加え幾何学と測量術が用意されていた。5世紀代と推定される仁徳陵築造のプロセスを想定すれば、まず周到な縄張りに基づいて棺を納める石室ないしは埋葬施設を置き、それを中心に後円部、さらに前方部の形状を決定する。墳丘は3段ないし4段に築成され、法面は一定の勾配に保って葺石で固める。土砂を掘り上げた跡は墳形に沿った形の周濠として後代まで維持された。この3次元幾何学が古墳時代を通じて一様ではなく、それがかえって編年の鍵とされる。墳頂や周堤には埴輪列が置かれるが、その意味や儀礼との関係には謎も多い。仁徳陵では、墳丘長485m、高さは35m、推定体積140万

▶図2-4　仁徳天皇陵古墳俯瞰

▶図2-6　平城宮復元大極殿

▶図2-5
唐・長安城平面

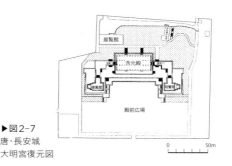

▶図2-7
唐・長安城
大明宮復元図

㎡という数値が公にされている。濠を含めた全長は840mにもなる墳墓である。

　仁徳帝がどこで政務をとったかは定かでないが、大和地方飛鳥の地に政権が落ち着くのは7世紀前半のこと。律令国家の中心として、初めて中国式の都城制と宮殿様式を導入して藤原京が計画され、計画者天武帝亡き後、694年に遷都が果たされた。範とした中国都城については平城京、平安京とも、条坊制は長安（▶図2-5）、宮域は大明宮（▶図2-7）とする見解が普通である。ただ、各都城の規模、宮域・宮殿の配置と意匠（▶図2-6）、条坊の計画法など、日本の実状に見合うよう改良を加えたことは間違いない。

3．南アジア文明圏

①インダス文明の都市

　インダス川流域に次々に都市を生み出した文明の始源はBCE26世紀頃とされ、遺跡はインダス流域のみならず、ガンガー川上流や沿岸のグジャラート地方にも及ぶ（▶図2-8）。いずれの遺跡においても、神殿や王宮と推定できる遺構、あるいは個人の権勢を主張する王墓のような記念物はいまだ発見されていない。さらに、この文明期に興隆した多くの都市がBCE19世紀頃を境に急激に衰退した理由についても、資源の枯渇、気候の乾燥化、アーリア人の侵入など、諸説紛々としている。多くの文字資料の解読も、諸課題の解決にはまだ結びついていない。ただ後のヒンドゥー教信仰に特徴的な、水、牡牛、菩提樹の神聖視やリンガ崇拝、シヴァ信仰などはインダス文明期にさかのぼる要素とみなされている。

　市域が50haを超える第一級の都市では、市域と城塞の区画が分離される。インダス最大の都市モヘンジョ・ダロでは、東西1,060m、南北1,200mの市域に東西方向に2本、南北に3本、幅10m前後の幹線街路が想定され、住宅地区を東に、西に城塞を配する。住戸は外壁に窓を設けない中庭形式を基本とし、植物マットに泥をかぶせた陸屋根が普通である。これらの仕様は西アジアのレンガ造建築と大差ないが、浴室や排水施設など衛生設備の完璧さは、他の都市文明に例を見ない。城塞とされる区画には、高位者の役宅ないしは学問所、その南に1,800㎡の沐浴用と推定されるアスファルト防水のプール、その西に接して、かつては1,350㎡に及ぶ木造倉庫が想定されるレンガ積みの土台を造りつけた（▶図2-9）。ここでは城塞内も市街地住宅にも、その壁体にはみな焼成レンガが用いられる（▶図2-10）。BCE2千年紀初め頃の西アジア都市の多くは日干しレンガを主要な建材としており、これほど大量の焼成レンガの使用はありえなかった。

②仏教文化の遺構

　今日のインド世界をつくり上げたインド・アーリアと称される人々は、BCE15世紀頃、西方からパンジャブ地方に進出し、おそらくインダス文明の残影

▶図2-8　パキスタン・グジャラート州ドーラ・ヴィーラ遺跡主要部。レンガ積みのように見える壁はすべて切石積み

▶図2-9　モヘンジョ・ダロ城塞地区平面

▶図2-10　モヘンジョ・ダロ城塞地区（東から）

と遭遇したのち、BCE10世紀頃にはガンガー・ジャムナー両河地帯に至る。先住の人々との関係ははっきりしないが、その流域に、ヴェーダに書き残される新たな宗教観が醸成され、バラモン階級を指導層とする階級社会が広がるとともに、王家の形成と初期国家の建設がすすむ。BCE6世紀、釈迦が誕生ないし活動した頃には16ほどの小国が分立していたと伝えられる。ガンガー中流域のマガダ国から出たマウリヤ朝は、BCE4世紀、インダスからガンガーに至るインドのほぼ全域の統一を果たし、パータリプトラを新たな首都と定めた。王宮跡とされる遺跡では、東西45m、南北34mの平面に80本の砂岩円柱を等間隔に並べた遺構が見つかっている。アケメネス朝ペルシアの王宮の謁見広間アパダナを想起させる。

第3代アショーカ王(BCE273-232)は深く仏教に帰依し、自身の宮殿の代わりに仏陀の遺骨を納める塔婆（ストゥーパ）を建て、仏陀の精神を独立の石柱に刻むことに精を出した。現存する王柱の多くは首都周辺に集中する。柱材はすべてヴァナラシ近郊に産する砂岩を一本石に磨き上げ、柱頭をベル形に垂れ下がる蓮華花弁で飾り、頂部にライオン像を載せる。やはりペルシアに由来する意匠と思われる（▶図2-11）。サーンチー第1塔は、傍らに同王の石柱が立つことから、その時期の築造とみなされる。ただ現在みられる石積みの外観は、1世紀頃に増築したもので、創建時はレンガ積みで半分ほどの規模だったという（▶図2-12）。

塔婆の基本形はその頃すでに定式化されていたようで、下方から順に、円筒形の台基（メーディ）、台基に載る半球体の覆鉢（アンダ）、覆鉢直上の平らで四角い箱形の平頭（ハルミカ）、平頭の中心に立てる傘竿（ヤスティ）、上端を覆う傘蓋（チャトラ）という部位からなる。覆鉢の中心近くには舎利室が設けられた。周囲に繞道が用意され、その外縁として、しばしば浮彫で装飾される欄楯（ヴェディカー）を巡らす。さらに鳥居のような2脚式の門構え（トーラナ）を、サーンチー第1塔の場合は4か所に設けている。タキシラ最古の仏跡とされるダルマラージカーの遺構も同様の形式を備えていた。

塔婆に始まる仏教建築の伝統は、その後インド中・北部地域ではアジャンターはじめ数々の石窟寺院として、さらにアレクサンドロスの東征軍が到達したインダス上流域のガンダーラ地方では、プルシャプラ（いまのペシャワール）を首都としたイラン系のクシャーナ朝（1-3世紀）の下、ヘレニズムの影響を受けた石彫を豊富に伴う山岳寺院の形で受け継がれ、グプタ朝が衰微する6世紀初めころまでその造営活動が継続した。建築史や美術史の領域では、この頃までをインド古代として扱い、ヒンドゥー文化が卓越する次なる時代をインドの中世とみなしている。

4. オリエント文明圏

①メソポタミアとその周辺

都市国家の形成、聖塔の成立：メソポタミアでは、統治機構を伴う都市国家の生成はBCE4千年紀の後半、初期農耕文化の延長上にバビロニア南部シュメール人の地で先行する。都市自体もすべて神々に捧げられ、人びとはみなそこに仕えた。最大の都市ウルクでは、豊饒神イナンナと天空神アヌ両者の聖域が隣り合いながら発達し、500haを超える市域の中央に、三分形の内部空間と控壁に分節された外壁意匠を特徴とする日干しレンガ造りの祭祀建築が多数建ち並んだ（▶図2-13）。アヌの聖域では主神殿が高基壇の上にそびえ建つ。メソポタミア都市に特有の聖塔（ジッグラト）の祖型である。初期王朝期（BCE29-24世紀）の都市はみな固有の神を戴き、その神域は物資の集積と分配の拠点として機能した。アッカド王国がはじめて領域国家をうち立てるまで、そういう都市国家分立の時代が続く。BCE22世紀後半にはウルを首都とするシュメール人の覇権が再び国土に甦る。聖塔が様式として確立したのはこの時代の建築技術の成果であった（▶

▶図2-11 アショーカ王柱の柱頭

▶図2-12 サーンチー遺跡の復元

図2-14)。その構造は、粗製の日干しレンガを積んで核とし、外面から2m余の厚さを焼成レンガ積みの被覆とする。基底部の輪郭は62.5×43.0 mの長方形、3段に築造され、高さは21mほどあったと推定される。聖塔の建立はバビロニアからアッシリア地方へ、さらに現イランの西南部エラムの地にまで時代とともに広まり、30近い都市遺跡でその存在が確認または推定されている(▶図2-15)。

アッシリアの台頭、バビロニア建築の終幕：BCE9世紀以降、アッシリア諸王による200haを超える都城が相次いでティグリス川東岸に建設された。聖域というよりは城郭ないしアクロポリスと呼ぶべき市の中枢では、規模の点でも建築表現のうえでも王宮建築群が神殿を凌駕した。諸王の遠征やライオン狩など石彫美術の傑作が並ぶオルソスタットと、壁画や彩釉陶製品という色彩をふんだんに取り入れた壁面構成がそれらを荘厳する。バビロンの遺跡では、BCE7世紀、帝国アッシリアが滅んだのちの都市構成といくつかの建築遺構が知られる。「行列道路」という明確な都市軸が、豊饒神イシュタルの名をもつ市門と、市中央に「バベルの塔」の由来となった聖塔をいただく聖域とを結ぶ。市壁に沿うネブカドネザル王の宮殿は、5つの大庭ごとのブロックを東西に連ねて270×180 mの敷地全体に展開する(▶図2-16)。市壁や行列道路の方向にとらわれず、焼成レンガ積みの壁筋をすべて正方位に則って直交させるという試みは、おそらくメソポタミアではじめての設計手法であり、間口52m奥行17mの王座の間は、単一の室空間としてはメソポタミア建築史上最大である。同室の壁が極度に厚い点から、上部はヴォールト架構だったと思われる。外壁の立面には、オルソスタットに代わって、渦文やパルメットを配した列柱模様や列をなすライオン像を、アッシリア由来の彩釉レンガを用いて描き出した。イシュタル門は彩釉レンガを駆使したもう一つの大建築であり、神々を象徴する牡牛や有角龍(ムシュフシュ)の列を描く。ただしこれらの動物たちは型造りのレンガを組み合わせた浮彫りとなっており、より複雑な工程を強いられたはずである。この技術はペルシアの宮廷工人に受け継がれ、スーサのダレイオス王宮殿にも採用された。その光り輝く門構えは数千年のメソポタミア建築の到達点といえる(▶図2-17)。

②エジプト文明の遺産

ピラミッドの時代：ナイル川の上下流域が一人の王のもとに統一されるのは、BCE3000年頃のこと。最初の首都はナイル西岸、上下エジプトの境に当たるメンフィスに置かれ、王たちは西方サッカラを墓所とした。古王国のネチェリケト(ジェセル)の時代(BCE27世紀)に現れる「階段ピラミッド」は、上エジプト由来のマスタバ形式の石造墳丘墓を段階状に増築した結果であり、他方墓地全体を囲う周壁内には下エジプト的「住居墓」を合わせ置く。両者を結合させた新たな王墓複合体形式こそ、上・下エジプトの統合を象徴する

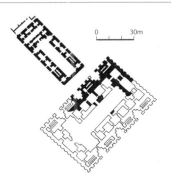

▶図2-13　ウルク、エアンナ聖域の神殿

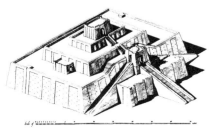

▶図2-14　ウル、第3王朝期の聖塔復元

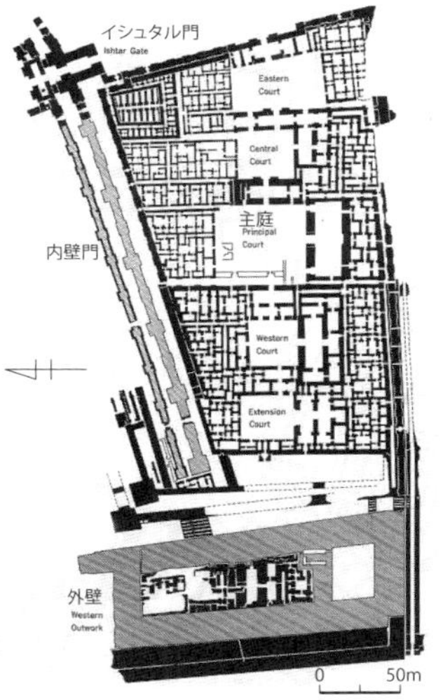

▶図2-15　チョガ・ザンビール遺跡の聖塔(イラン、フゼスタン州)

▶図2-16　バビロンの王宮・イシュタル門平面

▶図2-17　ペルガモン博物館に再現されたイシュタル門

Lecture 02……「古代建築」の世界史　古代王権と建築

ものだった（▶P.Ⅲ 口絵1）。建築家イムヘテプによる設計と伝えられる。ピラミッドはその後さらに進化し、階段形状を包み隠すように外面をなめらかに仕上げる表装を施すことで、正四角錐形の真正ピラミッドが完成する（▶P.29 図3-2）。玄室を地下深くではなくピラミッド内部に設ける複雑な空間構成は、その意図する点についていまだに議論が絶えない。

神殿、葬祭殿：エジプト建築を特徴づける大規模な神殿建築の展開は、古王国期の太陽神ラーの神殿を別にすれば、現存する事例はおよそ新王国時代（BCE16-11世紀）以降に限られる。上エジプトのテーベでは、太陽神と習合したアメン神に捧げる大神殿がナイルを正面に望む方位で造営され、ローマ時代まで増改築が繰り返された。すぐ北に接してテーベの地方神メンチュの神域、南にはアメンの配偶神ムウトの神域が並び、3つの神域はそれぞれが日干しレンガ造の周壁で区画される。ひときわ威容を誇る大神殿は、正面幅105mの第1塔門と、その背後350m余にわたって、大中庭、大多柱室、歴代諸王の建物が連なり、その間の主軸上に5基の塔門が加わる（▶図2-18）。さらにその南方には王の神性にかかわるアメン神の属性に因むルクソール神殿が位置する。対岸には王墓とは別に死後に神となる王のための葬祭殿が設けられた。テラスを2段に重ね、水平線を強調してエジプト建築に新たな形式を打ち立てたハトシェプスト女王の葬祭殿はその代表といえる（▶図2-19）。ヘレニズム期に当たるプトレマイオス朝の王たちは、首都をアレクサンドリアと定めながらも、エジプト王としてファラオを演じ続け、長軸と量塊を強調する神殿のスタイルも伝統を踏襲した。女王クレオパトラ7世の死後、ローマ治世下においても量塊性を強調した建築スタイルはつよく維持された。こうしたエジプト建築の様式的伝統がギリシャ、ローマ、とりわけギリシャ建築にどれほどの影響を及ぼしたか、私たちに残された最大の建築史的課題といえる。

5. 地中海文明圏

①エーゲ海域の都市文明

BCE3千年紀中ごろ以降、小アジアの沿岸部を含むエーゲ海域に初期の都市国家が次々に登場する。その契機は定かでないが、古代的な巨大モニュメントや様式を整えた神殿建築など、聖俗にかかわらず権威を誇示する建築表現が目立たない点は注意したい。とはいえ、王宮建築の事例は、クレタ島のクノッソス宮殿（BCE17世紀頃）（▶図2-20）やペロポネソス半島のミケナイ、ティリンスといった遺跡において、色彩豊かな主要室や複雑な平面構成など、王宮の全容を確認することができる。また、その中央空間や後のギリシャ神殿のコアとなるメガロン型の住居単位が、早くもBCE25-24世紀頃のトロイ第2市の遺跡（▶図2-21）で判明しており、ギリシャ古代の建築計画におけるア

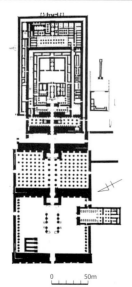

▶図2-18 アメン大神殿（カルナク、第19王朝、BCE13世紀）

▶図2-19 ハトシェプスト女王葬祭殿（デール・エル・バハーリ、第18王朝、BCE15世紀）

▶図2-21 トロイ、第2市

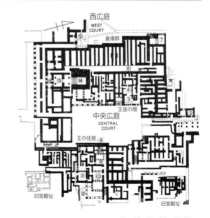

▶図2-20 クレタ島、クノッソス宮殿平面

ナトリア的要素とみられる。

　これらの建築は粗仕上げの切石をおもな建材とするが、日干しレンガや木材も随所に用いられた。その組積法には、迫持ちによる真のアーチやヴォールト架構は見られないものの、ミケナイのトロスと称される墳墓群の中には、きわめて洗練されたドーム型の内部構造を有する王墓がある。「アトレウスの宝庫」と称されるBCE13世紀代に築造された遺構は、14.5mの基底部直径、13.2mの高さ、切石で平滑に仕上げられた紡錘形の内面、正面開口部上に据えられた巨大な楣石など、33層の持ち送り式整層積み（輪積み）によるドームの精緻で破格な造りが人を圧倒する（▶図2-22、2-23）。ただこうした墳墓建築や先の宮殿建築の伝統がどれほど後代のギリシャ世界に継承されたかといえば、きわめて希薄であったというしかない。BCE11世紀頃からこの地域には、北方からドリス人、東方からイオニア人といった集団の移動が相次ぎ、混乱と新たな秩序を求める模索のなかで、過去の多くが忘れ去られたようである。

②**アテネとローマ**

　BCE8世紀代に入ると、アテネがアクロポリスを中心に急成長したのをはじめ、ギリシャ本土に多数の都市国家（ポリス）の建設が進む。アテネの丘、エレクテイオン脇に痕跡をとどめるドリス式の本格的な周柱式神殿が建設されたのはBCE6世紀末、いわゆるアルカイック期のことである。ドリス式オーダーの成立はそれより少しく古く、BCE7世紀の後半、ペロポネソス地方とその西方、イタリアの植民地においてであった。20条のフルーティングを施す柱身、アバクスとエキヌスを重ねる柱頭、その上に載るフリーズのトリグリフなどを特徴とする。オリンピアのヘラ神殿（BCE600年頃）（▶図2-24）、シチリアのセリヌンテ神殿群（BCE6世紀代）、イタリア半島パエストゥムのポセイドン神殿（BCE460年頃）ほか、その重厚な構えを今に伝える。他方小アジアの沿岸地帯では、ドリス式と同様、木造建築を写す形でイオニア式オーダーが成立し、BCE5世紀頃からギリシャ本土の神殿様式にも広まった。やや細身で通常24条のフルーティングを施した柱身、渦巻型の柱頭、浮彫装飾豊かなフリーズを組み込んだアーキトレーヴなど、ドリス式に比べて優美さを強調する。対ペルシア戦争の終結（BCE448）を機に再建されたアテネのパルテノンは、基壇から屋根瓦まで大理石を採用し、外周に厳格なドリス式列柱を配するとともに内側にはイオニア式を大胆に用いるという、両様式の効果を巧みに取り込む手法に成功し、永遠の建築となった（▶図2-25、2-26）。石材組積によるギリシャ様式建築の成立の背景には、アルカイック期の人物彫刻や伝えられる神々の系譜からみても、エジプト建築がギリシャ人の視野に入っていたことは想像に難くないが、その経緯はよくわかっていない。

　マケドニアに出たアレクサンドロスによってギリシャ文化が東方アジア世界に拡散する一方、BCE2世

▶図2-22　ミケナイ、アトレウスの宝庫

▶図2-24　アルカイック期のドリス式神殿（オリンピア、ヘラ神殿）

▶図2-25　アテネ、パルテノン神殿

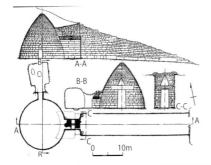
▶図2-23　ミケナイ、アトレウスの宝庫平面・断面

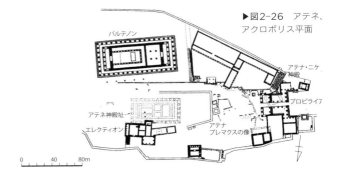
▶図2-26　アテネ、アクロポリス平面

Lecture 02……「古代建築」の世界史　古代王権と建築

紀からBCE1世紀、地中海世界の覇権は、カルタゴなどを拠点としたフェニキア人との相克に打ち勝ったローマ人に委ねられた。ギリシャを含む各地が属州となって都市と建築のローマ化が浸透する。格子状プランの都市建設と様式建築の手法において、彼らはギリシャ文化のもっともすぐれた後継者であり、加えて、新たな建築素材として、オリエント世界に普及していた焼成レンガと火山灰を材料とする自らの発明品コンクリートを積極的に導入した結果、長距離に及ぶ水道橋が都市の安定を維持し、コロセウムに代表される大規模な重層建築やパンテオンの如き長大ドーム架構を実現した（▶図2-27）。ただ、同時代の東方属州の都市ゲラサ（ジェラシュ遺跡）などには、切石組積に固執した見事なペンデンティヴ型半球ドームが採用されていたことを見逃してはならない（▶図2-28）。古代ローマが残した建築遺産は、それら自体が長く利用に供されるとともに、架構法や技術が、つづく時代のキリスト教建築や、東方のペルシアあるいはイスラーム建築に継承されることになった。

6. 中南米文明圏

①メソアメリカの古代

オルメカの初期文明：メソアメリカに生まれた諸文明の中にあって、公共建物や神域を伴う集落がはじめて現れるのはBCE1200年頃、メキシコ湾沿いの限られた地域においてであった。巨石人頭像や宝石細工、ジャガー信仰などを特徴とする文化を有し、オルメカ文明の名で呼ばれる。宗教的権威者が人々の上に立つ社会が形成されたらしい。土と木材による土木事業や建築を特徴とするため、構造物の情報は十分のこっていないなかで、ラ・ベンタ遺跡にあるステップ状に造形され、遺存高さ34mをとどめる「円錐形の土のピラミッド（建造物C-1）」が目を引く。

テオティワカンの都市と建築：BCE2世紀頃、メキシコ盆地中央、今のメキシコシティの辺りは湖で、その北東50kmほどに遺跡をとどめるテオティワカンでは、入念な都市計画に基づく一大祭祀センターへの飛躍が始まっていた。2世紀には20km²を超える市域を擁するメソアメリカ随一の都市で、中枢部の景観は以下のようであった（堀内・増田 1983; 青山・猪俣 1997）。「死者の大通り」と称する幅40m、長さ5kmほどの南北街路を中軸とし、その北端に一辺150m、高さ45mの「月のピラミッド」、通り東側に一辺220mの「太陽のピラミッド」を配置する（▶図2-29）。後者を墓とする考え方もあるようだが決定的ではない。ほかに通りに沿って20以上の中小の神殿ピラミッドが配された。これらのピラミッドの外装壁は、「タルー＝タブレロ」と称する独特の様式に従っていた。タルーとは勾配、タブレロとはパネルを意味し、それぞれ交互に壁面を成す（▶図2-30）。テオティワカン文化を特定する指標ともみなされ、1,000km以上離れたマヤ文化圏と、

▶図2-27　ローマ、パンテオン内部

▶図2-29　テオティワカン、修復された太陽のピラミッド

▶図2-32　マチュピチュ遺跡全容

▶図2-28　ジェラシュ西浴場のペンデンティヴ型ドーム

▶図2-30　タルー＝タブレロ様式外壁断面

▶図2-33　マチュピチュの聖域建物細部

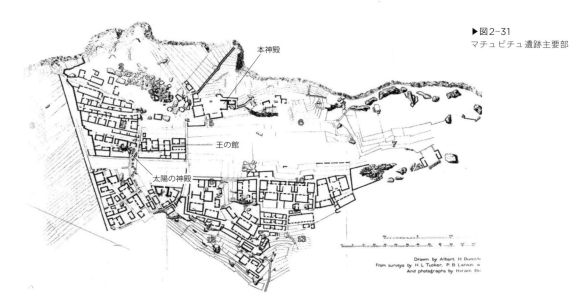
▶図2-31
マチュピチュ遺跡主要部

とくに4世紀以降、交流があった証左とされる。テオティワカンの都市と国家の崩壊は7世紀頃、外部との戦いに敗北したことによるという。

②アンデス文明の様相

地方王国の盛衰：南米ペルー沿岸部とアンデス山脈からなる帯状の地域でも、祭祀施設を中心に先史集落が発達するが、アンデスではその時期がメソアメリカよりずっと古く、BCE3000年頃にさかのぼる。山岳部のコトシュ遺跡で東京大学調査団が調査にあたった「交差した手の神殿」はBCE2000年頃の遺構で、一定期間ごとに建物を壊したうえで更新するという、祭祀建物特有の扱いが確認された。アンデス地域の基層となる宗教伝統が広く培われた時期である。ペルー中部高原チャビン・デ・ワンタルの神殿ではBCE1000年頃の旧神殿とBCE400〜200年頃の新神殿それぞれの構成や、礼拝の中心とされた石柱状の獣神像が知られる。中部沿岸地帯ではようやく王国としての体裁を整えたモチェにおいて、日干しレンガで築かれた太陽と月それぞれのピラミッド型巨大神殿が対となって聖域を形成した。100年頃の創建という「太陽の神殿（ワカ・デル・ソル）」の遺構は残念ながら17世紀の盗掘で過半が失われたが、アメリカ大陸最大の建造物だった。10世紀に北部で興ったシカン文化の聖域バタン・グランデ、同時期、南部海岸地帯1,300kmにわたるチムー王国の都だったチャンチャンなど、インカ以前のアンデス都市を代表する。これら海岸地域の建築の多くは日干しレンガ造であり、インカで知られる精緻な石造とはまったく異なる建築景観が展開していることと、それらを遺産として現代社会が保存継承することの困難さに留意しておきたい。

インカ帝国：15世紀の初め、クスコ盆地に勢力を張っていたインカ族が征服事業を開始し、まもなくエクアドルからチリ中部に至る大帝国が出現する。都はクスコ。太陽神を奉ずるコリカンチャ神殿をその中心に置き、インカ神のパンテオンとした。いまその遺跡はクスコ市内サン・ドミンゴ教会に取り込まれ、いくつかの室群と湾曲する外壁の一部が残るに過ぎないが、安山岩を直方体に切り出してすり合わせた黒光りするその石積みは、精緻を極めたインカ組積の傑作といえる。観光地としても知られるマチュピチュ遺跡はインカの建築博物館と呼んでいい（▶図2-31、2-32）。その立地は山頂というより、南北2つの聖峰に挟まれた鞍部にあたり、おかげで頂部の聖域脇からでも清水が絶えない。遺跡全体を見渡すと不特定多数の集住を証する建築は希薄であり、特別な祭祀センターとみなすべきで「空中都市」との俗称はふさわしくない。ただアンデス各地にあるようなセンターでは決してなく、あらゆる外敵から守り切らねばならない王家直属のセンターであり、それだけに中心施設はクスコのコリカンチャに劣らぬ精緻さが求められた。聖域に建つ「本神殿」と隣接する「女神官の部屋」（▶図2-33）、その下方「太陽の神殿」の組積が最高グレードに属し「王の館」などがそれらに準ずる。これほどの石工技術がありながら、いかなる種類のアーチやヴォールトも、またドーム架構も、マチュピチュには、そしてインカの石造建築のどこにも見出すことができない。それゆえあらゆる開口が楣石を渡した上細りの台形をなし、屋根は押しなべて切妻型である。アンデス建築の伝統意匠とはそのようなものであった。

Lecture 02……「古代建築」の世界史　古代王権と建築

Column……02
日本建築の古層をめぐって

佐藤浩司

「歴史」は無数にある事象の中から現在につながる筋を選択する作業といってよい。選択から漏れた事象は「歴史」のゴミ溜に追いやられる。だが、既存の社会が現実にそぐわなくなり、あらたな社会イメージが模索されるとき、ゴミ溜に葬ったはずの事象がふたたび歴史の表舞台に姿をみせることがある。

本項が扱うのは先史時代の日本。当然、日本という国土はまだないのだから、イマジネーションを発揮する余地がもっとも大きな時代である。以下ではつぎの2点について検証を試みよう。

第一に、先史住居のイメージはどのように形成されたのか？

第二に、日本列島周辺の住居はどのようであったのか？

検証1　先史住居
天地根元宮造から登呂遺跡の復原まで

明治33（1900）年に、日本建築学会では「日本神社建築の発達」★1と題する講演がおこなわれ、講師にたった伊東忠太が神社の祖型として掲げたのは、「我が国最初の原始的建築として古来工匠間で伝へてゐる天地根元宮造」なる建築構造だった。それ以降、「天地根元宮造」は、たえず日本建築史の第一頁を飾る住居様式として建築学者のあいだに浸透してゆく。

伊東はさらに数年後の講演「建築進化の原則より見たる我邦建築の前途」のなかでもこの話題をもちだしていて、日本建築発生の有様は、天地根元宮造が根源で、そこから出雲大社のような形が生まれ、しだいに進化していろいろな形式手法ができたと、建築の発展図式を講釈している★2。また伊東とならんで建築史学の礎をきずいた関野貞も、のちにはこの説をほぼ採用したために、以降の研究者はみなこれにならった。

天地根元宮造または略して天地根元造ともいわれるが、この原始的な建築構造は、方形の竪穴の上に切妻屋根を伏せただけの簡単な形式をしている。こうした住居形式が、古代には広まっていたと考えられたわけだ。ところが、高床でない点をのぞけば、この住居には現在の神社（大社造）に見られる様式上の特徴がことごとくそなわっている。その合理的な部材配列を見ると、千木や堅魚木の祖型がすでに萌芽しているという具合であった。

伊東の言及したごとく、工匠たちのあいだで天地根元宮造が伝えられていたことをしめす史料は二書が知られているにすぎない。ひとつは元文4（1739）年、江戸幕府大棟梁をつとめた平内家第三代平内政治の門弟であった、深谷平大夫治直の描く『社類建地割』であり、もうひとつは享和4（1804）年、辻内伝五郎の奥書をもつ『鳥居之巻』である。

『社類建地割』は日本書紀冒頭の天地開闢神話をひきながら、それぞれ天神七代（国常立尊から伊弉諾尊・伊弉冉尊までの七代）と地神五代（天照大神から葺不合尊までの五代）に由来する、2種類の天地根元造の建物を描きわけている。天神にまつわる建物は棟持柱がなく、合掌材だけが切妻屋根を形成して、

　　天神七代造リ始也　今諸国山中ニアル所之　岩窟アリ

との書きこみがある（▶C2-1）。原始住居をおもわせる第一の建築にくらべると、地神に由来する建物のほうはいっそう細部が洗練されていて、神社の祖型といってもよい形式をそなえている。2間×5間の平面に竪穴を掘り、その上を切妻屋根で覆ったもので、妻壁にそって棟持柱が見えている。棟のうえには堅魚木があり、垂木は千木となって屋根の上方にのびている。この建物の図中には

　　地神五代宮城殿門初リ之図　チキカツヲキノ初
　　地神五代柱建初也　御門宮城殿門之初也
　　コレヨリ社大工初也　天野児屋根尊ナリ　口伝アリ

とある。

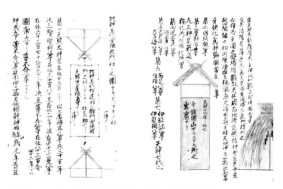

▶図C2-1　地神五代宮城殿門初リ之図（『社類建地割』）

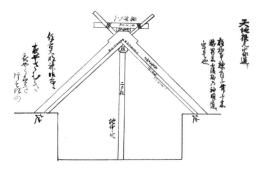

▶図C2-2　天地根元家造リ(『鳥居之巻』)

一方の『鳥居之巻』は、上述した第二の建築とほぼおなじ構造の断面図を描いたもので、図には

　　天地根元家造リ
　　柱弐本棟有小舞千木勝男木 覆 板乃神明造リ宮是也
　　　　　　こまいちぎかつおぎおおいいた

と記されている(▶C2-2)。

これらの大工書は江戸時代中葉のものであるが、扠首構造の岩窟から棟持柱をもつ天地根元造へ、それからさらに高床の神社へと発展する図式が日本書紀の時間系列に即して語られている。この点にかんして、江戸時代の工匠たちと伊東や関野ら明治以降の建築学者とのあいだに大きな隔たりはない。しかしながら、天地根元宮造は、その後、実証的なデータとの齟齬のために破綻をきたしはじめる。

大正時代を経る頃になると、関東地方を中心に竪穴住居の発掘例が増して、天地根元宮造を期待させるような住居址のないことがあきらかとなる。天地根元宮造であれば、住居址の形は矩形をして、切妻屋根をささえるために中央軸には棟持柱があるはずだ。しかし、じっさいに発掘される住居址の多くは、隅丸方形の求心的な平面をもち、竪穴の周壁よりやや内側に四本の主柱をそなえていた。それは切妻屋根よりも寄棟風の外観を期待させる。そして、このような平面にいっそうふさわしい住居の形式は、中国地方で古くから砂鉄製錬に使われた高殿の建築構造であることを、建築史学者の関野克はしめしたのである。高殿にもとづいて、関野の計画した古代住居の復原案は、天地根元宮造の常識をまったくつがえし、円錐形の屋根本体のうえに、袴のような煙出しをのせた形だった★3。

関野克の案が登呂遺跡に採用されて、あたらしく「我が国最初の原始的建築」となってゆくさまは、まさに日本国の運命をなぞらえるようで興味をひく。

登呂遺跡の発見は昭和18(1843)年のことで、おりしも静岡県に軍需工場が計画され、その敷地の埋め立て用に用土を採取しようとした水田の下から、弥生時代の集落と水田の痕跡が発見された。すでに戦争も逼塞していた頃であったので、遺跡は簡単な調査のあと放置されるがままになっていた。終戦後の昭和21(1946)年になって、再調査が必要だという話になり、関野克に白羽の矢がたったのである。それでも関野案にもとづいて竪穴住居址が竣工したのは、ようやく昭和26(1951)年のことだった。

戦後の初等教育が、国の基礎にしようとめざしたのは、神話や説話に多くをあおぐ支配者階級のイデオロギーではなく、農耕社会で見られる共同体の秩序であった(▶C2-3)。だから古代王朝の遺産でもなく、中央の政権からもはなれた、ごくふつうの農村集落遺跡がたまたま復原されて、たとえ登呂遺跡である必然性は乏しかったにしても、それが一躍脚光をあびたのはごく自然のなりゆきだっ

▶図C2-3　天地根元造の家
当時の検定教科書の記述「これから、あたらしく米をつくるか、それとも、いままでどおり、貝や、けものをとるくらしかたをつづけていくか、そうだんをしているのです」とある。

た。それは皇国史観から実証主義にもとづく歴史観への転換を記念する事件として当然のようにむかえられた。

はやくも昭和29(1954)年には、一部の中学生用教科書のあいだで、登呂の復原住居が写真をそえて紹介されはじめる。これを境に小学生や中学生の教材のなかからは、天地根元宮造はしだいに影をひそめて、それにかわって現在にいたるまで、日本的生活の源郷としての確固たる地位を

▶図C2-4　登呂型の竪穴住居
当時の検定教科書の記述「村ができて、人々が、そこに、長くすむようになると、みんなでたすけあいながら、村をよくし、いっそう、ゆたかな、たのしいくらしを、つくりあげるようになりました」

登呂遺跡が果たしつづけている（▶C2-4）。

検証2　北の竪穴、南の高床？

　縄文、弥生時代を通じて、日本列島にもっともありふれてみられた住居の形式は竪穴住居である。その建築について、日本ではおおよそのイメージがすでに定着している。復原された竪穴住居はたいてい茅が葺かれ、地上までとどく入母屋屋根には、大きく転んだ破風の下に煙出しの開口がとられている。その建築形式は、基本的に今も残る近世農家に連なるものだし、復原の根拠となったのは、古墳時代のものとされる数点の画像資料にすぎない。実際には、これら画像資料の特徴は東南アジアの青銅器文化の建築

▶図C2-5　トンプソン・インディアンの竪穴住居
20世紀初頭にはまだ竪穴住居の原型をみることができた

表現と共通するものであり、縄文時代から日本各地に見られる竪穴住居とはなんの関係もない。

　一方、日本列島から周辺世界に目を転じると、19世紀の末までは、北アジアや北アメリカの漁撈や狩猟に従事する民族のあいだで、竪穴住居やそれに近い形式の住居が実際に利用されていた。東シベリアに居住するユカギール、チュクチ、コリヤーク、イテルメン（カムチャダール）、ニヴヒ（ギリヤーク）、さらに東のアイヌやアレウト、それに西シベリアのケットなどをふくめ、従来古アジア系と言われてきた諸民族、北欧のサーミ、さらにアラスカ、カナダ、グリーンランドに居住するイヌイット（エスキモー）、北アメリカ大陸西部の高原地帯や中部の大平原地帯、南西部の大盆地やカリフォルニアに住むインディアン諸族の住まいがそれである。

　こうした民族にかんしては相当数の民族誌的記録が残され、それによって竪穴住居の特徴をかなり正確に知ることができる。竪穴の深さや規模には種々の変異がみられたにしても、いずれも土によって屋根を覆う土小屋であることに共通の特徴があった（▶C2-5）。

　その様子は文化4（1807）年に出版された江戸時代の漂流記『環海異聞』のなかに窺うことができる。寛政5（1793）年に、陸前石巻を出帆した廻船が、翌年アリューシャン列島中の小島に漂着、ロシア各地を移動して、11年後に生存者4人が帰国した。『環海異聞』はそのときの船頭たちの見聞記である。

　この島の住民の名はアリヲツトクと記され、現在のアレウト人と考えられている。「オンデレイツケ島穴居並島人其土室江出入図」と題する挿図に描かれた穴居をみると、小高い土饅頭のような盛土の頂上に穴があいているだけで、その穴から住人が顔をのぞかせている（▶C2-6）。島民たちはこの土饅頭のなかに住み、屋根に開けた煙出し風の天窓に、刻み目をつけた丸太の梯子を掛けて出入りしていた。その住居は、樹木が乏しいために鯨の肋骨などの道具で土を掘り込み、流木を利用して骨組を

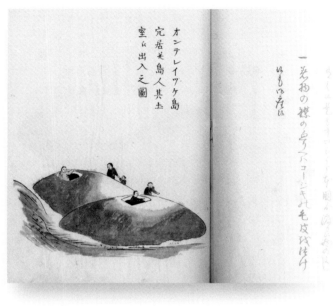

▶図C2-6 土饅頭の住居(『環海異聞』)

築いた上に、草を葺いて土を被せていた。住居の中央には尿溜があって、住人たちはそこに溜めた尿で皮衣の汚れをおとし、頭髪を洗っていたという。1778年にアリューシャン列島のウナラスカ島を訪れたキャプテン・クックも同様の報告を残している。

東北アジアの特異な竪穴生活者のことは「魏志倭人伝」の時代から中国では知られていた。夫餘の東北千余里、大海に接して居住する挹婁について、

「山林の間に処し、常に穴居す。大きな家は深さ梯子9段、多いほどよい。人々は不潔で、中央に溷を作り、それを囲んで居る」(『三国志』巻三〇「魏書・東夷伝」)

と記されている。

19世紀末の民族誌によると、こうした竪穴住居は、凍土が溶けると屋根や壁から水が漏れはじめ、大量発生する鼠や蚤のために住むに耐えなくなるという。そこで夏期の

▶図C2-7 カムチャッカ半島の冬の竪穴と夏小屋 キャプテン・クックの第3回目の航海に同行したJohn Webberの描く銅版画

漁撈活動に便利なように、暖かくなると竪穴を出て、河畔や海岸沿いの土地に高床の夏小屋を築いた(▶C2-7)。それは夏の間の住まいとなるほかに、余剰の干魚の保管場所も兼ねていた。鼠や犬、狐、熊などからこれらの保存食を守り、河川の氾濫や高潮を避けて通気を確保するうえでも高床は好都合だったのである★4。

夏と冬とで住まいを替えるのは、竪穴生活の暖期における一種の適応形態を示すものといえようか。中国でも戦国時代の『礼記』「礼運」に、

「昔者は、先王未だ宮室有らず。冬は則ち営窟に居り、夏は則ち橧巣に居る」(『礼記』巻九)

とあるのは、こうした住み替えがひろくおこなわれていたことを物語るのだろう。

「冬は穴に宿ね、夏は樔に住む」(『日本書紀』景行天皇四十年)

と記された日本の蝦夷もその系譜に連なっている。

先史時代の住居史を考える際に、「縄文」対「弥生」というステレオタイプ化した歴史の対立概念をあてはめることがよくある。縄文文化は北方系であり、閉鎖的な竪穴住居によって特徴づけられるのに対し、弥生文化は南方系であり、開放的な高床建築をもたらした。こうした二項対立する枠組からはずれる事柄は、それだけで常識に反するとみなされてしまう。しかし、理解のための概念化と実際に起きていた事実は必ずしも一致しない。

本項では触れることができなかったが、東南アジアには高床の穀倉下に住む事例が多くみられるし、高床住居を建設しながら、その床下で土間生活をおくったり、まったく同じ建築構造の建物を(地床)住居と(高床)穀倉に使いわけている民族もいる。なにより東南アジアの高床住居の本質は暗く閉鎖的でさえある★5。

先史時代の日本列島は、いうまでもなく周辺地域をまきこむ文化潮流のさなかにあった。その建築も汎アジア的な視点で理解してゆくほかないのである。だが、それは先史時代の教訓にとどまらない視点ではないだろうか。

Lecture 03

「世界建築史」の構想

有心から有軸へ
時空を架構する
建築の夢

中川 武

0. はじめに

　「世界建築史」という問題構制には、建築とは何かという素朴な疑問から、建築哲学という問いのほかに、いま「世界」はどうなっているのか、ということと、「建築と世界」の関係への問いが含まれている。なぜならば、稀少な例を除き、これまで、「世界」があり、「建築史」もあるから、常識のように「世界建築史」も存在していたというわけではないからである。したがって、以上の基本的問題点について、順を追って論を進めるべきであろうが、小論では、「世界建築史」が可能となるためには、建築の要諦はもの自体にはなく、現象空間にあること、それにより、建築に超越性が認められ、期待し、また、それに依拠することによって建築の歴史を紡いできたという考えに立って論を進める。世界＝普遍性を構想することは、建築の超越性を、つまり建築が人類にとっての夢であり、そこに建築の本質的な可能性があることを考えることだと思う。

1. 世界建築史の構想

①フレッチャーの世界建築史から
個と世界の関係を模索するための世界建築史へ

　フレッチャー父子の世界建築史初版が刊行されたのが1896年である。この本の考え方と内容を端的に示しているのが、「建築の木」という図で、ヨーロッパを中心に、各建築様式の発展・進化が示されている（P. 11図C1-2参照）。それは、ギリシャ、ローマ、ロマネスクの太い幹の上部に、ヨーロッパのゴシック、ルネサンス、バロック等々の枝を広げたもので、インド、中国をはじめ日本などは、幹の根元から細く枝分かれした形で図示されたものである。フレッチャーの世界建築史の書名が『A History of Architecture on the Comparative Method（比較研究法による建築史）[1]』とあるように、この世界建築史の方法は19世紀に至って西洋列強を中心とした世界進出により、地図上の世界の全体を視野に納めるに至ったこと、そして折衷主義の経験が、世界の歴史上の各建築様式を、相互に比較し、相対化したことから可能となった方法である。19世紀の西洋という、まさにこれから日が昇るかのように勢いのある視点を立脚点としているからであろうか、その後非西洋世界の研究の進展によって比重が若干変化してきたとはいえ、フレッチャーの世界建築史はおよそ1世紀の間、世界の建築を、様式の生成、材料、構造、意匠、種別を、博物学的に網羅し、1冊の巻に納めるという意図は終始一貫して、版を重ねてきたことは特筆に値しよう。それは、19世紀のヨーロッパが抱いた特定の意図であったが、同時にその意図が歴史的な発展拡大の方向でもあったために、フレッチャー的世界建築史の命脈を永らえさせ、かつ後押しすることになったと考えられる。そして、西洋建築様式が、その折衷化によって、様式の根拠を弱体化もしくは相対化させ、そのダイナミズムの中から近代建築が成立していくことになるが、その過渡期の建築は、いわば様式なき様式建築であって、その近代〈様式〉建築は、自らの母胎である建築様式に対する否定の意思を、広く世界に問い掛けていく役割を担った。様式否定のために様式を必要とする関係が維持されていくことになった。この点に、近代建築も含めた、建築というものの根深い因果がある。そして注目すべきことは、様式の比較、折衷、相対化から否定へと進んだことによって、世界を構成する客観的対象としての様式から、その解体のプロセスを内在的に推進する主体のあり方こそが建築の中枢であることを近代建築は、広く世界の人々に問い掛けるようになったことである。近代建築は重要なものを獲得したが、それに劣らず永らく自らの根拠にしてきた大切なものを失ったのである。この自覚こそが、近代建築の生命であることを忘れてはならない。

　ともあれ、操作の対象としての世界建築史を知るだけでなく、未知の、世界の中の自らの位置付けや、

自らの進路など、新しい価値を見出すための問い掛けが建築史に求められ出したといえよう。バルセロナのガウディやフィンランドのサーリネンがそれらの、ナショナルロマンティシズムといわれる傾向の代表であり、日本では明治期のコンドルから伊東忠太の活動がこれに当たる。近代建築を推進したヨーロッパの中心部に対して、その周縁部、あるいは遅れた地域から、後の近代建築が胚胎することになった"建築の夢"がもたらされたのである。

② 〈社会が建築をつくる〉ことと
〈建築が社会をつくる〉ことの両者の間の径庭

建築とは何かについて考えるとき、その定義の方法から考える必要があろうが、社会があって、そこでの人間の生活の必要性によって建築がつくられるとするのが通常であろう。建築を機能的、技術的、経済的あるいは消費の対象や何らかの情報伝達の手段としてみる場合は、まず社会が先行してあって、その社会の営みの一環として建築がつくられるとする考え方である。このような考え方は、原始、古代を含めて人類史を俯瞰すれば、通常というよりもむしろ特殊倫理的なものであり、建築は手段であって、社会の役に立つものでなければならない、という意図が強い。まず、建築の歴史を大まかに、近代と前近代に分けて考える。建築に期待される用途、安全性、耐久性、快適性、そして記号的意味や記念性などの象徴性も含めて、その時代と社会が用意した建築の枠組みや土台に必要なものを附与したものと理解することができるのであって、前近代の建築の主流といえる。つまり、社会が建築をつくるという方向である。

近代にはそれと異なる傾向が生まれるが、いきなり変化するのではなく、前近代においても、泡立つように新しい発露が見られる。つまり、社会が建築をつくるのではなく、新しい建築が新しい社会をつくるという場面が歴史上時折垣間見える。たとえば、古代の建築は、各部分や部材にかかる重力を安定的に受け止め、その力の流れを美的なものにまで高めるために腐心する。その結果、平面、構法において中心と周縁という有心的秩序を生み、両者の必然的な構成の差異が、異質な部分の意識を生成させ、統一ではなく、変化を主体にしたリズムや、ついには力学的安定から軽やかさを至上のものとして求める浮上の美学を追究するようになる。たとえばそれは日本古代仏教寺院の身舎と裳階の対比により生み出される新たな建築の構成であり、それがやがて、古代から中世への、美学に留まらない社会の変化を呼び起こす平安期の流動感やリズム感の先がけとなっていく。

このようなプロセスを実際の世界の建築史と実例によって見てみたいのである。社会が建築をつくる、だけでなく、建築もまた社会をつくることに注目したい。

▶図3-1 階段ピラミッド（エジプト、カッサラ、第3王朝）

▶図3-4 カルナック神殿（エジプト、ルクソール、第18王朝）

▶図3-2 クフ王ピラミッド（エジプト、ギザ、第4王朝）

③世界建築史は人類の夢の表出であり、その実現過程でもある

　建築は、美術、彫刻や音楽などのような純粋芸術と異なり、人間の生活のための安全性と功利性など時代と社会の制約が強い。それらの課題を見事に解決した解答が名建築であることは疑い得ないが、建築の歴史を見ていると時々、合理的な判断だけではとらえきれないようなものに出会うことがある。その時代の使い方、技術、共同的な価値観や美意識から考えると突然変異のように産出され、やがて次の時代を牽引したものだったことが後から判明する〈ケンチク〉が歴史上確かに存在するのである。それは一般論として、芸術家による創造というもののようにも思われるが、建築は現実的な共同性が具体的に付着しており、個人の創造だけでは新しい時代をつくる建築にはならないように思われる。

　みんなの夢がその建築の実現に力を与えるばかりでなく、その建築を視て、その内部に入り、共に在ることを実感するとき、まるで共に催眠にかかったように、みんなで夢見ることによってのみ、人はどんなつらい現実の中でも生きていけるというような、ある種のカタルシスを得るものが建築である。建築は100%実体としてのモノと技術でありながら、同時に現象空間でもある存在である。この現象空間に、みんなの夢を糾合して、それがもう一つの未知の現実へ向かっていく力になっていく。しかし、夢は新しい歴史を切り拓くこともあるが、多くは未発の夢として歴史の中に埋没していく。

　建築のどのような夢が、歴史を変え、どのような夢が消えていったのか。私たちは現在から、もう一つの建築の可能性を求めて、夢が発現した場所に遡及し、歴史の中にその可能性を解放したいと考える。そのような建築と歴史の意志を「夢の世界建築史」と呼びたい。以下、その一つのエスキースである。

2. 古代建築と有心空間

①古代エジプトのピラミッド

　古代エジプト末期、プトレマイオス朝時代の、サッカラ北宮の廃墟跡に立つと、ナイル西岸の崖地縁沿いに、眼の前の、第5王朝アブシールのピラミッド群と第3王朝階段ピラミッドから、北方へは、第4王朝ギザの三大ピラミッド群まで見えてくる。そして南方へは、中王国時代の、日干しレンガ造のため崩壊し、自然の砂山のように見えるものから、第4王朝の赤ピラミッドと屈折ピラミッド、そしてはるか遠くに異形の鋭い形姿のメイドムの崩壊ピラミッド等々が、それこそ夢か幻のような光景を織り成して現出している（▶図3-1）。サッカラ周辺には、新王国時代の小神殿が砂漠の中に埋もれていて、その多くのチャペルにはミニピラミッドの屋根が象徴的に載せられていたことを想い合わせると、大小様々の、実に多くのピラミッドが古代エジプトにおいて造営され続けたことがわかる。神殿チャペルのミニピラミッドを除いて、約80のピラミッド群の痕跡が知られており、最大かつもっとも堅固な第4王朝クフ王のピラミッド（BCE24世紀）がピラミッドの中のピラミッドと呼ばれている。古代エジプト文明はナイルの賜といわれるように、ナイル両岸の運河と定期的なナイルの洪水が運ぶ豊かな土壌による、典型的なアジア的古代の水力農耕社会であった。エジプトの国土はナイル両岸が河岸段丘状、もしくは高地砂漠の縁が崖地で区画されるため、青いナイルの流れを挟んで、比較的せまい帯状の豊かな緑地が続き、ある時は洪水で満たされることになる。砂漠のかなたに、あるいは田園か、あたり一面の水の上の崖上に、ピラミッド群が連なる光景を想像してみてほしい。農村小共同体の連なりの中で、自然と融和しながら、大ピラミッドのような高度な文化を築いた古代エジプト人もこれを見ていたことは間違いない。実に多様なメッセージを発信していただろうが、それを想像する前にピラミッドの基本構造を見てみよう。

　ピラミッドの配置も、それが担う意味によって異なるが、クフ王のそれについていえば、ギザ大地の岩盤上に位置している（▶図3-2）。三大ピラミッドのうち、クフとカウラー王のものは岩盤を一部直接基盤として活用している。したがって、大地の縁に、河岸段丘を築き、ナイル本流から運河をひき、隊列や物資などを運び、そこから参道がピラミッド本体の東側に附置された葬祭殿へと延び、回廊、玄室からなる内部空間を包含する石積構造が造営される。この石積みは傾斜角を持つ内核構造とその外部を成す水平積みが観察される。ピラミッドの規模、傾斜角などは、ほぼ同一のものがないように見えるが、固有な尺度の完数や内核構造の安定と合理性を志向する傾斜角の選択的決定によるものであって、極めて高度な建築学的方法の適用であることを指摘し、本稿では参道について触れておきたい。

　クフをはじめ第4王朝のピラミッドの参道の上部構造についてはわからないが、第5王朝ウナスのピラミッド参道の壁体、屋根の一部が残存している。それは、屋根にスリットが一直線に走り、壁の彩色レリー

フを、細く、鋭く浮かび上がらせる強い有軸空間だといえる。しかし、王墓という象徴性を内包した、大きな規模と52°内外の傾斜角を備えた正四角錐体の石造による純粋幾何学立体が発する強い遠心力と安定した重力によって、しかも天文学により、ほぼ正確な東西南北の方位を誇示し、圧倒的な中心性の存在を確固として主張しているようにみえる。古代エジプト建築が創造したまぎれもない有心空間である。

② **古代テーベの都市空間**

古代エジプト三千年の偉大なる文明の中でも、もっとも華やかな文化が開花したのはBCE15世紀前後の新王国時代だといわれている。とりわけ古代テーベ（現ルクソール）のツタンカーメン王墓より発掘された煌びやかな埋蔵品から喚起されるイメージが大きい。さりながら、ここではテーベの都市空間構造がその文明、文化の発展に果たした役割に注目したい。

東岸のカルナック神殿は歴代のファラオが増築を重ねた巨大なものであるが、最深部の聖室を中心に、多柱室、中庭、塔門などの各建物と空間の大小、明暗などを繰り返しながら、明らかに一定方向を志向する構成になっているところに特徴がある（▶図3-3）。カルナックの主神は、新王国時代にテーベが首都となって地方神から国家最高神アメン・ラーに上昇したの

▶図3-3　カルナック神殿
（エジプト、ルクソール、第18王朝）

であるが、元来、毎年10月のオペトの大祭中に、ナイル下流の副祭殿のルクソール神殿に遷座のために御神幸していた（▶図3-4）。当初は、ナイルに向かって神が出座し、船でカルナックへと渡ったが、後にカルナック神殿から直接スフィンクス参道を附設して、往来に使っている。この時空間の明暗、開閉、高低、大小、列柱の継起的リズムなどを駆使して、聖室からナイルへ、そしてルクソール神殿の方向へ、そして帰路は逆方向へ粛々と列をなして戻る、有軸的な空間を形成していることに注目しなければならない。とくに、ナイル河へと向かう有軸空間の方向を遥かに延長すれば、ナイル河と緑豊かな耕作地を挟んで、新王国初期のハトシェプスト女王の葬祭殿の、3段のテラスと中央スロープ、そして列柱廊からなる有軸空間と呼応す

るのである（P.20図2-19参照）。スロープは否応なしに中心軸を強調する。そして水平に展開するテラスの列柱のコーニスが多角柱の一つの面と散り無しに連結して上下の影を消しているのを見るとき、水平なリズムの強調によって、中央に挟む中心軸を強化するための、掌中の珠を磨くような、加工技術と労働力を集中したファラオの建築ディテールであることが確認される。

これらの建築空間構成とディテールの上に、さらに音楽隊と踊り子たちのパレード、そして民衆の歓呼がいやがうえにも空間軸の方向性を強調したであろう。それは、生者の領域であるナイル東岸の護り神を祀るカルナック神殿の西方に向かってリズムを刻みながら開かれていく空間の強い軸方向力が、死者の都（ネクロポリス）であるナイル西岸の、印象的な険しさのディール・エル・バハリの断崖の足元にハトシェプスト女王葬祭殿が東方向に鎮座して、両者が呼応している都市の空間を示していよう。東から向けられた波及力を吸引して、東と西を結節しているのである。この時ここで発生した軸方向力は、ディール・エル・バハリの断崖を越えて、深い谷と山々からなるヌビア高地砂漠に秘められた王家の谷、すなわち歴代ファラオの墓地、ネクロポリスを指し示している。カルナック神殿とハトシェプスト女王葬祭殿は、ナイルを挟んではるかに呼応しあう有軸空間であり、この軸線を、都市空間軸に留まらない世界軸として、神殿、王宮、住居地、農耕地、葬祭殿、王墓等々の、古代エジプト新王国時代の都市計画が展開され、生と死の両極を世界軸として明示したことが、絢爛たる新王国文化の基底をつくったといえよう。そして、このことから古王国時代を逆照射すれば、砂漠という、茫漠とした死の世界に、東西南北という正確な四方位の広がりと墓から連想される死と闇の無限の時間を、圧倒的な規模と純粋幾何学の発信力によって、強固な楔を打ち込むようにして、第4王朝ピラミッド群を建設したのであった。

この時代のピラミッドも参道や回廊などの軸的空間を持ったが、比較にならないほどの量塊の力で、死という不分明な世界を自己の認識の射程に納めることができたという意味で、ピラミッドは古代エジプトの核心を担う有心空間だといえよう。新王国では有軸空間によって、古王国ではピラミッドという有心空間によって、彼らの自由を得たのである。それは神々の胚胎と天空からの日射によって建築の全体性を劇的に創出した古代ローマのパンテオン（AD120頃）を予見させるものであるが、ピラミッドには有心空間の初源があ

ることを銘記すべきであろう。

3. 過渡期の夢と建築における部分と全体の関係

①パルテノンと法隆寺

▶図3-5
パルテノン神殿の回廊
(ギリシア、アテネ、
BCE5世紀)

パルテノン神殿(ギリシャ・BCE447-432)と法隆寺(奈良・7世紀後半)は、時代も地域も異なるが、両者とも古代の建築として有心空間を色濃くもっている(▶図3-5)。が、同時に両者とも、人類の建築文化の始源からの変化のあり方を考える時、見落とすことができない重要な問題を提示しているように思われる。

パルテノンは木造から石造への建築形式の変化の跡を明瞭にたどれることや形式美を整えるための錯視矯正の技法がすぐれていることなどが知られている。アテネのアクロポリスの丘に登ると、青い空の下、感能的な空気が流れる中に、白く輝く、巨大なパルテノン神殿に圧倒される。神殿の囲りに、ドリス式の柱としては引き締まって見えたドラムの断片が転がっていたりする(▶図3-6)。ドリス式の特徴である細い条溝フルーティングが大理石のなまめかしい光を放っていて、パルテノンの力は巨大さだけでなく、建築の細部に込められた、加工労働力の、量の集中と丹精を凝らした形式美の両立という、特別な力であることに気づかされる。古代エジプトのハトシェプスト女王葬祭殿で見た多角柱とコーニスの面一の納まりは、列柱の水平リズムの強調のためと考えられたが、パルテノンのドーリック柱の条溝の精度の高さは、ローマ時代のそれと似て非なるものであり、パルテノンの建築の全体に及ぶ性格に通底するものだと思われる。すなわち、柱の配列や隅柱の踏ん張り、柱径や高さの調整に見られる錯視矯正の造形技法や列柱の深い陰影と細く鋭い条溝の線が織りなす対比的印象による立面の構成法は、物語を隠喩する装飾彫刻の動員などと共に、古代エジプト建築とは異なる緻密な、建築の部分と全体の関係を生み出しているものと見ることができる。

かつて法隆寺の円柱の太い胴張りは、ギリシャ建築のドーリック式柱のエンタシスが伝来したものだという説があった(▶図3-7)。ドーリック式のエンタシスと法隆寺の胴張りは、発生も性格も異にしたものである。法隆寺建築の世界性を強調するための説であろうが、世界性という点では、むしろ、法隆寺の際立った部材の強さや鮮明な細部様式と全体の明快な構成の、パルテノンとの共通性を指摘すべきであろう。古代エジプト的な、膨大な原始性の上に屹立するアジア的専制としての古代と、両者の個や部分の洗練の萌芽が窺える古典建築の時代が生み出したものとの違いを見ておくべきであろう。強固な中心性や吸引力あるいは目に視えないものの力から形あるものの生命やその律動への憧れを建築が担いだしたのである。

②建築における部分の発生

日本に現存している江戸期以前の三重塔と五重塔は、そのほとんどが国の重要文化財以上に指定されている。もっと多くあったはずであるが、焼失、倒壊、雨漏りによる腐蝕などのために稀少になった建築といえる。元来ストゥーパから変容したもので、釈迦の仏舎利の上に真柱を建てたものが塔婆建築であり、ある意味では釈迦の教えにならう小乗仏教を象徴するものだといえよう。この寓意を暗示する構法が木造の耐久性にかかわる弱点となって多く倒壊した。そのため後の時代になって、真柱は仏舎利の上には立たない構法に変更された。

現在では伝統的仏教風景のランドマークとしての役割が大であるが、塔のシルエットを決定するものは主に2つある。屋根の頂部に載る相輪(青銅製、宝珠、九輪、水煙などからなる)部と屋根を含めた軸部の高さの比と上に行くに従って屋根がすぼまる比率(逓減率)である。つまり日本の塔では、相輪部が高く、屋根が急激にすぼまる古代の塔ほど、遠くから見ると安定感があり、シルエットの印象を発信する力が強いといえる。最古の法隆寺五重塔や法起寺三重塔(いずれも奈良、飛鳥時代)はその顕著な実例で、奈良生駒山麓の斑鳩の里に古代的な風景を醸成している。

同様に相輪部が高く伸び、逓減率の大きな薬師寺東塔(奈良、730)であるが若干趣きが異なる。まず各重に裳階が付いているため、三重塔なのに六重塔に見えることである。法隆寺金堂と五重塔の裳階は最古の例の一つであるが、建物の保護か特定の儀式用に、後から仮設的に付加されたもので、明らかに付け足した施設の感がある。それに対して薬師寺東塔の裳階は、最初から全体計画に組み込まれている。それでなければ三重目にまで、機能としての用もないのにつくられないであろう(▶図3-8)。しかも仮設的ではなく、しっかりと造り込まれている。けれども、初重と二重目は

3間柱間の周囲に1間分足しているため、裳階は5間柱間であり、しかも自荷重だけで、本体に差し掛けであるから、実寸以上に部材が細く、組立てが簡易に感じられる。実際本体身舎の柱は円柱で三手先出組の重厚な組物であるのに対し、裳階は角柱、平三斗組であり、その差は歴然である。結果的に全体としての統合的な表現に裳階も組み込まれつつ、異質な部分としての裳階が、表現の印象に変化を与えているといえよう。フェノロサがこの塔を指して"凍れる音楽"と評したことが伝えられている。おそらく、古代建築の通常の身舎一庇からなる構造の建物とは異なった比例感覚やつくり方からなる裳階の部分を、異質性として一様な全体性の中に取り込む契機が蓄積されていったことが考えられる。それが、世界は異質な部分からなる構成であるという感覚をもたらしたのであろう。

③浮遊への志向

　仏教建築として日本に導入された古代建築は、総じて瓦屋根、深い軒を支える複雑堅固な組物、それらを通じて伝えられた荷重と力を胴張りの太い円柱が受け、礎石から安定した基壇へと継承されていく、いわば重力美学の結晶だといえよう。古代文化はこのような構図の上に花開いたのであるが、では古代社会が変化、崩壊していく中で、人々はどこへ向かったのか、その一つの典型像を平等院鳳凰堂(宇治市、1053)に見ることができる。古代貴族は末法による穢土からの離脱のために、阿弥陀仏の来迎と浄土への導きを願い、阿弥陀堂を造営し、阿弥陀像の指と自らの小指を赤い糸で結び、日夜念仏したという(▶図3-9)。その願いを建築空間化したのがまさに平等院鳳凰堂である。鳳凰堂中堂の裳階の屋根の中央部が切り上げられている。その下の開口部を通して阿弥陀を拝顔できるようにした、というわかりやすい理由のほかに、実は、身舎ほどではないが、裳階の屋根の端部を大きく反り上げたために、中央部が波打って見えることを避けるために、あらかじめ切り上げたというのが肝心な理由である。その他諸々の技法とあいまって、この建築ほど、建築が重力に逆らって(平等院も古代建築らしく、太い柱、重厚な組物からなる)浮上することを願って建てられ、それが成功しているものはないだろう。阿弥陀に結ばれた糸に引き上げられるばかりでなく、それこそ建物とも天空へ翔け昇っていくことが夢見られ、それが建築として見事に実現しているといえよう。

④建築のリズム

　前項で、飛鳥や奈良時代の塔の魅力について述べた。では古代の塔だけが素晴らしいのかといえば、そうではなく、中世や近世のものにも各々見どころがある。そんな中で、どの塔が好きですか？というアンケートを取ったところ、醍醐寺五重塔(京都市、951)が一番人気というレポートがあった。私は一理あると思った。塔のシルエットは、相輪部が高く、逓減の大

▶図3-6　パルテノン神殿のドーリック式円柱のドラム(ギリシア、アテネ、BCE5世紀)

▶図3-7　法隆寺(奈良、7世紀後半)

▶図3-8　薬師寺東塔(奈良、730)

▶図3-9　平等院鳳凰堂(宇治市、1053)

きなもののほうが形態の力が強いのであるが、徐々に相輪高さが低下し、逓減がゆるやかなものに変化していく（▶図3-10）。塔の屋根の広さは、三間柱間の身舎軸部と軒の出からなるが、古代のものは概して、垂木の本数よりも、完数の比例値で決定されていた。相輪高さも同様である。しかし平安期から中世にかけて、垂木が各重各柱間や軒に、整然かつ密に打たれるようになる。つまり、垂木は数が多く、生産や形態印象のうえでも大きな比重を占めるため、各構成箇所の垂木数で各重の逓減を制御し、相互の関係に整合性をもたせようとする志向が生まれてくる。様々な試行を経て、各重柱間の幅も高さも増加し、中世から近世にかけて、垂木の枝数（一定の間隔で打たれる垂木の本数）で矛盾なく、生産性を高めたうえで合理的に立面が決定されるようになる。これはこれで、壁面装飾などを付加して一種の整った建築美をつくり出したといえる。したがって人々の好みが分かれても不思議はない。もし醍醐寺五重塔に人気が集中したとすれば、醍醐は、古代的な力強さから、垂木という建築、とくに屋根が重なる塔の構成に大きな比重を占める、部材の配置の妙に力点が移り始めた、過渡期のものであるという理由によるものと考えられる。醍醐は、各重の丸桁間の垂木数の差によって各重の逓減を決定しだした最初期の塔であり、この後塔のデザインは、垂木数によって決定される方向に進み、統一感のとれたものに変化してゆく。逆にいえば、醍醐寺五重塔こそ、古代的、有機的、全体的力動性と各部部材構成の整序感という異質なものが統合され、建築にリズムを産出していた奇蹟のような出会いともいえるのであって、それが広い人気の秘密であろう。

⑤建築の内部と外部

園城寺勧学院客殿（大津市、1600）、同光浄院客殿（同、1601）は、『匠明★2』にある「昔六間七間、主殿之図」との類似性などによって主殿造の代表的遺構と見做されてきた。主殿造（▶図3-11）は古代貴族の寝殿造と近世武家の書院造に対して、中世住宅様式として位置づけられる一方、書院造の前期的様式との見方もある。一殿舎一機能の書院造に対して、主殿造は複合的であることや、床、棚などの細部様式の類似性などを考慮すると、もうすぐ書院造になりそうとも見えるが、その空間の性格に注目したいと考える。構成が明快な光浄院上座の間から広縁を介して南庭を見ることから考えることにする。池泉築山の庭園が落縁の縁束まで迫っている。唐破風付の東側正面入口前は白砂の平庭となっているが、これらは寝殿の正面南の白砂の広庭と、さらに南奥の池泉築山といった広大な寝殿造の庭園を、敷地の狭小化のために分解して再配置したものである。中世上流住宅における理想のモデルとして、寝殿造の様式がイメージされていたからである。中世住宅の条件の中でそのようなイメージが実現されるためには、接近した庭園がそのままリアルに映るものであってはならない。あくまでもおぼろげで、広大かつ透明感のある、理想化された自然であってほしかったであろう。開口部は一間柱間の三本溝（板戸2枚と明り障子1枚）であり、最大半間の間口を通して外部の風光を見ることになる。しかもこの開口部は可動であり、流動感を助長する。一間ごとに切り取られた半間の外部の景観は想像力によって繋げられる。そしてこの両者の間には、広縁、落縁、そして一間の深い化粧屋根裏、つまり広縁の空間が介在する。この空間は単に外部に向かって開放されたものではなく、外部でも内部でもない、特異な力動性に満たされた、いわば内一外空間を実体化したかのような空間である。このような空気が充満したフィル

▶図3-11　園城寺光浄院客殿（大津市、1601）

▶図3-10　醍醐寺五重塔（京都市、951）

ターを通して、外部の景観が光と共に屈折、反射しながら内部に入ってくる。白い漆喰塗りの小壁に陰影が映ろっていく景観は、もはや間近で直に眼にしたものではないであろう。そしてまた、このような内ー外の関係は内部空間そのものに影響を及ぼさずにはおかない。二条城二の丸御殿（京都市、1602-03）などのように近世の典型的な書院造様式は、雨戸ー畳廊下、そして襖ー小壁ー天井まで、室内全体を埋め尽くす金碧の、しかも画題を序列的に展開した障壁画などの装飾を特徴としている。これらは建具を開ければ主殿造よりもはるかに開放的に外部を見ることができる。しかし内部空間の装飾的な発展は、明らかに外部との意識的な遮断、つまり自閉によって成立したものであり、主殿造の内ー外空間の両義性によって特徴づけられるものとは異なる。

敷地内の外部空間と内部空間を流動的に一体化した古代寝殿造に対して、内ー外の両義的空間としての中世主殿造、そして内部空間の自閉によって成立する近世書院造という様式規定が考えられる。内ー外の相互貫入する両義的空間は、アメリカの建築家フランク・ロイド・ライト（1867-1959）が、浮世絵や平等院、さらには『茶の本★3』を通して東洋思想から学んだものである。ヨーロッパ近代建築の相互貫入する内外空間への注目は、ライトからの影響であったともいわれている。しかし、その源泉として日本中世の住宅空間があったことを忘れてはならない。

4. 建築の時空

西本願寺北能舞台（京都市、1581頃）は現存する最古の能舞台遺構である（▶図3-12）。同じく西本願寺には南能舞台（同、江戸初期）があり、両者は建立年代にそれほどの隔たりはないが、性格は大きく異なる。まず南のほうは骨格が大振りであり、主要な装飾である中備え組物の本蟇股がこれまた大振りで、派手な彫刻絵様が付いており、目立っている。それに対して北のほうは、全体的にこぢんまりとまとまり、木割りも細く、懸魚、蟇股は全体になじんでいる。一番大きな違いは、舞台と鏡の間（楽屋）を結ぶ橋掛りの角度にある。北能舞台は、橋掛りが正面から見て左奥の楽屋から急な角度で本舞台に接続している。橋掛りも重要な演能空間であるが、とくに、現実生活＝現世としての楽屋から、美的表現のための、来世の場としての舞台への道行空間であり、文字通り両者の掛け橋であることが重要である。その関係を表現している中核は橋掛

▶図3-12　西本願寺北能舞台（京都市、1581）

りの角度にある。現存遺構ではもっとも急角度をもつ北能舞台に対して、南のそれは、やや緩やかである。江戸初期の能舞台は歌舞伎劇場に多大な影響を与えた。とくに一つの屋蓋に客席を一体化する中で、客席の中に、舞台に直行する花道が登場するようになる。これは、江戸期に入って舞台に平行するように伸びた橋掛りを、舞台廻しの転換のように、客席の中に取り込み、そこでの演技を〈見得〉として瞬間的に切り取り、視覚表現として昇華させたことはきわめて象徴的だと言わなければならない。歌舞伎の〈見得〉は、時間の流れとしてのストーリーとは無関係に成立する、一瞬の勝負である。もし橋掛りが舞台と平行に掛け渡されていたとしたら、現世から来世への旅路は視覚的差異としてのみ認識される表現に力が集中される。このことと対極的なのは、遺構としては存在しないが舞台の正面後方から演技者が登場してくるような橋掛りの構造である。そのとき演技は時間の変化としてしか認識されない。音が大きくなってくるとき、眼に変化が視えない分、余計に秘むものの力が増してくる。まさに、これが古代的空間であるのに対し、歌舞伎劇場空間は装飾にかける近世的なものの本質である。

ここから考えると中世的空間とは橋掛りが、理念的に45°に掛けられることであって、時間と空間の両義性またはその拮抗だといえよう。西本願寺北能舞台には、そのような中世的色彩が保存されている。私たちはそこから近世的空間へ駆け降り、あるいは古代的なものへと駆け昇ることができる。すなわち、形のない、音としての全体空間の価値と、視覚として区別されるほかない個の存在、そして両者が交錯併存し合う、ある意味では人間の生のような個と全体の只中を往還することが、中世的空間において可能となるのである。世界建築史の可能性の理念はここにこそあるのだといえよう。

Column……03
オーダー・木割・比例

溝口 明則

オーダー

　古典主義建築のオーダーを5種類に整理したのは、ルネサンスの建築家ヴィニョーラである。彼の区分は、後代に明らかになるが、古代ギリシャに由来するドリス式、イオニア式、コリント式の3種のオーダーに、古代ローマ起源のトスカナ式とコンポジットを加えたものである（▶図C3-1）。5種類のオーダーは、柱頭やコーニスなどにそれぞれ特有の装飾が施され、建物の性格に合わせて使い分けられる古典主義建築の定番となった。また18世紀以後、古典主義建築はその範をとくに古代ギリシャ神殿に求めるようになった（▶図C3-2）。

　しかしオーダーについてもっとも注意すべき問題は、B.C.30年頃、ローマ市民ウィトルウィウスが著した『建築十書』の内容である。この著作は、建築の構成や部材の太さや長さなどの相互の関係を設計技法として記し、「比例」という言葉を用いて説明する。たとえば、建物の立面が簡単な整数比をもつ場合やモドゥルス（単位長）の整数倍で各部が成立していることを意味する「シュムメトリア」の状態は、「ギリシャ語でアナロギアといわれる比例（プロポルティオ）から」つくられると述べている。

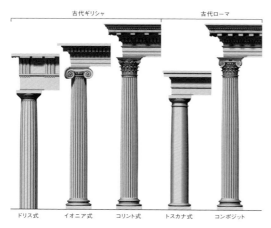

▶図C3-1　5種のオーダー　柱径を同一として各オーダーを比較したもの。オーダーによって柱やエンタブレチュアの高さが異なっている。

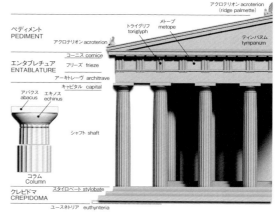

▶図C3-2　ドリス式オーダーの構成　パルテノン神殿（BCE438）にみられるドリス式オーダーの構成と各部の名称。

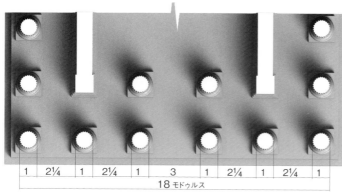

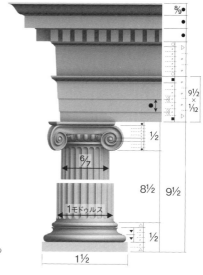

▶図C3-3　ウィトルウィウス『建築十書』に記されたイオニア式オーダー
ウィトルウィウスの述べるイオニア式オーダーの構成は、柱径を1モドゥルスとし、柱位置と柱間（内法寸法）および各部の構成を、この単位の整数倍で制御しようとするが、これより小さい対象は、この単位の分数（簡単な等分割の技法）を用いることが原則である。とはいえ、立面の構成は複雑である。左図は、柱径が「25ペースから30ペース」の太さを持つ場合の各部の構成を示す。「ペース」は当時の尺度の単位（パッスス）である。

ウィトルウィウスが記すイオニア式オーダーの技法を概観してみよう。まず神殿正面の柱列の形式を決定する。この形式は、あらかじめ柱径を1モデュルスとし、柱間もこの値の倍数と簡単な分数で構成された整合性のある形式として成立している。たとえば六柱式神殿の「正柱式」の柱間構成は、総間外法寸法を18モデュルスとする。図C3-3左図のように、柱径と柱間内法寸法との合計がモデュルスの整数倍をとるよう構成されている。

モデュルスは、絶対的な長さをもつものさしではないから、尺に対する寸のような下位の単位をもたない。このため1モデュルスより小さな対象を制御するときは、これを等分割することで対処し、これより大きな値はモデュルスの整数倍をとる、という技法を原則と考えてよい。しかし、実際の技法はかなり複雑である。図C3-3右図は、ウィトルウィウスの記述に沿ってイオニア式オーダーを図示している。柱径を1モデュルスとしたとき、柱高さは9½モデュルス、柱頭と柱基の高さを½モデュルスとする平易な関係だが、エンタブレチュアの構成は複雑である。アーキトレーヴ(エピステリウム)の高さは、1モデュルスの柱径から導かれる柱高さ(9½モデュルス)に基づくが、柱径が「12ペースから15ペース」のときは0.5モデュルス、「15ペースから20ペース」のときは柱高さの1/13(9½×1/13＝0.731)、「20ペースから25ペース」のときは「12と1/2」(＝0.76)。そして「25ペースから30ペース」のときは柱高さの1/12(9½×1/12＝0.792)とする(▶図C3-3は4番目の状態を示す)。規模を区分し、それぞれに調整を加える理由は、「視線は空間が高いと崩れ、その力が砕かれて、感覚に不確実なモデュルスを報告する」ためだとする。

一般に、オーダーは「比例」で構成され、総体として幾何学的相似を保って自在に変化すると捉えられることが多いが、規模に合わせた複雑な補正が含まれており、平易な比例関係ばかりで成立しているわけではない。

木割法

日本建築では、オーダーに相当する設計の技法として「木割法」が存在する。狭義の「木割法」は木割書に記された技法を指すが、そのようにとらえれば、木割書が本格的に編纂された近世の技法を意味することになる。しかし広義にとれば、木割法は古代から存在していたとも考えられる。まず、古代と中世の様相をみてみよう。

古代建築にみられる顕著な設計技術論的特徴は「完数制」である。この概念は「度制の単位を以て各部位、部材の大きさを制御する技法」である。後に、一部の研究者が尺の単位に限定したが、この概念を提案した関野貞は度制の単位を限定していない。とはいえ完数制は、過去の設計意図の手がかりを得ようとするものであるから、現実的に丈、尺、寸の範囲に収まるものである。

ものさしに依存した長さ、大きさの制御法は、古代遺構をよく観察すると、積極的な場合と消極的な場合が認められる。積極的な場合は、図C3-4の唐招提寺金堂の柱間寸法計画のように、尺単位の簡易な完数をもった柱間寸法に認められるが、完数を消極的に用いる場面は、計画の必然で現れる端数(ものさしで割り切れない値)を忠実に実現できず、近似値の完数を当てる場合である。

しかし中世に入ると、端数寸法をかなり自由に制御できるようになる。とはいえ各所に見出される端数寸法は、後述するように曲尺操作の結果として現れたものであり、数

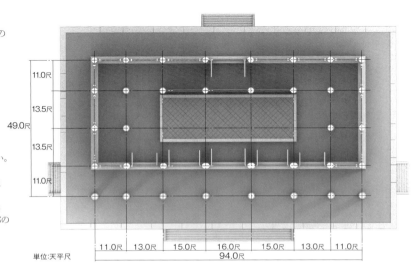

▶図C3-4 古代柱間完数制
完数制の概念は、明治時代、古代遺構の大小複雑な構成を持つ柱間寸法への注目から始まった。唐招提寺金堂(天平宝字年間770-780)を例としてみると、各柱間寸法は天平尺(298mmほど)を単位としてその整数倍の値をもって制御していることがわかる(側面中央間では5寸を伴う柱間寸法もみえる)。この傾向は、唐招提寺金堂に限られたものではない。古代では多くの遺構が完数制に則っており、当時の公定尺に準拠した寸法計画に従っていた。
完数制の様相は、柱間寸法がもっともわかりやすいが、組物の寸法など細部の部材構成にも現れている。
これらは通例、寸の単位を伴う寸法値で計画される。

Column 03……オーダー・木割・比例

値そのものを制御した、つまり計算で獲得したものではない。中世初頭頃、垂木を等間隔に配置しこれを以て柱間寸法を支配する「枝割制(しわりせい)」が成立した。この垂木の間隔(一枝寸法)は端数寸法をもつことが多い。10尺を等分して一枝寸法を獲得するためである。五間仏堂や七間仏堂では、中世初頭頃の15等分から鎌倉時代末期の22等分まで進む。図C3-5は、広島・浄土寺本堂(嘉暦2年、1327)などにみられる10尺を17等分する例。一見して複雑な操作に見えるが、1尺を17等分してこれを10倍する操作である。これは、長さを直接獲得する技法であり、計算(例えば 10÷17)を介した操作ではない。

近世初頭頃に体系化された木割法は、中世を経て、各部の位置関係や部材相互の大きさの関係網が、建物全体を覆う壮大な体系として組み立てられた。この背景には、古代から中世へかけて部位、部材相互の関係が徐々に定式化した簡易な関係を獲得し、各部の関係が整理されていった経緯がある。したがって古代、中世に木割法が存在したとしても、それらはまだ、それぞれの場面で工夫された部材間の局部的な関係が、たんに集積された状態であった可能性が高い。

体系化された木割法へ至る発達過程を支えたもうひとつの背景は、中世以後、曲尺を用いた端数寸法を扱う技法が発達したことである。この技法は数的処理(演算)を介するものではないから、数値に置き換えたとき端数をとるかとらないかは問題にならない。この種の技法は、木割書の解読にとっても重要な手がかりである。もっとも体系化が進んだ木割書の一つとして知られる『匠明』は、一見すると一種の数学書のようにもみえるが、言外の曲尺操作を前提として記された。『匠明』五巻のうち『堂記集』の最初の項目、「三間四面堂之圖」を対象に曲尺の操作をみてみよう。まず、冒頭に方三間の仏堂の指図が示される(▶図C3-6)。これは、ウィトルウィウスが神殿の柱配置の定式を示したようにモデルを示し、その細部について記す記述法である。体系の要である柱径は、中の間を基準に「壱寸弐分算」(0.12倍)として獲得される。この柱径をもとに各部材断面を決定する(▶図C3-8に掲載したものは一部に過ぎない)。その表記は、「柱太サ五ツニ割テ一分棰厚サニ可用」(柱径を五等分して1つを垂木幅に用いなさい)、「根成ハ六分算」(長押の高さは柱径の0.6倍)など、数値を示して簡潔に指示する。

中の間が1丈2尺の場合、柱径1.44尺は江戸時代の曲尺(長手1尺5寸、妻手7寸5分程、目盛の表示は5分まで)で操作するには大きすぎるため柱幅半分を板上に描く。この操作は図C3-8の「Aの操作」左図、原文Aの前半にあたる。この操作が、A後半と以後の操作の前提である。図の「Bの操作」は、「六分算」や「四分半算」などの指示を曲尺操作とし

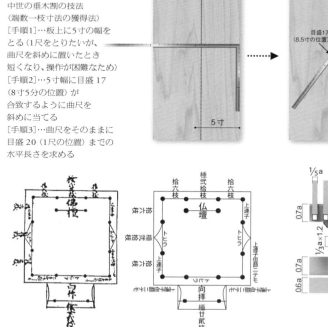

▶図C3-5　曲尺を用いた中世の垂木割の技法
(端数一枝寸法の獲得法)
[手順1]…板上に5寸の幅をとる(1尺をとりたいが、曲尺を斜めに置いたとき短くなり、操作が困難なため)
[手順2]…5寸幅に目盛17(8寸5分の位置)が合致するように曲尺を斜めに当てる
[手順3]…曲尺をそのままに目盛20(1寸の位置)までの水平長さを求める

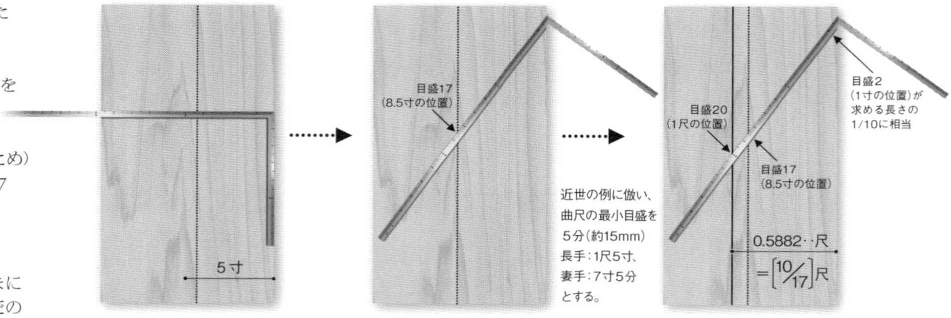

▶図C3-6　『匠明 堂記集・三間四面堂之圖』冒頭の指図

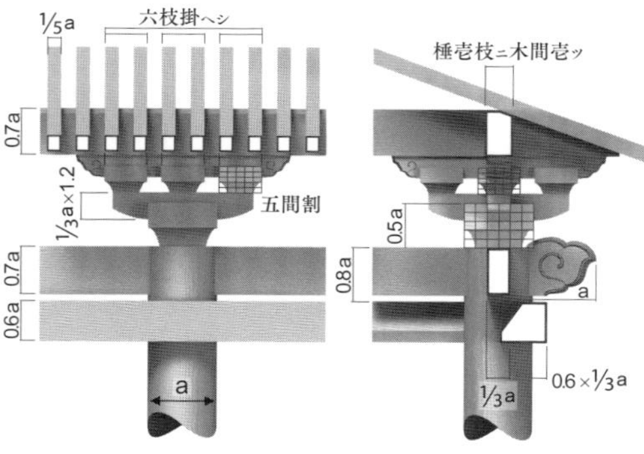

▶図C3-7　『三間四面堂之圖』に記された細部の大きさ

て示している。柱径半分の長さに目盛10が当たるように曲尺を斜めに置くだけで、指示された複数の長さを一挙に獲得することができる。

比 例

『三間四面堂之圖』の建築規模の扱いは、中の間の大きさによって複数の場合分けを行う。これは中の間1丈2尺を標準として1丈未満、1丈、1丈5尺に分け、建築規模が大きくなるにつれて相対的に高さを低く抑える操作のための区分である。これは、木割法が身体的なスケール感覚を重視していることを示しており、単純で相似的な拡大、縮小をよしとしていないことを意味している。

部材間に一対一対応の関係が成立し建築全体を覆うようになると、一部の拡大や縮小の影響が全体に波及するようになるが、この様相を抑制しようとする反・比例的な記述が時代と地域を超えて見出される。この原因は、建築が数学と異なって具体的な大きさをもつため、造形的に高度なバランス感覚が求められるためである。

さらに、木割法を手がかりに、ウィトルウィウスのアッティカの柱基（▶図C3-9）に関する記述をみれば、その操作は2等分と3等分を繰り返す単純な分割技法であるから、演算を介する数学的操作ではない。ところがこのような技法についても、ウィトルウィウスは「比例」という

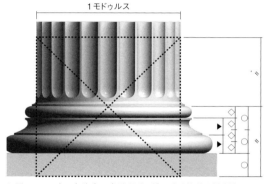

▶図C3-9　ウィトルウィウスのアッティカの柱基の構成法

言葉を用いて説明する。したがってこれは、操作の結果を数学用語で翻訳したものであり、技法の具体的な内容は数学とは関係がない。とはいえ、私たちが木割法の特質を、現代の比例概念を用いて説明することに誤りがあるわけではない。ただ、工匠たちは、この概念に関係なく建築を生み出していたことをよく理解しておく必要がある。

ピタゴラス数学は「1」を絶対の単位とみなして分数を認めず、これに替わるものとして比例を「発明」した。古代世界の数学として独創的な存在であった。したがって古代において比例概念を通じて建築を捉えようとした試みは、世界史上きわめて例外的な事態である。そしてルネサンス以後近代に至るまで、西欧の建築思潮には、新プラトン主義とその一部を担うピタゴラス数学、その象徴である「比例」への強い執着の歴史がある。

古典主義建築の歴史は、近代へ至る豊饒な建築文化を培ってきた。この大いなる価値を、私たちは十分に受け止める必要がある。しかし同時に、建築生産の現場に則して発達した非西欧世界の建築技法、たとえば木割法のように、結果的に数学的に見えても数学とは異なる計測技法こそ、前近代では真に普遍的な存在であったことも、よく承知しておくべきことである。

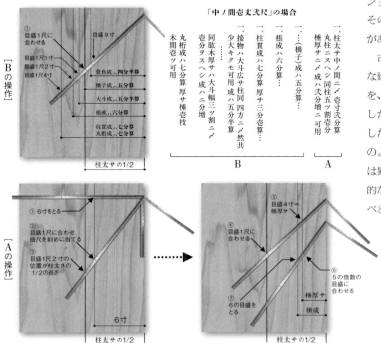

▶図C3-8　『三間四面堂之圖』の記述を実現する曲尺操作

Lecture 04

「コロニアル建築」の世界史

西欧の世界支配と建築

布野 修司

1. 近代世界システムの形成と植民都市

　西欧列強が海外進出を本格的に開始するのは、クリストバル・コロンがサンサルバドル（グアダハニ）島に到達した1492年である。以降、西欧建築の伝統が非西欧世界に移植されていくとともに、西欧建築と非西欧建築の接触による同化・異化・折衷のプロセスによって新たな建築が産み出されていく。1492年は、世界建築史の大きな画期である。

　西欧列強の海外進出の過程は、「発見」「探検」の時代から「布教」「征服」の時代へ、「交易」の時代から「重商主義」の時代へ、さらに「帝国主義的支配」の時代へ推移していく。この過程で「近代世界システム」が成立するが、その要となったのが西欧列強の交易拠点であり、近代植民都市である。

　海外進出の先鞭をつけたポルトガルは、領域支配を行わず、交易拠点のネットワークをインディアス領とした。ゴア占領が1510年、マラッカ占領が翌年、1517年には広州へ到達する。1543年に種子島にマスケット銃を伝えたのはよく知られている。市参事会を設けてシダードcidades（都市）としたのは、ゴア、コーチン、マカオ、コロンボ、マラッカである。コロ

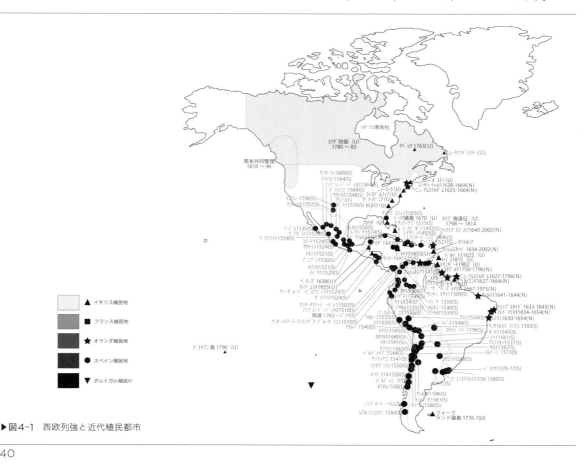

▶図4-1　西欧列強と近代植民都市

ンの「新大陸」発見直後、ポルトガルとスペインはローマ教皇アレクサンデル6世の仲介でトルデシーリャス条約（1494）を結んで世界を二分割する。A.カブラルのブラジル発見（1500）によってブラジルはポルトガルのものとなり、サルヴァドル、レシフェ（オリンダ）、リオ・デ・ジャネイロ、サンパウロなどが都市形成される。

　「新大陸」を「世界経済」に組み入れる役割を担ったスペインは、16世紀に広大な帝国を形成する。土着の文化を破壊したうえに、ヨーロッパ世界の拡張として一定の理念に基づく都市を建設したのがスペインである。最初の近代植民都市サント・ドミンゴ以下、代表的なスペイン植民都市は、副王領の首都となったメキシコシティとリマ、アウディエンシアが置かれたボゴタ（ヌエヴァ・グラナダ）、パナマ、グアテマラ、グアダラハラ、スクレ（ラプラタ、チャルカス）、キト、サンティアゴ、ハバナ、マニラである。

　17世紀は「世界経済」の最初のヘゲモニーを握ったオランダの世紀である。オランダは、アジアのポルトガル拠点を次々に奪取することによって東インドを「ヨーロッパ世界経済」に組み入れた。オランダの主要な植民都市は、ゴール、コロンボ、ジャフナなどセイロン島の諸都市、マラッカ、そしてバタヴィアをはじめとするインドネシアの諸都市である。そして、西インド会社が拠点としたケープタウン以西の、西アフリカのエルミナなど、そしてカリブ海の諸都市がある。オランダは地域内交易をベースとした。

　フランスの植民地支配の歴史は、16世紀から18世紀にかけての絶対王政期（第1期植民地帝国）と19世紀半ばから1962年のアルジェリア喪失まで（第2期植民地帝国）の2期に分けられる。英仏が全面衝突した7年戦争（1756-63）で敗北し、1763年のパリ条約によってフランスは植民地の大半を失う。第2期植民地帝国において植民地としたのはマグリブとヴェトナム、ラオス、カンボジアのインドシナ半島である。

　産業革命のイニシアチブを握ったのは、フランスとの覇権争いを制したイギリスであった。イギリスはカルカッタ（コルカタ）、マドラス（チェンナイ）、ボンベイ（ムンバイ）の3つのプレジデンシー・タウンを拠点にインド帝国を樹立し、マレーシア（海峡植民地）、南アフリカ、オーストラリアなど1930年代には世界の4分の1を支配するに至る。

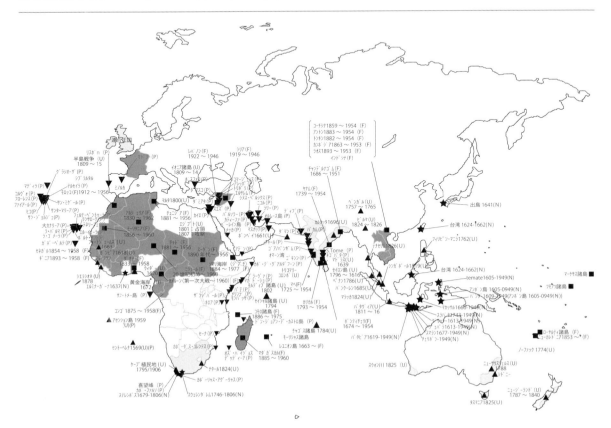

Lecture 04……「コロニアル建築」の世界史　西欧の世界支配と建築

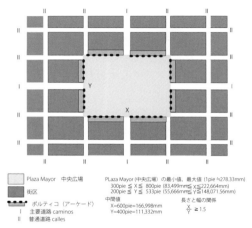

▶図4-5　スペイン植民都市モデル

2. 植民都市と要塞

　西欧列強の海外進出を支えたのは、航海術、造船技術、攻城砲（火器）、そして築城術である。さらに、宗教改革（M.ルター『95ヶ条の論題』1517）、コペルニクス革命（『天体の回転について』1543）による世界観、地球観、宇宙観の転換がある。14～15世紀のルネサンスから17世紀の科学革命に向かう16世紀は世界史の大転換期である。

　西欧列強による植民都市の建設、発展過程は、土着の都市が存在する場合と処女地の場合で異なるが、交易のためにまずロッジ（宿所）、続いて商館（ファクトリー）が建てられ、次の段階で商館が要塞化され、あるいは独立した要塞が建設され、その周辺に現地民および西欧人の居住する城郭が形成される。そして、全体が城壁で囲まれる段階へ移行していく（▶図4-2）。オランダ植民都市の場合、城郭の二重構造をとるのはマラッカとコロンボで多くは要塞＋城郭の形式である。

　植民地建設の強力な武器となったのは火器であり、とりわけ、火器搭載船の威力は絶大であった。ルネサンスの建築家たちが理想都市の計画にエネルギーを注いだのは、大砲の出現に対応する新たな築城術が求められたからである。

　ポルトガルの海外進出を主導したのは、ザグレブ岬に造船所、天体観測所、航海術や地図製作術の学校などを建設し（「王子の村」Vila do Infante、1416）、各種地図を収集、航海全体の指揮をとったエンリケ航海王子（1394-1460）である。最大最強を誇ったポルトガル要塞はオルムズ要塞（▶図4-3）である。マラッカにも初期のサンチャゴ要塞の門（▶図4-4）が残っている。ゴアに四隅に陵堡を設けたアグアダ要塞が建設されたのは1612年である。

　スペインは、インディアス諮問会議（1524）を最高決定機関とする強大な統治機構を設ける。そして、インディアス法（フェリペ2世の勅令（1573））に集約されるきわめてシスマティックな方法で植民地建設を行った（▶図4-5）。1000を超える植民都市が建設されたが、市壁を持つ都市はサント・ドミンゴ（1494）、ハバナ

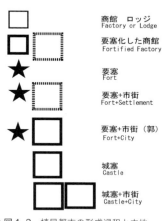

▶図4-2　植民都市の形成過程と立地

▶図4-3　オルムス要塞（イラン・ホルズム島、1515）

▶図4-4　サンチャゴ要塞（マラッカ、1511）

▶図4-6　スリランカの要塞（ゴール、1663）

▶図4-7　S.ステヴィンの理想港湾都市

(1515)、パナマ(1519)、リマ(1535)、マニラ(1571)などである。

　オランダが建設した要塞も膨大な数にのぼり、スリランカだけでもゴールをはじめ21ある(▶図4-6)。マウリッツ王子とともに軍事技術者養成機関としてネーデルダッチ・マテマティーク(1600)を設立したS.ステヴィンは、もっとも体系的な理想港湾都市計画を提案し(▶図4-7)、バタヴィアの基本計画を行ったとされる。

　フランスでルイ14世(1638-1715)に仕え、150もの要塞を建設し、53回の攻城戦を指揮した軍事技術者ヴォーバン(1633-1707)が知られる。稜堡(bastion)式要塞の築城法を体系化し、植民都市建設に大きな影響を与えた。

　植民都市計画を完成させたのはイギリスである。その先駆は北アイルランドのアルスターのマーケットタウン群である。シャフツベリー卿のチャールズタウン計画がグランドモデルとされ、W.ペンのフィラデルフィア建設、ジョージア植民地のサヴァンナなどが建設された。さらに、カナダ、シエラレオネ、オーストラリア・ニュージーランドに植民都市が建設されたが、体系的な植民地手法を理論化したのはE.G.ウェイクフィールドである。代表的なのは、ペナンのジョージタウンを建設したF.ライトの息子W.ライトが建設したアデレードである。イギリスは、ホワイトタウンとブラックタウンを広大なエスプラナード

▶図4-8　聖フランシス教会(コチン、1503)

で分離した。また、土着の町や村とは離れてカントンメント(兵営地)をつくるのが一般的であった。究極のセグリゲーション都市が成立するのが南アフリカである。大英帝国の植民地の首都として建設されたのがニューデリー、プレトリア、キャンベラである。

3. 伝道師と教会

　西欧列強の海外進出において最初のインセンティ

▶図4-9

▶図4-10

▶図4-12

▶図4-9　聖ポール教会、フランシスコ・ザビエルの遺体が一時安置された(マラッカ、1521創建)。
▶図4-10　ボム・ジェズ・バジリカ、フランシスコ・ザビエルの遺体が安置されている(ゴア、1594起工、1605竣工)。
▶図4-11　セ・カセドラル(ゴア、1562起工、1619竣工)
▶図4-12　聖天主堂(マカオ、1582-1602建設)
▶図4-13　サンタ・マリア・ラ・メノール聖堂とプラサ・マヨール(サントドミンゴ、1562起工、1619竣工)

▶図4-11

▶図4-13

Lecture 04……「コロニアル建築」の世界史　西欧の世界支配と建築

ブとなったのは香料であり、ポルトガル、スペインが先を争って目指したのはモルッカ諸島そしてバンダ諸島であった。コンキスタドールたちを駆り立てたのは一攫千金の夢である。そして、会社組織による組織的な貿易が展開されるようになる。一方、ポルトガル、スペインなどカトリック諸王国の公式の目的は布教である。多くの宣教師の福音伝道の熱意が海外渡航を支えた。理想都市の実現を夢見た宣教師も少なくない。そして、新教徒もまた「新大陸」を目指した。

コーチンには、インド最古のローマ・カソリック教会、聖フランシス教会（1503）が建設され、最初に寄港したヴァスコ・ダ・ガマ（1524死去）の墓石が残されている（▶図4-8）。プロテスタンティズムを奉じたオランダは1633年にコーチンを奪取するとこの教会を除いてすべて破壊している。ポルトガルのアジア布教を担ったのは、フランシスコ・ザビエル（1506-1552）に率いられた「イエズス会（1534設立）」である。ザビエルは、1542年にゴアに着任、マラッカ（1545）を経て、日本へ上陸（1949）、ゴアに引き上げる途次、広州沖の上川島で死亡する（1952）。その遺体はマラッカの聖ポール教会（▶図4-9）に埋葬された後、ゴアのボム・ジェズ・バジリカ（1594年起工1605年竣工）に安置されている（▶図4-10）。正統なルネサンス様式の中心聖堂セ・カセドラル（1562起工1619竣工）（▶図4-11）に対して、バロック的要素が加味されている。1557年に明朝から居留権を得たマカオには、当時アジア最大であった聖ポール天主堂（1582-1602建設）のファサード壁のみが残されている（▶図4-12）。

アメリカにおいて、フランシスコ会、ドミニコ会、アウグスティノ会、イエズス会などに属する聖職者たちは、インディオの改宗を第一の使命としたが、都市建設や教会建設にも大きな役割を果たした。

アメリカ最初の植民都市サント・ドミンゴに建設されたのはアメリカ首座司教座聖堂となるサンタ・マリア・ラ・メノール聖堂（1512-40）である（▶図4-13）。総サンゴ石造りである。コロンの遺体が安置され、その銅像が立つプラサ・マヨールに面している。最初の病院サン・ニコラス・デ・バリSan Nicolás de Bari病院（1533-52）も最初の大学サント・ドミンゴ大学（1518-38）、ラス・カサスが回心し、修道士になった聖ドミニコ会修道院（1510）、サン・フランシスコ修道院（1524-35）など主要な修道院・教会は16世紀末までに建設されている。副王領の大司教座が置かれたメキシコシティそしてリマのカテドラルをはじめとして数多くの教会が建てられた。マニラとパオアイのサン・

▶図4-14　サン・アグスティン教会（パオアイ、1694-1710）

▶図4-15　パト・ディエム大聖堂（北ヴェトナム、1891）

アグスティン教会（▶図4-14）やフィリピンのバロック式教会群も世界文化遺産に登録されている。フランス植民地期にカトリックの一大拠点であった北ヴェトナムのパト・ディエムのカテドラル（1891）は中国風の石造建築のように見えるが主架構は木造である（▶図4-15）。

教会は先住民の集落に、その神殿を破壊したうえでその材料を用いて建てられるのが一般的であった。そして、やがてレドゥクシオンあるいはコングレガシオンと呼ばれるインディオを強制的に集住化させる政策が採られるようになる。インディオ集落は、防御を考えて山間に立地するものが多く、改宗、徴税など行政管理がしにくかったからである。その先駆とされる興味深いレドゥクシオンがメキシコのミチョアカン教区の司教であった、トマス・モアのユートピア思想に深く共感し、インディオの共同体を建設しようとしたヴァスコ・デ・キロガ（1470（78?）-1565）の試みである。キロガは、インディオ虐殺の非道を告発したラス・カサスと同様、インディオの奴隷化に強く反発し、エンコメンデーロ（統治者）を激しく批判する書簡をカルロス5世宛てに送っている。イエズス会のレドゥクシオンは主としてペルー副王領で建設され、とりわけ

パラグアイのラ・サンティシマ・トリニダー・デ・パラナとヘスース・デ・タバランゲのイエズス会は成功を収めた例とされている。

4. 支配と被支配—異化と同化
受容と葛藤

　植民地支配は、物理的、政治経済的な支配にとどまらない。文化的、精神的支配もその一環である。すなわち、西欧世界の価値体系の全体が移植されるのが植民地化である。

　カトリック教会は布教のための場所であり、キリスト教世界の権威を象徴するものでなければならない。植民都市の中心に時計塔が建てられるのは西欧的（標準）時間による規律を基準とする意味がある（▶図4-16）。劇場やコンサートホールは西欧文化を伝える場所となる。

　都市核に置かれるのは広場とその周辺に建てられる教会であり、宮殿であり、総督邸であり、市庁舎である。広場は様々な儀礼の場であり、市場が開かれ、処刑場にもなった。スペイン植民都市の代表となるヌエヴァ・エスパーニャ副王領の首都シウダード・メキシコのソカロ（中央広場）の周囲の諸施設は、支配―被支配の逆転を象徴している。ソカロ広場の東に位置する国民宮殿は、コルテスの宮殿（1522）をスペイン王室が買収（1562）し、1692年に再建したものである。バロック宮殿がモデルである（▶図4-17）。

　バタヴィア市庁舎（1710）は、ヨーロッパ随一といわれたダム広場に面して建つアムステルダムの市庁舎（王宮）（1648）を模したとされる。ケープタウンの建設者J.v.リーベックの息子アブラハム総督が、J.P.クーンが1627年に建設したものを建て替えたものである。ペディメントの中央には正義の女神像が掲げられ、地下には水牢が設けられていた（▶図4-18）。

　イギリス植民都市の代表はコルカタ（カルカッタ）である。「宮殿都市」と呼ばれ、20世紀初頭には人口122万人を誇る大都市であった。ダルハウジー広場（ビバディ・バーグ）周辺に東インド会社の社宅ライターズ・ビル（1780）、総督邸、市庁舎などの中心施設が建てられた。W.ジョーンズがアジア協会を設立したのは1784年であり、アジア太平洋地域最大のインド博物館が建てられたのは1814年である（▶図4-19）。

　西欧諸国は、当初、自国の建築様式をそのまま植民地に持ち込もうとした。要塞建築や教会建築など石造建築の場合、石やレンガを船のバラストballastとして積んで行き、商品を代わりに積んで帰るのである。すなわち、同じ建築材料、構造方式、工法によって西欧の建築様式をそのまま建てた。そして、西欧建築は植民地の建築に大きな影響を与えることになる。興味深い事例が、ラテン十字平面のヒンドゥー寺院である。ゴア近郊のシャンティ・ドゥルガー寺院（1736）、ナゲシュ寺院、マンゲーシャ寺院は、いずれも平面は

▶図4-16　時計塔とオランダ時代の市庁舎（マラッカ、1650）

▶図4-18　バタヴィア市庁舎（1710）

▶図4-20　ラテン十字のヒンドゥー寺院マンゲーシャ寺院（ゴア近郊、18世紀）

▶図4-17　ソカロ広場、メキシコシティ

▶図4-19　インド博物館（コルカタ）

▶図4-21　ボンベイ図書館、ムンバイ

ラテン十字形をしており、聖堂には砲弾形の塔シカラではなくドーム屋根の塔を建て、7層の鐘楼を付属させている（▶図4-20）。

しかし、建築材料をすべて本国から調達するのは容易ではないし、気候も建築職人の技術も西欧とは同じではない。植民地支配が時を重ねるにつれ、西欧人も現地の伝統建築の要素を取り入れ始める。19世紀以降にイギリス植民地で数多く建てられたいわゆるインド・サラセン様式と呼ばれた建築がまさにそうである。イスラームがインドに進行して以降、とくにムガル朝のヒンドゥー建築の要素を取り入れた建築はインド・イスラーム建築と呼ばれるが、その要素を取り入れた植民地建築をいう。ムスリムをサラセンと呼んだことに由来するが、その特徴からインド（ヒンドゥー）・ゴシック、ネオ・ムガルなどとも呼ばれる。

イギリスのゴシック・リバイバルを代表するG.G.スコットがインドを訪れずに設計したムンバイのボンベイ大学図書館（1878）（▶図4-21）の例もあるが、チェンナイのハイコート（1892、J.W.ブラシントンと H.アーウィン）のようにヴィクトリアン・ゴシックをベースにチャトリやモスクのドーム屋根が付加されるのが一般的である。20世紀に入ってデリー遷都後に立てられたコルカタのヴィクトリア記念堂（1921、W.エマーソン）は、パラディオ風の堂々たる古典主義建築であるが屋根の両端にチャトリを掲げている。ムンバイのハイコート（1879、J.A.フラー）、ヴィクトリア・ターミナス（1887、F.W.スティーブンス）、市庁舎（1893、F.W.スティーブンス）などプレジデンシー・タウンの他、マイソールの宮殿、ダッカのカーソン・ホール、ラホールのラホール博物館など、インド帝国の地方都市においてもインド・サラセン様式の建築が建てられた。そしてさらに英領マレーシア、また、イギリス本国にも逆輸入される。インド・サラセン様式のスタイルブックもつくられ、日本の近代建築の祖とされるJ.コンドルもインド経由でインド・サラセン様式に触れたうえで鹿鳴館を設計するのである。

インドで活躍した建築家たちの中には、さらに土着的な建築との融合を目指したマドラス大学評議員会館（1873）を設計したR.F.チザムがいる。一方、インドネシアには、帝冠様式的な屋根形状のみで土着の様式を表現する折衷様式が採られる中で、デルフト工科大学出身のM.ポントによるインドネシアの伝統的建築と近代建築の構造技術を統合しようと試みるバンドン工科大学（▶図4-22）やポサランの教会（▶図4-23）のような例がある。

5．コロニアル・ハウス

住居は、地域の自然、社会、文化、経済の複合的表現である。その形態は、気候と地形（微地形と微気候）、生業形態、家族や社会組織、世界（社会）観や宇宙観、信仰体系など様々な要因によって規定される。宗主国

▶図4-22　バンドン工科大学

▶図4-24　ジャワのコロニアル・ハウス　ジョグロの4本柱が使われている

▶図4-26　パラマリボの木造住宅群、スリナム

▶図4-23　ポサランの教会

▶図4-25　ボーカープのマレー人地区、ケープタウン

▶図4-27　ニュー・アムステルダム（現ニューヨーク）の景観

にはその地域で培われてきた住居の伝統があり、一定の形式やスタイル、それを成立させてきた建築技術がある。そして、植民地にも同様に地域の生態系に基づいて成立し、維持されてきた住居の形態がある。

構法と材料

建築材料は現地で調達するのが経済的である。ゴアでは、サバナや熱帯雨林に産出するラテライトlaterite（紅土）が用いられ、漆喰で仕上げられた。また、カリブ海域ではサンゴが石材として用いられた。インドのケーララやヒマラヤ地方あるいは東南アジアなど木造文化圏では当然木造が用いられる。ジャワに入植したオランダ人たちの住宅にはジョグロと呼ばれる4本柱の架構をそのまま用いたものがある（▶図4-24）。また逆に、木造住宅に住んできたマレー人が石造のフラットルーフの住宅街を形成したケープタウンのボーカープ（▶図4-25）のような例もある。南米スリナムのパラマリボにはジャワ人が入植させられるが、すべて木造住宅である（▶図4-26）。

屋根形態とファサード・デザイン

民族や地域のアイデンティティは、屋根の形態やファサードのデザインやスタイルに表現される。オランダ植民地の場合、風車とともにオランダ風切妻（ダッチ・ゲイブル）のタウンハウスをそのまま持ち込んだ例がニューアムステルダム（現ニューヨーク）である（▶図4-27）。カリブ海に浮かぶキュラソーのウィレムスタッドにもオランダ風街並が再現されている（▶図4-28）。オランダの茅葺農家が建てられた南アフリカの田園都市パインランズのような例もある（▶図4-29）。

熱帯環境

ヨーロッパの住居形式は、熱帯亜熱帯を中心とする植民地の気候風土には基本的に合わない。現地の伝統的民家に学んで様々な工夫が行われるようになる。ジャワに入植したオランダ人たちの場合、洋服を着用し続けて18世紀になってようやくジャワ風の服に切り替えるのであるが、熱帯の気候に適したポーラス（多孔質）な、また気積の大きな住居（▶図4-30）を建て始めるまでに相当時間がかかっている。バタヴィアの大運河（カリ・ブサール）沿いのトコ・メラ（赤い店）（1730）（▶図4-31）、郊外住宅として建設された総督邸（1760、現国立公文書館）（▶図4-32）は、開口部の大きいのはオランダ風で、階高は高く大型である。

ヴェランダとバンガロー

植民地住宅として成立し、逆に西欧の住宅に大きな影響を与えたのがヴェランダ、そしてバンガローである。ヴェランダの語源は、一説にはヒンディ語のヴァランダvaranda（ベンガル語のbaranda）由来のポルトガル語とされる。もともとは格子のスクリーンで区

▶図4-28 ウィレムスタッドのオランダ風コロニアル・ハウス、キュラソー

▶図4-30 スラバヤのコロニアル・ハウス

▶図4-32 総督邸、現国立公文書館（1777-80）

▶図4-29 パインランズのオランダ風民家、ケープタウン

▶図4-31 トコ・メラ（ショップハウス）、ジャカルタ

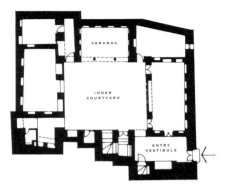

▶図4-33　ヴェランダの原型　バグダードの中庭式住居

切られた中庭に向かって開かれた空間をいう。ヴァスコ・ダ・ガマがカリカット（コージコーデ）で初めて知ったというが、それ以前にアラブ人たちがマラバール海岸に持ち込んでいた（▶図4-33）。アラビア語でヴェランダに相当するのはシャルジャブsharjabで、格子スクリーン窓、バルコニーはイタリア語のバルコン（梁）に由来し、2階以上の張り出しをいう。

ヴェランダはやがて外部につくられるようになり、3面あるいは4面をヴェランダで取り囲むバンガローbungalow形式が成立する（▶図4-34）。ベンガルに一般的に見られる船形を逆さにしたようなバーングラbanglāと呼ばれる屋根形態が採用されたわけではない。住居形式としてはムガル朝のテント生活をベースとして成立したと考えられ、方形あるいは寄棟屋根住居の四周を囲むのが原型である。インドでは仮設的な住居として使われ、イギリス人は当初は旅の途次に利用するものとして建設した。

アングロ・インディアで成立したバンガローは、本国に逆輸入され、大英帝国のネットワークを通じて北アメリカやアフリカにも普及していく。1730年代にイリノイでつくられているが、18世紀には英語にもなり、一般化していく。フランスもまたニュー・オリンズなどにバンガロー（ギャラリー）を持ち込む。いち早く一般的な住居形式として定着したのがオーストラリアである。日本にも長崎のグラバー邸（1863）の例がある。バンガローは、9世紀前半にイギリスで発明されて世界中に一気に広がったトタン（亜鉛鍍鉄板、コルゲート）屋根とともに、植民地化による建築文化のグローバルな拡散の象徴である。

コートヤード・ハウス

古今東西一般的な都市型住居の形式はコートヤード・ハウス（中庭式住居）であるが（▶図4-35）、イベロ・アメリカに持ち込まれたのはパティオのある住居である。その規模、形式には都市によって様々なものがある。ハバナには中2階を設けた形式もある（▶図4-36）。ヴィガン（フィリピン）には、バハイ・ナ・バト（石の家）と呼ばれる木骨2階建てで1階が石造、2階を生活面とする形式が成立した（▶図4-37）。

▶図4-34

▶図4-36

▶図4-35

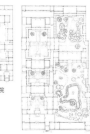

▶図4-37

▶図4-34　イリノイの4面ギャラリーハウス　バンガロー
▶図4-35　中庭式住居　四合院の類型
▶図4-36　ハバナの都市住居
▶図4-37　フィリピンのバハイ・ナ・バト

ショップハウス

バタヴィアには、オランダの街区のような切妻を街路に向けて中庭を囲む形式が持ち込まれるが、インドネシアでは必ずしも一般化しない。都市型住宅として定着するのは、ショップハウス（店舗併用住宅）である。店屋の英語訳がショップハウスであり、その形式は中国南部が起源とされる。東南アジアに普及していくことになるのはS.ラッフルズがシンガポール建設の際にアーケード付の形式を採用して以降である。アーケード（ポルティコ）は、スペイン植民都市のプラサ・マヨール（中央広場）の周囲に設けられるが、その起源はギリシャのストアにさかのぼる。一方、中国には亭仔脚と呼ばれる雁木形式のものがあり、シンガポールでは洋の東西の伝統が融合したかたちとなる（▶図4-38-a〜e）。

バラック

西欧が植民地に生み出したもっとも大量な住居形式はバラックと総称される。戦場における簡易な兵舎をいうが、現地労働者を収容するために用いられた。シンガポールのショップハウスももともと中国人労働者の収容を目的とするものであった。輸送中の奴隷の宿舎はバラクーンbarracoonと呼ばれ、カタルーニャ語、スペイン語にはバラックbarraqueという言葉が早くからある。西アフリカから大西洋を輸送中はバラ

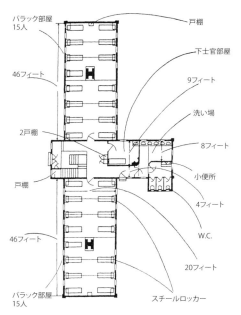

▶図4-39　ホステル、20世紀初頭のイギリス軍隊のための2階建兵舎

クーンに収容され、「新大陸」に着くとバラックに居住させられるのである。南アフリカではホステル（簡易宿泊所）とも呼ばれたが、金やダイヤモンドの鉱山の強制収容所として大量につくられた（▶図4-39）。インドには、チョウルと呼ばれる長屋形式のバラックが生まれ、やがて高層住宅の形式が生み出される。

▶図4-38-a

▶図4-38-b

▶図4-38-c

▶図4-38-d

▶図4-38-e

▶図4-38　ショップハウス
▶図4-38-a　シンガポール
▶図4-38-b　パタニ
▶図4-38-c　バンコク
▶図4-38-d　ホイアン
▶図4-38-e　マラッカ

Lecture 04……「コロニアル建築」の世界史　西欧の世界支配と建築

Column……04
植民地の神社

青井 哲人

海外神社はいくつつくられたか

ハワイやブラジルなどの日本人移住地だけでなく、租界、居留地、保護国、植民地、占領地、租借地、鉄道付属地、傀儡国家、委任統治領といった、明治以降の日本が何らかのかたちで支配した領域にも多数の神社がつくられた。明治以降に日本の国土に含められた沖縄や、旧松前藩等をのぞいて明治初年から開発が進められた北海道も、新たに神社が奉祭された地域である。

では、これら広い意味での「海外」に、いくつの神社がつくられたのか（▶図C4-1）。第二次世界大戦終結時点で、沖縄10、北海道518、台湾68、樺太128、朝鮮82、南洋委任統治領27、関東州12、満州国180、さらには中華民国52といった数字がこれまでに明らかにされている。

明治～第二次世界大戦終結までの「神社」

だが、そもそも「神社」とは何だろうか。この問いに、神社起源論に立ち返って答えるのは本稿の課題ではない。だが、神社を自然物信仰から自生的に成熟した祭祀体系とみる素朴な理解は現在では通用しない。奈良時代の朝廷権力による祭祀秩序の構築や、外来の仏教・道教・儒教との関係が重要な論点である。その後、神社と仏教は混交を深め、幕末の時点で区別の困難な状態になっていたが、明治政府の神仏判然令によってその分離がはかられ、さらに明治後期の神社整理によって多彩な社祠が失われ、約11万社が残された。私たちが「神社」と呼ぶのはそれ以降の神社だが、その内実は明治以降も変質する。

さて、戦前の制度下で、神社は皇室との距離や地方行政の階層に沿って格付けされた（社格）。官幣大・中・小社は天皇や皇室にかかわりの深い神を、国幣大・中・小社は全国の国土開発・経営などにかかわる地方神を祀る神社である。これらに、人霊を神格化して祀る別格官幣社を加えて「官社」と総称する。その数約200社。それ以外は民間で奉祭される「諸社」である。諸社は地方行政の階層秩序に対応づけて整理するのが行政上の理想だったが、実態としては府県社、郷村社のほかに、膨大な数の社格のない神社が残った。

ここで図C4-1に戻ると、海外であっても日本国家が直接に創立する官社は基本的には帝国全土で同じ法的地位にあったが、諸社については神社行政の有無も内容も地域によって違う。台湾や朝鮮には比較的に内地に近い制度があったが、台湾の「社」「遥拝所」、朝鮮の「神祠」は日本国内には見られない。これらは将来的に「神社」とすることが望まれた神社未満の小祠で、これらを神社数に上乗せすると、台湾200、朝鮮944となる。内地では多様な来歴をもつ神社を整理することが、逆に海外では均一な神社を増やすことが求められたといってよいだろう。達成には遠かったが、その目標は社会統合の要として台湾では市街庄、朝鮮では府邑面といった行政区域に1社ずつを置くことだった。

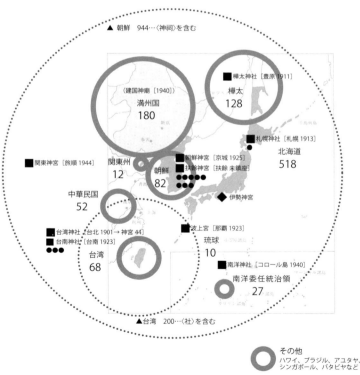

▶図C4-1　第二次世界大戦終結時点の海外神社分布

以下では朝鮮と台湾にしぼり、神社の社殿・境内の歴史を概観しよう。

居留民の神社

朝鮮半島の場合、植民地支配の前にいわゆる開港期があった。1876年の釜山を皮切りに、1880年以降、元山、仁川、漢城（ソウル）などに日本居留地（租界）が設定されて日本人移住が始まるが、1905年に日本が朝鮮を保護国化するとその数は急増する。1678年の草梁倭館設置にさかのぼる釜山の龍頭山神社は例外として、各居留地では日本人人口が千数百〜二千人ほどに達すると神社奉祭に向けた動きが現れている。多くの場合、居留地内に自ら整備した公園に、伊勢に出向いて受けた神宮大麻を奉祭するため、内地の大工棟梁に依頼して神明造の小型神殿をつくった。

▶図C4-2　南山太神宮（京城、1898）

これら神社は「太神宮」と呼ばれた（▶図C4-2）。

日韓併合（1910）後、1915年に総督府令として神社寺院規則が施行されると、これら神殿が「京城神社」などの行政的名称を与えられる。京城府などの行政区域がすなわち崇敬区域である。日本人居留民は自治権を失って朝鮮人とともに各行政区域の住民とされ、区域を細分化して氏子組織がつくられた。

総鎮守と地方神社

1912年、朝鮮全土の住民を氏子とする朝鮮総鎮守の創建事業の準備が始まる。工事顧問（設計者）には東京帝国大学教授の伊東忠太が選ばれたが、彼は日本建築の権威であり、伊勢神宮の式年遷宮に携わり、内務省神社局技師（兼任）をもつとめ、朝鮮総督府から委嘱を受けた時点では彼が指揮した明治神宮（東京、1920）の工事中であった。彼は京城（ソウル）の南に立ち上がる南山の西麓斜面を鎮座地に選び、設計を進め、1925年10月に鎮座祭の挙行にいたる（▶図C4-3）。祭神は天照大御神と明治天皇の二柱、社格は官幣大社であった。

▶図C4-3　朝鮮神宮全景（京城、1925）

朝鮮神宮の境内は、神祇を奉祭するために建設された古代以来の神社の中でも最大級の規模と強い視覚的秩序を誇示した。漢陽の城壁撤去跡に沿って市街からのぼる参道はやがて一の鳥居にいたるが、そこから長大な石段、広場、参進路を経て、社殿の背面まで、境内は約500mに及ぶまっすぐな軸線に貫かれていた。伊勢神宮に範をとった神明造の本殿・中門・拝殿が互いに独立して建てられた。

南山は、風水地理説では漢陽の案山にあたる重要な山で、李朝時代は禁足地として保護され、松林に覆われていた。開港期にはその北麓が日本人居住地となり、太神宮も南山の斜面地を整備した公園内にあった。朝鮮神宮はさらに北西部を大きく切り開き、新古典主義的な秩序をつくり、市街からはパルテノンのように台座上に見上げられ

▶図C4-4　朝鮮神宮より京城市街と朝鮮総督府を望む

Column 04……植民地の神社

▶図C4-5　台東神社（台東、1911）

た。境内から北へ市街を見下ろすと、景福宮（李朝の正宮）の前面をふさぐ朝鮮総督府が見えた。総督府と総鎮守とが、1本の都市軸で結ばれ、京城市街地を北と南から挟み込んでいた（▶図C4-4）。

　一方の台湾は、1895年に始まる植民地の前には日本人居留民社会はなかった。1901年に官幣大社台湾神社が創建され、これをひな形として各地方の神社（▶図C4-5）がつくられていった経緯は、朝鮮とはまったく違う。設計者はここでも伊東忠太で、彼は台湾神社・樺太神社の経験を携えて朝鮮神宮に臨んだのだった。境内・社殿の設計も、都市内の立地も、これら3社はよく似ている。ただし、近代国家日本が目指した祭政一致を体現するかのような、官庁と神社を都市軸でむすぶ立地パタンは、すでに明治初期の札幌に見られる。開拓三神（大国魂命・大己貴命・少彦名命）を祭神とする点も、北海道から樺太まで共通して見られた。ただし台湾では、台湾割譲後の植民地戦争で死亡した北白川宮能久親王をあわせ祀った。

　台湾では北海道の先例を引き継ぎ、祭神はローカルな土地の開拓、水平の領土拡張を象徴するが、朝鮮では「皇統」の起源（天照大御神）から再興者（明治天皇）までの時間的垂直軸が強調されたのである。

都市空間・都市社会の中の神社

　植民地でも神社の例祭は大きな都市イベントだった。京城、仁川、大邱、平壌などの朝鮮各都市では日本人も朝鮮人も出店を構え、仮装行列を出し、台北では日本人住民が神輿を担ぎ、漢族系の台湾人は獅子舞などの民族色豊かな余興を競った。

　1920～30年代の京城神社の例大祭はとりわけ華やかで、朝鮮神宮の超越的な性格とは対照的に、京城府民の氏神としての大衆的性格が色濃いその祭礼の模様は、他の植民地神社の模範として新聞報道を賑わせた。京城市街の街路という街路が飾り付けられ、市民があふれ出し、南山山頂からの号砲を合図に境内を出発した神輿が2日がかりで京城市街地を練り歩いた。だが、1919年のいわゆる三・一独立運動により京城神社の氏子組織は一度有名無実となり、その後に再建・強化された経緯があった。

　1926～29年に京城神社は境内拡張と社殿改築を行う（▶図C4-6）。設計も施工も京城在住日本人が経営する工務店だった。設計者が「民衆的」になるよう配慮した社殿は、流造（ながれづくり）にあらためられた本殿、向唐破風の付く入母屋造の拝殿、祭典時に参列員を集める参集所、神前結婚式の行える神楽殿を併設した社務所などであった。

　神社祭礼は他の都市イベントと重ね合わされることが

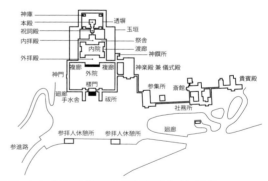

▶図C4-7　台湾神社昭和造営の平面図（台北、竣工せず）

▶図C4-6　改築後の京城神社（京城、1929）

▶図C4-8　台湾護国神社（台北、1942）

▶図C4-9 戦災復興後の明治神宮内苑（東京）

多かった。京城では毎年10月17日が朝鮮神宮例大祭、同日および翌日が京城神社例大祭で、同月16日から18日までが奨忠壇公園での神宮競技会（体育大会）と決まっており、1929年には朝鮮大博覧会の会期がこれに重ねられた。

戦中期の神社再編

1930年代末、京城では朝鮮総督府と陸軍の主導により、京城南西の広大な龍山軍用地に面して京城護国神社の創建が進められた。こうして南山は、北麓の京城神社、北西麓の朝鮮神宮、南西麓の護国神社からなる複合神域と化した。

同時期、京城神社は再び大規模な境内拡張と社殿改築事業を準備していた（実現せず）。台北でも、台湾神社の境内をやや東に移して壮大な新境内をつくり（竣工に至らず）（▶図C4-7）、そのさらに東には台湾護国神社が1942年に完成した（▶図C4-8）。台湾では新竹・台中・嘉義、朝鮮では京城・全州・光州・大邱・龍頭山・平安・江原・羅南などの各社を国幣小社に格上げし、社殿・境内の拡充を進めた。さらに、「内鮮一体」を象徴する扶余神宮の創建は、扶余神都計画と称する都市計画と一体化されていた。

1935年以降に急速に活発化したこれら神社改築・創建プロジェクト群はそれ以前とは異質だった。これらすべてを、日本の内務省神社局、1940年以降は内務省の外局に格上げされた神祇院の技師・造営課長であった角南隆が顧問格で指導し、彼の指揮下にあった官民の技術者が国内外の現場を移動しながら設計監理に当たった。その社殿・境内の特徴をあげてみよう。

第一に、伊東忠太の段階にはほぼ欠落していた機能主義が、角南らにおいては当然のものとなっていた。神職の日常的奉仕が効率的に行われ、また諸種の祭礼時には参列者を巻き込む多様な演出が可能な社殿建築の設計である。拝殿は大型化し、祝詞殿を介して本殿と屋根で接続された。近江神宮（滋賀県、1940）のような大規模な事業では、千人程度が収容できる外拝殿と、百人程度の内拝殿とに拝殿を二重化し、これらを廻廊で接続して中庭を囲む。このプランが、台湾神社や京城神社の改築にも適用されたが、奈良の橿原神宮や京都の平安神宮の改築も同型だった。

第二に、地域主義の導入である。近江神宮では滋賀県下の古社に見られる細部意匠が盛り込まれたが、朝鮮では社殿木部の丹塗りや社務所でのオンドルの採用も見られた。機能主義的なプランニングと地域主義的な材料・意匠との組合せは、広大な版図を一望のもとにしようとしたこの時期の帝国日本にふさわしい建築設計方法だった。

第三に、常緑広葉樹の境内林である。深く暗い森をゆるやかなカーブを描いて進む参道の先に、壮麗な複合社殿が現れる。スギ・マツなどの針葉樹がつねに施業を必要とし、しかも都市化のもたらす煙害に弱いのに対して、シイ・カシなどの樹種は自律的に再生産される「自然な」森をつくることができる。このことは、生態学的知識をドイツから導入した林学者たちが、明治神宮の経験をふまえて理論化・美学化したものだった（▶図C4-9）。

総括的にいえば、伊東忠太は19世紀的な歴史様式の折衷という段階にいた。伊東が指揮した明治神宮以後、新しい社殿・境内の設計方法が建築家・大江新太郎や林学家・上原敬二らによって模索され、その果実が角南隆らによって類型的に標準化されるのである。彼らの優れて科学的かつロマン主義的な思考は、機能的にも美学的にも、境内林と社殿建築を一体的な環境デザインとしてとらえていた。これが戦後の神社復興にもなめらかに連続する。

植民地解放後

しかし、日本の統治から解放された「外地」で存続した神社は皆無である。キリスト教、仏教、教派神道などの海外布教と違って、神社は信仰という内実の伴わない、植民地社会の奇妙な集合的記憶として人々の脳裏に残る。現実の境内はといえば、台湾では中華民国の護国神社ともいうべき忠烈祠に転用された神社が少なくない。県社桃園神社はその社殿さえ残される稀有な例である。朝鮮でも、社殿・境内の部分的な痕跡は決して皆無ではない。

Lecture 05

「近代建築」の世界史

「ふたつの近代」の見取り図

土居 義岳

0. はじめに

かつて著者は「ラスキンの呪い?」(『建築雑誌』2013年11月号)において「ふたつの近代」の概念を示した。1834年にロンドンでイギリス王立建築家協会が設置されてからのほぼ1世紀を第一の近代とし、1931年にやはりイギリスで建築家登録法が成立してからのほぼ1世紀を第二の近代とするアイデアである。この時代区分は100年で4倍の人口増加による都市成長が近代的な建設産業と建築界の誕生と発展をもたらすというシンプルな図式にもとづく。もちろん建築家の職能の発展をもたらした要因はそれ以前からはじまっているので、これら年代そのものを厳密な分水嶺とするわけではない。だから「ふたつの近代」とは、やや後ろ倒しの19世紀と20世紀である。しかしいっぽうで、過去との切断をわざと強調したいわゆる近代建築運動のイデオロギーを真に受けてしまうと、今度はそうした近代運動がどういう文脈にのっているのか、位置づけられなくなる。ここでは19世紀と20世紀はきびしく峻別されるのではなく、やわらかく分節化されるとする。

1. 第一の近代

この時期の経済状況をいうと、まず1830年には七月革命があり、ナポレオン戦争とそののちのウィーン

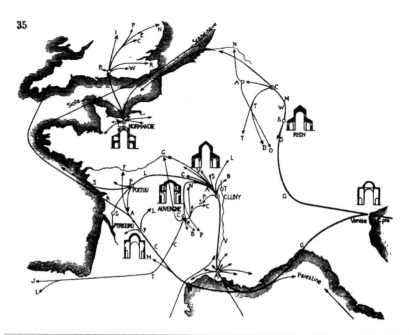

▶図5-1 オギュスト・ショワジー『建築史』(Auguste Choisy, Histoire de l'Architecture, 1899)、p.240の挿図。「流派ごとに分類したロマネスク教会」。ビザンチン様式は東方からヴェネツィアに到着し、そこから北方に伝播しライン川流域の教会建築群を形成する。北部イタリアを横断し、ジェノヴァから海路フランスの地中海沿岸に漂着したあと、北上してクリュニー派を形成し、あるいはペリゴール地方でドーム型教会堂の系譜を再現しつつ、ふたたび海路をへてノルマンディー建築を生み、イングランドにも至る

体制が崩壊したことで、ヨーロッパは本格的な自由主義経済となる。国により時差はあるが、産業革命、市民社会の成立、産業構造の近代化、世界貿易、植民地経営などにより特徴づけられる。自由主義経済は19世紀をとおして成長し、問題を生み、そして1929年の大恐慌にいたる。この100年間、パリ、ロンドン、ニューヨークといったいわゆる先進国の主要都市は、人口が数倍に増加している。すなわち自由主義経済のなかで都市が成長し（たとえばオスマンのパリ大改造、ウィーンのリンクシュトラセ大計画など）、人口が集中し街が形成される。ということは建設産業そのものが成長し、自由職業としての建築家も増加し、建築家団体あるいは職能団体ができ、教育、建設、設備、行政などのほかの建築関連職業の組織とネットワークを形成し、いわゆる「建築界」ができる。そのなかで建築学が形成され、建築史学、建築理論なども充実する。あるいは情報交換のための雑誌、メディアなどもできてくる。これがいわゆる先進国でみられた典型的な現象である。

1834年にロンドンで「王立建築家協会」（RIBA）が、1840年にパリで「中央建築家協会」が、1857年に「ニューヨーク建築家協会」が設立された。それらはロンドン、パリ、ニューヨークという都市に限定された協会であったことは重要である。このような建築界は、まず都市内であり、つぎに国内、そして国際へと段階的に発展する。かくして「ロンドンのRIBA」は1892年に国全体のものとなり、フランスでは1889年に設立された地方建築家協会がパリの特権性を批判し、アメリカではやがて「アメリカ建築家協会」（AIA）に改称、拡大された。

こうしたなか建築理論にはより普遍性が求められる。満足させるべき施主は、特定の王や貴族という顔のみえるパトロンではなく、マーケットの背後にある社会全般になるからである。私見では、第一の近代においてこそ大建築理論が構築されたのであり、20世紀はその崩しに過ぎない。

構築性パラダイム

19世紀的な大建築理論は2つの傾向がある。まず構築パラダイムである。ゴットフリート・ゼンパーの『建築の4要素』（1851）や『様式』（1861、1863）は、工作者としての人間が繊維、石、木などといった素材に出会い、その処置のしかたが、初源の技術になり、その技術のありかたから様式が発展するとする。ヴィオレ=ル=デュクの『建築講話』（1858-72）はゴシックの建築が力学的な合理的体系であることを示したが、その重要性は、合理性モデルがゴシック建築を超えて建築一般のモデルとなったことである。モデルがとりあえず説明しようとした対象を超越して普遍化してしまったことに、事後的にして歴史的な重要性がある。

はやくも1850年、ジョン・ラスキンのアドバイスを受けた建築家が建設したオックスフォード大学自然史

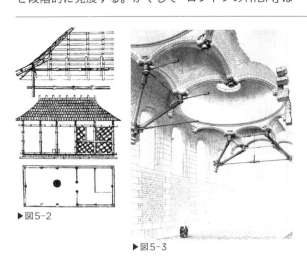

▶図5-2　カリブの小屋。
ゼンパーは、イギリスに亡命し、ロンドン万国博覧会に展示された「カリブの小屋」を見学する。そこに繊維、木材、石材、土という素材、そこから生じる構法に初源の建築の姿、そして様式の根源を見出した
▶図5-3　ヴィオレ=ル=デュクは『建築講話』のなかで、ゴシック建築の合理性を理路整然と説明しつつ、その合理性のフレームのなかで、鉄製の部材を使うことを正当化する

▶図5-4　オックスフォード大学自然史博物館

博物館(1855-60)では、ゴシック大聖堂のような尖塔アーチ構造のアトリウムを実現していた。自然史という19世紀的な枠組みで、地球上の古今東西が内包されているのはいかにも時代である。同時代、前述の中央建築家協会の副理事であったアンリ・ラブルーストがサント・ジュヌヴィエーヴ図書館(1843)と国立図書館(1854-75)を建設した。石造建築にまさにフィットした軽快な鉄構造を用いて、広大な内部空間を実現した。さらにヴィクトール・バルタールのサントギュスタン教会堂(1860-71)も同様である。これら鉄構造の小屋組をもちいた建築から、ヴィオレ=ル=デュクは合理的であれば石材を鉄材で代替できるという理論を導いたのであった。この理論はいわゆる近代建築運動にも影響を与えた。

世界性パラダイム

もうひとつは世界パラダイムであり、古今東西の建築を地理的あるいは地域的に分類したり、歴史軸にそって分類したり、あるいはその両者でマトリクスをつくってみたり、そしてその評価空間のなかで構法や様式などを指標にしてそのネットワーク性をみようとする立場である。

ジョン・ラスキンの『ヴェネツィアの石』(1851-53)は建設の営みを文明史的な枠組みへと昇華させた。そして工業が発展し世界貿易をするロンドンは第二のヴェネツィアであるという自画像を描いた。またその発想法により第一の近代をきわめて正確に表象しているのはオギュスト・ショワジーの『建築史』(1899)である。彼はロマネスクやゴシックという様式の発展を理論的展開でもなく創案の集積としてでもなく、地球上の諸地域のあいだの、まさに地理的そして歴史的な伝播として説明したのである。

ポール・アバディは地中海東方のドーム式教会の流れをくむとされるフランス南西部ペリグーのサン・フロン教会を修復しつつ、その建築原理を踏襲してパリのサクレ・クール教会堂(1875-1914)を建設した。そのときこの建築の世界性という概念があったはずである。建築史学は、7世紀のビザンチン建築におけるドーム式教会の形式がヴェネツィアのサンマルコ教会堂へ、そしてペリゴール地方のドーム式教会に影響を与えたという世界史的枠組みを提供した。

大英帝国の世界制覇とは世界のネットワーク化であった。印欧語族を媒介とするイギリスとインドの関連性という考え方は支配のイデオロギーであるにしても、インドのインド・サラセン、ムンバイのヴィクトリア・ターミナスなどは東西様式の融合のこころみである。

この構築性と世界性とがクロスする立ち位置に「鉄」という建材がある。第一の近代にあって象徴的な存在は「鉄」、とくに鋳鉄と錬鉄である。それは産業革命における核心的な素材であるだけでなく、建築理論を刷新し、建築空間を変容させるとともに、世界通商に

▶図5-5

▶図5-7

▶図5-6

▶図5-5 アンリ・ラブルーストによるサント・ジュヌヴィエーヴ図書館
▶図5-6 ジョン・ラスキン『ヴェネツィアの石』(福田晴虔訳第一巻)より。バドアリ・パルテチパツィ邸のアーチ(図Ⅷ)
▶図5-7 ペリグーのサン・フロン教会。中世のドーム式教会堂。19世紀、建築家ポール・アバディが修復する。中世にあったままの姿への修復ではなく、理想化された完成図への修復であった。アバディはここでドーム式教会堂の様式を学び、それにもとづいてパリのサクレ・クール教会堂を設計する

▶図5-8　ムンバイの旧称ヴィクトリア・ターミナス。建築家フレデリク・ウィリアム・スティーヴンスにより1888年に建設。様式はヴェネツィア・ゴシックであるが、細部装飾はインド人職人によるインド的な彫刻

おける代表的商品となった。

　鉄はいわばグローバル商品であった。建築史家は世界史ネットワークのなかで、ロマネスクが地域間交流のプロセスをとおして発展し、伝播するというヴィジョンをもつ。それとパラレルに19世紀の建設産業は宗主国の工場で鉄材を製造し、ときにはカタログ販売の形式で、近代化を目指している植民地などにそれらを提供する（グローバル商品としての鉄の建築部材のありようは重要な研究テーマである）。そうしたなかで鉄道や運河などで世界ネットワークが構築されるのである。

2. 第二の近代

　前述のように第二の近代において、イギリスでは建築家登録法が成立し（1931）、フランスでは1940年に建築家法が制定された。アメリカでは1897年に建築家ライセンス法がはじめてイリノイ州（シカゴ派が想起される）で制定されたが、全州で制定されたのは1950年前後である。ひとたび国内法として成立すると、ただちに国家間の相互認証や国際化に向かう。国際建築家連合（UIA）が1948年に設立され、1999年に国際職能基準についてのUIA合意を作成したことは周知のとおりである。

　第一の近代において人口が数倍になったのはごく一部の先進国の大都市であったが、第二の近代においては地球全体の人口が4〜5倍になり、危機的であった。20世紀は、すでに近代化していた地球上の一部に、まだ近代化していない残りの地域がキャッチアップしようとした世紀であった。急速な技術革新はあったものの、需要に供給が追いつかない。構造的に不足とインフレであった。そこから二度の世界大戦がもたらされる。近代（化）批判そのものも、まさに構造的に、この地球的近代化に内蔵されていた。最終的にはグローバル化が地球全体の近代化をもたらすのである。

　建築教育においては、日本でも西洋諸国においても、首都だけでなく地方にも建築学科が設立されたのは戦後である。建築家や建築技術者も大量供給しなければならなくなった。地球レベルで建築需要が増えたためであり、そこにおいて技術者たちの品質保証のために国際的な基準づくり、そのための仕組みを考えねばならなかった。そのためのUIA等であろう。

　結論を先取りしていうと、この第二近代のパラダイムは微小で精巧なものの大量生産に向かう方向性と、巨大なものを目指すモニュメンタルでアナクロニックな方向性との、矛盾、葛藤、共棲なのである。

微小性パラダイム

　微小なものとは、とりわけ住宅とオフィスである。これらの充実のされ方は、国により時期もペースもはなはだ異なるとはいえ、普遍的である。住宅はベッド空間という微小部分、オフィスはデスク空間という微小部分からなり、それらの有機的複合とその集積が、たとえば高層マンションや高層オフィスビルである。大規模なものにみえても、それらは微小なものの集積にすぎない。

　微小大量生産パラダイムをまず概論的、観念論的に理解するためにはドゥルーズの『差異と反復』に学ぶのがよいであろう。かつて近代建築のモデルとして希望的にも批判的にも言及されたベルトコンベア的自動車製造では、個体差はほぼ認識できないほどの正確な大量生産が想定された。その根底にはミース・ファン・デル・ローエの「普遍的空間」（ユニバーサル・スペース）概念があった。しかし現実には、人類の究極の生産物である人間そのもの、そして彼らが置かれる状況、与えられる住空間はすべて異なる。それは無限の差異である。大量生産は際限のない同一性とともに、まったく矛盾に満ちたことに、やはり際限のない差異をもたらすのである。

　このことを考えるために、19世紀西洋の住宅政策ではまだ労働者住宅という言葉が生きていたように、人間は均質ではなく、階級などにより分類されたことを思い出せばよい。しかし20世紀の考え方では国民はすべて市民として平等であり均質であり、基本的人権が求められ、理想的には一律に教育、医療、労働時間規定、社会保障、公的サービスが提供される。いわ

ゆる生権力はそのためのテクノロジーである。それは人間の標準化として生産されるべき「市民」たちであった。自動車のように差異のない、近似的にほぼ均質といえる同一性の再生産もある。それをそれこそ普遍的にモデルしようというのが20世紀の体験であった。自動車、郊外住宅、学校などがこうして建設された。標準的、規格化されたまったく同一物の、いやまったくの同一性の無限の再生産という幻想。それは産業家にとりユートピアであり、良識ある市民にとっては悪夢であるような幻想。

しかし同一性とは理念であるものの、差異こそが現実である、というのが20世紀における根本的な構図でもあった。差異は収入、文化、国籍、人種、格差などとして現象してきた。同一性の再生産を目指しながら、実際は最初からも着地点においても差異の再生産でしかなかった。地域、住宅団地、義務教育の学校、オフィスにおいて初期条件として均質であったとしても、結局、現実的には差異が発生し、クラスター化し、ゆるやかな棲み分けやゾーニングが自然発生する。すべての人間を市民として認め、基本的人権を認め、最小限のミニマムな公共サービスの提供先として認定しても、ある状況において人間は無限の繰り返しのひとつであるとして疎外されてはいても、しかし、人間は希望的にしてかつ同時に絶望的に、個々には差異でしかありえない。知識、技能、身体、収入、資産、床面積などといった指標をもって人間を記述しようと思えば、それは無限の差異の再生産なのである。

この同一性／差異の自己矛盾的共同運動の例が都市計画である。いわゆるゾーニング、社会的観察などを基礎とする都市計画法が確立され、それにより都市計画をなす方式が、国際フォーマットなった。それはいわゆるシカゴ派が人口の急増と社会の不安定化という危機および、社会学的調査をし、それが都市計画にも反映されたことが顕著な例である。均質を仮想の出発点としながらも、人間の自由な活動は際限のない差異を生んでいくのだが、その差異が都市という空間体系のなかに蓄積され、濃淡を生んでゆく。それを分析しそして操作するのが社会学や都市学である。アンリ・ルフェーブルの都市革命とはマーケットコンシャスな建設産業と近代官僚機構との共同により、同一性と差異とからなる都市において空間を生産、管理、運営することであった。

建築理論はまったく刷新される。19世紀的な大理論は現実へと適応される前に、理論そのものの首尾一貫性や完備性が求められる。いわば作品としての理論である。それは20世紀にはそぐわない。同一性／差異の矛盾的自己運動にあっては際限なく産出される差異をリサーチし、サンプリングし、集計し、分類し、意味づけ、将来予測をすることなどが重要になる。ニューヨークのMoMA（近代美術館）的なキュレーションシステムは同一課題のもとの多様な解法というパラダイムにおいて「インターナショナル」や「ポストモダ

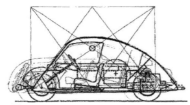

▶図5-9

▶図5-12

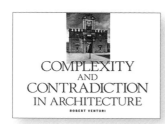

▶図5-10

▶図5-11 クリストファー・アレグザンダー『形の合成に関するノート』原著p.43の挿図。要素間の関係により、その関係性の深さ浅さにより、サブシステムが生じる。多くの個体があるとき、それらの相互関係の強弱により事後的にサブシステムが現象する。それはアプリオリな構造（ツリー）から生まれるのではない

▶図5-9 ル・コルビュジエによる最小限自動車案
▶図5-10 ヴェンチューリ『建築における複合性と対比性』表紙

▶図5-13

ン」の概念を生んできた。ロバート・ヴェンチューリの『建築における複合性と対比性』(1966)や『ラスベガスの教訓』(1972)は都市のなかに様々な雑音のように展開する個人の好みや趣味を無視しては現象は理解できないし、成り立たないということをいっている。クリストファー・アレグザンダー『形の合成に関するノート』(1964)や『パターン・ランゲージ』(1977)という言葉そのものが同一構造（ラング）を共有しているはずの人間たちが、しかし現実には無限の差異（パロール）を生んでゆくことの調停なのである。さらにはレム・コールハースの『錯乱のニューヨーク』(1978)は、ラスキンが描くヴェネツィアの繁栄と没落などというナイーブな倫理的反省のかけらもなく、終わりを想定しない永遠のシステムとしての資本主義のなかで、欲望がいかに差異を産出しつづけるか、しかし、にもかかわらず同一性に回帰するかもしれない、という物語なのである。

こうした第二の近代の特性をもっとも表象しているのが再解釈された古典的近代すなわちミース・ファン・デル・ローエによるレイクショア・ドライブ(1949)とファンスワース邸(1951)であろう。前者の高層マンションの1層を切り取り、シカゴ郊外に移設したのが後者である、などという従来解釈を超えねばならない。それらはともに1平方フィート、1平米という微小な床面積単位の、それぞれの集積の仕方なのである。アートにより補足すればアンディ・ウォーホルは《キャンベルのスープ缶》(1962)により同じことを表明していた。

巨大性パラダイム

微小パラダイムはいかにも資本主義にふさわしく永遠の自転車操業であらざるをえない。それを補完するのが巨大性パラダイムである。具体的にはワシントンDC、ニューデリー、ゲルマニアといった20世紀初頭の一連の都市プロジェクトである。これらが通常の建築史では取り上げられないのは、その補完の構造があたかも微小パラダイムの欠陥のように目には映るからであろう。

ワシントンDCは、イギリスから覇権を禅譲されたアメリカがみずから仮想の帝国の首都として取り組んだ都市美装の産物である。建築家ピエール・シャルル・ランファンによる18世紀の都市計画の枠組みのなかで、19世紀にはキャピタル（連邦議会議事堂）が段階的に整備され、オベリスクも1885年には竣工していた。しかしいわゆるシティ・ビューティフル運動の一環として中心軸が美装されるのは、20世紀初頭からである。大統領というよりすでに国父であるリンカーンのためのギリシャ・ドリス式による威厳に満ちた神殿風の記念碑は、建築家ヘンリー・ベーコンによるもので1922年に除幕された。古代ローマ円形神殿風のジェファーソン記念碑は1943年完成である。これら大統領のためのモニュメントはかなり時代遅れの新古典主

▶図5-12　ミース・ファン・デル・ローエ、レイクショア・ドライブ。
シカゴの中心部に建設された
この高層集合住宅は、シカゴ郊外プラノに
建設されたファンスワース邸とペアで
とらえられなければならない。
前者は、後者を上下に積層したものである。
後者は、前者における床の積層から
ひとつの床を抽出し、郊外に
移動したものである。そして両者は、
規定的な平方フィートのそれぞれの形式での
集積である

▶図5-13　ミース・ファン・デル・ローエ、
ファンスワース邸、シカゴ郊外プラノに
建設された、都市生活者のための週末住宅

▶図5-14　ワシントンDCのワシントン・メモリアル。
19世紀後半に時間をかけて建設された。古代エジプトの
オベリスクは、歴史的過程のなかで、コンスタンティノポリス、
ローマ、パリなどに贈与されることで、それらの都市に聖性と
権威を付与した。ワシントンDCは、贈与によらずみずから
建設することで、聖性を奪取した

Lecture 05……「近代建築」の世界史　「ふたつの近代」の見取り図

義なのだが、不思議なエネルギーに満ちている。すくなくとも第一次世界大戦ののちリンカーン記念碑ができた1920年代をもって、偉大な過去の死せる大統領が、生きる大統領や連邦議員たちに正統性をあたえるがごとく対峙している構図はできたと考えられる。そしてこの構図は連邦議会、オベリスク（ワシントン記念碑）、リンカーン記念碑を一直線に結ぶ長大な緑地帯ザ・モールでできている。

ニューデリーの大都市軸もそれと同じような構図である。イギリスの建築家ラッチェンスは「祝祭軸線ceremonial axis」ともよばれるラジパース（Rajpath）という軸線を、ワシントンDCのザ・モールに代えて設定した。その一方の極に旧インド総督府を建設した。サーンチーのストゥーパを模倣したモニュメンタルなドームを冠している。背後にあるペルシア的なチャハルバーグ（四分庭園）はムガール王朝の表象である。途中に、やはりラッチェンスは、白い卵と黄金の蓮弁を載せるジャイプール記念円柱（Jaipur column）を建設した。軸線のもうひとつの端にはインド門（1931）が建設された。この凱旋門は第一次世界大戦においてイギリス兵として戦死した8万人あまりのインド人英霊を祀っている。1930年代になり、ここでも巨大軸線が、生者、記念円柱、死者を一体化しているという構図ができた。イギリスはここではムガール帝国の継承者を自認している。帝国理念が、西洋的な都市表象という仮面をかぶって再登場した印象である

が、巨大性の理念はこのアナクロニックな表現のなかに輝いている。

ゲルマニア計画（1937）は、ヒトラーがお抱え建築家アルベルト・シュペアーに計画を立案させたものである。誇大妄想的なプロジェクトなので、ときにナチズムの狂気というように受け止められているが、同時代における上記の例などとくらべると、さほど唐突ではない。ここではフォルクスハレ（国民会議場）と凱旋門とが、軸線の両端に置かれているが、上方への軸線であるオベリスクや記念柱にあたるものはないので、超越性がむしろ欠如している。とはいえアウトバーン（高速道路）、フォルクスワーゲン（国民車）、そして住宅供給といった微小なものの大量生産に成功したナチス・ドイツが、このような新古典主義的で巨大趣味的な、アナクロニックなプロジェクトを構想することは特異なのではなく、いかにも20世紀的なのである。さらに類例としてはスターリン時代のモスクワ計画もそうであろうし、宗教学の専門家は明治神宮はワシントンDC整備に着想をえた20世紀型プロジェクトであることを指摘しており、きわめて興味深い。

巨大パラダイムの存在意義は、まさに第二の近代における本質である微小パラダイムのあらゆる特性の逆であり、だから補完できるのである。微小なものの集積にはそもそも構造はない。そこに構造の表象を与えるのが国家、帝国、民族、歴史といった擬制をあらわすための巨大な広場、軸線などという都市表象であ

▶図5-15　ワシントンDCのリンカーン・モニュメント。ギリシャ・ドリス式の神殿のなかに、元大統領というより国父的なあつかいでリンカーン像が鎮座する

▶図5-16　ニューデリーの大都市軸。軸線のつきあたりにインド総督府がある

る。永遠、自己同一、普遍性にして不変性というように、歴史は擬制であり、アナクロニズムは自覚的である。あるいは聖なる巨大性と俗なる微小性とのひそかな密約により、この第二の近代は成り立ってきたといえよう。

3. ツリー的近代とリゾーム的近代

「ふたつの近代」の相互関係を考えるうえで、いちばん参考になる理論構成はアレグザンダーの著書タイトルにして箴言『都市はツリーではない』（1965）であろう。本論とは文脈は違うのだが、そのツリー／リゾームという二元論はある普遍的なものを体現しているので、それを借用しつつ、歴史観のなかに応用することも許されるであろう。

つまり19世紀的な建築の発想は構築性と世界性のクロスであり、そこにおいてやはりツリー的であった。様式はある素材とその固有の工法、構法に由来し、素材ごとに工法ごとに区別される。様式はどこかが起源であり、そこからいくつかの地域に伝播し、流布し、そのことで発展し、やがてデカダンスを迎え、衰退する。それがヴェネツィアであったりする。さらにヴィオレ＝ル＝デュクの合理主義的建築観は、建築を力学的平衡としてみるという平板なものではなく、まさに建築がツリー構造であることとしたことそのものが本質的なのである。そういう意味で、理論そのものの構築のされ方、首尾一貫性こそが重視される。

一方20世紀的なものは微小性と巨大性のひそかな通底である。その根本にはリゾーム的なもの（大衆、無意識、都市、商品、アーカイブ、データ、資本）の不気味な登場があった。リゾーム的なものとは、すでに希望ではなく現実である。そのいちばんわかりやすい例は、やはりグローバル経済そのものであろう。原料産出国、部品製造国、部品組立て（アセンブラージュ）国、消費国は、生産ラインとしてひとつのシステムとなり、相互依存し、自然災害などで一部が破損すると全体はダウンする。しかしその停滞は一時的なものであり、どのパーツであれ、やがて復旧するか、他のどこかの地域が代替する。リゾーム化した世界のなかで、システムはフレキシブルに生きつづけ、生産ラインは臨機応変に構築、再構築できる。地球規模のブリコラージュである。きわめて高度に進化した21世紀の国際分業体制はレヴィ＝ストロースが野生の思考と評したブリコラージュ的原理において不滅なのである。そして21世紀への教訓として、このリゾームを補完すべきは、構造（ツリー）でも巨大性パラダイムでもないという、考えてもみれば当たり前のことである。それら以外の範囲内で私たちは目標をさがさねばならない。

▶図5-17　インド門。第一次世界大戦において戦死したイギリス領インドの兵士8万人あまりのための慰霊碑。1931年建設。ニューデリーの大都市軸のもうひとつのつきあたりにある。ワシントンDCの新古典主義的な再整備と、ニューデリーの大都市軸の建設は、ほぼ同時期であることに注目すべきである

Column……05

モダン・ジャパニーズ・アーキテクチャー

ケン・タダシ・オオシマ

▶図C5-1　第一国立銀行（清水喜助、東京、1872、現存せず）

近代日本建築

　近代日本建築（modern Japanese architecture）とは何か。狭義には1890〜1960年のモダニストの建築を指す。1920年代以降は機能主義、合理主義や経済性を強調して新しさを求め、歴史様式を脱却した。近代産業が生産する鉄・ガラス・コンクリートなどの素材を用い、ニューヨーク近代美術館での1932年の展覧会および書籍『インターナショナル・スタイル』に見られる美学的表現をそなえる。地球的な視野に立つと、より広い用語「モダニズム」は19世紀半ばから少なくとも20世紀半ばまでの、工業化と都市化の諸過程を人間経験の変質の主要なメカニズムとしてとらえる文化を意味するといえる。さらに英語の「モダン」の定義はよりいっそう流動的である。それは、つねに変化する現在性に基礎づけられ、それがはらむ差異は時代の様式を見出そうとする歴史的な展開を通して顕わになってきた。

明治——近代化と西洋化

　近代日本建築は近代日本の歴史、すなわち1868年の明治時代の始まりから現代までの範囲に位置づけられる。日本は、イギリスに1世紀以上遅れて1870年代に産業化を経験するが、1868年の近代国民国家としての日本の出発は、イタリア（1861）、フランス（第三共和政、1870）、ドイツ（1870）の統一と平行している。当初から明治政府は、西洋化とともに近代化のプロジェクトを組み立て、国を欧米の文化、経済および政治制度の影響下に置いた。「ビルディング」と「ビルダー」（大工棟梁）に対して、「アーキテクチャー」と「アーキテクト」が、新しい近代的な領分となった。ジョサイア・コンドルのような外国人建築家の指導下で、明治の日本人設計者たちは勃興する建築の職能は西洋建築様式の習得にあるとみなした。

　実際、明治期の近代化と西洋化の交差は複雑な意味をもった。大工棟梁2代目清水喜助による三井組ハウス（1872、後の第一国立銀行）のような初期の事例は、伝統的な木造構法による西洋と日本の語彙の混交的表現であり、「擬洋風建築」と呼ばれた（▶図C5-1）。対照的に、ジョサイア・コンドルの鹿鳴館（1883）は、フランス第二帝政様式で建てられた西洋式舞踏会のための宮殿であったが、外国外交官にはあまり印象を残していない。エドワード・モースは動物学分野を確立するために東京帝国大学に招かれたが、伝統的日本建築に特別な興味を持ち、『日本の住まい―内と外』（1886）を出版した。西洋人建築家のラルフ・アダムス・クラムもまた伝統的日本建築を見て日本のために「国会議事堂の夢」という寺院風の計画を提案し、1905年に『日本建築の印象』を上梓した。日本国外では、1893年の世界コロンビア博覧会における鳳凰殿の登場は新しい異国の形態であった。半世紀後、ニューヨーク近代美術館での「日本家屋」の展示は17世紀の光浄院客殿に基づく吉村順三のデザインであり、モジュール化による柔軟で開放的な内部空間を実現した柱梁構造の直接的表現という近代建築の理念を体現していた。

　1910年の日本では、新しい国会議事堂のデザインをめぐる議論のなかで西洋式と日本式の役割に関する論争が浮上し、新旧、東西を架橋しうる新しい媒介的語法への問いが開かれる。この論争は、日本の近代建築をつくる論理を問題にした。具体的にいえば、建築家たちが問うたのは西洋式であれ日本式であれ様式に基づくべきか、それとも地震や多湿な気候といった日本の実質的課題に基づくべきか、より根本的には建築は科学なのか芸術なのか、であった。

　つづく何十年かの間に日本につくられた建築は、輸入された伝統と在来の伝統との間の創造的緊張を表現しつづけた。日本の刺激を受けてはじまったアールヌーヴォーが、20世紀の最初の10年に武田五一や西新織物館（京都、1914）の本野精吾のような建築家によって日本に広まった。この芸術的傾向の強い動向に対し、野田俊彦のような技術志向の先導者らは三井物産（横浜、1911）などの遠藤於菟のオフィスビルに見られるような、頻発する地震に

▶図C5-2　豊多摩監獄（後藤慶二、東京、1915、現存せず）

▶図C5-4　東京帝室博物館（渡辺仁、東京、1931-37）

耐える鉄筋コンクリート造に基づく、より合理主義的な方向を唱導した。辰野金吾の赤レンガの新古典主義的な東京駅（1914）とは対照的に、後藤慶二は構造的な合理性を求めつつ前・表現主義的な豊多摩監獄（1915）で新しい方向性を示した（▶図C5-2）。1919年、フランク・ロイド・ライトは帝国ホテルの工事に着手するが、その設計は日本、西洋、そしてマヤ文明の源泉から引き出され、西洋的にも日本的にも、近代的にも古代的にも解釈されうるものだった。

モダニズムとナショナリズム

1920年という年は、日本人建築家の第一世代に西洋式建築を授けたジョサイア・コンドル（1852-1920）の象徴的な死去と、日本初の近代建築運動としての分離派の結成とによって、日本建築における新時代の始まりを印付けた。第一次世界大戦（1914-18）後の多彩な建築的潮流としてのモダン・ムーブメントは、機械化、テクノロジー、工業化の可能性を見ようとした未来派や構成主義のように、過去との紐帯を切ってタブラ・ラサを求め、時代の様式を探求した。堀口捨己、山田守、石本喜久治ら東京帝国大学を卒業したばかりの若者たちのグループであった分離派は、ヨーロッパの歴史様式からの自由と、建築家の芸術家たる資格を要求した。グループの名称はウィーンのセセッション（分離派）を参照しているが、山田の東京中央電信局（1925）や石本の朝日新聞社屋（1929）の放物線アーチに見られるように、彼らのデザインは同時代のヨーロッパ建築、とりわけドイツ表現主義から着想を得ていた（▶図C5-3）。1923年の関東大震災の甚大な破壊は、鉄筋コンクリートと近代的語法による再建を広く可能にした。アントニン・レーモンドの霊南坂の自邸（1924-26）や東京各地の同潤会の住宅開発がそこに含まれる。1925年創刊の

▶図C5-3　朝日新聞社屋（石本喜久治、東京、1929、現存せず）

『新建築』や『国際建築』といった建築誌の創刊、日本国際建築協会の1928年の創立は、さらに「新しい建築」や「国際的建築」の創造と波及を促した。

国際的なモダニズムの進展に反して、1930年代におけるナショナリズムの拡大は伝統的日本建築の採用を要求した。反りのある伝統的瓦屋根を載せた帝冠様式が政府の建物に流布した。渡辺仁の東京帝室博物館（1931-37）がもっとも著名な例だ（▶図C5-4）。堀口や前川國男を含むモダニスト建築家はそうした修辞的デザインを、劣等感の表現として、あるいは鉄筋コンクリートのボリュームに屋根を載せる構造的な非論理性において厳しく批判した。むしろ、堀口や吉田五十八はモダニズムと数寄屋や茶室の建築との通底性を志向したのであって、それはブルーノ・タウトが桂離宮の賞賛において明らかにしたことでもあった。同様に、ル・コルビュジエの弟子・坂倉準三は1937年のパリ万博の日本館の設計で国際的な注目を集めた。1940年代の戦時統制は事実上非木造建物の建設を止めたが、丹下健三は大東亜建設記念営造計画（1942）および日泰文化会館（1943）の両設計競技に勝ち、伝統的日本のモチーフと近代建築の接続の新たな擁護者として登場した。

第二次世界大戦の破壊の後、大規模な再建計画がモダニストの情熱を再燃させた。レーモンドのリーダース・ダイジェスト（1951）や坂倉の鎌倉近代美術館（1951）が

▶図C5-5　鎌倉近代美術館（坂倉準三、鎌倉、1951）

多極化する日本建築

　1960年という年は、同年5月に東京で開かれ、27か国から主導的デザイナーたちを集めた世界デザイン会議において、日本人デザイナーの世界的舞台への飛躍を印づけた。会期中、黒川紀章や菊竹清訓を含む若い建築家のグループが彼らの有機的メガ・ストラクチャーの展望を売り込んだ。菊竹のスカイハウス（1958）や東光園ホテル（1965）、黒川の中銀カプセルタワー（1972）（▶図C5-7）といった個別の建物は実現したものの、丹下健三の東京計画1960に触発された彼らの空想的な都市構想は、同時期のイギリスのアーキグラム・グループがそうであったように、その完全な実現を見ることはなかった。しかしながら、政府の所得倍増計画（1960）を口火に、

▶図C5-7　黒川の中銀カプセルタワー（東京、1972）

　浮き彫りにしたとおり、鉄筋コンクリート、鋼鉄、ガラスの技術的進展がスマートで洗練された新しい世代の作品群を生んだ（▶図C5-5）。丹下健三は、広島復興のマスタープラン（1946-47）に取り組み、広島平和記念資料館を1955年に実現させ、ル・コルビュジエのピロティやブリーズ・ソレイユといった言語を伝統的日本建築の細部と融合させた。近代日本建築における伝統の役割をめぐる論争が再浮上し、丹下が伝統的な日本の柱梁構造を改めて召喚したブルータリスト的な鉄筋コンクリート造の香川県庁舎（1955-58）が注目を集めた（▶図C5-6）。戦後すぐの経済的困難と社会変容は、増沢洵の原邸（1953）や清家清によるワンルームの自邸（1954）のようなミニマルな核家族向け住宅を生んだ。前川はル・コル

▶図C5-6　香川県庁舎（丹下健三、高松、1955-58）

ビュジエによるマルセイユのユニテ・ダビタシオン（1945-52）のモデルを拡張し、東京晴海のモニュメンタルな高層住居群（1956-58）に日本の家庭生活を見事に統合してみせた。1959年、ついにル・コルビュジエ自身も日本に西洋美術館を完成させる。この美術館は「無限成長美術館」（1929）という彼の初期のアイデアの具現化である一方で、アーメダバード美術館（1953-57）の赤レンガの外装と比べうる、緑色の土佐石を埋め込んだ外装コンクリートパネルに示されるとおり、地方色の表現でもあった。

日本は名高い「経済の奇跡」を成し遂げ、1964年東京五輪のための丹下健三による圧倒的な吊り屋根の国立代々木競技場や、日本初の超高層であり36階建ての東京の霞が関ビルに象徴される建築ブームを謳歌した。ブームの絶頂において大阪万博（大阪、1970）が到来するが、その焦点は丹下のスペース・フレーム屋根をもつ会場中央のお祭り広場であり、そこには磯崎新やかつてのメタボリストたちの楽観的な技術肯定主義が表現されていた。

　1970年代は建築家の多極化と多様化の時代となり、日本は科学、技術、マクロ経済から非物質的で精神的な関心へと価値観の遷移を経験した。1960年代に予測されていた輝かしい未来は、1973年の「オイルショック」の経済危機の衝撃と、人口過密、大気汚染、産業廃棄物などの広範な都市問題を前に霞んだ。1965年のル・コルビュジエの死去後、バーナード・ルドフスキーの『建築家なしの建築』、神代雄一郎や他の多くの人々による「デザイン・サーヴェイ」に見られるように、建築家たちは日本の地方、他のアジア諸地域や地中海からアフリカなどのヴァナキュラーな建物や都市にいよいよ関心を向けた。

　この時代の若い世代の建築家たちは、メタボリストとは違って、モニュメンタルな、テクノロジーに裏打ちさ

▶図C5-8　直方体の森（篠原一男、東京、1971）

れた諸概念よりも、既存の環境諸条件の中での生活の質の模索に向かう。ほかに理論家、芸術家、あるいは職人としての建築の探求も、実践の選択肢であった。理論家的な進路は、個人主義的な、実験的な建築を支持した相田武文や竹山実らアルキテクスト・グループの作品に見られる。建築家の相田武文、東孝光、宮脇檀、鈴木恂、竹山実は1930年代生まれであり、戦後初期の日本で育った。そのグループ名は、アーキグラムとチームX（チームテン）のパロディで、Xは「テクスト」への風刺めいた参照であった。代表的な建物には、竹山の一番館・二番館（1970）があり、抽象的でダイナミックなスーパーグラフィックによって明るく塗装された鉄筋コンクリートのボリュームに、東京新宿の歌舞伎町エリアにあるバーやクラブが収められた。

他の建築家は、構造や歴史的意味などから自由な、プラトニックな幾何学的形態の純粋性を目指した。篠原一男の直方体の森（1971）（▶図C5-8）や、粗野な赤レンガの基壇に黒い銅板でなめらかに仕上げられた楕円形の塊を載せた白井晟一のノアビル（1974）が代表例だ。磯崎新の群馬県立美術館（1974）は一辺12mの立方体フレームの集合であり、彼はそこに「空虚としての美術館」を想定した。一群の立方体が、主展示空間と2つの短いウィングを収めるプライマリーな直方体のブロックをなす。エントランスのブロックが直方体ブロックに

▶図C5-9　スパイラル（槇文彦、東京、1985）

垂直に交差し、22.5°に突き出た日本美術展示室を収めた双子の立方体ブロックが広場の上に持ち上げられる。南ファサードはガラスパネルおよび2mm厚アルミニウムの1.2m角パネルで被覆され、これが構造上の柱を覆って輝く格子状表面をつくり出す。磯崎が「立方体の隠喩」で論じるように、抽象的形態の効果はカジミール・マレーヴィチ、ピエト・モンドリアン、ソル・ルウィット、スーパースタジオから日本の起し絵図にいたるまで、複数の解釈を喚起する。

1980年代には、爆発的な地価高騰が「バブル経済」を煽り、ポストモダニズムの影響下で建築ブームを再燃させた。磯崎新は、日本の枯山水庭園の手法でミケランジェロのカンピドリオ広場に対する反転した敬意を示すつくばセンタービル（1983）のデザインで、アイロニックなマニエリスト的理論を探求した。槇文彦はスパイラル（1985）のファサードおよび空間的組織を通して東京の混成的な都市的性格を扱った（▶図C5-9）。「バブル経済」下で実現した他の突出したヴィジョンには、湘南台文化センター（1989）における長谷川逸子の球と結晶的形態の構成や、篠原一男の東京工業大学百年記念館（1988）の宇宙船的形態、高松伸のキリンプラザ大阪（1988）、原広司の円形の空中ブリッジでつながれたツインタワー、梅田スカイシティ（1993）などがある。先の10年の多元性を引き継いだ形態の多様性は、妹島和世の再春館女子寮（熊本、1991）の軽さから丹下健三の東京都新庁舎（1991）のモニュメンタリティまでの広がりを見せた。

時間、場所、世界

好況と不況の繰り返しを経て、日本のポスト・バブル期はリノベーションやリユースのプロジェクトを刺激し、必ずしも新しさではなく適切さや持続可能性によって現代建築を再定義する。伊東豊雄による、せんだいメディアテーク（1995-2001）から3.11大災害後のみんなの家（2011-）、あるいは地理的国境を超える日本人建築家の活動域を印象づけた台中オペラハウス（2016）（▶図C5-10）にいたるまで、21世紀の建築家は近代日本建築の対比的なヴィジョンを再び手にしている。近代日本建築の概念と形態は、過去・現在・未来を架橋する時代の様式を見出そうと進化を続ける。それは同時に場所と文化とより広いダイナミックな世界の一部に結びつきうる。　　（訳＝青井哲人）

▶図C5-10　台中オペラハウス（伊東豊雄、台北、2016）

Lecture 06

「ヴァナキュラー建築」の世界史

住居の多様な構成原理

布野 修司

1. ヴァナキュラー建築

ヴァナキュラーvernacularとは、「その土地特有の」「風土的」あるいは「地方語」「方言」といった意味である。もともと「根づいていること」「居住」を意味するインド＝ゲルマン系の言葉で、「自家製」「家で育てた」という意味をもつラテン語のヴァナクルムvernaculumから来ている。ヴァナキュラー建築とは、地域に土着する伝統的建築である。

ヴァナキュラー建築の代表は、伝統的な住居すなわち前産業社会の住居である。人類は、古来、それぞれの地域で利用可能な材料を用いて、住居を建設してきた。B.ルドフスキーの『建築家なしの建築』(1964)以降、地域の生態系に基づく多様なヴァナキュラー建築のあり方は多くの建築家の関心を集めてきた。ひとつには、近代建築が失ってきた多様な建築の構成原理を探りたいという関心がその背景にある。本講では、住居を中心に世界中のヴァナキュラー建築を総覧してみたい。この間、各地域で数多くの研究が積み重ねられてきた。そうした研究を一大集成した『世界ヴァナキュラー建築百科事典EVAW』全3巻（P. Oliver ed. 1997)をわれわれはすでに手にしている。

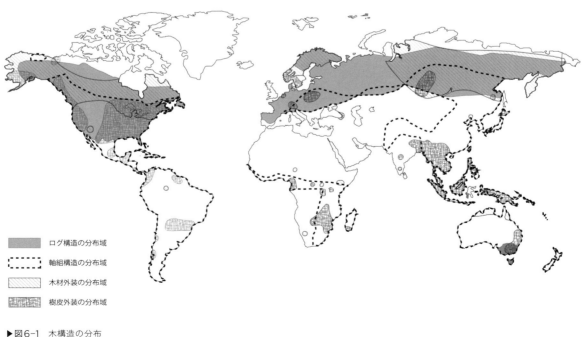

▶図6-1 木構造の分布

2. 住居の起源

ヒトは、長い進化の過程で様々な能力を獲得するが、住居をつくる能力もそのひとつである。ヒト属が現れるのは約250万年前とされるが、その最初の種がホモ・ハビリスHomo habilis（器用なヒト、能力ある人）（約250万年前〜140万年前）であり、「道具の使用」が開始される。チンパンジーも道具を作製するが、精巧な道具をつくる能力を獲得するのはヒト属だけである。ホモ・ハビリスの最古の化石は、東アフリカ、タンザニアのオルドヴァイOlduvaiで発見され（1964）、最古とされる住居趾もオルドヴァイで発見されている。190万年前のものと推定される。石を積んだ風除けのようなもので、支柱の足下に環状に石を並べて固めた遺構である。

人類最初の住居は、簡単な風除け、雨除けのようなシェルターあるいは自然界に存在した洞窟である。簡素な小屋ということであれば、ゴリラやチンパンジーでも、毎日夕方に樹枝で就眠用の巣をつくる。チンパンジーは同じ巣に寝ず、日々新しく簡易な巣をつくる。巣とは、一般に、動物が自らつくって産卵、抱卵、育児または休息、就眠に使用する構造物や穴をいう。哺乳類（カヤネズミ、ビーバーなど）、鳥類（ハタオリドリが有名）、魚類（トゲウオなど）、昆虫類（シロアリ、ミツバチなど）などがつくる「巣」は見事である。これらの動物が示す精巧な造巣行動のほとんどすべては遺伝的にプログラムされたものである。興味深いことは、E.ギドーニの『プリミティブ・アーキテクチャー』（Guidoni, E.1975）を見ると、小枝と藁と土で造られた穀物倉や鳥の巣箱に見えるような住居が並んでいる。

ヒトの場合、住居をつくる技術はおそらく遺伝的にプログラムされているわけではない。98.8%遺伝子が同じだというチンパンジーは住居をつくらないが、1.2%のDNAの違いに住居建設の能力がかかわるということでもおそらくはない。20世紀に至っても、裸のままで1万年前と同じように暮らす人々がいたということは、住居の建設能力は遺伝的プログラムに依存するより、経験と学習、文化に属するということである（A.ラポポート1987）。地域の自然、社会、文化の生態によってその形態は異なるのはそれゆえにである。建築（住居）とは、自然の中に人工的な空間をつくり出すことにほかならない。雨風を避け、寒暖の制御を行う覆い（シェルター）がその起源である。人工的空間をつくり出すために用いられるのは身近にある材料である。しかし、住居をつくる能力には、単に「道具の使用」のみならず、知覚や認知、空間感覚や空間的推論など抽象化の能力も必要である。

3. ヴァナキュラー建築の基本架構と材料

アフリカの大地溝帯で進化、誕生したホモ・サピエンス・サピエンスは、やがてグレート・ジャーニーと呼

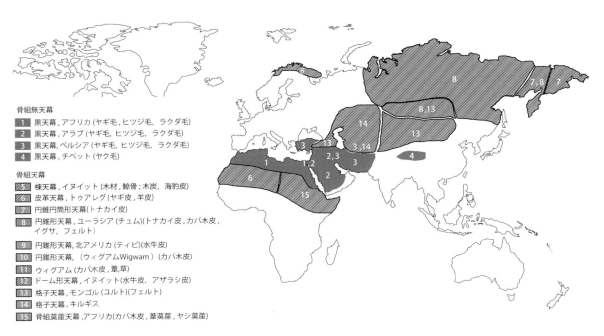

▶図6-2　天幕構造の分布

ばれる移住を開始する。およそ12万5,000年前にアフリカを出立したホモ・サピエンス・サピエンスは、まず西アジアへ（12〜8万年前）、そしてアジア東部へ（6万年前）、そしてヨーロッパ南東部へ（4万年前）、移動する。中央アジアで寒冷気候に適応したのがモンゴロイドであり、ユーラシア東北部へ移動し、さらにベーリング海峡を渡ってアメリカ大陸へ向かう。南アフリカ最南端のフエゴ諸島に到達したのは1〜2万年前とされる。そして、13世紀に大モンゴルウルスがユーラシア大陸の東西をつなぎ、さらに15世紀末以降、白人たち（コーカソイド）が「世界」（「新大陸」）を再発見するまで、それぞれの人種は大きく移動することはなく、それぞれの地域において多様な住居形態を創り出し、独自の発展をしてきたと考えられる。

一方、地域を超えて、住居に共通な要素や形態、住居の原型と呼べる形式を確認できる。入手可能な建築材料によって架構技法、屋根形態が強く規定され、同じ建築材料であれば、地域を超えた共通性も見られるのである。

建築は、一般的に屋根、壁、床によって構成される。もっとも重要なのは屋根を支える建築構造である。構造（架構）方式を大きく分けると、SA天幕構造、SB軸組構造（柱梁構造）、SC壁組構造（組積構造）の3つに区別される（▶図6-3）。

天幕（テント）構造（SA）は、天幕の材料による屋根の架構方式に基づく（▶図6-2）。SB、SCと併用されることもあるが、通常、屋根壁一体の架構形式をとる。SB、SCの区別は、壁の構造方式の違いである。SBは線材を組み合わせて枠組みをつくり隙間を埋める方法で、SCは材料を積み重ねて面をつくる方法である。木造であれば、SBは木材を縦横（柱梁）に使い、SCは横に重ねて使う。石造でも、屋根の架構は木構造であることは少なくない。様々な組合せが多様な架構方式

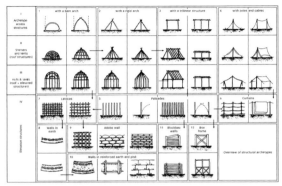

▶図6-3　建築構造の類型

を生み出してきた。木構造の形式はヨーロッパだけでも様々である。

鉄、ガラス、コンクリートといった工業材料が出現するまでは、建築材料は基本的に自然材料であり生物材料である。

A．土、粘土、石、岩：土は、塗壁などの壁材、三和土（たたき）などの床材など様々に使われる。屋根に芝土を用いるケースもある。また、レンガや瓦など部品として使われる。直方体に成形されるレンガが一般的であるが、丸めて干すだけのものもある。また、版築のように、突き固めて壁をつくる工法もある。そして、自然石、粗石（荒石、野石）も様々に用いられてきた。切石も古代にさかのぼる。砂岩、石灰岩、大理石、粘板岩などが代表的である。ラテライトも建築材料として用いられる。小石をモルタルで固める方法もある。また、海岸部では珊瑚がよく用いられる。

B．樹木（木本植物）：屋根、壁、床、柱などすべてに用いられる。また、樹皮、根、葉なども用いられる。

C．草（草本植物）：各種草、竹、葦などが各地で重要な建築材料として用いられる。竹は編んで壁にも用いられる。バリ島などにすべて竹でつくられる住居があ

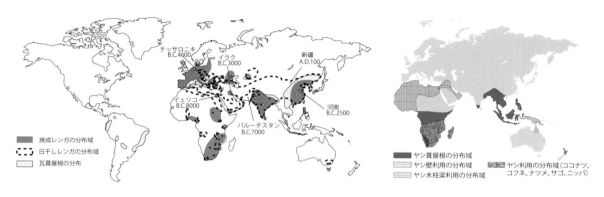

▶図6-4　レンガ・瓦の分布図　　　　　　　　　　　　　　　　▶図6-5　ヤシの分布図

る。ヤシも構造材として用いられるほか、編んで屋根や壁に用いられる。葦は、屋根材、壁材に用いられるが、イラクのマダン族のように束にして構造材に用いる例もある。蔓など種々の草でつくられる縄も緊結材として重要である。ラタンなどは家具に使われる。

D．動物材料—骨、糞、毛、皮、貝：エスキモーの住居の中には鯨の骨を構造材に用いる例がある。また、マンモスの骨も使われている。糞は泥と混ぜて壁材として使われる。藁など草の繊維が混ぜられる。山羊や羊の毛、獣皮は天幕地として用いられる。また、絨毯など壁材、床材として用いられる。貝は、フィリピンで見られるように、カピス貝のように薄く剥がして窓など開口部に用いられるほか、砕いて、石灰として用いられる。

地域を選ばず利用されてきたのは土である。日干しレンガは、古代都市文明の中心地を核として広がり、日射量の多い地域に帯状に分布している。焼成レンガの使用地域は限定的である（▶図6-4）。インダス地域が古くBCE2500年頃、中東地域はBCE1000年頃、中国はBCE3世紀頃にさかのぼるとされる。8世紀にはイスラームの拡張圏に伝えられる。ヨーロッパには古代ローマを通じて伝わる。日本で焼成レンガが製造されるのは19世紀半ば以降であり、アフリカなどで使用され始めるのは20世紀以降である。

木材は、乾燥地帯を除けばほとんどの地域で用いられる。そして木壁組積構造（井籠組壁構造、ログ構造、校倉造）として用いられるのは、木材が豊富にあるユーラシア大陸および北アメリカの北方林地帯である（▶図6-1）。一方、樹皮も含めて外装材として用いる地域は限定的で、世界に点在する。木造建築は火災に弱く、また木材資源が希少となる場合もあって石造建築などに置き換えられてきたのである。

ヤシは熱帯中心に広く用いられる。ほぼ無限の材料といってよく、ココナツやサゴヤシ、砂糖ヤシなどは、ヤシ酒など飲食用、薬用、園芸、木炭など多様に用いられ、「ヤシ文化」と呼びうる文化圏が形成される。建材としての使用も、構造材、壁材、屋根材と多様である（▶図6-5）。構造材としては、他の木材が得られないアフリカ北部とメソポタミア、屋根材としては、赤道を挟むアフリカ中央部と東南アジア地域で用いられる。

竹も熱帯を中心に、屋根材、構造材、壁材、さらに床材など多様に使われる（▶図6-6）。竹を編んだバンブーマットが広範に使われる。構造材として使われるのは東南アジアからオセアニアにかけての地域である。屋根材のみに使われるのはメソポタミア、インダス、アフリカ中央部などに限定されるが、東南アジアにはすべて竹による住居もある。マダガスカル島と西アフリカでも竹が壁などに用いられる。

屋根葺材として、ヤシ、草、葦、藁が用いられる（▶図6-7）。ヤシ葺は、ヤシの生態圏に対応する。ヨーロッパと東北アジアは、葦葺、藁葺を併用し、インド、中国の平野部は、藁葺、ヤシ葺を併用する。ほかに、木片を重ねて敷くシングル葺、粘板岩を用いるスレート葺、土を用いる瓦葺がある。シングル葺は、ヨーロッパの中央・北・東のほか、ユーラシアの高地に、スレート葺は、西ヨーロッパと北インドのほか、山間部に点々と分布している。瓦葺は、インド、中国、ヨーロッパを中心に見られる（▶図6-7）。瓦の起源はBCE800年頃の中国にさかのぼる。それがローマ時代の頃には地中海地域・ヨーロッパに伝えられ、それが西欧諸国の海外進出とともに世界に広められていくことになる。

4．住居の原型

①洞窟—子宮・部屋・墓

住居の原型の第1は、洞窟あるいは地下住居である。

▶図6-6　竹の分布図

▶図6-7　屋根葺材の分布図

建てるのではなく掘る。自然の洞窟を利用する、あるいは地面や山腹を掘って空間をつくる。地下住居あるいは洞窟住居は、温熱環境は安定しており、光や通風の採り方の工夫で快適な居住空間をつくることができる。B.ルドフスキーの『驚異の工匠たち』(Rudofsky, Bernard 1977)は、第1章を「洞窟を讃えて」としている。住居は、しばしば、子宮に例えられる。子宮womb、部屋room、墓tombは同じ語源である。

トルコのカッパドキア渓谷の凝灰岩が浸食や風化をうけて生じた林立する岩山が折りなす景観は圧巻であるが、その山や地下には一大都市のように修道院や住居群がくりぬかれている。中国の華北、中原、西北地方などに見られる窰洞は、天然の黄土断崖をそのまま利用して横穴を掘り進んだ靠崖式窰洞（▶図6-8）と、人工的に地坑を掘り下げて中庭とし、そこから四方に横穴を掘り進む、平面形式としては四合院と同じ下沈式窰洞（▶図6-9）がある。

イギリスでも1970年代まで西スタンフォードシャーのキンヴァー・エッジに穴居居住者が存在したし、フランスにもソムールなどに石窟居住者が存在する。スペインのクエヴァス、チュニジアのマトマタなどもよく知られている。

②天幕—ノマドの世界

遊牧民が共通に用いる住居は天幕住居である。天幕住居は、ユーラシア大陸の西アジアからシベリアにかけての全域、アフリカの北部、北欧、そして北アメリカなどに分布する（▶図6-2）。天幕住居の形式は、大きく分けて4つである。

A.円錐形天幕住居：三脚あるいは四脚に中心構造を組み、丸太を円形に建てかけ骨組みとし獣皮で覆う。アメリカ・インディアンのティピが有名だが、ラップランド、シベリアなど広範囲に分布する（▶図6-10）。

B.腰折円錐形天幕住居：円錐形住居の規模を拡大するために円筒形に壁を立ち上げてその上に円錐形屋根を載せる（▶図6-11）。シベリアのタタール族、アルタイ族のヤランガがその代表。

C.ユルト（ユルタ）yurt（ゲル、包、カピッカ、ケルガ）：円筒形の壁の上にドーム形の屋根を載せる。モンゴル高原で完成された移動住居である。ユルト（ユルタ）は、トルコ語で住居の意で、中央アジア、西アジア一帯に用いられた（▶図6-12）。

D.黒天幕住居：メソポタミアで発生した引張構造の天幕住居。西アジアで一般的に見られるのはヤクあるいは黒ヤギの毛で織られる黒いテントである。天幕地の継ぎ方によってペルシア型とアラブ型に分かれる。北アフリカからアラビア半島、イラン、アフガニスタンまで広範に分布する。

③高床—海の世界

高床式（杭上）住居は、湿気を防ぎ、洪水を避ける、また、猛獣や害虫を防御するという、人類が選択した

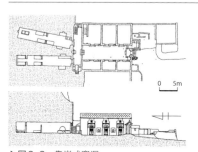
▶図6-8　靠崖式窰洞

▶図6-10　円錐形住居

▶図6-11　腰折円錐形住居

▶図6-9　下沈式窰洞

▶図6-12　ユルト（ゲル、パオ）

ひとつの解答である。地面から離して空中に床を設ける住居の原型は、樹上住居である（▶図6-13）。また、海面や湖面に浮かべてつくられる水上住居もある（▶図6-14）。より一般的な高床式住居は、世界中に見られるが、集中するのは東南アジアである（▶図6-15）。そして、台湾もしくは中国南部が原郷と考えられ、東はイースター島から西はマダガスカル島まで広大な海域世界に分布するオーストロネシア語族と呼ばれる集団は、高床式住宅に居住してきたと考えられている。

高床式住居も様々な形式があるが、オーストロネシア世界全体に同じような住居形式が建てられ続けてきたことを示しているのがドンソン銅鼓の分布と描かれた家屋紋である。また、石寨山などから出土した家屋模型である（▶図6-16）。ミナンカバウ族、バタク諸族などの住居の屋根形態は、そうした家屋紋によく似ているのである。高床式住居の原型となるのが、高倉の形式である。実際、倉型住居は、フィリピンのルソン東北部や東インドネシアの島々に多様な形を見ることができる。

④井籠—森の世界

木材が豊富にあるユーラシア大陸および北アメリカの北方林地帯には、井籠組壁構造（木壁組積造、ログ構造、校倉造）が分布する（▶図6-1）。井籠組壁住居は、森の世界の住居の原型である。井籠組の起源については、黒海周辺という説が有力である。森の世界でも熱帯雨林の場合は木は豊富であるが、暑さと湿気があるから、一般的には向かない。しかし、東南アジア地域にも井籠組壁構造を見ることができる（▶図6-16、17、18）。黒海周辺起源説に基づくと、北方シベリア方面に向かったものと、南方インドシナ半島を下ったものとの2系統を考えることができる。

⑤組石—ヴォールト・アーチ・ペンデンティブ

エジプトのピラミッドが示すように、BCE2500年には、人類が相当高度の石造技術を獲得していたことは明らかである。石造建築、レンガ造建築の基本的架構法は、西アジア、アルメニア地域で考案され、ギリシャ・ローマの建築、そしてイスラーム建築に取り入れられていくことになる。

組積造の場合、屋根架構の方法が空間の単位を規定する。その基本は、アーチ（コーベル・アーチ、半球アーチ、尖塔アーチなど）、ドーム、そしてヴォールトである。屋根をどう架けるかが問題であり、様々な工夫が必要とされた。四角い平面に半球状のドームを載せるための工夫が、イスラームが発達させることになった四隅のペンデンティブ（球面三角形）であり、スキンチ・アーチである。ラテルネン・デッケも、屋根架構の手法である。

▶図6-13　樹上住居

▶図6-14　水上集落

▶図6-17　トロブリアンド島のヤムイモ倉

▶図6-15　高床式住居の分布

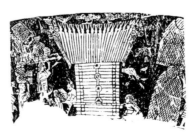

▶図6-16　雲南石寨山発掘の銅鼓の図像

▶図6-18　バタック・シマルングンの住居

5. 住居の多様性
地域の生態系に基づく居住システム

住居建設の方法は、建築構造、架構方式、建築材料によって限定されるが、住居の形態を規定する要因にはさらに様々なものがある。住居の形態を規定すると考えられる要因としてあげられるのは、気候と地形（微地形と微気候）、生業形態、家族や社会組織、世界（社会）観や宇宙観、信仰体系などである。地域が社会文化生態力学によって形成されるとすれば、その基礎単位である住居も自然・社会・文化の生態学的複合体としてとらえることができる。

①自然と住居

住居の形態を大きく規定するのは、第一に、自然環境である。自然環境が地域における植生や生業のあり方を規定し、さらに建築材料を限定することにおいて建築構造、架構方式を選択させる。すなわち住居は地域の生態系に基づいて創成される。

気候は住居形態に大きくかかわる。住居は、暑さ寒さを防ぎ、雨露や湿気を凌ぐ、人間にとっての環境調整のための装置である。寒いところでは暖房が必要である。伝統的な暖房システムとして興味深いのが朝鮮半島のオンドル（温突）である（▶図6-19）。床下に煙道をつくり、温かい煙を回す床下暖房システムである。また、中国の炕（カン）もオンドルに類似したものだが、こちらはベッドの下を暖める。また、二重にした壁の間に煙を通すやり方も行われる。スペインにはグロリアと呼ばれる中央暖房システムがある。暖炉、ストーブがヨーロッパでは一般的となった。日本の炬燵は、世界的に珍しい創意工夫である。

暑さへの対処はさらに工夫が必要であった。日射熱をどう遮るか、輻射熱をどう防ぐか、という問題は様々な装置を生んできた。日射に関しては、まず、それを遮り、陰をつくることが必要である。また、風を呼び込む風捕獲装置（ウィンド・キャッチャー）は独特の景観をつくり出す。有名なのは、パキスタンのシンド地方の風の塔である。また、イランやイラクのバードギールbadgirも著名だ（▶図6-20）。さらに興味深い例として、ヤフチャールと呼ばれる氷室あるいは貯水庫がある（▶図6-21）。冬の氷を夏まで貯えておく氷室は、オーストラリアを除いた各大陸で、古来用いられてきたことが知られている。アッシリアの皇帝が氷を用いたという楔形文字の記録があるという。ギリシャ・ローマ時代にももちろん用いられ、ヨーロッパ各地で使われてきた。日本での文献上の初見は、『日本書紀』仁徳紀に見える大和の闘鶏（つげ）の氷室の記述である。

熱、光、空気、音をどう制御するかは、都市においてより重要なテーマとなる。中庭式住居（コートヤード・ハウス）が一般的な解答である。都市的集住状態において、通風や自然光を確保するための住居形式とし

▶図6-19　オンドル口　慶州

▶図6-20　バードギル　カーシャン（イラン）

▶図6-21　ヤフチャール

▶図6-22-a　中庭式住居：カーシャーン（イラン）

▶図6-22-b　中庭式住居：ハヴェリ（北インド）

▶図6-22-c　中庭式住居：パタン（ネパール）

て、中庭式住居は、古今東西至る所に見ることができる(▶図6-22-a〜c)。

都市文明の発祥の地とされるメソポタミアの都市遺構を見ると、居住区はすべて中庭式住居からなっている。エジプト文明についても同様である。インダス文明の都市遺構であるモエンジョ・ダーロも、中国の四合院やギリシャ・ローマの都市住居の基本も中庭式住居である。

②家族と住居

住居の具体的な空間の配列、平面形式(間取り)を決定するのは、その住居に住む集団のあり方である。社会の基本単位をなすのは家族である。文化人類学は、まず、親族体系、親族組織に焦点を当てて血縁集団(リネージ、氏族(クラン))を問題にし、部族、村落共同体、社会等々を分析していくが、親族組織のパターンを明解に分類することは困難で、そもそも家族を定義することも必ずしも容易ではない。空間に着目すると、むしろ、住居を中心とする集団を単位と考えたほうが理解しやすい。レヴィ=ストロースは、そうした社会を「家社会house-society」と呼ぶ。

複数家族(世帯)が居住する例を中心に、明快な空間構成原理をもつものをあげてみよう。

ロングハウス

ロングハウスは、大陸部にも島嶼部にも見られる東南アジアを特徴づける住居形式である(▶図6-23)。一般に、長い廊下および開放されたヴェランダでつながっている多くの独立した部屋で構成される。各世帯の住居単位を連結するきわめてシステマティックな構成である。単位となる住居は、ヴェランダ廊下―居室―厨房によって構成されるが、様々な形態がある。イバン族やサクディ族のような平等主義の社会とケンヤー族やカヤン族のような階層的な社会とでは空間構成は異なる。ケンヤー族のロングハウスでは、首長の住居は大きく中央に配置される。ロングハウスというと、家長に従う大家族が居住すると考えられるが、核家族が集合する形式も少なくない。ボルネオには、1つ以上のロングハウスから構成される村落をつくるものもある。

ミナンカバウ族の住居

西スマトラのパダン高原一帯に居住する。ムランタウ(出稼ぎ)慣行をもち、マレーシアのマラッカ周辺にも移住している。世界最大の母系制社会を形成することで知られる。住居は高床式でゴンジョンgonjongと呼ばれる尖塔をもつ特異な屋根形態をしている(▶図6-24)。9本柱の家、12本柱の家など柱の本数によって住居が類型化されるが、家族の規模に応じて柱間を増やす形をとる。ゴンジョンは2本、4本、6本の3種ある。住居の前部に1対の米倉をもつ。アンジュンanjungと呼ばれる階段状の端部は冠婚葬祭など儀礼時に用いられる。桁行き方向はルアングという単位で数えられ、梁間方向はラブ・ガダンlabu

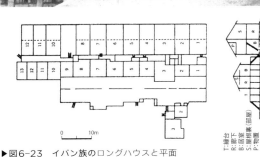

▶図6-23 イバン族のロングハウスと平面

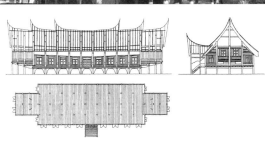

▶図6-24 ミナンカバウの住居と平面

gadangという単位で数えられる。サ・ブア・パルイsa pua paluiと呼ばれる母系大家族が居住する。原則として、奥側の一間を既婚女性の家族が占め、前面部は各世帯によって共有される。家族および住居の規模を決めるのは既婚女性の数である。規模の大きいものは梁間4間（4ラブ・ガダン）で、ラジャ・ババンディングと呼ばれる。最大数十に及ぶ世帯が住んだ例もある。

北スマトラ一帯に居住するバタック諸族は、互いに近接しながら、住居形式を少しずつ異にしている。

トバ湖およびサモシル島周辺に居住するバタック・トバ族の住居は、棟が大きく反り、破風が大きく前後に迫り出した鞍形屋根をしており、内部は仕切りのない一室空間である。この大型住居にリペと呼ばれる核家族を単位に何組か、炉を共有して居住する。3世代の拡大家族が居住単位として1住居に住む。家長のスペースは入口を入って右奥というように、内部空間にはヒエラルキーがある。集落は土塁と竹林で囲まれ、住居棟と米倉が平行に配置される。住居棟と米倉の間の広場は多目的に使われる。

バタック・カロの住居はバタック・トバの住居より大型である（▶図6-25）。中に4～6の炉が切られ、1つの炉を1ないし2家族（ジャブ）が使用する。全体では、4～12家族が共住する。20～60人が一室空間に居住することになる。集落は、住居棟が棟の方向をそろえて（川上―川下に合わせるのが原則）並べられる。米倉、脱穀などの作業棟、若衆宿、納骨堂などの諸施設が配され、カロ高原のリンガ村のように2000人規模になるものもある。

南スラウェシ北方高地のサダン・トラジャの住居（トンコナン）は1室であるが、3つのスペースに分けられる。真ん中のサリと呼ばれるスペースは床のレヴェルが下げられ、炉が置かれる。居間、食堂、厨房兼用の多目的スペースである。奥のスンブンが家長のスペースとなり、入口のパルアンが客間もしくは他の成員のスペースとなる（▶図6-26）。サダン・トラジャ族の場合、双系的親族原理をもち、男女を問わず子どもには平等に相続の権利が与えられている。また、トラジャでは、異なるトンコナン、両親の出生地、祖父母の出生地、あるいはさらに遠く離れた先祖の出生地から出自をたどることができるとされる。親族関係に関する表現は、しばしば「家」という語彙で表され、「トンコナン内の兄弟」「トンコナン結合」などといわれる。トンコナンの子孫は、自分たちの集団の中から1家族を選出し、その家族は管理人として、その出自となったトンコナンに居住する。

③宇宙と身体―住居のディテール

住居はしばしば宇宙そのものと考えられる。あるいは、宇宙の構造を反映したものと考えられてきた。ヒンドゥーのコスモロジーを投影すると考えられるバリ島の住居がわかりやすい（▶図6-27）。また、遊牧民のユルトはその形態そのものが宇宙と考えられる例である。ジャ

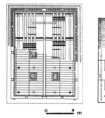
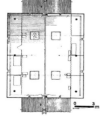
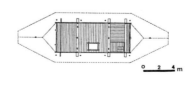
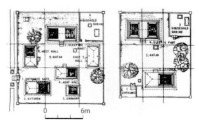

▶図6-25　バタック・カロの住居と平面　　▶図6-26　サダン・トラジャの住居と平面　　▶図6-27　バリの住居と平面

ワ島のジョグロという屋根形式は、世界の中心メール山をシンボライズしたものだという。高床式住居の場合、屋根裏、床、床下という区分が、しばしば、天上界、地上界、地下界という三界観念に結びつく。

また、住居は小宇宙としての身体になぞらえられる。マリのドゴン族の屋敷地（コンパウンド）の形が人体に例えられるのである。ティモールの東テトゥム族の住居は、正面を顔、両側の壁を足、後壁を肛門と呼ぶ。正面入口を眼、後門を膣に見立てる。スンバにおいては、身体のイメージは、住居、墓、集落、耕作地、河川、そして島全体にも使われ、すべて「頭部」と「尾部」をもつとされる。村の中央部にある門は「腰門」と呼ばれ、中心部は「腹」とか「臍」とか「心臓」と呼ばれる。地域ごとに、それぞれの宇宙観、世界観に基づいて、独特の建築体系がつくり上げられ維持されてきたことを以上のような事例が示している。

6. 住居の変貌

地域の生態系に基づいてそれぞれに形成されてきた住居の形態が大きく変貌するのは、西欧人が「新大陸」やアジア各地に植民都市の建設を開始し始めてからである。少なくとも、クリストバル・コロンがサンサルバドル（グアナハニ）島を発見し、マガリャンイスの船団が世界周航を果たした15世紀末から16世紀初頭の頃までは、各地にそれぞれ固有の住居の形態が存続してきたことははっきりしている。

植民都市を建設し、支配したのは、少数のヨーロッパ人であり、白人（コーカソイド）であり、キリスト教徒である。そして、植民都市建設とともに、各地に建設されたのがいわゆる植民地住宅（コロニアル・ハウス）であり、西欧列強は自らの住文化を各地に持ち込むことになるのである。そして、19世紀中葉以降の「大量移民の時代」を迎える。世界住居史の最大の転換期となるのが19世紀の中葉以降である。産業革命は住居のあり方もまた根底から変えることになった。

近代建築技術がかつてない規模の空間を実現していくのも大きな変化であるが、建築が地域産材ではなく工業材料によってつくられるようになったことが大きい。亜鉛鍍鉄板、いわゆるトタンの世界的普及がその象徴である（▶図6-28）。その普及は、草葺、瓦葺の屋根を駆逐し、住居、集落の風景を一変させるのである。

そして、住居がそれぞれの地域で建てられるのではなく、あらかじめ工場でつくられるようになったこと（プレファブ建築）が決定的である。以降、住居は地域性を失っていくことになる。もちろん、一気にその大転換が起こったわけではない。およそ20世紀半ば頃まではヴァナキュラー建築の世界が連続していたと考えていい。日本列島から、茅葺き・藁葺きの民家がほぼなくなるのは1960年代の10年間であった。

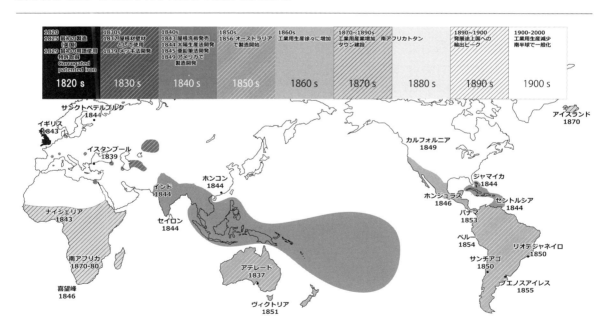

▶図6-28 トタン屋根とその普及　Vellinga, Marcel；Oliver, Paul；Bridge, Alexander(2007), "Atlas of Vernacular Architecture of the World", Rouledge.

Column……06

村田治郎の「東洋建築系統史論」

川井 操

文化伝播説

　東洋建築史学の第一人者である村田治郎（1895-1985）の学位論文『東洋建築系統史論』は、『建築雑誌』（no.530～546/1931.4-6）において、全3回に分載した大論文である。村田は当時の赴任先である南満州工業専門学校（大連）を拠点にして、遊牧民の移動住居の類型・分布や古文献の記載を詳細に調べあげ、遊牧民を中心とした民族移動がユーラシア規模で建築文化を運搬するという「文化伝播説」の仮説のうえに、ひとつの世界建築史を示したのである。

穹廬・氈帳

　まず論じられるのが移動住家としての穹廬・氈帳である。中国古文献に頻繁に記述される穹廬とはゲル＝蒙古包であり、氈帳とは一部では蒙古包を指すが基本的には天幕のことである。

　蒙古包すなわち穹廬は少なくとも前漢の匈奴、おそらくはそれ以前の先秦時代の遊牧民族以後引き続き使われていたものであるとする。三角形天幕はその構造が簡単で原始的であることや周代からフェルトが使われていたこと、西アジアの民族が早くから同じ系統の天幕を持っていたことから、中国周辺の遊牧民族も早くから三角形天幕を用いていたことは間違いないとするが、穹廬の精巧な移動住居が使われるに至って、次第に圧倒されて影を潜めていった。

　その分布地域について、穹廬がモンゴルより中央アジアにあり、三角形天幕が西蔵方面よりペルシア地方に広くある。両者の分布地域が異なるのは、一つは民族的な差異、もう一つは気候の寒暖によるものと思われる。穹廬は三角形天幕に比べていっそう暖寒性に優れているのに対し、三角形天幕は組立てが簡易なのと、夏季に適合しているのが長所とするため南方にある所以とする。

　加えて西アジアの先史時代の住民が移動住居であったことは、アッシリア時代の遺跡より出土した浮彫の描写から確認される。そのうちの一つは王庭で用いられたものらしく、中央に空隙が存在するが、形態的には穹廬の一

▶図C6-1　アッシリアの建築二態

脈ではないかと考えられる（▶図C6-1）。もう一方は構造まで描写されており腰折れピラミッド形をし、中心柱のある天幕であって穹廬形に属したものではない。したがってアッシリアには穹廬、三角形天幕の2系統に近いものがあったと推測される。そして穹廬も三角形天幕と同様に中央アジアから西アジアへ広く分布したと考えられる。

車上の住家

　続いて、車上の住居として、氈車（車張）や「車上の穹廬」という移動住居そのものが述べられる。その系統は穹廬・氈帳系の延長とされ、穹廬などと同じ古さを持つ。匈奴はもちろんスキト族も用いており、文化伝播機関として重要な役割を果たしたのである（▶図C6-2）。

▶図C6-2　中世紀蒙古の氈車

　14世紀に旅行したイブン・バットゥータの紀行文によれば、ジョチ・ウルスなどにおいて常用した車には4つの大きな車輪があり、重量に応じて2頭またはそれ以上の馬、牡牛、またはラクダが引き、車上には小枝で編んだ壁の上にフェルトまたは毛布を被覆した一種の軽い天幕住居を載せていたとある。

　スキタイ族が早くから車上生活をしていたことは、古くからギリシャ人に知られ、記録にも残されている。ケルチのギリシャ墳墓から出土した一種の明器と思われる品がある。これは単に天幕車のみならず、一種の塔に似

▶図C6-3　Scythian Carts

た構造物がある。このピラミッド形の塔はテントであり、造りつけもしくは取外し可能であったと考えられる。そしてこれらは後世のものであるが、その形状から古代のものに属するとした（▶図C6-3）。

車上住居の分布は、黒海北岸から東方蒙古の東境に至る広範な地域である。その始原は中国では殷以前、スキタイではギリシャ文化移入以前にさかのぼる。そして車上住居と氈車は穹廬の存在地域とまったく一致しており、氈車が移動住家民族の間に必然的に発展をして、そして穹廬の移動性を極端に発展させたことは疑う余地がない。

村田の考察がユニークなのは、車上住居が「文化伝播の幹線」としての役割を担ったというのである。その根拠として、中亜より蒙古へ至る地域は、雨が少なく、比較的土地が平坦で車を走らせるのに好適であったこと、そして馬の扱いに慣れた遊牧民に氈車が広く使われたとしている。その存在意義は、今日の鉄道や自動車の発達にも比肩するとして、定住民族が夢想だにしない文化伝播地帯「スキタイ・シベリアン文化」が、先史原始時代から開けていたことは確実であるとした。

円錐形移動住居の発達過程

先にあげた移動住居とは別系統に属する円錐形の移動住居には、純粋な「円錐形」と下方が垂直で上半が急傾斜する「腰折れ円錐形」の2種類がある。

腰折れ円錐形の移動住家には極東北端に住むチュクチ

▶図C6-4　チュクチ族の腰折れ円錐形テント

族、コリャーク族、ユカギール族などの事例がある。パラエオ・シベリアンと呼ばれるより古い民族の住家に見られる。

チュクチ族の腰折れ円錐形テントは、防寒のため内外2重構造になっている（▶図C6-4）。外側の部分にまず円形の平面を描いて杭を打ち、また所々に木を三又上に組み立てて、倒れないために石やアザラシの皮で砂を包んだものなどを真ん中に釣り下げて重石にする。その杭や三又頂上の一点に集中させて結び合わせる。以上の骨組みの上に獣皮を張り、丈夫な皮紐で結びつけるのである。この建設や解体はごく短時間で行われ、容易にその所在を転々とすることができる。

純粋円錐形を持つ民族として、北方林に住むツングース族、ヤクート族、サモエド族などの事例があり、シベリア一帯でネオ・シベリアンと呼ばれる諸民族が使用してきた。

サモエド族の円錐形住居は細い丸太を円錐形に組み立て、これを獣皮あるいは氈で覆い、頂部のみ煙抜きの孔として開ける（▶図C6-5）。この組立てや取壊しが女性の役

▶図C6-5　サモエド族の円錐形住居

割であることは蒙古包の場合と同様である。

技術的側面から考えれば、円錐形→腰折れ円錐形→蒙古包という発展過程をとったと考えられる。しかし、村田は円錐形住家の発展過程について、以下のような説を提出する。

パラエオ・シベリアンが極東に移動したときモンゴルからシベリアにかけて、円錐形住家およびその進化形である腰折れ円錐形住家はすでに存在していた。

それに対して西アジア、南ロシアではかなり後世の時代まで円錐形住居が用いられていた。そして蒙古、トルコ系民族の圧迫によって北走したネオ・シベリアンは円錐形住居をそのまま持って移動した。そうした理由で極東

北地方には穹廬＝ゲルは伝わらなかった。

　蒙古包は西アジアで発生したのではなく、腰折れ円錐形住家の発展形とみなすならば、その発生地はモンゴル地方である。

移動住家の固定化

　ここでは移動住家の固定化の中で円形倉庫、明堂など円形建築がとくに着目され、インドのストゥーパ、ヴァハーラなどの形態との比較が試みられる。この比較検討は、中国仏塔や仏教伽藍の起源をめぐる議論のもとになる。そしてここの考察は、ドームおよびヴォールトの発生にも及んでいる。

蒙古包の固定

　まず穹廬の固定化について、蒙古民族の半農半牧への生活の変化に伴い、蒙古包も固定を開始した。その固定化への変化の順序をあげると、以下のとおりである。

①氈の代わりに葦のような植物を以て、壁や屋根を被覆し、屋頂の孔の所にのみ氈を使用。

②壁に泥を塗り冬季の防寒に適応。

③屋根に泥を載せ、壁から屋根まで全部泥で被覆する。屋根荷重の増加に対応した支柱として中央に柱をおく。

④泥屋根になって屋根の孔が塞がれ、代わりに窓が設けられる。煙突や炕も加わる。

　こうした移動住家の固定化の要因として、中国人の住家の影響を受けたこと、半農半牧に移行する中で牧羊を行うことが少なくなり、氈の製作が困難になったことをあげている。

中国の円形倉庫

　中国北東部に見られる泥造りの包形のものを穀倉として使用しているのは、固定蒙古包の影響と考えられる。事例としてあげられるのは、かつての察哈爾省官村地方や黒龍江省泰来県にある穀倉である（▶図C6-6）。蒙古包に泥を塗りつけたような形状であり、近代まで蒙古人が居住したエリアであることからその影響は疑い難い。かつての

▶図C6-6　黒龍江省泰来県にある穀倉

満州地域で広く使われる円筒泥壁、藁葺屋根の倉もまた固定蒙古包の影響である。そして先秦時代からすでに漢民族の間に円形倉庫が根強く使われていたのである。

中国の円形建築

　続いて、中国における円形建築として明堂があげられる。明堂は『周礼』「考工記」に記されるように周代以降の政治的に重要な建築であり、その記述に従えば平面は矩形の建築であった。円形建築への影響が見え始めるのは後漢以降であり、それに従って建設された代表的な明堂としては天壇がある（▶図C6-7）。村田は、こうした建築形態への落とし込みに強く影響を与えたのが穹廬であるとし、その根拠として円倉や庵の形態が儀式的建築に円形の刺激を

▶図C6-7　天壇祈年殿

与えたことをあげている。とくに中国北部においては、倉庫のみならず粗末な庵やさらには儀式的な明堂にまで同一形態が採用されていた。こうした円形建築の変化について、まず先秦時代において住家に穹廬の系統が加わっていたこと、やがて住家は儀式的な建築に発展するとともに倉庫のみが民間に残存するに至ったことを示している。

インド古代建築の形態的源流

　古代インドの円形建築としてストゥーパやヴィハーラがあげられるが、その原型はバールフトBharhutなどにおける仏教的彫刻によって確認できる（▶図C6-8）。円形平面にドームを載せ、入口に葱頭拱の輪郭が付加されている。このような半球体の屋根は、もちろん木材または竹を編んだものを骨組とし、それになんらかの被膜物を用いた程度から、やがては泥、日干しレンガ、石などの構造にまで進んでいった。このような形態の祠堂はいかなるものを源流として発生したのか。村田は、仏塔の原始形態起源は、穹廬→固定穹廬→固定穹廬の墓→仏塔の覆鉢ではないかという。そこには円形平面、半球体屋根の建築、すなわち固定穹廬系と思われる住家の存在、それが発展変化した

▶図C6-8　バールフトBharhutの浮彫

ものが祠堂あるいは禅窟となり、ついにはチャイティヤ窟の如きまで及んだと推測する。他方には竹構造の如きものにより、半円形は尖拱の筒形ヴォールトを示す住家がつくられ、それが発展して木造の同一形態の住家となり、ついにチャイティヤ窟やヴィハーラ窟といった正面入口付近の彫刻や内部天井等に表現されていった。

ドームおよびヴォールトの発生について

　西アジア、中央アジア、インドのドーム発生起源においても穹廬の存在をあげている。その根拠として、その分布が世紀前よりインドのパンジャーブ地方に及んでいたこと、現在もペルシアに現存すること、そしてアッシリアの王宮に穹廬に類するものが使用されていることや、同じくashurnazilpa王の浮彫に刻まれた攻防戦における移動塔の上部にも認められることをあげている。そして穹廬が固定化する中で、中国北東部や満州地方に見たように、それに泥を覆ってドーム形状が生じることが説明できるとした。さらにはエジプトの穀倉やプント国の住家のような穹廬の固定化がアフリカ大陸まで及んだことが考えられる。したがって、かつての穹廬系のあるところで、常に泥で被覆した家が次第に建設されたのである。こうした影響はドームのみではなくヴォールト構造の生成にも伴っていたものとする。筒形ヴォールトに類する形態の簡易移動住家が古代からあったものと推定する。漢代以降のカマボコ形の馬車や古代インドの民家はその変形と考えられる。そしてこの移動住家の固定化がヴォールトを生み出す基になったことを掲げている。

井籠組の建築

　井籠組の建築とは、柱梁を組み合わせる構造ではなく木材を横に重ねて壁をつくる校倉造りのことである。正倉院の校倉でよく知られるが、その建築的伝統が広くアジアに求められている。その分布地域は、黒海周辺より西欧、北欧へ及ぶものと、同地方から中央アジアを経て南北二派に分かれる。北方系はシベリア南部より満州、朝鮮を経て日本へ至り、南方系は西蔵よりヒマラヤ山脈に沿って東へ走る。井籠組の建築がすべて同一の起源を持つかは明らかではないが、ローマ時代のウィトルウィウス『建築十書』に黒海沿岸に井籠組建築が存在していたことが記されているし、中国でも古くから校倉形式の建築が建てられていたことが図像に残されている。

　一見固定的に思われる井籠組であるが、実際には移動に便利な構造になっている。真っ直ぐな木材を組み合わせるだけで出来上がり、レンガや泥の壁とは異なり組立てが簡単であり、かつ組み立てると同時に住むことも可能である。したがって井籠組が他の移動住家に伴って移動したというのは、決して不可解な現象ではなかったのである。アルタイ地方の諸族は移動住家と同時にyurtaと呼ばれる井籠組の家を用いており、その平面が八角形をなしている点は、蒙古包の携帯的影響であるといえる（▶図C6-9）。

　興味深いのは、井籠組の分布する地域が遊牧民が移動住家を携えて転々とした地域にほかならないことである。中央アジア以西においては混交して明瞭でないが、蒙古の砂漠地帯に穹廬、シベリアのツンドラ地帯に円錐形住家があり、その中間の東西に走る狭長な森林地帯に井籠組が介在し、穹廬、円錐の2系に挟まれた観を呈しているのは注目すべき現象である。こうした遊牧民族が起こした「文

▶図C6-9　アルタイ地方における家

Column 06……村田治郎の「東洋建築系統史論」

▶図C6-10　アルメニア建築の天井架構

▶図C6-11　双楹塚古墳

▶図C6-12　交泰殿の天井

化伝播の波」に井籠組も乗ったと考えられる。

ドームの起源「隅三角持送式天井」

「隅三角持送式天井」とは、ドイツ語でラテルネン・デッケLaternen Deckeというが、現在も定着した名前がなく、「方形45度回転式天井」と説明的に呼ばれたりする。つまり正方形の部屋に屋根もしくは天井を架ける手法として、各辺の中点を順次結んでいく、あるいは隅に直線部材を少しずつ架け渡していくやり方のことである。この手法は中国の折り上げ天井に一般的に見られる。

その分布地域は、北朝鮮、中国東北部、トルキスタン、カシミール、アフガニスタンをさらに西走してアルメニア、黒海東南岸、小アジア南岸に及ぶ。その影響はギリシャにまで達し、変化したものはイスラーム建築のある地域にも点在する。「隅三角持送式天井」が井籠組構造の自然の発展変化によって出来上がったものであることは

▶図C6-13　Koryaksの家　X-shaped yurts

明らかである。アルタイ山脈からパミール高原に至る線、高句麗より北支那を経て黒海付近に及ぶ線によく一致している（▶図C6-10）。

石材によるものとして、山西省大同の雲崗石窟や高句麗の双楹塚古墳がある（▶図C6-11）。木造の例としては、故宮にある交泰殿や京城の昌慶宮明政殿に見られるが、これらは宋代の建築技術書『営造法式』の「闘八藻井」という手法に類する（▶図C6-12）。

方形平面上にドームを敷く建築は、井籠組系と固定穹廬系との結合によって完成したものであり、そこに隅三角持送式構造方法が結合の媒体として存在した。そしてイスラーム建築がこの方法を広く採用している。イスラーム建築はさらにペンデンティブやスキンチなどドーム技術を発展させることになる。

有孔天井

有孔天井で問題にされるのは、出入口として使用する系統があること、そして竪穴や井籠組系と密接な関係があることである。その分布地域は中央アジアからシベリアを経てカムチャツカにかかる狭長な地帯にあり、中国東北部や朝鮮半島南部では少なくとも3世紀ごろから使われた。有孔天井を持つ隅三角持送式天井もまた古代からあるため、その出現は紀元前にさかのぼると考えられる。

西蔵やトルキスタンなどの民家の屋頂にも方形の孔が開けられていることが多い。この孔は遊牧民の移動住居と同じく、主として煙の放出口になるのであるが、同時に唯一の採光窓となる。屋上は陸屋根であるから涼みに適した場所として用いられ、一家の人々は梯子をかけてこの孔から上る。井籠組建築であるカムチャツカの近くに住むKamenoi Koryaks等が持っているX-shaped yurtsには、下方の側壁に出入口があると同時に、屋頂にも一孔を設けて、煙の放出口、採光窓、および出入口として使われる（▶図C6-13）。樺太のニヴヒ（旧称、ギリヤーク）民族の冬の家の一態に、深さ3尺程度の竪穴を掘り、丸太を合掌に組んで、さらに上に丸太を立てかけて北地の移動住居に類

せしめるが、その被覆材料は泥であり、屋頂には孔を設ける。家へは横の入口から階段をおりて入らなければならないが、かつては屋頂の孔が出入口として使われたことがその語源的にも考えられている。

陸屋根建築

陸屋根の分布地域は、エジプトをはじめアフリカ大陸北岸一帯、小アジア、西アジア、ペルシア、西蔵、雲南、新疆より中国北部からその東に至るまで広大な面積を占めている。陸屋根は早くから西蔵、新疆以西で使われていたが、それが移動住居地帯に沿って次第に東進したと考えられる。そしてその伝播経路は中国南北の2つの辺境へと及んだ。南部では後漢時代に四川省西境にすでに存在し、次いで雲南へと入っていった。中国本土へは隋唐時代に洛陽付近に入り、それ以後に中国北部各地に及んだ。ここでいう陸屋根とは必ずしも水平の屋根のみではなく、ゆるやかな円弧を描いた屋根を多く含んでいる。

中国北東部にかけて広くある泥塗りの陸屋根はきわめて簡単な構造である。まず細い柱を立てて梁を架し、次に泥を固めた日干しレンガまたは塼(せん)を積み上げて壁をつくる。柱は一時梁を支えるのみで壁の中に埋め込む。簡単な屋根になるとその梁の上に直に母屋のような横材を置き、粗末な垂木を並べその上にコウリャン稈(かん)を敷き詰め、最後に泥を厚く塗って仕上げとする(▶図C6-14)。この陸屋根が中国北東部に盛行した理由として、木材を利用

▶図C6-15 東部西蔵の高床式住居

かつその発生原因から見て南洋方面に発生地があって東アジアに広がったと考えられる。

高床建築は住居と倉庫に大別され、南方では二者ともに行われるのが北方では倉庫が主として用いられる。高床は南に濃く北ほど希薄になる。

その外観の原始形は各地ともにほとんど共通の外観を呈している。それは長方形の平面、藁葺き切妻屋根、高床という共通点を持っている。雲南から西蔵にかけては2、3層の家があり、2階以上を寝室空間として利用する(▶図C6-15)。

高床は総じて水の文化に属するものであり、東アジアの高床は太平洋文化圏建築と見なされる。ただし高床系は井籠組系と結合している場合が多く、したがってシベリア(Siberia)を経て北欧、西欧の高床建築とつながる可能性があるとした。

世界建築史

こうして村田は「東亜の建築系統」を、天幕系、穹廬系、円錐形移動住居、井籠組系、陸屋根系、高床系、竪穴系に7つに分けて論じる中で、インド系、支那系、日本系に大別し、さらに仏領印度支那系・南洋系、朝鮮系などを見極めようとしたのである。

さらに地理的文化的考察から、山脈、砂漠、森林の諸地帯が東西に走っていることが、建築系統の分布地帯、伝播経路を東西に長く走らせた影響が大きいとした。そして砂漠地帯には穹廬系、北側の森林地帯には校倉系、黄土層地帯には陸屋根系というように分布とその影響を論じている。

以上のように、村田は、遊牧民がユーラシア規模で建築文化を運搬するという「文化伝播説」の仮説の上に、ひとつの世界建築史を示したのである。

▶図C6-14 泥塗りの陸屋根

せずして簡易につくられること、安価に出来ること、この地方には雨が少ないこと、および土質が粘着性に富むことがあげられる。

高床建築

高床建築は中国北方を除く東アジア全般に見られるものであるが、南方に多く分布し北方には比較的に少ない。

Lecture 07

「キリスト教建築」の世界史
イエスの空間をめぐる西欧建築の成立と展開

加藤 耕一

1. グローバル・ヒストリーのなかの「西欧」建築史

　本章の主題に入る前に、「世界建築史」という枠組みのなかで、西欧の建築をいかに論じうるかについて、少し考えてみたい。

　グローバル・ヒストリーという歴史学の枠組みは、その根幹に西洋近代中心主義への批判を内包している。世界をグローバルかつフラットに論じる試みが新規なものに見えるのは、これまで世界がフラットに認識されてこなかったためである。「近代化」が、世界の多くの地域で「西洋化」と同義であることは、西洋ではじまった「近代」というシステムが、段階的に世界に拡張していったことを示している。近代と前近代の区分は時間のヒエラルキーであり、先進国（近代化された国）と後進国（近代化されていない国）の区分は空間のヒエラルキーなのである。世界中が「近代化」という同一のゴールを目指していた時代には、「西洋近代」とは、いわば価値の一元化を意味していた。それに対して現代の「グローバル・ヒストリー」が目指すものが価値の多様化であるとすれば、世界建築史とは、ただ世界中の建築を並置すればよいというものではない。それは「近代」と呼ばれる時代に厳然と打ち立てられてきた価値観のヒエラルキーを解体する試みであるはずである。

　西洋近代という枠組みを生み出した「近代世界システム」は、ブローデルやウォーラーステインによれば、16世紀前後の西欧に端を発する仕組みであったという。じつは建築の世界においても、まさに同じ16世紀に、最初のインターナショナル・スタイルとも呼ぶべき、建築における普遍的デザイン様式が生み出された。「オーダー」を用いた「古典主義」と呼ばれる建築デザインである。「オーダー」という考え方のもとになった数種の円柱デザインは、古代世界に生み出されたものである。しかしそれがある種の規格化されたデザイン・システムとして整理されたのは、セバスティアーノ・セルリオの『建築書』（第4書「建築の5様式」1537）が最初であり、続いてジャコモ・バロッツィ・ダ・ヴィニョーラの『建築の5つのオーダー』（1562）が「オーダー」という用語を初めて著書のタイトルに用いて詳述した。またジョルジョ・ヴァザーリの『芸術家列伝』（1550）の序論のなかでも「5つのオーダー」に関する記述が見られる。こうした書籍が印刷技術によってヨーロッパ中に広まったことは、建築の統一基準をつくり出すことに結びついていったのだった。

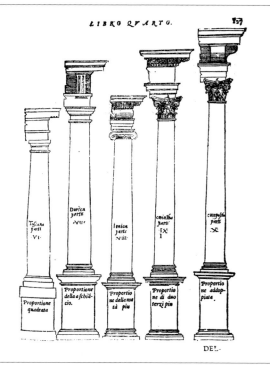

▶図7-1　セルリオ『建築書』第4巻（1537）より建築の5様式（マニエーレ）

それとあわせて重要なのは、同じ16世紀に中世のゴシック建築を前近代の野蛮な建築として蔑む視点が生まれたことであろう。中世を格下に位置付け、それを超克することによって、「西欧」は地球上で最初に前近代から近代への扉を開いた。ヒエラルキーを伴う価値観の一元化が16世紀の西欧ではじまり、「西洋」中心の近代という時代がつくり上げられていったのである。

すなわち16世紀ヨーロッパの建築界は、前近代（中世）を否定し、オーダーというヨーロッパ統一基準をつくり出すことによって、建築における西洋近代中心主義をつくり上げていったといえよう。その意味において、建築における価値観の多様化を目指すべき「世界建築史」の枠組みのなかでは、オーダーに依拠しない「西欧建築史」こそ重要であろう。

2. オーダーに依拠しない西欧建築史

本章の議論は、よく知られた「西洋建築史」という分野を「世界建築史」のなかに、どのように位置づけうるか、という仮説的な試みである。したがって、有名な建築事例をただつなぎあわせてこれまで通りの歴史を物語ることよりも、誰もが知っている西洋建築史の常識や既成概念を疑い、それ自体を解体・再構築することこそが、本章においては重要なこととなる。ここでは、近代の価値観のなかで果てしなく膨張した「西洋」ではなく、地理的に限定された「西欧」の建築史を論じていこう。

世界建築史のなかで、ひとつのローカルな事例として「西欧」の建築をとらえようとする本章の試みにおいて、西欧の建築の本質的な特徴のひとつとして、カトリックを中心としたキリスト教建築に着目したい。そして、そのように考える限りにおいて、西欧の建築とギリシャの「オーダー」を殊更に結びつけることは、ルネサンス的な価値観に基づいた偏向した歴史把握であることに気づくであろう。

そもそもギリシャは地理的には「西欧」ではない。ギリシャを西洋建築史のルーツとして語ることは、ルネサンス人が「オーダー」を西洋建築の本質的な特質ととらえるようになったことの帰結である。イタリア半島を中心とするローマ帝国西方のことを考えれば、それは地理的には西ヨーロッパとの重なりを多く含むものの、ウィトルウィウスが『建築十書』を著した紀元前30年頃においては、キリスト教信仰はまったく主流ではなかった。宗教建築といえばローマの神々に捧げられた神殿建築だったのである。

したがって「西欧」の建築史をギリシャ・ローマから語り起こすことは、ある先入観にもとづいた歴史観といえるだろう。それはルネサンス以降のヨーロッパ人建築家たちが（あるいはルネサンス文化全体が）、彼らの建築のルーツを古代ギリシャ・ローマへと結びつけたことに由来するものである。だが「世界建築史」の観点からすれば、古代ギリシャ・ローマは、古代地中海の建築文化という枠組みのなかで理解すべきである。その建築文化はヨーロッパ世界ばかりでなく、アラビア世界のルーツでもあったし、古代地中海世界を直接的に継承したビザンツ帝国のことを念頭におけば、東欧世界も同じ重要性をもって取り上げられるべきである。アラビアと東欧には、ただルネサンスがなかったに過ぎないのだ。

3. キリスト教的「西欧」のはじまり

だが西欧がキリスト教化されたことの最初の重要な契機は、たしかに古代ローマ帝国にあった。西暦313年のコンスタンティヌス帝によるキリスト教の公認、そして392年のテオドシウス1世によるキリスト教の国教化が、広くヨーロッパ世界においてキリスト教が信仰されるようになる最初のきっかけであった。

注意しなければならないのは、ギリシャやローマの神々への崇拝がキリスト教の神への信仰へと切り替わったことにより、かつての壮麗な神殿建築が異教と位置づけられたことである。それは単なる建築デザインの新たな潮流というような、平穏な変化ではなかった。これまで崇敬の対象だった宗教建築の存在が「法」により否定され、これまで異教として禁じられていた新しい宗教が国家の宗教として認められるという、きわめて劇的な変化だったのである。そのとき建築家たちは、神殿建築を構成していた「オーダー」のような建築要素を、建築論的に重要な意味を持つ要素だからといって、キリスト教建築に継承しただろうか。普通に考えれば、異教の建築要素を重要な建築要素として新たな宗教建築に用いることなど、考えにくいのではなかろうか。

ところが実際にはそうしたことが起こっているから不思議である。サンタ・コスタンツァ（Santa Costanza、ローマ、337-351頃）やラテラノの洗礼堂（Battistero di San Giovanni in Fonte、ローマ、432-440頃）、サンタニェーゼ・フオーリ・レ・ムーラ（Sant'Agnese fuori le Mura、ローマ、625-638頃）など、現存する初

▶図7-2　サンタニェーゼ・フオーリ・レ・ムーラ、円柱

期キリスト教時代の聖堂建築では、イオニア式、コリント式、コンポジット式など数々の古代の円柱が用いられていることを確認できる。

しかしながら、これはウィトルウィウスが論じた古代の円柱デザインの形式性が、キリスト教建築に継承されたことを示しているわけではないと見るべきであろう。これらの円柱のシャフトや柱頭彫刻はデザイン形式として受け継がれたわけではなく、不必要になった神殿建築の廃墟などから運び出され、物質的に再利用されたものだったのである。こうした、ある建築（廃墟）から建築部材を剥ぎ取ってきて、別の建築で再利用する行為は「スポリア」と呼ばれる。

キリスト教が公認され、ついにはローマ帝国の宗教として認められるようになった4世紀という時代は、しばしばローマ帝国の衰退のはじまりと称される時代でもあった。東方からはゲルマン系の異民族の侵入が増加し、しばしば軍事衝突をもたらした。ローマの繁栄は次第に揺らぎ、5世紀末にはイタリア半島の都市ローマを首都とするローマ帝国西方を継ぐ皇帝は不在となり、コンスタンティノープルを首都とする東方だけが、ローマ帝国を継承していった。とくに西欧においては、東方からの移民がはじまる3世紀半ば頃から8世紀頃までを「古代末期」という衰退の時代と捉えるのが、伝統的な歴史観であった。

すなわち西欧のキリスト教建築は、古代ローマ帝国の衰退と反比例してはじまったのである。この社会変動の時代に、建築はスポリアと呼ばれる既存部材の再利用を多用することとなった。初期キリスト教建築で見られる大理石円柱の多くは、再利用品であった。それゆえにこそ、ルネサンス人が「オーダー」と呼んで賞賛した古代の円柱が、4世紀から6世紀頃の初期キリスト教時代になっても、しばしば登場するわけである。しかしそれは「オーダー」という理念が古代世界からキリスト教世界へと継承されたことを示すものではない。むしろ、大理石で壮麗に彫刻された再利用可能な巨大石材が眼前にあったというきわめて即物的な理由が第一にあり、それゆえに再利用されたと考えるべきであろう。

たとえば旧サン・ピエトロ（San Pietro、ローマ、320-330頃）の建設のためには、ハドリアヌスの霊廟で使われていた大理石円柱がスポリアされて用いられたと伝えられている。また現存する初期キリスト教時代の聖堂でも、聖堂内に用いられている円柱の石材は、大理石、石灰岩、花崗岩など様々な素材によるものが入り交じっていることがあり、その円柱や柱頭のデザインも統一されておらず、たとえば図7-3のラテラノの洗礼堂や、図7-4のサンタ・コスタンツァのように、イオニア式、コリント式、コンポジット式などの複数の円柱形式が混在しているものも散見される。

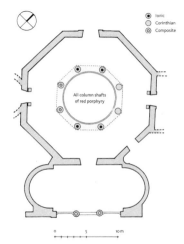
▶図7-3　ラテラノの洗礼堂、平面図

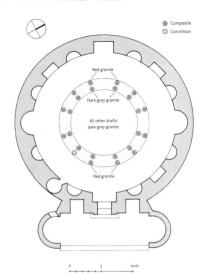
▶図7-4　サンタ・コスタンツァ平面図（円柱の素材と柱頭の形式）

キリスト教聖堂の誕生の背景には、第一に古代の円柱のスポリアがあったからだといえるだろう。

ただし、そうしたスポリアによる再利用が行われたのは、西欧のカトリック世界だけではなかった。東方のビザンツ帝国の首都コンスタンティノープル（現在のイスタンブール）で6世紀に建設された有名なハギア・ソフィアでもスポリアの円柱を見ることができるし、イベリア半島で興った後ウマイヤ朝の首都が置かれたスペインのコルドバの大モスクでも、古代ローマ時代の円柱が多数再利用された。スポリアによって古代の円柱を継承したのは、カトリック的西欧世界だけではなかったのだ。

しかしながら古代末期の建設活動のすべてをスポリアだけでまかなうことは、当然のことながら不可能であった。古代の再利用材が有していたデザインから、建築はそれぞれの地域で徐々に変化を遂げていったのである。西欧では、この古代のデザイン形式からの離反を、後にルネサンス人たちが「衰退」と断罪した。しかしそれは建築デザインの中世における新たな展開だったのであり、むしろある種の独創として評価すべきことだったのかもしれない（▶図7-5～▶図7-8）。

4. バシリカからキリスト教聖堂へ？

313年にキリスト教を認可したローマ皇帝コンスタンティヌスは、同年にサン・ジョヴァンニ・イン・ラテラノ聖堂（San Giovanni in Laterano、ローマ、313頃）を建設させた。これは、ローマ帝国が公式に建設させた最初のキリスト教聖堂建築と位置づけることができる。この聖堂はその後のたび重なる改築により当時の姿を残していないが（なかでも17世紀半ばに建築家フランチェスコ・ボッロミーニが手がけた大改装は、この聖堂を大きく変貌させた）、中央の身廊と両側に並ぶ側廊からなるバシリカ式と呼ばれる平面形式は、その少し後に建設された旧サン・ピエトロ聖堂に継承され、その後の西欧におけるキリスト教建築の典型的な空間形式となっていった。

バシリカという呼称は、古代ローマ帝国においては皇帝のバシリカに代表されるような、法廷や商取引などに用いられた大きなホール状の空間を指し示していた。もともとこの語は、「王の」という意味を持つギリシャ語の"basileus"が語源と考えられ、たとえばアテネのアゴラにはストア・バシレイオス（王のストア）と呼ばれる列柱廊を備えた建造物があったことが知られている。おそらく古代ローマのバシリカは、これらのストアのようなビルディング・タイプと同種の機能を持つ建造物として建設され、転じてバシリカと呼ばれるようになったのであろう。中世のラテン語ではさらに意味が転じて、バシリカといえば教会堂のことを指すようになっていく。西欧ではバシリカといえば「大教会堂」のことを指し、一般に身廊と側廊からなる長方形に半円形のアプスが付加された教会堂がバシリカと呼ばれたことから、現代の建築史ではサン・ジョヴァンニ・イン・ラテラノに端を発するこの教会建築の空間形式を「バシリカ式」と呼ぶ。

それに対して身廊と側廊からなる長方形平面ではなく、中央のドームを中心とする求心的な空間からなる教会堂については「集中式」などと呼ばれるが、こちらは歴史的な呼称ではなく、建築史の学問上の類型である。20世紀半ばに活躍した高名な建築史家のニコラウス・ペヴスナーが、この対比を「バシリカ型」(Basilica)と「集中型」(Central Plan)という語で説明し

▶図7-5　ディジョンのサン・ベニーニュ聖堂、クリプトの柱頭彫刻

▶図7-6　ヴェズレーのマドレーヌ聖堂、身廊の柱頭彫刻

▶図7-7　パリのサン・ジュリアン・ル・ポーヴル聖堂、身廊の柱頭彫刻

▶図7-8　サン＝ドニ旧大修道院、周歩廊の柱頭彫刻

たことが、この類型学的な教会建築の分類を決定的なものにしたといえるだろう。

だが、ペヴスナーが注意深く指摘しているように、語としての「バシリカ」がローマの世俗建築から初期キリスト教建築へと遷移したとしても、その空間は完全に同じものではなかった。たしかに大空間の中で列柱が並び、中央の長方形の大空間（身廊）とそれを取り囲む細い長い空間（側廊）を隔てているという点において、両者は大雑把にいえば似ているかもしれない。しかしながらペヴスナーが説明するとおり、柱列が長辺方向の2列だけで中央の身廊を挟み込むキリスト教建築の空間と、柱列が四周を囲み回廊状になる世俗のバシリカでは、その空間の質は大きく異なるはずである。また半円形のアプスを有するという共通点もしばしば指摘されるが、ペヴスナーは、ローマのバシリカにおいてアプスは「珍しくなく、2つある場合すらある」（ゆえにキリスト教建築とは異なる）ことを指摘している。たしかに半円形のアプスは、ローマで建設された建築のなかで必ずしもバシリカに特有のものではなく、図書館や大浴場などでも見られるし、逆にアプスを有さないバシリカもある。「バシリカ」という呼称が、ローマの大ホールからキリスト教建築へと転じたとしても、必ずしもバシリカだけが「バシリカ式」教会堂建築の建築形式としての起源だったとは断言できないことに注意すべきであろう。

たとえば都市ローマのフォルム（フォロ・ロマーノ）のバシリカを例に考えてみると（▶図7-9）、BCE2世紀の共和制ローマ時代に建設されたバシリカ・アエミリア（Basilica Aemilia、BCE179頃）やバシリカ・センプロニア（Basilica Sempronia、BCE169頃）は、ギリシャのストアに似た、広場を囲む細長い列柱廊のような建物だったと考えられ、そこにはアプスもなかった。BCE1世紀になって、ユリウス・カエサルがバシリカ・センプロニアを取り壊し、新たに建設したと考えられるのがバシリカ・ユリア（Basilica Julia、BCE46頃）である。これは2層の列柱廊で囲まれた大空間を持つバシリカだったと考えられ、この点ではローマの世俗バシリカらしい大ホール建築となったが、ここでもアプスは存在しなかった。

2世紀の初頭になると、トラヤヌス帝の下でバシリカ・ウルピア（Basilica Ulpia、98-112頃）が建設される。整然と計画的に建設されたトラヤヌスのフォルムの1辺をなすこの巨大バシリカは、長軸方向の両端にアプスを有し、ようやくキリスト教聖堂としての「バシリカ」のモデルとして理解しやすい形式となった。さらに4世紀初頭になるとマクセンティウス帝がバシリカ・ノウァの建設をはじめ、312年にコンスタンティヌス1世がマクセンティウスとの戦いに勝利し帝位につくと、コンスタンティヌス1世がこのバシリカを完成させた。その平面は身廊と側廊からなる長方形で、長辺と短辺のそれぞれ中央に1つずつのアプスを有する形式であった。

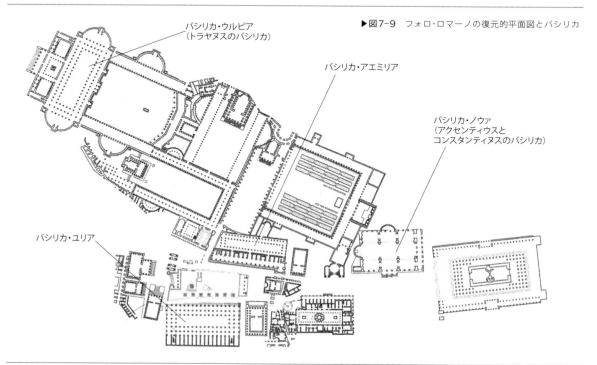

▶図7-9　フォロ・ロマーノの復元的平面図とバシリカ

翌年の313年にキリスト教を公認し、サン・ジョヴァンニ・イン・ラテラノ、さらにはサン・ピエトロなどの最初期の重要なバシリカ式教会堂を建設させたコンスタンティヌス1世が、フォロ・ロマーノで完成させたこのバシリカ・ノウァ（Basilica Nova、マクセンティウスとコンスタンティヌスのバシリカ）は、他のバシリカとも、バシリカ式教会堂とも大きな違いを有していた。それはこのバシリカがローマン・コンクリートを用いたヴォールト天井を有していたという点である（▶図7-10）。

ヴォールト天井の建造物そのものは、古代ローマ世界でいくつも建設されている。比較的狭い通路状の空間を覆うヴォールト天井は、たとえばコロッセオ（Colosseo、69-79頃）の観覧席を支える構造体として階段の下を巡っていたし、トラヤヌスの市場（Mercati di Traiano、100-110頃）でもヴォールトが用いられていた。大空間を覆うものとしては、浴場建築ではすでにいくつもの前例が存在し、このバシリカ・ノウァの空間は、ディオクレティアヌスの浴場（Terme di Diocleziano、298-306頃）からの影響が指摘される。

マクセンティウスとコンスタンティヌスのバシリカ・ノウァは、こうしたヴォールト構造という建築技術の発展のなかに位置づけることができる。ところが同時代にコンスタンティヌス自身が建設させたキリスト教聖堂では、ヴォールト構造ではなく、木造天井が用いられた。この点においても、バシリカ式キリスト教聖堂の直接的なモデルがバシリカにあったと断言するのは、少々短絡的過ぎるといえるかもしれない。その後、数百年の時を隔てて、中世のロマネスクやゴシックのバシリカ式聖堂は、石造のヴォールト天井によって発展を遂げていくことになる。しかしその出発点において、古代末期の初期キリスト教バシリカ聖堂は、石造ヴォールトを有さない建築だったのである。

5. バシリカ式聖堂の構造と空間

バシリカ式聖堂は、水平材のエンタブラチュアでつないでいくコロネードか、アーチを連続させてつないでいくアーケードによって柱列を連続させていくことで、長辺方向には任意の広さを確保することができ、大空間を構築するためには都合のよい形式であった。一般的には、中央の身廊空間がもっとも幅が広く天井の高い空間として建設される。中央の身廊を挟むように側廊が設けられるが、身廊は側廊よりも天井が高いために、その高さのギャップが身廊のハイサイドライト（高窓：クリアストーリー）の設置を可能にする。この平面と断面によってつくり出される空間形式がバシリカ式聖堂の基本型である（▶図7-11）。

初期キリスト教時代に建設されたバシリカ式聖堂は、なぜヴォールト構造を採用しなかったのであろうか。ローマの建設技術は当時、すでに大空間をヴォールト架構で覆うことを可能にしていた。それがキリス

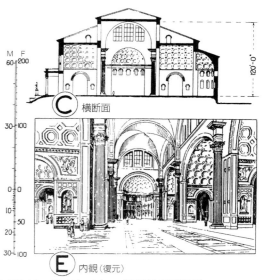

▶図7-10　バシリカ・ノウァ、断面図と内観（復元）

▶図7-11　旧サン・ピエトロ聖堂、断面パース

ト教建築に適用されなかったのは、なぜだったのかを考えてみたい。

　古代末期を「衰退」の時代だったと考え、ローマ・コンクリートの大建造物をつくることが難しかったと想定することもできるだろう。だが一方で、いわゆる「集中式」の聖堂建築ではサンタ・コスタンツァ、ラテラノの洗礼堂、サント・ステファノ・ロトンド（Santo Stefano Rotondo、ローマ、460頃）、そしてラヴェンナのサン・ヴィターレ（Basilica di San Vitale、525-547頃）と、組積造のドームを持つキリスト教聖堂は、初期キリスト教時代にも少なからず建設されている。それにもかかわらず、なぜ初期のバシリカ式聖堂においては、ヴォールト構造が採用されなかったのだろうか。

　ひとつの仮説として考えられるのは、スポリアの大理石円柱との関係である。初期キリスト教の聖堂建築ではしばしばスポリアの大理石円柱が用いられたが、大理石の独立柱は、垂直荷重を支えるうえでは強い力を発揮しうるが、水平力には弱い。ヴォールト天井は、木造天井に比べて重量が増大するばかりでなく、ヴォールトが外に開こうとする大きな推力を生じさせる。このような構造において、モノリスの大理石で制作された独立円柱は、まったく不利な下部構造となるわけである。実際、マクセンティウスとコンスタンティヌスのバシリカ・ノウァでは、それ以前の木造架構のバシリカでは林立する独立柱によって構造が成立していたのに対し、分厚いレンガとコンクリートによる壁体が主要な構造になっている。中央身廊の交差ヴォールトの推力は、身廊の長軸に対して直交するトンネル・ヴォールトによって支持されていた。たしかに身廊の横断アーチを支持する大理石円柱も用いられていたものの、背後の壁体がなければこの円柱は外向きに倒れてしまったことだろう。実際、円柱の柱頭は背後の壁体と一体化しており、遺構からもその痕跡が確認できる。

　したがって、大理石の独立柱を基本とする建築構造は、トラスの小屋組の下に木造の平天井をつくるだけならば問題なく成立するが、組積造のヴォールト天井の場合では成立しえないわけである。実際、ルネサンス期になって建築家ブルネレスキがフィレンツェのサン・ロレンツォ聖堂（▶図7-12）（Basilica di San Lorenzo、15世紀半ば）やサント・スピリト聖堂（Basilica di Santo Spirito、15世紀半ば）で独立円柱のアーケードでバシリカ式聖堂をつくったとき、彼は中世を通じて主流となっていたヴォールト天井を身廊に架けなかった。むろん初期キリスト教時代の、独立円柱と平天井の組合せという形式を再生（ルネサンス）したのだ、と説明することも可能だが、もし彼がここにヴォールト天井を組み合わせた新しい空間を創出しようとしても、それは構造的にきわめて難しかったはずである。他方、同じルネサンスの時代にアルベルティがマントヴァでサンタンドレア聖堂（Basilica di Sant'Andrea、

▶図7-12　サン・ロレンツォ聖堂、身廊

▶図7-13　トゥルニュのサン・フィリベール修道院付属聖堂、身廊

15世紀後半)を設計したとき、彼は巨大なヴォールト天井のバシリカ式聖堂を、独立円柱ではなく、分厚い壁構造によって実現したのだった。

6.中世のバシリカ式聖堂
— 石造ヴォールトの再登場

以上のように、古代ローマ時代にすでに実現していたヴォールト架構で大空間を覆う建築構造は、初期キリスト教時代のバシリカ式聖堂には継承されなかった。それはおそらく、円柱(独立柱)という初期条件があったためではないか、という仮説をここでは提示した。そしてその初期条件は、「オーダー」という建築理念が重視されたためではなく、「スポリア」という部材再利用の行為が背景にあったものと考えるべきであろう。

このバシリカ式聖堂という空間形式と、ヴォールト構造が結びつくのは、マクセンティウスとコンスタンティヌスのバシリカから700年以上も経過し、ようやく11世紀になってからのことであった。とくに11世紀から12世紀にかけて、フランスとドイツのロマネスク建築では、石造ヴォールトで身廊を覆った大空間が相次いで登場するようになる。ドイツでは、シュパイヤー大聖堂(Speyerer Dom)の交差ヴォールト天井が、木造平天井からの改築として11世紀半ば過ぎに建設されたものが、早い事例として知られている。またフランスではトゥルニュのサン・フィリベール修道院(Saint-Philibert de Tournus)の聖堂が、同じく11世紀にヴォールト天井が建設された早い例として知られている(▶図7-13)。トゥルニュの身廊では、ベイごとに身廊と直交する向きに架けられた短いトンネル・ヴォールトがアーチで支持されるという一風変わったヴォールト天井を見ることができる。

一方、イタリアのロマネスク聖堂では、石造ヴォールトを使わず、トラスの屋根架構を露出させるタイプのものが多かったようだ。ピサ大聖堂(Duomo di Pisa、1063-1118)、フィレンツェのサン・ミニアト・アル・モンテ聖堂(Basilica di San Miniato al Monte、11世紀)などイタリア・ロマネスクの代表的な聖堂建築では、古代末期の初期キリスト教建築と同様に、大理石の独立円柱が並び、アーケードを構成している。サン・ミニアト・アル・モンテの身廊に並ぶ大理石円柱は、柱頭彫刻が均一でないことから、ここでも部分的にスポリアが用いられているものと考えられる。ピサ大聖堂でも無数の大理石円柱が用いられているが、やはりスポリアの存在が知られている。すなわちイタリアのロマネスク建築では、初期キリスト教時代の建築と同様に、スポリアによる独立円柱の存在が、建築全体の構成を決定づけていたと考えることができるだろう。

またイギリスのロマネスク聖堂でも、石造ヴォールトを架けないものが多く、木造天井を張り小屋組を露出させない例が数多く見られる。ノルマン・ロマネスクと呼ばれるこれらイギリスのロマネスク建築の特徴は、身廊には木造天井が張られているのに対し、側廊は石造のヴォールト天井になっている点である。身廊と側廊を隔てるアーケードは、イタリアの大理石円柱のようにほっそりとはしておらず、驚くほど重厚な支柱と壁によって構成されている。そのため、11世紀の末にダラム大聖堂(Durham Cathedral、1093-1133)が木造天井ではなく、まったく新しいリブ・ヴォールト構造で建設されたとき、アーケードの支柱と壁の構造は、他のノルマン・ロマネスクの建築とほとんど変わることなく、実現できたようである。

この、ダラム大聖堂で登場した身廊の大空間を覆うリブ・ヴォールト構造(▶図7-14)は、12世紀半ば以降になると大きな発展を遂げ、ゴシック建築を生み出していくことになる。そしてゴシック時代とも呼ぶべき13〜14世紀には、ヨーロッパ中のバシリカ式聖堂は石造のリブ・ヴォールトで覆われていくことになったのだった。

▶図7-14　ダラム大聖堂、身廊

Column……07

建築と装飾
建築における「意味」伝達の歴史

戸田 穣

西欧建築における空間構成と装飾形成の論理

　建築は、人間の居住空間を構築するために、自然が与える物質を加工し組み立てる技術であるとともに、その空間において感性的なコミュニケーションを可能とする芸術である。建築による表現とは、その感性的なコミュニケーションの可能性にほかならない。自然模倣の芸術である絵画や彫刻と異なり、一般には非模倣芸術と考えられる建築にとって、その表現形式は空間構成であるが、空間構成そのものは明示的な意味を表出しえない。それは非模倣芸術である音楽の表現形式が時間的構成そのものであることと同様である。そのため建築は「凍れる音楽」ともいわれる。一方で物質の表面にまで技術が施されることによって装飾が形成される。装飾形成のために建築はしばしば壁画や彫刻、レリーフ、あるいはタイルやステンドグラスの力を借りる。

　20世紀にはアドルフ・ロースAdolf Loos（1870-1933）『装飾と犯罪Ornament und Verbrechen』（1908）やル・コルビュジエLe Corbusier（1887-1965）『今日の装飾芸術L'art décoratif d'aujourd'hui』（1925）など非装飾の美学が唱えられた。とくに後者の機能主義の観点からは、空間構成が重要視され、実体的な装飾形成による建築表現の問題は遠ざけられることになった。装飾を建築表現にとって本質的なものと考えるか付随的なものと考えるかは、根本的な建築観にかかわる問題となる。事実、西洋の古典主義的な伝統において、装飾形成は建築表現にとって重要な問題であったのだが、建築の形態と意味の関係は一定の文化の共有を前提としており、それが失われれば単なる慣習となる。その乗り越えは18世紀に課題とされた。ここでは古代のマルクス・ウィトルウィウス・ポリオMarcus Vitruvius Pollio（BCE80/70-25頃）を起点に、イタリア・ルネサンスを経て、フランスで受容された古典主義建築の文脈に沿って建築表現観を概観する。

▶図C7-1　擬人化されたオーダー

古代ウィトルウィウスと権威の表現

　ウィトルウィウスは『建築十書De Architectura libri decem』（BCE1世紀）の中で詩学・修辞学の理論を援用して「デコルdecor」の原理を唱えた。それは建物の内容に対する外観や形態、装飾の「ふさわしさ」という意味であり、形式と内容の一致を説くものである。とくに柱を基本としたオーダーと建物の組合せの適切さとして表現された。オーダーは神殿の神々の性別に応じて用いられるなど、擬人化されたが、カリアティード（擬人柱）の記述とあいまって、ルネサンスに出版された『建築十書』では擬人柱の図版が多く挿入された（▶図C7-1）。ウィトルウィウスの「デコル」の概念は、ルネサンスにおいてはアルベルティの「デコールムdecorum」へ、古典主義時代のフランスにおいては「ビアンセアンスbien-séance」という概念へと変奏され、18世紀には「性格 caractère」の概念へと行き着く。重要なことはこのような空間構成と装飾形成にかかわる理論には、アリストテレス『詩学』、ホラティウス『詩論』、あるいはキケロの修辞学が適用されたということである。ホラティウス『詩論 Ars poetica』の「詩は絵のように ut pictura poesis」の一句は、やがて「絵は詩のように」と読み替えられ、言語芸術と造形芸術のアナロジーの根拠となった。建築論も同様であり、ウィトルウィウス『建築十書』にすでに修辞学の影響が認められている。

　建築形態の具体的な装飾形成にかかわる概念である「デコル」とともに、後代に影響を与えたのが人体と神殿の

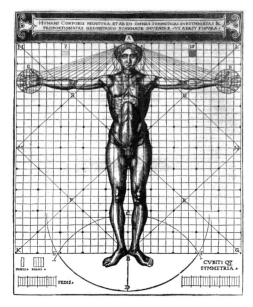

▶図C7-2　ウィトルウィウス的人体図

「シュムメトリア」という空間構成にかかわる概念である。古代人にとって自然は理想化された規範であったが、人体も自然の産物である以上、その比例は理想的なものとされた。それゆえに神殿は人体の比例を模倣することによってシュムメトリアを獲得する。またウィトルウィウスは自然の力が宇宙を「建築的に組み立て」たとする。ここからミクロコスモスとしての人体とマクロコスモスとしての宇宙という理想化された自然の照応関係の顕れとして建築がとらえられることになる。ルネサンスに「ウィトルウィウス的人体」として描かれる人体比例の記述は、古代における理想化された自然の模倣の観念を建築に適用するものであった。（▶図C7-2）

建築そのものも都市の装飾と考えられる。古代ローマは凱旋門やオベリスク、塔など建築表現を考えるうえで重要な類型をいくつも生みだした。これらは市民に対して皇帝の権威を伝え、また都市を聖域化する重要な都市装飾であった。とくに「門」という概念には、城壁に囲まれた都市文明においては、古代ローマ以前から複層的な象徴性がこめられていた。4世紀に建設されたコンスタンティヌス帝の凱旋門の装飾は（▶図C7-3）、いずれも2世紀の五賢帝時代の記念碑からの転用（スポリア）であったことは知られている。皇帝の勝利を表現したそれらのレリーフの転用という行為そのものによって権威の模倣が行われた。またこの頃、門やそれに付随したクーポラなどのモティーフが、宇宙的権力をもった神聖な皇帝の玉座の象徴として理解されていた。

ルネサンス建築の詩学とグロテスク

ルネサンスの建築家レオン・バッティスタ・アルベルティ Leon Battista Alberti（1404-72）は『建築論 De re aedificatoria』（1485）の中で美と装飾の間に明快な区分を設けている。すなわち美とはあらゆる部分の「均整」であり、そこからは何一つ足すことも引くこともできないものとされる。そして「装飾」は美の補足物として付加されたものである。ここに

▶図C7-4　サンタ・マリア・ノヴェッラ聖堂

空間構成と装飾形成の明瞭な分離を見ることもできるだろう。たとえばアルベルティにとって構造の本質は壁であって、円柱は壁から切り出されたものにほかならない。しかし円柱こそ建物の優美のための第一級の装飾であるとも彼は述べている。いずれにせよ装飾は建物の全体において各構成要素が相互に統一されていなくてはならない。この考えは、既存の教会建築への新しいファサードの新築という実際的な問題への応答でもあった（▶図C7-4）。アルベルティは教会のファサードに古代の凱旋門を引用するとともに、音楽的比例に基づいた分割を原理とした。そこには古代人の模倣と比例による自然の模倣という2つの観念

▶図C7-3　コンスタンティヌス帝の凱旋門

▶図C7-5　チュイルリー宮殿のグロテスク装飾

の表現が見て取れる。ここでいう自然とは草木のことではなく、比例や幾何学で表現された。アルベルティのファサードは単なる平面分割なのではなく、建築に叙述性を与える空間化された絵画であったと理解されている。

ルネサンスにおける装飾を考えるうえで重要なのがグロテスク装飾である。1世紀の皇帝ネロの宮殿ドムス・アウレアが15世紀に発掘された。そこでは植物文様から動物文様、人間へと連続して変化するキメラ的な様相が繰り広げられていた。これら地中（洞窟＝グロット）から掘り出された装飾様式はグロテスクと呼ばれて流行した。ウィトルウィウスは、私人の住宅の室内壁画の主題とした『建築十書』の第7書で「怪奇なもの」、すなわち「現に存在するものでもなく、存在しうるものでもなく、かつて存在したものでもなかった」ような図像の使用を戒めていた。けれども古代人の想像力の横溢は近代人を魅了した。ルネサ

▶図C7-8　ドロルムの樹冠柱

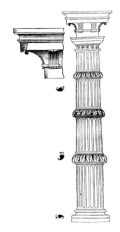
▶図C7-9　ドロルムのフランス式オーダー

▶図C7-6　象とオベリスク『ポリフィルス狂恋夢』より

▶図C7-7　ベルニーニ「ミネルヴァのうずら」

ンスのグロテスク装飾として名高いのがラファエロによるヴァチカン宮殿のロッジアとマダマ荘である。細部においては自由に連鎖していく鮮やかな彩色の装飾は、全体としてシンメトリーな幾何学的に構成に収まっている。これらの装飾の意義は、美しい自然の模倣という古典的な概念からの逸脱と古典的な規範性との絶妙なバランスにあるだろう。ありもしない、ありえもしない想像力の飛躍は、創造の自由として迎えられ、アルプス北方の国々にすぐさま伝播していき、一時の流行で終わらず19世紀には一つの世界観になった（▶図C7-5）。

ルネサンスにおける奇想の表現として見逃せないのがフランチェスコ・コロンナFrancesco Colonna（1433/1434-1527）による物語作品『ポリフィルス狂恋夢Hypnerotomachia Poliphili』（1499）である。主人公ポリフィリスが恋人ポー

リアを夢の中に探し求める物語である。美しい木版画に描かれた世界は崩壊しつつある古代世界であり、幾何学的な建築類型に寓意的な想像力が注ぎ込まれる。ときに建築は愛する女の形姿の写しであり、官能と感情の受け皿ともなるのである。作中登場する緑のオベリスクを載せた象の彫像（▶図C7-6）は、サンタ・マリア・ソプラ・ミネルヴァ聖堂前のジャン・ロレンツォ・ベルニーニGian Lorenzo Bernini（1598-1680）による彫像（1666-67、▶図C7-7）のモデルになったといわれる。

フランス古典主義起源と性格

16世紀フランス・ルネサンスの国王フランソワ1世は、イタリアから多くの芸術家を招聘した。彼がフォンテーヌブロー城に迎えたのはフランチェスコ・プリマティッチオFrancesco Primaticcio（1504-70）のようなマニエリスムの芸術家たちであり、独自の装飾体系を生みだした。建築家セバスティアーノ・セルリオSebastiano Serlio（1475-1554）は、5つのオーダーを最初に体系化したことで知られるが、彼自身は理論や規範性を前面には出さず、そこからの逸脱やオーダーの混淆など建築家の自由な創造を認めた。

フィリベール・ドロルムPhilibert de l'Orme（1514-70頃）は、アンリ2世時代にフォンテーヌブローで活躍した建築家である。彼は「フランス式オーダー」を発明した（『建築書第一書Le Premier Tome de l'Architecture』、1567▶図C7-8、9）。原始の柱は樹木であったという起源論から彼は樹幹柱を着想し、新たに第6のオーダーを付け加えたのである。樹木の似姿としての柱は1本のモノリスでなければならないが、フランスではそのような石は採れない。そこ

で彼は積石の継ぎ目を隠すために帯装飾を付加している。ドロムのフランス式オーダーに見られる脱イタリア的態度はフランス様式の確立という課題として、その後のフランス建築界に引き継がれていく。建築の起源への考察はウィトルウィウスにすでに見られるが、ドロムによる第6のオーダーの発明はいわば建築の起源の模倣であろう。また起源とはひとつの規範でもあった。

18世紀はマルク=アントワーヌ・ロジエ Marc-Antoine Laugier (1713-69) が『建築試論 Essai sur l'architecture』(1753/55) で考察した原始の小屋もまた起源の模倣としての建築である。ロジエが提示したのは構造形式に還元された建築の姿であった。このようなロジエの起源の考察は、しばしば同時代人であるジャン=ジャック・ルソー Jean-Jacques Rousseau (1712-78) が提示した「自然状態」の仮説と比較される。この仮説をルソーは『人間不平等起源論』の中で「もはや存在せず、恐らくは存在したことがなく、多分これからも存在しそうにもない一つの状態」として提示しており、ウィトルウィウスのグロテスク批判を連想させる。ウィトルウィウスが批判したのは規範からの逸脱であったが、ロジエ、ルソーは起源という条件的仮設によって自然という規範を再提示したのである。

17世紀にルイ14世治下に設立されたアカデミーの中でも建築アカデミー (1671) は一番最後に設立された。これをもって定期的に建築について議論する場が設定された。クロード・ペロー Claude Perrault (1613-88) はみずからウィトルウィウスを翻訳し批評的な註解を加え、明証的な美と恣意的な美とを区別した。明証的な美とは、素材のよさや施工のよさ、あるいは建物の大きさなど誰にでも感ぜられる美を指す。一方で恣意的な美とはオーダーや比例関係のことをいう。ペローは人間の知覚という観点から、比例の規範性は慣習的なものに過ぎないと喝破して古典古代を相対化し、新旧論争を巻き起こした。

フランス古典主義における重要な概念のひとつに「性格」があげられる。絵画における感情表現の理論を、古代の詩人ホラティウスの詩論を参照することで、建築の性格概念に翻案したのはジェルマン・ボフラン Germain Boffrand (1667-1754) である。彼は『建築書 Livre d'architecture』(1745) の中で、建物はそのジャンルを表現するために「性格」を感じさせなくてはならないとする。ウィトルウィウス的なデコルの概念において伝達されるのは社会的・文化的な意味であったが、ロココの建築家であった彼にとって建築は人の心に語りかける必要があった。アリストテレスにおいても詩は、音楽や舞踊とともに行為の模倣によって性格を表現し感情に働きかけるものであった。

このような性格概念を極限まで推し進めたのがエティエンヌ=ルイ・ブレ Etienne-Louis Boullée (1728-99) とクロード=ニコラ・ルドゥ Claude-Nicolas Ledoux (1736-1806) である。ブレの《ニュートンのセノタフ》はその巨大さによって自然の模倣としてではなく、天空そのものとして計画されている。そこには精妙な比例よりも純粋で巨大な球体が崇高さの感覚を人びとに呼び起こす。ルドゥもまた後代から否定的にいわれた「語る建築」の建築家として名高い。「語る建築」とは建物の外観がその用途や性格を表現することにあったが、ルドゥもまた単純な幾何学形態の組合せで直截な表現を行った (▶図C7-10)。ブレとルドゥが試みたのは、権威的な規範性にも慣習的な規範性にもよらない、人間の直感に働きかける建築であったといえよう。この後、フランス革命によって王政と宗教権力が否定され、建築表現は新たな模索の時代を迎えることになる。

非模倣芸術である建築が、ただの石積みのままに置かれるのではなく、なんらかの表現を得ようとするとき、人々は根拠を必要とした。そのひとつは権威や慣習に基づく（文化的・技術的でもある）社会的な規範性であり、もうひとつが自然に基づいた規範性であった。ある社会的な規範性が揺らぎ、新たな規範性が立てられるとき、建築にも新しい表現が求められた。けれども、形態と意味の結びつきは恣意的なものである。このような表現も、時間を経て社会的な規範性との結びつきが綻び、意味を失い、やがて慣習的・権威的な規範へと変化していく。そして人間の想像力は、そのような規範から逸脱していく。とくに床、壁、柱、天井といった明瞭に分節された部分から構成される建築において、それらを融合させようとする意欲は不可避的に生ずる。現代においてもまた然りである。

▶図C7-10　ルドゥ「製塩所の入口」

Lecture 08

「モスク（イスラーム建築）」の世界史

預言者の家から葱坊主へ

深見 奈緒子

1. モスク建築の見取り図

①時空の広がり

　イスラームは厳格な一神教で、アラビア半島のメッカに生まれた預言者ムハンマド（632没）が唱えた。イスラーム暦元年は622年、8世紀半ばまでに西はイベリア半島から東は中央アジアの中緯度乾燥地域に支配を広げた。11世紀以後アナトリアから東欧へ、12世紀末以後インド亜大陸にイスラーム支配が拡大する。加えて交易を通じ、サハラ砂漠を越え西アフリカへ、インド洋海域では東アフリカ沿岸部、インド亜大陸海岸部から東南アジアを経て沿岸部の東アジアへ広まる。現在までに世界各地へ広がりその信徒は約16億人を数え、2100年にはキリスト教人口を超え、世界一の宗教人口を占めるようになるという。

　前近代のイスラームの拡張には2つの方法がある。遊牧系の軍事勢力が既存勢力を席巻・同化する場合と、商人や神秘主義者の活躍によって現地勢力が改宗する場合である。前近代のイスラーム建築を俯瞰すると、前者はアフロユーラシアの中緯度乾燥地域を占め、アーチやドームを中心としたいわゆるイスラーム建築を標榜し、後者は地域色の強い建築を構築した。近代に欧米人がイスラーム建築を集成し、世界各地へ広まる。

②モスクというジャンル

　イスラーム教徒には日に5回メッカの方角を向いて

▶図8-1　イスラーム建築地域分布図

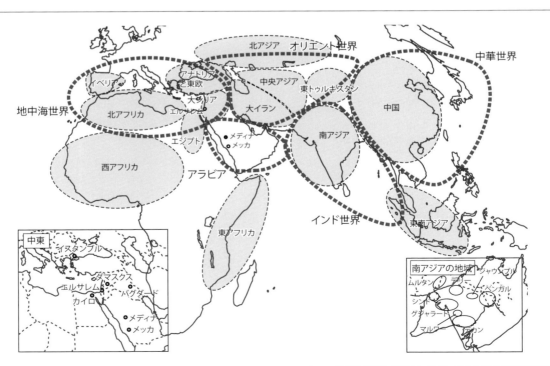

▶図8-4 コルドバの
メスキータ(モスク)の
ミフラーブ(961-976)
8世紀後半に創建されたモスクの
拡張部分を飾るミフラーブと
その前面のドーム

礼拝をする義務がある。その礼拝を行う場をアラビア語でマスジド(平伏の場)と呼び、英語でモスクと呼ぶ。モスクは大小様々で、街の小さな礼拝の場や学校や病院等に付属するものもある。

なかでも金曜日の昼の礼拝に、集団礼拝が行われるのは大モスクで、数多くの人々を収容できる空間が必要とされ、歴史的にも著名な建築が多い

▶図8-7 ヤズドの大モスクの
対のミナレット(1365)
ミナレットは東方で円塔となり、
12世紀後半になると、
ペルシアでは2本の対の塔を
建てるようになる。ヤズドでは
東側入口上に対のミナレットが
そびえ、左手に礼拝室の
大ドームが見える

ラーム建築という場合、墓建築や修道院などの宗教建築、商業施設や宮殿、邸宅などの世俗建築をも含む。

③モスク建築の目指したもの

イスラームはユダヤ教、キリスト教と同様に一神教で、唯一神アッラーを信じる。いわゆる宗教建築とは聖なるものを祀る、あるいは神の家として構築されるが、モスクで重要なのは信徒が

(▶図8-2、3)。

ほとんどのモスクはメッカの方角を示すミフラーブ(壁がん▶図8-4)を設置、礼拝の呼びかけを行うミナレット(光塔▶図8-5〜7)を建築の目印とする。大モスクはミフラーブの隣に宗教指導者が説教を行うミンバル(説教壇▶図8-8)を備える。また、礼拝の前にウドゥー(浄め)を行う水施設を付設する。女性が礼拝する区画や、貴顕が礼拝する区画(マクスーラ)を特設する場合もある。モスクでは基本的には男性が礼拝を行い、女性は家や聖者廟などで礼拝することが多く、現在はカーテン等で女性区画を設ける。

なお、ここではモスク建築を主に論じるが、イス

メッカに向かって礼拝する清浄なる場であることだ。

大モスク建築の歴史の白眉は、多くの人々が一緒に礼拝できる空間の展開に見いだせる。高くそびえる彫刻的建築のモニュメンタリティーではなく、空間的な連続性、包み膨らむ空間を希求した。加えて中緯度乾燥地域発という点から、中庭が核となり「囲む」という点が常に重要視された。囲むことによって内と外が生じ、あたかも細胞のように外には固く、内には柔らかい建築の姿が浮かび上がる。

また、イスラームでは具象的表現を忌避し続けた

▶図8-2 イブン・トゥールーン・モスク
(カイロ、876)

▶図8-5 カイラワーン大モスクの
ミナレット(836)

▶図8-6 デリーのクトゥブ・ミナール
(1198、73m) 角塔は各地に広まったが、東方では11世紀に入ると円塔が主流となる。12世紀末にヒンドゥーの地にイスラームの支配の広がりを象徴するために建てられた

▶図8-3 ダマスクスのウマイヤ・モスク
(706-714) 中庭から礼拝室を望む

▶図8-8 コタバルのカンポンラウト・
モスク(1730年代) 木造高床式モスク。
中国の輿型のミンバルはあるが、
ミフラーブのないモスクである

Lecture 08……「モスク(イスラーム建築)」の世界史 預言者の家から葱坊主へ

ため、神の図像や景観図等も描かれることはなく、幾何学文様、アラベスク（抽象化された植物文様）、アラビア文字文様（▶図8-9）が壁面を飾った。幾何学的な原則に従い、ユニットの反復と配置の対称性を基盤として、無限な広がりを可能とした。総じて、構造的な制約を躯体に隠し、装飾的な被覆で包み込む幻想的な空間が発展した。

2. 起源・系譜・変容

①アラブの一神教——起源

預言者ムハンマドは、多神教アラブ世界で唯一神アッラーの信仰を説き、当時の宗教都市メッカで迫害にあう。622年に約300km北のメディナへ聖遷し、メディナに信徒の核となる預言者の家（▶図8-10）を建てた。一辺30mほどの敷地を日干しレンガで囲い、中庭の南北にナツメヤシの幹をたて、ナツメヤシの葉で葺いた回廊をつくった。これがモスクの祖型となる。

▶図8-13　イスタンブルのハギア・ソフィア（532-537）
ビザンツのキリスト教会堂でイスラーム以前の建造物。直径31mの大ドームの前後に半ドームを接合させ、大空間を構築する手法はオスマン朝に影響を与えた。1453年以後モスクとして使われ、鉛筆形のミナレットが付加された。

▶図8-11　カーバ神殿（メッカ）
カーバはキューブを意味する。ムハンマドが生まれる以前から立方体の囲みがあり、彼の頃には高さは背丈ほどであった。現在は12m×10mの平面、高さ15mの石造建築で黒い布で覆われる。

一方、モスクとは異なる聖性をもつ建物の系譜がある。一つは、当時メッカには立方体のカーバ神殿（▶図8-11）があり、神像が取り囲み、多神教を奉じていた。ムハンマドも神の啓示を受ける前にカーバ改修に参加した。イスラームでは、カーバ神殿とは神が人間に与えた天の館でムハンマドは630年にカーバを奪還、数多くの神像を一掃した。以後、天と地をつなぐイスラームの軸となる。

さらに、先達の一神教の聖都エルサレムには、ムハンマドが存命中に天国への旅行に出かけたとされる岩がある。ユダヤ教のソロモン神殿の跡地である岩を覆って、岩のドーム（▶図8-12）が建設された。

②地中海とオリエント——系譜

立方体のカーバ神殿、中庭建築の預言者のモスク

▶図8-9

▶図8-10

▶図8-12

▶図8-9　オルジェイトゥーのミフラーブ（1310、イスファハーン）　同地の大モスクの中庭東側の礼拝室にイルハーン朝の君主オルジェイトゥーが寄進した。アラビア語の文字文様と植物文様が絡み合い、卓越したスタッコ細工の作品である
▶図8-10　メディナの預言者のモスクの復元図　ムハンマドが622年にメディナにイスラーム信者を引き連れて聖遷し、築いた頃の様子
▶図8-12　岩のドーム（エルサレム、691）　直径20mのドームの周囲に回廊を設けた建築で、集中式のキリスト教会堂の形式を取り入れた。その後のイスラームの墓建築に大きく影響を与えた
▶図8-14　デリーのクトゥブ・モスク（1192）の回廊部　デリー平原に進出したトルコ族によって、既存のヒンドゥー建築を再利用する形でつくられた。縁型のある柱を2重に重ねて用いる。大きな中庭に回廊を回し、メッカの方角にアーチ形の厚い壁を構築した
▶図8-16　サナアの大モスク（7世紀半ば創建）の回廊部（右側が中庭）
円形断面のピア（構造柱）にメッカの方角にアーケードを渡し、木造の平天井を架ける。床の絨毯が礼拝の方角をあらわす

は、乾燥地域アラビア半島の伝統から始まった。一方、イスラームは拡張に伴い柔軟に既存建築文化を取り入れた。たとえば、モスクの必須要素ともいえるもののうち、ミンバルはムハンマドが座った椅子を原型とするといわれるが、ミフラーブやミナレットはムハンマドの時代にはなく、ユダヤ教やキリスト教の建築形態から導入した。

　7世紀には、地中海世界ではキリスト教を奉じるビザンツ帝国（▶図8-13）が古代ローマ建築文化を、オリエント世界ではゾロアスター教を奉じるサーサーン朝が古代ペルシア建築文化を継承していた。アラビア半島はちょうどその中間に位置した。8世紀中頃までは、ダマスクスが首都だったため地中海建築文化に傾倒、8世紀半ば以後、首都はバグダードに移り、オリエント建築文化に大きく影響される。

　先の岩のドーム（▶図8-12）と並び、ダマスクスのウマイヤ・モスク（▶図8-3）には地中海建築の影響が強い。また石造の伝統が長い地中海周辺では、後述する多柱式モスクでは、コルドバのモスク等に顕著な大理石円柱など、転用材（スポリア）が用いられる。

③中緯度乾燥地域を越えて──変容

　異なる建築文化が出会う際の多様なる反応は、イスラーム建築の重要なテーマとなる。イスラームは既存建築文化を取り入れ、その後も異宗教や既存文化は存在した。この事象はイスラームの初期だけに限らず、

▶図8-14

▶図8-16

▶図8-15　アズハル・モスク（カイロ、970）の礼拝室（左奥が中庭）　北アフリカから進出したファーティマ朝が首都カイロを建設し、その大モスクとして建立した。転用円柱（コラム）を林立させ、メッカの方角に直交する方向にアーケードを渡し、平天井を架ける。アーチを木材のタイバーで結ぶ

例えば12世紀以後のアナトリアや13世紀以後のインド亜大陸（▶図8-14）にも顕著である。イスラームが既存伝統を利用するだけでなく、既存の宗教建築へイスラームが影響し、模倣から技法や意匠を消化し、新たな造形が創出されたことも並行する。

　先にイスラームの2つの拡張を例示したが、軍事的支配からイスラーム化したアフロユーラシアの中緯度乾燥地域には、ある種の建築的類似性が認められ、一方、経済的な理由による改宗からイスラーム化したそれ以外の土地では地域色が強い。その理由は、自然環境の相違に帰着する。中緯度乾燥地域では土や石による組積造建築で、壮麗な建築を築くためにはアーチやドームを使わざるをえない。一方、中緯度乾燥地域以外の独自の環境に即した建築造形をもつ地域では、アラビア文字やミフラーブなどイスラーム的なる意匠を部分的に採用することはあっても、構法や材料は現地の伝統に従った。

3．モスク空間の進化

①紡ぐ──多柱式モスク

　預言者のモスクを祖型として始まったモスクの建築文法は、敷地を厚い壁で囲み、有蓋空間を増やすために柱をグリッド状に立て屋根を架ける多柱式で、空間を柱で紡ぐ方式ともいえる。中庭のメッカ側に広い礼拝室空間、周囲に回廊を巡らす。

　地中海世界では、転用材の円柱を用い、柱をつなぐ際に梁を架けずに、柱と柱にアーチを渡してアーケードをつくり、アーケードの列に根太を架け平屋根を葺く（▶図8-15）。一方、オリエント世界では柱が太いピア（構造柱）となり（▶図8-16）、屋根はレンガ造のヴォールト（曲面天井）となることが多い。

中庭はアーチが反復する空間、礼拝室内は柱が林立する空間となるが、モスクの方向性を強調するために、次第にメッカに向かう中軸線とミフラーブ前の横廊のスパンが広くなり、礼拝室平面のT字形の位置に小さなドームを構築するようになる。

ミナレットはキリスト教会の鐘楼を取り入れた形の断面が正方形の角塔で、モスクのメッカに向かう中軸線の手前側に立つことが多い（▶図8-5）。

多柱式モスクは、11世紀末までは、柱や架構は多様ながらイスラーム全域で普遍的な方式で、その後も底流として存在し続ける。

②覆う——4イーワーン・モスク

11世紀後半にモスク建築に転機が訪れる。柱の林立する空間に、大ドームで覆った大礼拝室を挿入し（▶図8-17）、同時に中庭の直交軸線上にイーワーン（大アーチを開放する広間、▶図8-18）を備える。その過程を「イスファハーンの大モスク」に読み解くことができ、オリエントのペルシア建築の伝統から生じた変化であった。同一ユニットを紡いだ単純な空間が、ドームやイーワーンという覆う空間によって動的空間に変容した。

土に根ざしたペルシア建築復興ともいえる大転換であったが、ペルシアにとどまらず、しかもモスクの形式だけではなく、大ドーム、イーワーン、タイル、ムカルナス（鐘乳石飾り）などが、12世紀からモンゴルの侵入を介して14世紀末まで広くイスラーム世界に広がっていく。エジプトのスルタン・ハサン・モスク（▶図8-18）をはじめ、ペルシアからの影響を大きく物語る建築が、当初は既存伝統に従ったアナトリア、インドなど新開地にも次第に浸透する。

ミナレットも従来の角塔（▶図8-5）から円塔（▶図8-6）へ変容、対に立てること（▶図8-7）が流行する。古くは大モスクに含まれていた教育機能がマドラサ（高等教育施設）として分化し、同時に遊牧系の支配者が数多くのモスク建築を建設し、そこには自身の墓建築や病院、あるいはマドラサなど複合的なモスク建築を標榜した。

③包む——複合ドーム・モスク

次の変容は15世紀末から16世紀初頭に生じる。柱で紡いだ空間と、大ドームやイーワーンで覆った空間を、一体的に包んだともいえる複合ドームのモスクである。スレイマニエ・モスク（▶図8-19）に見るように、大ドームと半ドームを接合し、大礼拝空間を達成し、中庭は前庭と化す。この変容は、1453年にコンスタンティノープルを征服したオスマン朝が、6世紀建立のハギア・ソフィア（▶図8-13）に影響された結果である。オスマン朝が支配した地中海一帯にこの変化は拡散し、半ドームを接合することによって空間を包み込み、外観には盛り上がる山のような景観が、スレンダーな鉛筆型のミナレットと呼応した（▶図8-20）。

▶図8-17

▶図8-19

▶図8-18

▶図8-20

▶図8-17　イスファハーンのゴンバディ・ハーキ（1088）礼拝室の一部を大きなドームで覆う空間が出現した。イスファハーンの大モスクでは、11世紀末に多柱式モスクのメッカ側に内径15mのドームと、回廊の反対側にこの内径9mのドーム（ゴンバディ・ハーキ、上図）がつくられた

▶図8-18　スルタン・ハサン・モスク（1356-63、カイロ）の中庭
ペルシアで始まった中庭の4イーワーンが取り入れられた実例

▶図8-19　スレイマニエ・モスク（1550-57、イスタンブール）の礼拝室内

▶図8-20　セリミエ・モスク（1568-75、エディルネ）の礼拝室前の前庭
前庭の周りを回廊が取り巻き、礼拝室には大ドームの八方に半ドームが接合し、礼拝室の四隅に鉛筆形のミナレットが立つ。
スレイマニエ・モスクとともに建築家スィナンの代表作である

④集成する――「イスラーム建築」の誕生

柱で紡ぐ大ドームや、イーワーンで覆う、複合ドームで包むという進化は、中緯度乾燥地域で7世紀以来18世紀までに連続的、漸進的に起こった変化であった。それを一緒くたにして、「イスラーム建築」に集成する動きは、植民地化の進む19世紀の出来事で、西欧が主導した動きであった。

19世紀にヨーロッパの庭園建築にモスクを建てることから始まり、ヨーロッパ人建築家により設計された、クアラルンプールの大モスク（▶図8-22）、あるいは神戸モスクなどはその代表である。戦後もその影響は根強く、アブダビのシェイフ・ザイド・モスク（▶図8-23）は現代的技術を多用しているが、意匠は多様なイスラーム建築を集成したものである。

ただしこのイスラーム建築の要素には、西アフリカ、インド洋海域、中国中原の伝統的モスクは含まれていない。自然環境を異にするこれらの地域では、独自の構法が主軸となっていた。たとえば西アフリカでは土づくりのジェンネの大モスク

▶図8-21 王のモスク（1611-38、イスファハーン）を王の広場から望む サファヴィー朝の首都イスファハーンの新たな大モスクで、広場に面する入口（左手）に対の塔が立ち、そこから4イーワーン中庭に入ると、メッカ側のイーワーンにも対の塔（右手）が立ち、その奥の礼拝室に玉葱形のドームが架かる

ただし、この影響はオリエント世界には達せず、相変わらず大ドームとイーワーンが主体で、タイルや石象嵌の装飾に固執し、空間を覆う皮膜のような構造から乖離する方向性をとった。それに伴い、インドのデリーの大モスクやイスファハーンの王のモスク（▶図8-21）では、空間を覆う大ドームを、2重殻ドームとすることによって外観が膨らみ、空に浮かぶような景観をとり始めた。すなわち、イスラーム建築の商標ともいえる「葱坊主」はこの時代に東方で起こった変化であった。

▶図8-26 西安清真寺（明~清時代）の八角の三重塔の形をしたミナレット 唐時代に創建をさかのぼるが、現在の建物は15世紀頃からのもので、木造瓦葺の中国建築の形をとる。礼拝室は切妻屋根を2列に重ねる

▶図8-22

▶図8-24

▶図8-23

▶図8-25

▶図8-22 クアラルンプールの金曜モスク（1909）のファサード イギリス人建築家ハボックがイスラーム建築を集成して設計。ムガル朝風の3つブルバスなドームを架け、赤と白の縞模様と多弁形アーチはアンタルシア風である

▶図8-23 アブダビのシェイフ・ザイド・モスク（2004-07） 首長国アブダビの国立モスクで、ムガル朝のタージ・マハルのような造形を主軸に、様々なイスラーム的要素と現代の技術を総合する

▶図8-24 ジェンネの大モスク（1907） 土づくりの建築で、ファサードはドゴン族の土づくりの塔の造形を用いる。メンテナンス用の足場となる木材が突出し、塔の最上部には豊穣と清浄を示す駝鳥の卵が装飾としてつけられる

▶図8-25 マーレの大モスク（1658） モスクは白いサンゴ石を用い、基壇の上につくられ、その平面構成や装飾の細部等にはヒンドゥー建築の様式からの影響が見られる

（▶図8-24）、モルディブではサンゴ石草葺のマーレの大モスク（▶図8-25）、西安では木造瓦葺の清真寺（▶図8-26）などモスクといえども所変われば品変わり、中にはミフラーブを持たないモスクさえある（▶図8-8）。

4．モスクの特質

①普遍性──天国、光、装飾

アラビア語で書かれた聖典コーランに従い、ウンマ（共同体、世界中のイスラーム教とは同胞であるという意識）の拡張を目指したイスラームのモスク建築における普遍性とはなんだろうか。

イスラームの世界観では、世界の中心はカーバ神殿（▶図8-11）にあり、世界中のモスクがカーバを目指し、地球を取り巻く水紋状の世界が広がる。カーバ神殿から垂直軸が伸び神のいる天国へつながる。彼らの死生観は、死後墓の中で最後の審判を待ち、その後に生前の行いによって、天国か地獄へと振り分けられる。

モスクにはコーランの聖句を中心に、イスラームの共通語ともいえるアラビア語を描き文様とする。コーランの語る天国は緑なす庭園で、壮麗な建築では途切れなく紡ぎ、覆い、包む空間自体が天国の具現化を目指した。その実現のために装飾に対して禁欲的な側面は見受けられない。加えて、神は光であるという考え方に基づき、光を効果的に用いる（▶図8-27）と同時に、ランプの文様も各地のミフラーブに刻まれる。総じ

て、幾何学性に則り対称性を極めると同時に、耽美的で感覚的な空間の広がりに普遍性を見出せる。

②多様性──自然環境と時代

実際にはイスラーム建築に普遍性を見つけることよりも、多様性を見ることのほうがよりたやすい。

先にあげた中緯度乾燥地域とそれ以外という大きな自然環境の差異は、さらに細かな地域へと区分される。一般には前者は西からマグリブ、アンダルシア、エジプト、大シリア、アナトリア、東欧、アラビア半島、イラク、ペルシア、中央アジア、インド亜大陸、西域に区分され、後者は西アフリカ、スワヒリ地方、インド洋沿岸部、東南アジア島嶼部、中国沿岸部と中原、ロシアに区分される（図8-1）。インド亜大陸などは、一つの地域として見ることは難しく、さらに細かな地方に分割されるほどだ。

加えて、空間の進化と呼応する7〜10世紀、11〜15世紀、16〜18世紀、19世紀〜1950年、1950年以後という時代的な区分（▶図8-28）も多様性と関わる。また、それぞれの地域のイスラーム以前の支配者が奉じた宗教も様々である。壮麗な大モスクは、為政者と大きくかかわるため、一般には王朝別の歴史が語られる。王朝は時代によってその領域を変えていくので、実際には時空が入り組んだ形となる。

これほど広く長いモスク建築の歴史を見ることは、世界建築史の大きな部分とかかわることである。

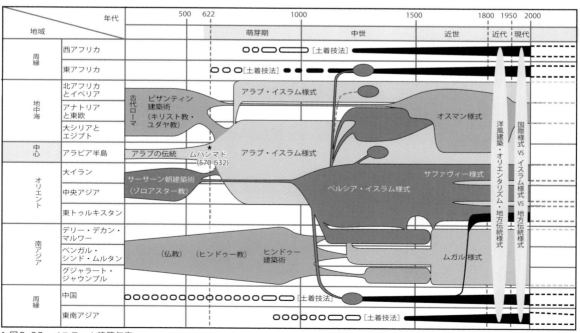

▶図8-28　イスラーム建築年表

③建設者と建築家

　このような広大な地域には様々な王朝が成立したが、その為政者には遊牧民（アラブ、トルコ、モンゴル、ベルベル等）や、イスラーム世界以外から連行された軍人奴隷（マムルーク）出身者が多く、彼らが自らの為政者としての寛大さを示すために、都市民のために数多くのモスクをはじめとする公共建築に投資し、都市を壮麗化した点は、興味深い。とはいえ、為政者だけでなく、都市民として財をなした商人や学者が私財を投じて建設したモスクもある。

　スレイマニエ（▶図8-19）ほか、数多くの建設に携わったオスマン朝のスィナンは建築家として有名だが、一般には一人の建築家ではなく、工人たちの長が建設者の意向をくみながら建築をつくっていった。建築には、棟梁よりも書家の名前が刻まれる。

　モスクなどの宗教建築にはその建築を未来永劫モスクとして使えるようにワクフと呼ばれる財産寄進制度が役立った。大モスクには、店舗や工房、農地などがワクフ財として寄進され、賃貸料や生産物などの一部が、モスクの運営やメンテナンスのために使われた。この制度のために、比較的多くの前近代の宗教建築が、都市内に集中し（▶図8-29）、近現代の開発以前まで利用し続けられ、残されてきたといえよう。

④モスク建築の未来

　第二次世界大戦終結以後、植民地化されていた多くのイスラーム圏の国々は独立し、イスラームを国教とする国々では国立モスクが建てられ、あるいはインドや中国でも現代モスクが建てられる。その多くは、先に述べた各地のイスラーム建築を集成するつくり方であるが、中にはインドネシアのイスティクラール・モスクのように（▶図8-30）、今までにない現代建築に挑戦したモスクもある。ただし、21世紀に入ってその傾向は減じ、湾岸を中心に、むしろいわゆる「イスラーム建築」へと回帰する（▶図8-31）。

　一方で産油国としての巨万の富を有するサウジアラビアは、メッカのカーバ神殿を囲む聖モスクの大改装計画を実施し、カーバ神殿の南側にはカーバを見下ろす601mの超高層のホテル建築が建てられた。メッカにとどまらず、1990年代にメディナの預言者のモスクも現代建築に生まれ変わった。

　こうした建築は、イスラーム建築が既存建築を受け入れて消化するというあり方から生じたのだろう。しかし、イスラームのあり方が西欧との相克の中で問われる現代における正しい解法といえるのだろうか。空間を紡ぎ、覆い、包むという伝統の中で再考すべき問題かと思う。

▶図8-27

▶図8-30

▶図8-29

▶図8-31

▶図8-27　聖職者長のモスク（1603-19、イスファハーン）、ミフラーブ壁を望む　中庭のないドーム室だけの瀟洒なモスク。内外装をタイルで覆い尽くし、幾何学性に徹し、二重の打ち抜き窓を用いて光の取り入れ方に工夫を凝らす

▶図8-29　サマルカンドのレギスタン広場　ティムール朝時代の15世紀に公共建築が広場を囲む形態ができ、17世紀に2つの建物が加わった。

▶図8-30　ジャカルタのイスティクラール・モスク（1961着工、1978完成）インドネシアの国立モスクとして、キリスト教徒建築家シラバンが設計。中庭、ドーム、塔というイスラームの造形言語を用いるが、鉄とコンクリート、ステンレス鋼を用いて斬新な現代建築とする

▶図8-31　東京ジャーミ（2000）1938年建立の前身建物が老朽化したため、地権者トルコ共和国政府の意図を背景にオスマン朝風のデザインで新築された。躯体工事は鹿島建設が行ったが、細部の仕上げのためにトルコ人工人が招かれた

Column……08
イスラームの建築言語とディテール

渡辺 菊眞

■ イスラームの建築言語

　イスラームの建築言語とは何か？　この問いに答えるには、イスラーム建築で中心的な役割を担うモスクを見る必要があろう。

　モスクは中庭と矩形の礼拝室が直列し、礼拝室の奥にキブラQibla壁、そこにメッカの方向を指し示すニッチ状のミフラーブmihrabが穿たれるという空間構成であり、きわめて簡明である（▶図C8-1a）。モスクは、この構成を基本に、大きく2つの形式に分類可能である。一方はアラブや地中海地域に広く見られる多柱室構成のモスク（以下、多柱式モスク）であり（▶図C8-1b）、他方はペルシア地域で成立した、礼拝室に大きなドームを架け渡し、中庭の四辺中央にそれぞれイーワーンeyvanを構える構成（以下、4イーワーン・モスク）である（▶図C8-1c）。

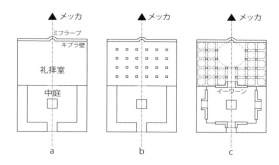

▶図C8-1　モスクの空間構成　a＝基本構成、b＝多柱室構成、c＝4イーワーン構成

　これらは同時に成立したものではなく、4イーワーン・モスクは多柱式モスクの空間を下敷きにして形成されたものである。具体的には、①ミフラーブ前に位置する複数の柱間で形成される大きな空間から柱を取り除き、ドームを架け渡して礼拝空間をつくる、②柱間に架ける屋根をドーム化する、③方向性のない中庭に4つのイーワーンを設置することで2軸がクロスする十字構造を持った中庭へと変転させる。この3つの操作によって形成されるのが4イーワーン・モスクである。これはイスラーム建築の初期から見られた多柱式モスクをベースにペルシア地域に先行して存在していた建築言語（ドーム、イーワーン）を洗練させながら、新たな文法に従って再構成したものであり、イスラーム建築の発展型として見ることができる。また、この型がのちのインドイスラーム建築の雛形になったことを思うとき、ペルシア地域だけにとどまらない型として見ることもできよう。そこで、イスラームの建築言語として、矩形の柱間にドームを架け渡す技術とかたち（スキンチsquinchとペンデンティブpendentive）、そして先行するササン朝の建築言語でありながら、精緻な構造形式と細部を兼ね備えた造形言語となったイーワーン、この2つに焦点を当てたい。ペルシア地域の建築言語としてだけではないイスラーム建築の粋がここにあると思われるからである。

■ 矩形平面上のドーム─スキンチとペンデンティブ

　モスクの礼拝室はキブラ壁を奥に配するため、必然的に矩形平面となる。矩形の礼拝室に数多くの信者を収納しうる面積を確保するためにグリッド状に柱を林立させる空間が形成される。この多柱室は元来、木造軸組架構であったが、材木の不足から石造化する。その場合、石造の柱を林立させ、それをアーチでつなぎ、アーチ上部に木造の小屋組を架けることとなる。この多柱空間を基本とし、そのすべてを組積造化するとなると、4本の柱で囲まれた空間単位にドームを架けることとなる。

　しかし、これには決定的な不和が生じてしまう。正方形平面に内接する円を描くとき、4つの隅部に三角形の空隙ができるからだ。この隅部に組み込まれる、矩形から円形へと変転させる装置がスキンチとペンデンティブである。正方形の四隅にアーチを架けることによって八角形のプランをつくり、円形へと変換させる、このアーチがスキンチである（▶図C8-2a）。一方、ペンデンティブは正方形の四隅から立ち上がる球面三角形であり、持ち送り形式のスキンチよりも一段階高度な技術といえる。ペンデンティブの球面三角形は以下のような段階を経て得られる。①まず、正方形平面に外接するドームを架け渡す（▶

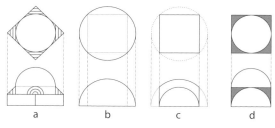

▶図C8-2　スキンチとペンデンティブ形成概念図

図C8-2b）。このドームを正方形の四辺を垂直に立ち上げてカットすると、正方形平面上部に架かるドーム屋根が得られる（▶図C8-2c）。②上記で得られたドーム屋根上部は浅い曲面であり横方向に広がろうとする力がかかり崩壊しやすい。そこでこの浅い曲面を水平にカットし、その上に改めて半球のドーム屋根を載せる。③こうすると正方形の四隅から逆三角形の球面が立ち上がることになる。これがペンデンティブである（▶図C8-2d）。

　ペンデンティブが使用された建築でもっとも著名なものにビザンチン建築の至宝ハギア・ソフィアHagia Sophiaがある。これは6世紀に成立したキリスト教の会堂であり、その意味でペンデンティブ、その前段階のスキンチはイスラーム固有の建築言語とはいえない。しかし、矩形平面から多角形平面へ移行しつつドームを架けるスキンチ、球面三角形によってドームへと移行させるペンデンティブともに、矩形平面に数多くのドームを架けるイスラーム建築には欠くことのできないきわめて重要な架構技術である。

イーワーン＋ムカルナス

　イーワーンとは、中庭や外部空間に向かって大きなアーチ開口をつくり、その周囲を四角の平面で額縁化したものである。周囲のアーケードよりもひと際高く、半屋外の空間である。その原型はササン朝の宮殿建築にまでさかのぼることができるが、これが、イスラームにおいて4イーワーンという形式を獲得し、イランや中央アジアで広く展開されていく。

　多柱式モスクでは中庭に面した礼拝室のファサードは単一リズムのアーケードとなり、きわめて単調なものであったのに対して、4イーワーン・モスクでは中庭の十字を切る軸性が強化されるとともに、それを焦点とするメリハリあるファサードが形成される。イラン、イスファハンのマスジッディ・ジョメー Masjid-e-Jame（10世紀～）は多柱式モスクを原型にしながら、それを4イーワーン式へ段階的に変転させている。ここには礼拝室を形成する大ドーム、その他の矩形柱間に架かるおびただしい数の小ドーム、そして4つのイーワーンがある（▶図C8-3）。イーワーンは矩形平面に大きなドーム屋根が架かる建築を半分に垂直切断し、その周囲に四角の額縁をはめたものといえる。その意味において、大小のドーム、イーワーンともに矩形平面に円形屋根を架ける技術が不可欠であり、スキンチやペンデンティブが駆使されることとなる。マスジッディ・ジョメーの小ドームはそんな技術の一大展示場

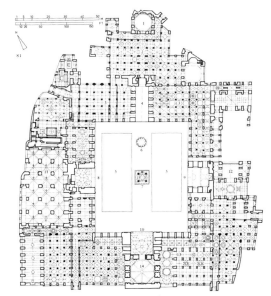

▶図C8-3　マスジッディ・ジョメー平面図

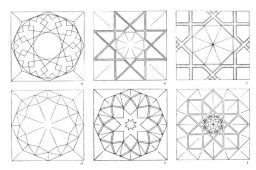

▶図C8-4　マスジッディ・ジョメーに架かる様々な小ドーム

の様相を呈している（▶図C8-4）。そこでの関心は正方形平面の4隅の空隙をいかに埋めて円形へ移行させるかという問題を超えて、正方形から円形へと移行していく幾何学文様の美的追求のもとで、スキンチ、ペンデンティブの様々な形が開発されていく。中でも、矩形から円形へ移行する普遍的な筋道に沿いながら、その幾何学的美を追求する架構形式が目に止まる。そこではまず、正方形平面に内接する八角形を描き、その8つのコーナーすべてに同型スキンチを取り付けることで星形を形成する。さらに8つの星形の腕それぞれを起点に小さいスキンチを重ねることで、その内側にひとまわり小さい星形が描かれていく（▶図C8-5a）。この操作は幾度も繰り返すことが可能であり、その結果、球面三角形が蜂の巣状に連なる造形が形成される（▶図C8-5b）。この蜂の巣状組織からなる球面体がムカルナスmuqarnasである。段階的にせりあがる球面三角形

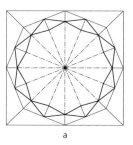
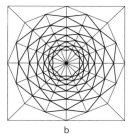

▶図C8-5　八角形星形のスキンチ(a)とその多重入れ子構成(b)

は相互に密接に噛み合いながら全体で大きな球面を形成していく。ドームの頂部から流れるように下部に続いていく球面三角形の稜線は、重力を全体に分散させながら伝えていく構造システムを可視化している。マスジッディ・ジョメーの4つのイーワーンのうち、西と南の2つはムカルナスを備えている。このようなムカルナス付きイーワーンが以後、数多くつくられていくことになる。矩形平面に円形屋根を架けるという要求がスキンチ、ペンデンティブという建築言語を生み出したわけだが、そのスキンチを切り子状にした結晶体がムカルナスであり、これは新しい造形言語である。このムカルナスと、イーワーンが結びつくとき、すなわちイーワーン＋ムカルナスというセットが形成されるとき、これはササン朝のイーワーンでもなく、矩形に円形屋根をのせる単なる架構技術という枠をも超えたものとなる。イスラーム独自の建築言語といっても過言ではなかろう。4イーワーン・モスクの形成過程を辿ることが可能なマスジッディ・ジョメーがある地、イスファファンでは、その後マスジッディ・シャー

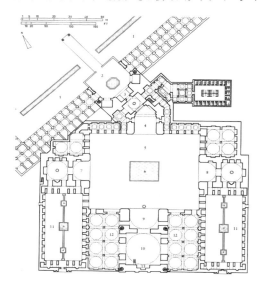

▶図C8-6　マスジッディ・シャー平面図

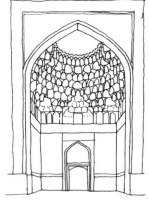

▶図C8-7　王の広場に面したムカルナス付きイーワーン

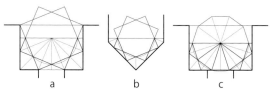

▶図C8-8　マスジッディ・シャーのイーワーン天井構成

Masjid-e-Shah（1612-38）を生む。多柱式モスクの面影はもはやなく、矩形平面とドーム屋根の礼拝室、そして中庭の4つのイーワーンが完全に整理・組織化されている（▶図C8-6）。大ドームが架かる礼拝室に接続する南のイーワーン、副ドーム室に接続する東西のイーワーン、三角平面の上に半ドームが架かる北のイーワーンに加えて、広場に面して開かれた見事なムカルナス付きのイーワーンが設置される（▶図C8-7）。中庭に面した4つのイーワーンはムカルナスではないにしても、簡単な幾何学図形を重ね合わせることで矩形の隅部を段階的に三角形分割し、それをスキンチとする技法が多彩に展開されている。北と西のイーワーンは正方形を45°回転させて重ねることで八角形を描くとともに星形を形成する方法を採用し、東のイーワーンは十角形をベースにした星形を形成している（▶図C8-8）。イーワーンがドーム空間の垂直断面であることにより、これらの形が見上げるときだけでなく、広場や中庭から見るときの立面をも鮮やかに彩る。空間架構でありながら、華麗なファサードでもあることが、イーワーン＋ムカルナス、あるいは星形の根元に展開するスキンチを備えたイーワーンの特質である。イーワーンは4イーワーン・モスクの建築要素であるにとどまらず、インドの廟においては中央ドームに求心するように正方形平面の四辺中央に設置される。ここではイーワーン、スキンチ、ペンデンティブ、そして大ドームが集中形式の

平面において結晶する。その代表としてフマユーン廟やタージ・マハルがあげられよう。

観念、幾何学、構造、ディテール

　イスラーム建築において、矩形平面にドームを架ける、あるいはイーワーン上部に半ドームを架けるとき、八角形、あるいは十六角形を仲立ちして円へと移行することを見て来た。八角形は2つの正方形を45°ずらして重ねて得られる多角形であり、その重なりで生じた小三角形がスキンチとなる。これは正方形、その重ね合わせとしての八角形、そして円というように正方形が少しずつ変成して円へと至っている。最初のイスラーム建築とされているエルサレムの岩のドーム、クッバット・アッ・サフラQubba al-Sakhra(685-692)は円形空間を中心にすえ二重の八角形周歩廊をめぐらせた平面を持つ(▶図C8-9)。この八角形こそ四角形の回転(45°回転正方形との重ね合わせ)で得られるものであり、事実、それは岩のドームの平面を司る指標線となっている(▶図C8-10)。八角形を仲介にして正方形から円へと移行することは観念としては、地上(方形)から天空(円)へと移行することを示している。人と宇宙の関係が建築に結晶している。しかし、この建築では「八角形の下屋(外周)」と、「円形ドラムの上に載る金色ドームの中心」というように、八角形と円形は立体的に完全に分節されている。それに対して多柱式モスクであるコルドバのメスキータMezquita(786-)に設置されたミフラーブ前のドーム(961-968)は矩形の柱間に正方形を重ね合わせた八角形を仲立ちにして円形へと移行するさまを見せている(▶図C8-11)。ここでは一つの空間単位が正方形から円へ

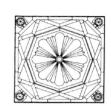

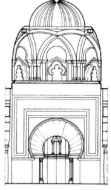

▶図C8-11　コルドバのメスキータのドーム断面と平面

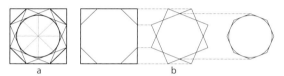

▶図C8-12　コルドバのメスキータの平面指標線とその形成図解

と移行しているのであって、空間単位そのものが地上から天空への移行を示す(▶図C8-12)。そして、この空間単位はペルシア型のモスクに架かるドームによく見られる建築言語である。また、ドーム根元のスキンチを球面全体にまで切り子状に展開させたムカルナスは、鍾乳石紋の名からもわかるように、水が湧き出る「洞穴」の象徴である。地上から天空への移行を可能にしたスキンチが、全面に展開されることで地上の洞窟を象ることになる。この意味で、イーワーンを備えた大ドームは、「地上の洞穴をくぐり抜けたのち、地上から天空へと昇華する」という意味作用が結晶していることとなる。また、インドの廟では360°に広がる地上世界のすべてが4つの洞穴をくぐりぬけ、中心の天空へと誘われることが意味されている。観念を幾何学に結晶させること、矩形平面に円形屋根を架ける構法を組み込むこと、幾何学の精緻な重ね合わせから繊細な細部(ディテール)を生み出していくこと、この3つが不即不離となって結晶している。簡明な幾何学が観念の結晶となることは様々な地域の建築にも見られることではある。しかし、偶像崇拝を禁じるイスラームにおいて、簡明な幾何学の重ね合わせの追求は徹底されざるをえない。それゆえ幾何学は観念の結晶となり、ディテールとなり、構造ともなる。それは極めて抽象度の高い比類なき建築空間構築を可能にしている。三位一体の結晶のあり方こそイスラーム建築言語としての固有性といえるかもしれない。

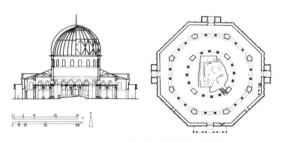

▶図C8-9　クッバット・アッ・サフラの断面図と平面図

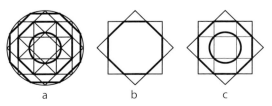

▶図C8-10　クッバット・アッ・サフラの平面指標線とその形成図解

Lecture 09

「仏教建築」の世界史

起源・類型・伝播

黄 蘭翔
布野 修司

1. 仏教建築

　仏教にかかわる建築的諸施設、すなわち、仏陀を礼拝する場、仏教の神々を奉る場、仏教を教え、学ぶ場、仏教を広めるための場などに必要とされる建築物が仏教建築である。釈迦が説法を始めた時代から、諸処に説法のために必要な道場や、徒弟を収容するための宿舎が建てられていたことが推察される。やがて、仏陀の舎利を崇拝する仏舎利信仰が起こる。仏像をつくることは当初禁じられるが、その代わりに、仏陀の遺品、仏足石などチャイティヤが礼拝されるのである。そのために、まず、舎利や遺品を収めるストゥーパがつくられる。その形態変容の過程は、仏教建築史のひとつの焦点である（▶Column09 参照）。

　やがて仏像が成立すると仏堂が建てられる。ストゥーパ、チャイティヤとともに仏教寺院の中心となる。仏教を教え、また、学ぶ場として必要とされるのがヴィハーラ（精舎）あるいはサンガラマ（僧伽藍摩、伽藍）である。仏教寺院には、僧が生活していくために必要な僧房など諸施設が必要とされる。この諸施設の配置すなわち伽藍が、各地でどのように展開していくのかもひとつの焦点である。ここでは、仏教の誕生以降、その伝播の過程（▶図9-1）を踏まえながら、仏教建

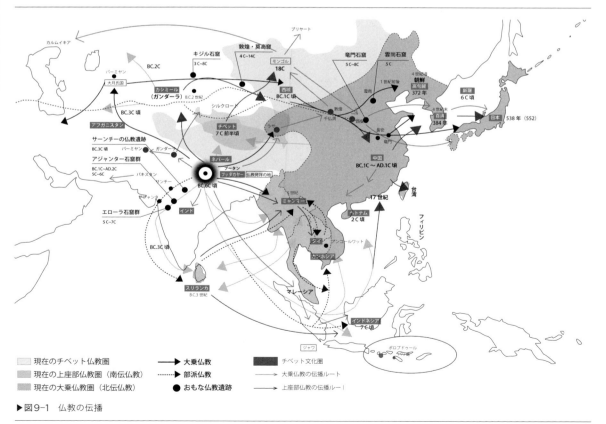

▶図9-1　仏教の伝播

築の広がりをみよう。

　13世紀初めにインドから姿を消すことになる仏教は、それぞれの伝播の系統において今日までその法脈を伝えている。その大きな系統の到達点が日本であり、チベットである。また、タイ、スリランカなど、原始仏教の伝統を重視し、厳格な戒律保持を誇る南方上座部系仏教がある。タイ、スリランカがその系譜を維持している。

2. 仏教の聖地──釈迦の一生と仏跡

　仏陀buddhaは「真理に目覚めた人」という意味で、ジャイナ教の教祖マハーヴィーラなどもそう呼ばれる一般名詞である。出身氏族の釈迦（サキヤ、シャーキヤSakya）族に因んで釈迦もしくは釈尊（釈迦族の尊者）とも呼ばれるが、俗名は、ガウタマ・シッダールタGautama Siddhartha（ガウタマは「最良の牛」、シッダールタは「目的を成就した」という意）である。

　釈迦はBCE463に北インドのルンビニで生まれ、80歳でクシナガラで死んだ（BCE383）とされる。釈迦が入滅してからアショーカ（阿育）王即位までの年数にはいくつかの伝承があり、その生年には異説がある。コーサラ国の王族の一人息子で、父は浄飯（シュッドーダナ）王、母は摩耶（マーヤ）である。母は釈迦を産んで7日目に死去し、父王は王妃の妹のマハープラジャーパティと再婚、腹違いの弟がいる。カピラ城で育ち、16歳でヤショーダラと結婚、一子ラーフラを設ける。29歳で出家、6年間の苦行の末、苦行を放棄、ブッダガヤの菩提樹の下で瞑想に入る。7日目の朝、悟りを開き（成道）、釈迦は35歳で仏陀となる。

　仏陀は、ヴァーラーナシ郊外のサールナート（鹿野苑）で、もとの修業仲間5人に説法を行い弟子にする（初転法輪）。以後、仏陀は、マガダ国の都ラージャグリハ（王舎城）（▶図9-2）とコーサラ国の都シュラーヴァスティ（舎衛城）の2つの都市を中心として、ガンジス河中流地域で布教に従事する。45年の布教の末、仏陀はクシナガラの2本のサーラの樹（沙羅双樹）の下で死去する。遺骸は火葬され、遺骨は信者たちに分けられ塔にまつられた。数多くの仏跡のうち、生誕の地ルンビニー、大悟の地ブッダガヤ、初転法輪の地サールナート、入滅の地クシナガルが4大聖地とされる。ルンビニーには、19世紀に再建されたマーヤー聖堂Maya Devi Mandirとアショーカ王柱（BCE249創建）（▶図9-5）、シッダールタ池を中心とする聖園が整備されている。カピラ城跡とされるのが、ルンビニの西27kmにあるティラウラコット遺跡である。ブッダガヤには、仏陀が悟りを開いた地にマハーボディ寺院（大菩薩寺 BCE3世紀創建）が建ち、仏陀が座した場所を示す金剛座が置かれている（▶図9-3）。サールナートには、6世紀に建てられ、一部破壊されたままのダメク・ストゥーパとともに伽藍の跡が残っている（▶図9-4）。クシナガラの仏陀入滅の地を記念するニルヴァ

▶図9-2

▶図9-4

▶図9-2　グリッドラクータ（霊鷲山）からラージャグリハを望む
▶図9-3　ブッダガヤ
6年苦行したモハカラ（前正覚）山（左）とマハーボディ寺院（右）
▶図9-4　初転法輪の地、サールナート
▶図9-5　ヴァイシャーリ　八分基塔（左）
ヴァイシャーリ　アショーカ王柱（右）

▶図9-3

▶図9-5

Lecture 09……「仏教建築」の世界史　起源・類型・伝播

ナ寺（涅槃堂）の前には2本のサーラ樹が葉を茂らせている。アショーカ王が建てたという大ストゥーパはいまだ見つかっていない。さらに、ラージャグリハ（ラージギル）、祇園精舎のあるサヘート・マヘート（シュラーヴァスティ）、ヴァイシャーリ、サーンカーシャを加えて8大聖地とされる。ヴァイシャーリは、仏陀がたびたび説法に訪れた町で、入滅後、第2回の仏典結集が開かれた地として知られる。サーンカーシャは、仏陀が天界に昇り、摩耶夫人に真理を説いた後舞い降りたという伝説の地である。

3．チャイティヤとヴィハーラ

伽藍の起源は、ジェタヴァナ・ヴィハーラ（祇園精舎）である。ラージャグリハの富豪スダッタ（須達長者）が釈迦のために精舎をつくったと伝えられる。法顕の『仏国記』には、祇園精舎訪問の様子が書かれ、玄奘の『大唐西域記』にはその荒廃の様子が描かれているが、その具体的な形態はわからない。仏教を学ぶ道場としては、釈迦が主として説法した五精舎（五山）として、祇園精舎、竹林精舎、鷲嶺精舎、獼猴江精舎、菴羅樹園精舎が知られる。中国、日本の五山の制はこの天竺五精舎にならったものである。

仏教寺院の原型を示すのが初期の石窟寺院である。石窟には、チャイティヤを祀るチャイティヤ窟と僧房からなるヴィハーラ窟がある。チャイティヤ窟は、前方後半円の形が多い。奥に円形のストゥーパが置かれ、後部の壁はストゥーパに沿って半円形となる。入口から奥へ向かって左右に列柱が平行に並び、ストゥーパの後部で半円形につながる（▶図9-6）。天井はヴォールト状に掘削される。ヴィハーラ窟は、矩形の広間を囲んで、各辺に僧房がひとつずつ刳り抜かれて並ぶ（▶図9-7）。いずれもきわめて単純な構成であり、原初的形態を示している。

西インドのアジャンタ、エローラが著名だ。1819年に狩猟に来た英軍人によって発見されたアジャンタは、ひとつのチャイティヤ窟といくつかのヴィハーラ窟からなる（▶図9-8）。大小30の石窟のうち、No.9、10、19、26、29がチャイティヤ窟、残りがヴィハーラ窟である。造営はBCE1世紀に開始され、2世紀に中断されるが、5世紀末に再開されて、7世紀まで続いた。豊富な壁画が残され、仏教絵画の源流として貴重である。エローラは、7～8世紀の造営で、ヒンドゥー教、ジャイナ教の石窟も含まれる。全34窟のうち、南のNo.1～12窟が仏教窟である（▶図9-9）。

仏教寺院の主要な構成要素はストゥーパ、チャイティヤ堂（祠堂）とヴィハーラである。仏像成立以降は仏堂、仏殿がチャイティヤ堂の中で重みを持ってくる。初期の伽藍配置がうかがえる遺構として、タキシラの、チャイティヤ堂と双頭の鷲のストゥーパが知られるシルカップ都市遺跡（BCE1～CE1世紀）で、主塔を円形に小祠堂が囲み、僧房を複数持つダルマラー

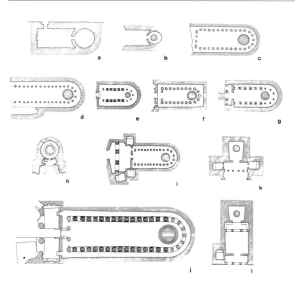

▶図9-6　チャイティヤ窟　a-スダマ Sudama、b-コンディヴテ Kondivte、c-コンダネ Kondane、d-バージャ Bhaja、e-ナーシク Nasik、f-アジャンタIX Ajanta、g-ジュナール Junnar、h-ブドレーニャ Budhlenya、i-グントゥッパリ Guntupalli、j-ベドサ Bedsa、k-カールリー Karle、l-クダ Kudal&XV

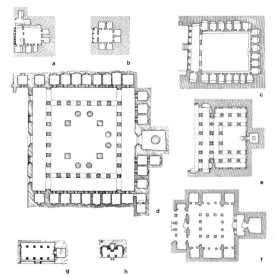

▶図9-7　ヴィハーラ窟　a-バージャ XIX、b-アジャンタ XIII、c-ナーシク III、d-バグ Bagh III、e-バダミ Badami III、f-アウランガーバード Aurangabad、g-ティルチラパリ、h-マハーバリプラム

ジカー寺院（BCE1〜CE2世紀（▶図9-10）、3つの僧院と多塔院からなるカラワン遺跡（1〜3世紀）、主塔を矩形に小祠堂が囲む塔院と2層の四面僧房からなるジョーリアーン寺院（2〜5世紀）、矩形の主塔と僧院の間に多塔院をもつマルダン北郊のタフティ・バヒ寺院（2世紀頃）などがある。

南のデカン高原にもイクシュバーク王朝の首都ヴィジャヤプリにナーガルジュナコンダの仏教遺跡（2〜3世紀）がある。方形の多柱室（マンダパ）の三方に僧房をもち、向かい合う一対の馬蹄形のチャイティヤ堂を介して大ストゥーパが置かれている。クシャーナ朝がササン朝ペルシアによって滅びた後、チャンドラグプタ王1世によってグプタ朝（都パータリプトラ、320頃〜550頃）が建てられる。サーンチーでは、再び大規模な造営がなされ、この時期を代表する第17祠堂が建てられている。

クマーラグプタ1世（位415頃〜454頃）の時代にナーランダ僧院が建立され、大乗仏教の一大学院として12世紀まで存続する（▶図9-11）。法顕が訪れ、玄奘、義浄が学んだことでも知られる。盛期には数千人から1万人が学んだという。東西250m、南北600mの伽藍は、5基の祠堂と10基の僧院からなる。東に8基の大僧院が西向きに並び、その南に接して2基の小さな僧院が北向きに置かれている。西に平行して、大小5つの祠堂が並ぶ。最大の第三祠堂は南端に置かれ、7回の増拡が確認される。僧院はパーラ朝（8〜12世紀）の造営

とされ、壁厚から2〜3層であったと推測されている。

4. 仏教寺院の諸形態

伽藍配置に焦点を当てて、仏教寺院の配置形式を通観しよう。

〈ネパール〉……バハ、バヒ

ネパール、とくにカトマンズ盆地には、中庭を中心に周囲に僧房を配置する矩形の仏教僧院が数多く存在する。カトマンズ盆地に住むネパールの人々は古くから都市的な集合形式を発達させてきている。1階を倉庫もしくは家畜のスペースとし、最上階に厨房を置く3〜4層の連棟形式が古くから見られるのに加えて、この仏教僧院がもとになった中庭式住居が集中する街区がある。

中庭型の僧院には、バヒbahi、バハbahahと呼ばれる2種類がある。また、2つが統合化したバハーバヒと呼ばれる形式がある（▶図9-12）。バヒは、独身の僧のための僧院であり、バハは、妻帯者用の僧院である。バハの代表はカトマンズのチュシャ・バハである。基本的にはバヒと同じ形式であるが、塔はもたず、正面中央の一室が祠堂に当てられている。ディテールは、簡素なチャ・バヒに比べるときわめて豊かである。バハーバヒは、地区の中心的バヒが、バハの機能も併せ持つことによって成立する。バハーバヒによって構

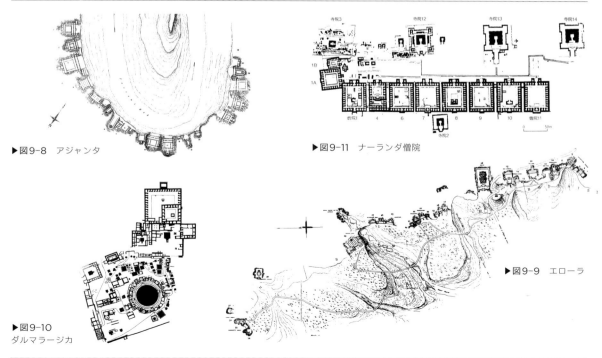

▶図9-8　アジャンタ

▶図9-11　ナーランダ僧院

▶図9-10　ダルマラージカ

▶図9-9　エローラ

Lecture 09……「仏教建築」の世界史　起源・類型・伝播

成される街区は、一定の住区単位ごとに広場をもち、ヒティと呼ばれる水場、パティと呼ばれる東屋、チャイティヤなどが置かれる。

〈タイ〉……チェディ、ヴィハン、ウボソ

タイの寺院の基本構成要素として、チェディchedi、ウボソubosoth、ヴィハンviharn、モンドップmondop、サラsala(東屋)などがある。チェディは、チャイティヤであるが、ストゥーパもチェディに含められる。ヴィハンの周囲に多数並んだチェディをチェディ・ライrayといって区別することもあるが、中心に置かれる塔も同じようにチェディと呼ばれる。仏舎利、そして仏陀の遺品が安置される塔、祠堂の総称がチェディである。

ヴィハンはヴィハーラであるが、仏像が置かれる前で様々な儀礼が行われ、説教も行われる。機能的にはウボソも同じであるが、ウボソは僧の修行の場に限定され、ヴィハンは一般信者の礼拝に開かれている。ウボソとヴィハンの区別は簡単で、ウボソットは内部に仏像を持ち、周囲にセマsema石が8つ置かれ聖なる場所であることが示される。マンドップは、インドではマンダパであるが、内部空間をもち、しばしば巨大な仏像が安置される金堂に当たる。小さな寺院の場合、前面にヴィハンが置かれ、後部にチェディ(ストゥーパ)が配される。そして、周囲に垣がめぐらされる。シンプルな伽藍の基本構成である。規模が大きくなってもヴィハン+チェディという構成は一般的に見られる。基本的に仏像は東に向かい、信者は西に向かって礼拝を行う。複合的な構成になると、以上の基本構成が同一軸線上に繰り返されることが多い。また、マンドップ、ウボソットも軸線上に配置される。周囲にチェディが置かれることによって、さらに複雑な形態が生み出される(▶図9-13)。

〈中国〉

『三国志』に笮融が徐州に浮屠祠を建てた(188～193)とあるように、中国における仏教建築の記録は漢代末から見られる。北魏末、洛陽の内外に千余りあり、中でも9層の方形大塔を中央にした永寧寺が壮麗さを誇った。北魏時代、519年に竣工、工匠は郭安興と知られる。伽藍配置は不明であるが、この頃、1塔を回廊で囲む形式、双塔形式など日本の四天王寺式、法隆寺式などにつながるいくつかの形式が成立したと考えられる。

北魏から南北朝にかけて、雲崗石窟、龍門石窟、敦煌石窟など石窟寺院が数多く開鑿されている(▶図9-14)。インドの石窟寺院の影響が考えられるが、いくつか大きな違いを指摘できる。まず、石窟を住居として用いるヴィハーラ窟がきわめて少ない。また、チャイティヤの形が異なる。チャイティヤ窟の中心に置かれるのは塔柱あるいは方塔である。塔柱、方塔は北魏時代の石窟の特徴で、木造建築を模したものが

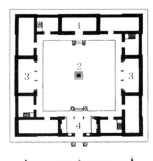

a チュシャ・バハ

b チャ・バヒ

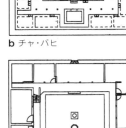

▶図9-12　バハ、バヒ、バハ・バヒ

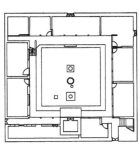

c ジャ・バハ・バヒ

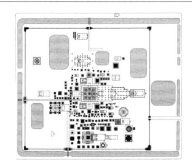

▶図9-13-a　ワット・マハタート　スコータイ

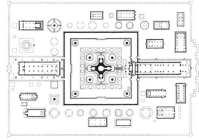

▶図9-13-b　ワット・マハタート　アユタヤ

多い。楼閣式木造建築をもとにし、斗供は人字形蟇股を用いている。中国の石窟には、インドでは見られない、仏像を中心にする尊像窟がある。さらに、大規模な大仏、摩崖仏はインドでは見られないものである。

五台山(山西省)は唐代から仏教の中心地であり、山内には数多くの仏寺があったが、現存最古の木造建築とされるのが南禅寺大殿(山西五台、782)(▶図9-15-a,b)である。また、代表的な仏寺が仏光寺大殿(山西五台、857)(▶図9-15-c)である。山の斜面を背に、梁間7間、奥行き4間の大殿は西面し、前方左右に配殿をもつ。また、間口7間3層の弥勒大閣、後側には無垢浄光塔と呼ばれた八角の塼塔があった。南禅寺大殿の方が古いが3間四方と規模は小さく、架構形式も単純である。仏光寺大殿は、柱頭に中備軒組(二手先組物)を載せており、いわゆる詰組形式の前段階とされる。中国建築の基本的形式は、宋代に『営造方式』としてまとめられるが、仏光寺の部材はかなり大きい。詰組系の技術は唐末から五代にかけて五台山一帯で発展したと考えられている。それに対して南禅寺大殿のように柱頭にのみ組物を持つ形式を疎組という。時代は少し下って福建省福州の華林寺大殿(▶図9-16)(964)は疎組形式であり、皿斗付斗、挿肘木(栱)をもち、日本の大仏様につながると考えられている。

遼、金の時代の五台山には善化寺、大華厳寺がある。大華厳寺は、明代に上華厳寺、下華厳寺に分かれた。また、独楽寺(天津市、984)(▶図9-17)、奉国寺(遼寧義県、1020)が知られる。

宋代には禅宗寺院が興隆し、「七堂伽藍」の制が流行する。禅宗寺院の七堂とは、仏殿、法堂、僧堂、庫房、山門、西浄、浴室である。大規模になると、講堂、経堂、禅堂、塔、鐘、鼓楼が加わる。代表的なものとして隆興寺(河北省正定、1052)、保国寺(浙江省余姚、1013)などがある。

広勝寺(山西洪洞、1309)が元代の仏教建築として知られるが、元代の遺構は少ない。元代にはチベット仏教が広まった。また、民衆仏教として、白蓮経や白雲宗が興る。明代には、仏教はさらに一般民衆に浸透していくが、道教と混淆していくことになる。清代には、とくにチベット仏教が庇護され多くの寺院が建てられた。中国仏教の歴史を通じて十大寺とされるのは以下の寺院である。

①廬山東林寺……江西省の北部にある名山である廬山に、北は長江の流れを望み、東は広大な藩陽湖に面している。中国浄土教の源流。慧遠(334〜416)が開基。太元11年(386)創建。

②天台山国清寺……浙江省天台県。天台宗の聖地。智顗(538〜597)。太建7年(575)創建。

③太白山天童寺……浙江省寧波市。日本曹洞宗の淵流。義興。晋(300)。

④摂山棲霞寺……江蘇省南京市の玄武湖の南岸にある九華山。三論宗の淵業。吉蔵が開基。唐大中5年(851)創建。

a 雲崗石窟

b 龍門石窟

c 敦煌石窟

▶図9-14　北魏・南北朝の石窟

a 五台山　南禅寺大殿

▶図9-15　山西五台の仏教建築

b 同左　断面

c 五台山　仏光寺大殿

Lecture 09……「仏教建築」の世界史　起源・類型・伝播

⑤揚州大明寺（▶図9-18）……揚州の西北、4.3kmの地。戒律の日本伝来（鑑真）。（457～464）創建。

⑥慈恩寺（大雁塔）（▶図9-19）……陝西省の西安市の南に終南山。法相宗の発祥（玄奘三蔵）。慈恩（632～682）。唐貞観22年（648）創建。

⑦終南山華厳寺……西安市より東南。華厳宗の聖地。杜順（557～640）。唐貞観14年（640）創建。

⑧石壁山玄中寺……山西省交城県。浄土教の聖地。道綽（562～645）。北魏延興2年（472）創建。

⑨洛陽白馬寺（▶図9-20）……洛陽市東郊。中国で初めて建てられた寺といわれる。東漢永平11年（68）創建。

⑩香積寺……日本の浄土教系統の共通祖師である善導大師に所のある寺。

そして、もうひとつ日本との関係であげるとすれば、青竜寺（▶図9-21）がある。長安城の東南郊に位置し、真言宗の開祖、空海が学んだ寺である。隋代開皇2年（582）創建。また、青竜寺は、隋の文帝（陽堅）が生まれた場所でもある。

中華民国（1912～49）においては仏教復興の動きも見られるのであるが、中華人民共和国の成立によって中国仏教界は大きな打撃を受ける。とくに文化大革命時（1966～76）には多くの寺院が破壊された。

〈朝鮮半島〉

朝鮮半島に仏教が伝わるのは4世紀後半である。その伽藍形式は、日本のモデルとなる。5世紀建立の定稜寺（▶図9-22）、清岩寺（金剛寺）の塔は八角形で、その塔を3つの金堂で囲む一塔三金堂式（飛鳥寺式）である。百済には、384年に摩羅難陀というインド僧が訪れ、首都漢山に仏寺を開いたとされる。扶余（泗沘）周辺の定林寺（▶図9-23）、金剛寺は中門、塔、金堂、講堂が一直線上に並ぶ一塔式（四天王寺式）伽藍配置で、弥勒寺（▶図9-24）は一塔式伽藍の東西・中院が3列に並ぶ構成である。定林寺と弥勒寺東西院は石塔（五層石塔）である。新羅における仏教承認は、法興王（514～540）の時代で、興輪寺、皇隆寺が知られる。興輪寺は一塔式と推定されているが、新羅最大の皇龍寺（▶図9-25）は、百済の工匠阿非知を招いて645年に完成したとされる九層塔の後に三つの金堂が並ぶ形式であった。

統一新羅（676～918）の寺院の特徴は、金堂の前に東西2基の塔を置く双塔式（薬師寺式）伽藍である。塔は木塔（四天王寺、望徳寺）と石塔（感恩寺、仏国寺など）がある。仏国寺（▶図9-26）には、東西に多宝塔と釈迦塔（無影塔）という2基の石塔が配される。多宝塔は木造を模したきわめて興味深い異型石塔である。

高麗（918～1392）時代には禅宗が確立され、朝鮮仏教の主流となる。金塔が建立されたという興王寺、仏日寺、興徳寺、万福寺などが知られる。高麗時代の石塔は、木塔の形を写したもの、甎塔の様式をまねたもの、さらに両者が融合するものなどきわめて多様であり、また、地方ごとに特色ある石塔が残されている。

▶図9-16　華林寺

▶図9-18　大明寺

▶図9-20　白馬寺

▶図9-17　独楽寺

▶図9-19　慈恩寺

▶図9-21　青竜寺

朝鮮時代の事例としては、殿（1624）のような木塔がある。また、円覚寺十層石塔や洛山寺七層石塔などがある。

〈日本〉

日本に仏教が伝来するのは6世紀半ばとされるが、仏教寺院が造営されるのは7世紀以降である。その初期における日本の仏教寺院の主要な構成要素は、塔、そして金堂と講堂であり、それら堂塔を回廊で取り囲む形式であった。その原型は、朝鮮半島に見ることができる。もともとは、ストゥーパ（チャイティヤ）あるいは講堂を僧房が取り囲む形式であったと考えられるが、仏像が製作されるようになると金堂が成立するのである。経蔵、鐘楼、僧房、食堂を加えて七堂を基本要素とするようになるのは、中国宋代に七堂伽藍の制が成立し、伝えられて以降である。

塔、金堂、講堂という3つの要素のみに着目した類型であるが、古代日本の仏教寺院の伽藍配置は、きわめて多様である。

①飛鳥寺式……塔を東西中（北）の3金堂が取り囲む形式。講堂は、北に、回廊の外に配される。

②四天王寺式……塔─金堂─講堂が南北一直線上に配置されるもの。山田寺の場合、講堂は回廊外に置かれる。

③法隆寺式……塔（西）と金堂（東）が東西に並んで配置されるもの。講堂は回廊の外側北に配される。法隆寺の場合、僧房は回廊外側東西に配される。

川原寺の場合、塔（東）と金堂（西）が東西に並べられるが、中金堂が北に設けられ、さらに僧房によって講堂を囲む形をとっている。2金堂で、2つの中庭をもつ特異な形式である。

奈良時代に入ると、さらに複雑な伽藍形式が営まれる。

④薬師寺式……東西2塔を金堂の前に配するもの。講堂は回廊と直結し、背後に食堂、その左右に僧房を配する。

⑤興福寺式……3金堂式であるが、東西金堂は回廊外に配される。また、塔も回廊外に中軸線とはずれた位置に別院として建てられている。僧房は、東西北の三面に設けられる。

諸国に建設された国分寺の多くは興福寺式にならい、平安時代の寺院の多くも興福寺式の伽藍配置を採るが、山岳寺院など地形に沿って堂塔を配置する形式が現れる。浄土教信仰とともに園池を伴う伽藍も造営される。密教寺院では、天台系では法華堂と常行堂、真言系では灌頂堂、多宝塔、大塔など教義とそれに従う法会にかかわる堂舎が重視される伽藍配置となる。

鎌倉時代以後の禅宗寺院は、中国の禅寺の四合院形式にならい、山門、仏殿、法堂、方丈が中軸線上に中庭を挟んで配置され、山門両脇からの回廊によってつながれる。

近世になると、本堂と祖師の祠堂（祖師堂、御影堂）

▶図9-22　定稜寺

▶図9-24　弥勒寺

▶図9-25　皇龍寺

▶図9-23-a, b　定林寺

▶図9-26　仏国寺

Lecture 09……「仏教建築」の世界史　起源・類型・伝播

の2堂を重視し、2堂を並置したうえで他の堂舎を配置する伽藍形式が一般化していく。

5. 仏教の宇宙観 神々のパンテオン

仏教建築の空間構成そして意匠に密接にかかわるのがその宇宙観である。礼拝の対象となるのは神々とその配置であり、仏教建築の空間やディテールに表現される。鍵概念となるのが曼荼羅である。サンスクリットのマンダラという語は本来「丸いもの」を意味する。象を訓練する円形の調教場がマンダラと呼ばれ、チベット語にはキルコル（中心〔キル〕をまわるもの〔コル〕）と訳される。そして、神々が現れる場と神々を合わせてマンダラと呼ぶようになる。マンダラはひとつの器であり、その中に神々がそれぞれの職能に従って位置を占めるとする。

マンダラは儀礼のための装置としての役割をもつ。インドで土壇を築いて神々を招く祭祀があり、その儀礼を取り入れたものとされる。チベット仏教では、今日でも、土壇を築き、白い粉で線を引き、護摩を焚く儀礼が行われている。そうした祭祀における、神々の布置がマンダラである。1〜3世紀に成立した『阿弥陀経』『華厳経』など初期大乗仏教経典にはおびただしい仏や菩薩が登場する。7世紀頃には仏教のパンテオンは完成したとされる。そして、マンダラは世界の構造を示すものと考えられる。日本では浄土のイメージを表現した「浄土曼荼羅」あるいは「浄土変相図」（▶図9-27）、「智光曼荼羅」、「清海曼荼羅」、「当麻曼荼羅」が知られる。9世紀初頭、空海によって、金剛界曼荼羅と胎蔵曼荼羅が一対の両部（界）曼荼羅がもたらされる。胎蔵曼荼羅（大悲胎蔵生曼荼羅）は、『大日経』に基づき、中心の大日如来の周囲に四仏、四菩薩の位置する八葉の蓮弁が取り囲む配置形式をとる。それに対して、『金剛頂経』に基づく金剛界曼荼羅は、3×3＝9の正方形（ナインスクエア）を中心に置く配置形式をとる。中央の正方形に位置するのは、大日如来とそれを取り囲む37尊である（▶図9-28）。この2つの曼荼羅を一対とする思想はインドにはなく、中国独自のものとされる。

曼荼羅には、城壁、門、王宮などが描かれるところから、古代インドの都城がモデルとなっていると考えられる（▶図9-29-a〜c）。アルタシャストラの都城の記述との比較は興味深いところである。世界の構造について積極的に体系化を行ったのは大乗仏教以前のアビダルマ仏教である（▶図9-30-a, b）。そして、4世紀頃、世親の著した『倶舎論』においてもっとも整備されたかたちをとる。

『倶舎論』によると、世界の中心に須弥山が聳え、その4方に4大陸（4大洲）と8島（8小洲）があり、さらにその周囲を7つの海と7つの山脈がとり囲み、もっとも外側には金輪と呼ばれる枠がある。われわれの住むのは須弥山の南のジャムブ洲（閻浮提）である（▶図9-31-a〜c）。

仏教の曼荼羅には、ジャイナ教やヒンドゥー教のような人体宇宙図はなく、すべて神々の配置によって表現されるところに特徴がある。仏教は元来神の存在を認めなかったが、密教においては様々な仏や菩薩が誕生する。仏教の神々は、日本では①仏（如来）、②菩薩、③明王、④天の4つに分類される。

①仏（如来）は仏陀である。目覚めたもの、悟りを開いたものを意味する。第1に釈迦を意味したが、時代とともに多くの仏陀が誕生する。仏陀は一時代に一人

▶図9-27 当麻曼荼羅浄土変相図

▶図9-28 両界曼荼羅図（東寺）

しかいないという一時代一仏思想があり、ガウタマ仏陀は7番目の仏陀だとされる。8番目の仏陀として、弥勒が56億7000万年後に出現することになっている。また、西方浄土に住む阿弥陀仏(如来)、東方瑠璃光世界に住む薬師仏(如来)などがある。東西南北と中央に5体の仏がいる。大日如来(中央)、宝幢如来(東)、開敷華如来(南)、無量寿如来(西)、天鼓雷音如来(阿弥陀如来、西)を胎蔵界の5智如来という。如来、仏のモデルは悟りを開いた釈尊、仏陀である。したがって、32相80種好が特徴として表現される。髪は螺髪、頭に肉髻、額に白毫、耳に耳朶環(穴)。衲衣(糞掃衣)のみを身につけている。座禅のかたちの座り型を結跏趺坐といい、右足外を降魔座、左足外を吉祥座という。如来の区別は、指や手のかたち、印相(いんぞう)によって示される。

②菩薩はボーディー・サットヴァの音写の省略形と考えられる。観音(観自在)菩薩、文殊菩薩など、悟り(ボーディ)への勇気(サットヴァ)を有する者を意味する。

③明王は、不動明王など仏法を守護する神格(護法神)である。「明」(ヴィディアー)の「王」(ラージャ)を意味する。

④天は天(デーヴァ)である。まさに神々である。インド古来のヴェーダの神々やヒンドゥー教の神々が仏教の神々に取り入れられている。インドラは帝釈天、ブラフマーは梵天である。仏法の都あるいは須弥山の四門は四天王に守られている。持国天(東)、広目天(西)、増長天(南)、多聞天(北)である。

東寺講堂には21体の尊像が南面して置かれている。中央に大日如来を中心とする5体の仏(五智如来)がおり、向かって右(東)に五大菩薩、左(西)に五大明王が、そして3つのグループの周りに四天王、そして東端に梵天、西端に帝釈天が立っている。仏、菩薩、明王が同心円状に配されないが立体曼荼羅である。

▶図9-29-a

▶図9-29-b

▶図9-29-c

▶図9-30-a

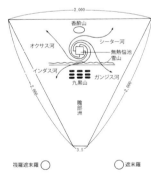
▶図9-31-a

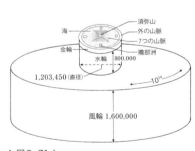
▶図9-31-b

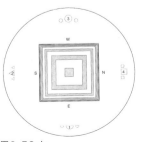
▶図9-30-b

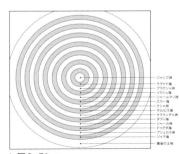
▶図9-31-c

▶図9-29　曼荼羅
▶図9-29-a　カーラチャクラ曼荼羅
▶図9-29-b　カーラチャクラ曼荼羅宮殿
▶図9-29-c　カーラチャクラ曼荼羅宮殿模型
▶図9-30　アビダルマ曼荼羅
▶図9-30-a　モデル
▶図9-30-b　モデル平面
▶図9-31　須弥山宇宙
▶図9-31-a　倶舎論せんぶ州
▶図9-31-b　須弥山世界
▶図9-31-c　七州七海

Lecture 09……「仏教建築」の世界史　起源・類型・伝播

Column……09
ストゥーパ
その原型と形態変容
布野 修司

ストゥーパ

ブッダ（仏陀、釈迦、釈尊）入滅後、荼毘に付されたその舎利śarīraを納めた塚ないし墓をストゥーパstūpaという。サンスクリット（梵語）で、頭上、上部、頂上を意味する。中国語では卒塔婆（窣斗婆、藪斗婆、蘇斗婆）と音写される。略して塔婆、塔、あるいはブッダ＝浮屠ともいう。日本の卒塔婆は、墓に立てる上部を塔形にした細長い梵字・経文・戒名などを記す板をいう。パゴダpagodaはビルマ語のパヤpayaとスリランカのダーガバdāgaba (dagoba)が結合した言葉で、ダートゥ・ガルバdhātugarba（ダートゥ（仏舎利）を納めるガルバ（容器））の転訛である。

▶図C9-1-a
ピプラーワー出土の舎利壺

ストゥーパは、ブッダの達成した涅槃、輪廻転生のない絶対平穏な世界を象徴するものと考えられてきた。仏教徒が礼拝の対象としてきたのは、ブッダの遺骨（舎利、歯、髪、爪）使用したもの（衣鉢など）、ブッダを象徴するもの（聖樹（菩提樹）、仏座・聖壇、仏足石、法輪、卍形など）であり、チャイティヤchaitya（制多、制底、支提、枝提などと音写漢訳）と総称される（▶図C9-1-a, b）。もともと祭場を意味し、ストゥーパをチャイティヤ本来の形式であるとするのは南インドの伝統である。ストゥーパの細部にもブッダを象徴する様々な図像表現が記され、ストゥーパそのものもレリーフとして描かれる（▶図C9-2）。舎利容器に収められたのは、金銀や貴石

▶図C9-1-b　仏足石
インド博物館（コルカタ）

であり、仏舎利の代替物としての聖なるものである。

輪廻転生が信じられてきた古代インドにおいては、も

▶図C9-2
ストゥーパのレリーフ
アマラーヴァティ大塔の欄楯

ともと墓がつくられることは珍しく、アショーカ王ですらその墓は知られていない。仏滅直後、仏舎利はまず8つの場所に配られ（八分起塔）、瓶塔と炭（灰）塔を合わせて10か所にストゥーパが建てられたとされる。そして、仏教に深く帰依し布教に務めたアショーカ王が、7つを壊して舎利を取り出し、8万4000に細分して方々にストゥーパを建てさせた。ストゥーパが礼拝対象となるのはそれ以降である。ブッダに関係の深い聖地に、柱頭の蓮華花弁状の円形台座に獅子や牛などの聖獣を据え、下部に王の法勅文を刻んだ記念柱を建てたのもアショーカ王である。

古来仏教徒はブッダの生前から仏像がつくられてきたと信じてきた。そう説く経典もあるが、インド・アーリア民族には偶像崇拝の伝統はなく、仏像がつくられるのは、ブッダ入滅のはるか後のことである。

ストゥーパの原型

ストゥーパの原型と考えられるのがサーンチーの第1塔（BCE2世紀）である（▶図C9-3）。タキシラのダルマラージカーのストゥーパ（BCE1世紀-CE2世紀）、ヴァーラナシー南西のバールフトBharhutのストゥーパ（BCE2世紀）、南インドのアマラヴァティの遺構（紀元前）などの遺例、図像からうかがえるストゥーパの原型は5つの部分からなる。

①台基 メーディ medhi……最下部の円筒台、メーダ（犠牲あるいは知恵）に由来。祭儀の際の供犠台が起源。
②覆鉢 アンダ anda……台基上の半球
③平頭 ハルミカ harmika……覆鉢の頂上の直方体、ハルミヤ（堅固な囲い、石の家）に由来。
④傘竿 ヤスティ yasti……傘の柄
⑤傘蓋 チャトゥラ chatra……傘

仏舎利は、覆鉢の中心、台基の上に舎利室をつくって収められる。平頭、傘竿、傘蓋の部分は、ヴィマーナVimana――神々の乗物（戦車）、空飛ぶ円盤、空中宮殿を意味する――と呼ばれる。逆ピラミッド形に台盤を重ねるもの、東屋や楼閣を設けるもの、その形態は様々である。ストゥーパを右回り（右繞）で礼拝する信者のために繞道pradakshima pathaと欄楯（高欄、欄干）vedikāと呼ばれる柵

▶図C9-3-a　サーンチーのストゥーパ　第1塔

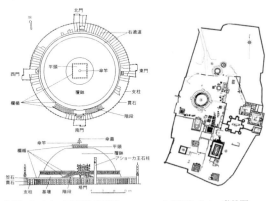

▶図C9-3-b　平面図・立面図　　▶図C9-3-b　敷地図

がつくられる。入口にはトーラナtoranaと呼ばれる門が建てられる。

ストゥーパの覆鉢の半球形(土饅頭、円墳)は、山、種子、芽、子宮、鉢、丸屋根、藁積などのシンボルであるとする諸説がある。遺構から木柱が発見されることから心柱の周りに土やレンガが積まれたのが原型であるというのが有力である。心柱は天と地とをつなぐ世界(宇宙)軸である。木塔の心柱はまさにそのものである。傘のある平頭は天上界、覆鉢が地上界、基壇以下は地下界という宇宙観を表す。また、全体をブッダの身体そのもの、あるいは原人プルシャが埋め込まれているとみなす。すなわち、ストゥーパは、マクロコスモス(宇宙)とミクロコスモス(身体)を一体的に表現していると考えられる。

仏教寺院、ヴィハーラVihāra(精舎、僧院)すなわちサンガーラーマ(音写漢訳して僧伽藍摩、略されて伽藍)の原型となるのは、ストゥーパを中心に円形もしくは方形に僧房が取り囲む形式である。

ストゥーパの類型

インドで土や石、レンガを積み上げて形づくられたストゥーパは、中国を経て遥か日本に至ると木造の塔になる。このストゥーパの変異型が生まれていく過程は、建築の理念や機能その象徴的意味を人々がどう受容し、地域の建設材料や建築技術によっていかに規定されて伝えられるかを考える興味深い事例である。

ストゥーパの原型は、仏教誕生の核心域とその周辺地域にみることができる。ネパールからチベットに見られるラマ塔はその変異型である。スリランカのアヌラーダプラには、3つの巨大なストゥーパが残されている(▶図C9-4-a, b, c)。ネパールのパタンの5つのストゥーパはアショーカ王の時代のものという。スワヤンブナート(464-505頃)のストゥーパ)は、湖だったカトゥマンドゥ盆地をマンジュシュリー(文殊菩薩)が拓いたときに建てられたと伝えられる。ボダナートの4つの小ストゥーパを四隅に建てる金剛宝座形のストゥーパは6世紀末建立である(▶図C9-5-a, b, c)。ネパールのストゥーパは平頭の部分にブッダの眼、顔が描かれるのが大きな特徴である。内部にはブッダあるいは観世音菩薩が埋め込まれており、世界を四方あまねく慈悲の眼で見守っているという観念をもとにした仏殿とストゥーパが合体するひとつの形式である。

〈スリランカのストゥーパ〉

▶図C9-4-a　ルヴァンヴァリサヤ・ダーガバ(BCE2世紀頃)

▶図C9-4-b　アバヤギリ・ダーガバ(BCE1世紀頃)

▶図C9-4-c　ジェタヴァナ・ダーガバ(BCE3-4世紀頃)

ストゥーパは、時代とともに高塔化していく。基壇が高くなり、傘蓋・傘竿の円錐形は巨大化する。ガンダーラには、アショーカ王の時代に仏教が伝えられるが、方形基壇の上に円筒形胴部をつくって覆鉢をその上に載せるかたちになる。チャイティヤ窟に収められたミニチュアとしてのストゥーパにその萌芽的形態をみることができる(▶図C9-6)。高

〈ネパールのストゥーパ〉

▶図C9-5-a　パタンの東西南北の境界に4つのストゥーパが建てられ、十字街が結ばれる。中央に置かれるのが王宮である

Column 09……ストゥーパ　その原型と形態変容

▶図C9-5-b ボーダナートBoudhanath寺院のストゥーパ（5-6世紀頃）、ネパール　リッチャヴィ期にシヴァデーヴァ王Śivadeva（590-604頃）あるいはマーナデーヴァ Mānadeva（464-505頃）によって建設された。三重の基壇の上の覆鉢の直径は27mある

▶図C9-5-c スワヤンブナートSwayanbunath寺院のストゥーパ（マハー・チャイティヤ）（5世紀頃）5世紀初頭、ウルサデーヴァ王によって建設された。2010年改修。塔の周囲にはチベット仏教のマニ車が並べられている。

▶図C9-6　チャイティヤ窟のストゥーパ

▶図C9-7　ブッダガヤの大塔

▶図C9-8　雲崗石窟第2窟楼閣形塔のレリーフ

▶図C9-9　クンヴェシュワルの五重の塔と腕木

▶図C9-10　応県の木塔

塔化は北インド一帯で進んでいったと考えられ、ブッダガヤBodhgayaのマハーボディ寺院の高塔Animeshlocha Stupa（5-6世紀、11世紀再建、1880年代再々建）は、四角錐台の上にヴィマーナとしてストゥーパのミニチュアが置かれるかたちである（▶図C9-7）。

中国に仏教が伝えられると、新たな形式として木造の楼閣形の塔が生まれる。木造楼閣塔婆の原型がすでにインドにあり中国にもたらされたという説もあるが、中国古来の神仙思想を基にした「台」建築と仏教の礼拝対象であるストゥーパが結びついたという説が有力である。「台」建築とは、楼閣の上に飲めば長寿になるという神仙の精を受ける青銅の承露盤を置いた木造建築（観）である。前漢の武帝が考案したという、その承露盤の上に小ストゥーパを置いたものが原型となり、相輪を置く形に転換したとする。相輪は、覆鉢、受花、九輪、水煙、竜車、宝珠からなる。雲崗石窟のレリーフには、実際、3層の木造楼閣の上に平頭、傘竿、傘蓋を載せたものがある（▶図C9-8）。

一方、高塔の系譜も塼塔のかたちで中国に伝えられる（密檐式塔）。さらに、ストゥーパの原型をそのまま継承する、単層あるいは2層の塔も中国に見られる。

こうして、大きく木造と煉瓦造の系譜が分かれるが、立体曼荼羅とされるボロブドゥールや木塔を模した石塔など様々な塔が生まれる。ネパールでは、時代ははるかに下るが、クンヴェシュワル寺院の五重塔（17世紀末）（▶図C9-9）のような木造の塔が建てられるようになる。日本の塔とは逓減率が異なり、斜材が使われるのが特徴的である。

仏像が誕生すると、仏像を安置するストゥーパのもうひとつの型が成立する。仏像が成立するのはガンダーラでは紀元1世紀後半、マトゥーラでは紀元2世紀初頭以降とされる。すなわち、中国に仏教が伝わるのは仏像誕生以降と考えられるが、中国現存最古の応県の木塔（仏宮寺釈迦塔、1056年、山西省）（▶図C9-10）は各階に異なる形式で仏像を安置している。仏殿が成立すると、塔は独立して建てられるようになる。日本に伝わるのはこの系譜である。

ストゥーパの諸形態

ブッダ入滅後、時が経つと教説の解釈をめぐって様々な対立が生まれる。ブッダの教えをまとめる経典の編纂が行われるが（「仏典結集」）、教団は分裂することになる。アショーカ王の第3回仏典結集（BCE244）の際に、「テラヴァーダTheravada上座部」と「マハーサンギカMahāsāṃghika大衆部」が分かれる（「根本分裂」）。仏滅後200年頃、両部はさらに20部（「上座部12派」「大衆部8派」）に分裂する（「枝末分裂」）。そして、カニシカ王の第4回仏典結集（150頃）によって「大乗仏教」マハーヤーナ

Mahayanaが公式化される。「大乗仏教」は衆生の救済（慈悲）を理想とし（利他行、利他救済）、出家者だけが細かな教理の解釈に集中する「上座部」「部派仏教」を非難して「小乗仏教」ヒーナヤーナHinayana（小さな乗物）と呼んだ。こうして分離された2つの系統は、南伝系（上座部仏教）がパーリ語経典により、北伝系（大乗仏教）がサンスクリット語と漢訳仏典によって、大きく分かれて伝えられることになる。日本に伝えられた経典の大部分は大乗仏教の経典である。そして、7世紀頃バラモン教などの影響を受けて、灌頂という儀礼を経た者にのみ奥義が開かれるとする密教が成立する。すべての人に開かれ、言葉や論理によって理解し、到達可能とするのが顕教である。密教は「金剛乗」（ヴァジラヤーナVajrayana）と称する。

A──南伝系……上座部仏教

スリランカへは、BCE3世紀にアショーカ王の息子マヘンドラMahendraが「上座部」仏教を伝えたとされる。アヌラーダプラには中心となるマハーピハーラ寺院、3つの巨大ストゥーパ（▶図C9-4）のほか、僧房、食堂、貯水施設などをもった多くの伽藍跡が残っている。8世紀末にポロンナルワに首都は移るが、ストゥーパの形は変わらず、アラハナ・パリヴェナという学問寺、マニクヴェヘラ僧院などのダーガバはその原型を保っている。14世紀以降キャンディに拠点が移る。王宮とともに仏歯寺が創建されたのは16世紀末である。

マハーピハーラ寺院を中心とする仏教はビルマ、タイなど東南アジア仏教に大きな影響を与える。イラワジ川流域では、ピュー族の都市遺跡の3つのパゴダが最古の遺例とされる。パガン王朝期（11-13世紀末）には数千もの堂塔が建立され、2000を超える建築物が残されている。祠堂の上にヒンドゥー寺院のシカラのようにパゴダ状の塔を載せるのが一般的で、高塔の林立する独特の景観が残されている。パガンのツェディは上部の高塔の荷重を周囲の壁で受ける一室のものと直接太い壁柱で受けるものとに分けられ、アーチ・ヴォールトが用いられていること、段状基壇が特徴的である。基壇をピラミッド状に構成する例は東南アジアに際立っている。増拡を繰り返すことによって、規模（段数、高さ）を拡大してきたのである。方形基壇は大規模に

▶図C9-11 スラマニ 1183 パガン

▶図C9-12 タピン・ニュ・ストゥーパ パガン 1144

なるとピラミッド状になり、各段の角隅には小祠堂が置かれる。また、覆鉢部分あるいは円形基壇は滑らかにつながるようになり、やがて釣鐘状の形が生み出されていく（▶図C9-11、12）。

▶図C9-13 シュエーダゴン・ストゥーパ ヤンゴン 1187

タイでは、スコータイ王朝（1220?-1438）において上座部仏教の地位が確立し、アユタヤ王朝（1350-1767）、トンブリ（チャクリ）王朝（1782-1932）を経て、現ラタナコーシン王朝まで継承されている。ストゥーパもチェディ chedi（チャイティヤ）と呼ばれるが、とくに「蓮の蕾」形の塔をストゥープstupという。チェディは、一般的に釣鐘形の塔をいう（▶図C9-13、14、15）。砲弾形のヴィマーナはプランprangと呼ばれる。タイ独特のストゥープには、シー・サッチャナライのワット・チェディ・チェット・テオ、スコータイのワット・マハタートなどがある。一塔形式が多いが、アユタヤのワット・チャイ・ワッタナラムのように金剛宝座形式を採るものもある。

▶図C9-14 ストゥープ、シーサッチャラーナイ＝蓮の蕾形をいう

▶図C9-15 チェディ シーサッチャラーナイ＝釣鐘形をいう

東南アジアでもっとも古くインド化された国はフナン（2〜5世紀）であり、ヒンドゥー教が卓越するが、フナンにとって代わったクメールには、9

▶図C9-16 タト・ルアン ヴィエンチャン、ラオス

世紀初頭ジャヤヴァルマンⅡ世が王位につき(802)、以降アンコール朝が栄えるが、ストゥーパの遺構は残されていない。

インドネシアでは、仏教、ヒンドゥー教の祠堂をチャンディという。内部空間を持たないストゥーパがボロブドゥールである。最下層は一辺約120mの方形基壇、合わせて6段の方形段台の上に、3層の円壇が載り、中心に釣鐘形のストゥーパが置かれる。方形基壇の周囲には仏典に基づくおびただしいレリーフが嵌め込まれ、座像を収めた仏龕が外に向かって開かれている。円壇には、下から順に32基、24基、16基の目透かしに石積みされた釣鐘状の空間に仏像を収めた小ストゥーパが配されている。

B—北伝系……大乗仏教

中国に仏教が伝わったのは、一説には紀元67年、後漢の明帝の時代という。現存する最古の磚塔は、嵩嶽寺塔(▶図C9-17)である。北魏の宣武帝のときに建立された(520)。外観は12角形で15層の砲弾形をしている。頂上には、覆鉢もしくは平頭様のものが設けられた上に7重の相輪が載せられている。第1層の基壇は2段に分かれ、上段には8つの仏龕が設けられている。内部は八角形で、床が張られて10層に分けられている。最古の石塔である山東省歴城の神通寺四門塔(611)は正方形平面で四面にアーチ状の入口をもち、内部は中央に方形の心柱を据え、四面に1体ずつ仏龕が刻まれている(▶図C9-18)。直方体(基壇)の上に覆鉢さらに相輪を載せた小ストゥーパの形態をとる単層塔あるいは2層塔(▶図C9-19)は

▶図C9-17 嵩嶽寺塔、登封 523

▶図C9-18 神通寺四門塔 歴城県 611

▶図C9-19 九頂塔歴城県 742-779

▶図C9-20 慈恩寺大雁塔、西安、652

▶図C9-21 開元寺東塔 865 西塔916

▶図C9-22 妙応寺白塔 北京1271

▶図C9-23 定林寺石塔

少なくない。日本の木造の多宝塔はこの系譜に属する。密檐式と呼ばれる石造、レンガ造のストゥーパは各地に数多くの事例がある(▶図C9-20、21)。中心塔を東西南北4つの塔で囲む金剛宝座塔の形式は、明代の永楽年間(1403-24)にインドの僧、板的達(斑迪達)によってもたらされたといわれる。1473年創建とされる大正覚寺金剛宝座塔、慈灯寺金剛宝座塔(内蒙古1727)、碧雲寺金剛宝座塔(北京1748)などがある。中国のラマ塔は、北京妙応寺白塔(1271)(▶図C9-22)が最初の例で、明代の浄明寺舎利塔(1385)などかなりの事例がある。

仏教が伝えられた4世紀後半以降、朝鮮半島にも様々な塔が建立される。高句麗の遼東城(遼寧省遼寧)に阿育王塔(アショーカ王柱)があったという説話がある。平壌近郊の定陵寺や金剛寺(青岩里廃寺)の塔は、その基壇跡から八角形をしており木塔であったと考えられている。それに対して、7世紀中頃の建立と考えられる百済の定林寺(▶図C9-23)、弥勒寺の塔は石塔である。新羅には、首都慶州・皇龍寺の9層の木塔(645)(▶図C9-24)や四天王寺の双塔(679)が知られる。また、古新羅から統一新羅初期にかけて、感恩寺跡東西三層石塔、高仙寺跡三層石塔、皇福寺跡三層石塔など、石造の双塔が数多く建てられている。また、塼造の芬皇寺のような例がある。ソウルの景福宮にある葛項寺の三層石塔、そして慶州の仏国寺の釈迦塔、多宝塔(▶図C9-25-a, b)は8世紀中葉、遠願寺、華厳寺の三層石塔は8世紀後半の建立である。木造架構を模した仏国寺の

▶図C9-24
皇隆寺九重塔復元模型

▶図C9-25-a　仏国寺東塔

▶図C9-25-b　仏国寺東塔

▶図C9-26　五輪塔

多宝塔は独特である。慶州・浄恵寺跡の13層密檐塔、華厳寺四獅子三層石塔など特殊な形態も見られる。

高麗時代には、首都開城に演福寺五層塔、平壌に重興寺九層塔など大型の木塔が建てられるが残っていない。玄化寺跡七層石塔、南渓院七層石塔など多層四角石塔が残る。また、月精寺塔のような八角多層塔がある。朝鮮時代の事例としては、法住寺捌相殿（1624）のような木塔がある。また、円覚寺十層石塔や洛山寺七層石塔などがある。

日本に仏教が伝えられると、木造の多層塔が各地に建てられた。現存するのは五重塔と三重塔のみであるが、歴史的には七重塔、九重塔も建てられている。方形平面であるが法勝寺の八角九重塔（1083初建）の例もある。多重塔のほか、空海が建てた高野山の大塔や、金剛寺多宝塔、根来寺多宝塔など下重方三間・上重円形の2層塔がある。これは平面円形の1重2層の宝塔の一階に裳階を付けて成立したと考えられる。

石塔は日本には少ないが、多重塔、宝塔の他、宝篋印塔、五輪塔、無縫塔（卵塔）などがある。宝篋印塔は、基礎石、軸石、屋根石（蓋）、相輪からなり、蓋の四隅に耳様の隅飾りが付けられ、立方体の軸石（塔身）に金剛界（あるいは胎蔵界）四仏を東西南北に刻む。上部が丸く大きい無縫塔は僧侶の墓に用いられる。そして、日本にしかないのが五輪塔である（▶図C9-26）。下から直方体の地輪、球形の水輪、三角錐の火輪、皿形の風輪、擬宝珠形の空輪によって造形され、地水火風空の五大になぞられる。三角の火輪には、四角錐と三角錐の二つがあり、三角錐のものはすべて俊乗坊重源に関係するという。五輪塔の起源は、密教経典の地水火風空の五智輪を四角、円、三角、半円形（仰月）、宝珠形の5つの形に表し、a、va、ra、ha、khaの梵字を入れて示す五輪図だとされる。

きわめて珍しい日本の塔として、奈良時代の僧、実忠によって造営されたという頭塔（土塔）（奈良市高畑町）がある（▶図C9-27）。版築による7段のピラミッド状の方形基壇

▶図C9-27　頭塔

の東西南北各面に、11基ずつ計44基の石仏が配置される形式である。規模は小さいがボロブドゥールなど東南アジアの段々状の基壇建築の系列である。

C―チベット系……チベット、モンゴル
チベット語仏典

チベットに仏教が伝わったのは8世紀後半である。8世紀にチベット文字が制定され、チベット語の仏典が生まれた。密教系で、ヒンドゥー教の影響の濃いのが特徴である。そして、土着のボン教と融合して目覚ましい展開を遂げる。チベット仏教は14世紀のツォンカパ（1357-1491）によって確立するが、モンゴルの布教に成功し、ソナムギャンツォ（1543-88）は、モンゴルの王より「ダライ・ラマ」の称号を得る（1578）。モンゴル語でダライは大海、ラマは法王を意味するが、チベット仏教は以降ラマ教とも呼ばれる。

チョルテンmchodrtenと呼ばれるラマ塔は、地域によって様式を異にするが、方形あるいは円形の基壇の上に円筒形あるいは卵形の覆鉢、方形の平頭、13重の相輪（傘竿）、そして傘蓋と宝瓶（ガンジル）を頂くのが基本型である。

ブッダが創始した仏教は、こうしてアジア各地に広まり、繁栄を誇る。しかし、インドでは次第にその基盤をヒンドゥー教に奪われ飲み込まれていく。そして、最後の拠点であった東ベンガル、マガタ地方のヴィクラマシーラ寺院が1203年イスラーム教徒によって破壊されたのが決定的となり、以後インドから仏教は姿を消す。

Lecture 10

「ヒンドゥー建築」の世界史

世界秩序を体現する寺院

山田 協太

0. はじめに
ヒンドゥー世界における建築

　ヒンドゥー建築は、北部南アジア、南部南アジア、東南アジアという、生態・生業・文化的なまとまりをもつ3つの大地域とそれらの相互作用をつうじて発達してきた。北部南アジアは、西方、北方のペルシア、中央アジアと継続的に関係をもちながら発達した。地理的には、ガンジス河流域とその北のヒマラヤ山麓と南のデカン高原北縁を中心とし、東西に伸びる帯状地帯を形成する。西端は今日のアフガニスタン、東端はバングラディシュに及ぶ。南部南アジアは、相対的に、インド洋の東西との継続的関係をつうじて発達した。デカン高原中部以南と、今日のスリランカ、モルディブに相当する。3つ目の大地域、東南アジアは、南北南アジアと結びつきながら、同時にもう一方で中華文化と関わり、両者と相互作用しながら発達してきた。詳しく見ると、陸をつうじて北部南アジアと関わりの深い大陸部東南アジアと、海をつうじて南部南アジアと関わりの深い島嶼部東南アジアに分けて理解される。今日のアセアンがその地理的範囲に対応する。

　南アジア最初の都市文化であるインダス文明はBCE2600年頃にあらわれるがBCE1900年頃に姿を消す。BCE1500年頃に中央アジアからインド・アーリア語族の遊牧民が移住したことで、ヴェーダの聖典とそれに基づく儀礼を司るバラモンを核とするバラモ

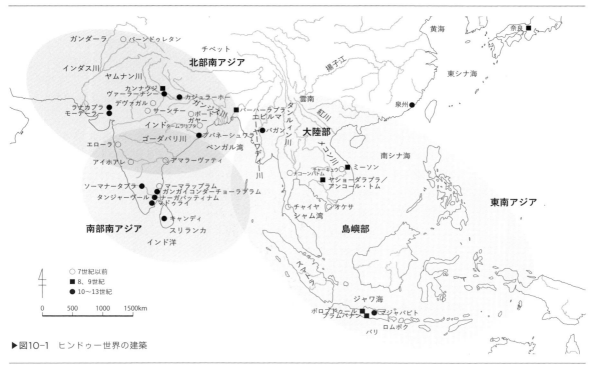

▶図10-1　ヒンドゥー世界の建築

ン教が北部南アジアの中心的な信仰となった。BCE6世紀にペルシアの影響の下2度目の都市化と都市国家の形成がはじまる。世界は都市とともに複雑さを増し、BCE5世紀までに、バラモン教を批判しながら世界をより包括的に理解しようとするジャイナ教や仏教があらわれ、都市の人々に支持されるようになった。仏教やジャイナ教と応答しながら、バラモン教と西アジア、ギリシア・ローマ、そして地域の信仰の混淆をつうじて4世紀までに成立し、7世紀には南アジアで幅広く受容されるようになったのが、多様な神を信仰するヒンドゥーである。

ヒンドゥー寺院の建設は、国家を形成する社会的働きをもった。寺院の建設をつうじて、世界秩序が物的に具現化され共有されることで、寺院ごとに、世界秩序を共有する人々の集合する地域社会と施主である領主をセットとする国家が形成される。こうして、南北南アジアと東南アジア全域で寺院を核として地域共同体が形成された。領主と国家は政治的には独立しながら、より強力な神的力をもつ領主と寺院に儀礼上で服属し、中心国家と地域国家のネットワークを形成した。中心国家の寺院が儀礼をつうじた寄進によってより大規模化精緻化したのが、建築様式である。同じ場所を他の国家が継いで建築様式を発達させることがある一方、神的力と中心性はカリスマ性や富で測られ、経済活動の変化や新たなカリスマ性をもつ人物の登場に左右されるため、移入者の参入、世代交代、交易路の変化、背景となる自然・生態の変化などを契機に中心国家は頻繁に移動した。そのため、1つの地域で一貫して建築様式が発達するということは一般的ではない。中心となった国家に、ネットワークで連なる広大な範囲から建築的要素が集まり、それらが選択的に取り入れられ、壮麗な建築様式が短期間で形成される。中心の移動とともに異なる場所で異なる様式が突如あらわれる。中心国家の移動が、南北南アジア、東南アジアを横断して展開したダイナミックな軌跡の物的あらわれが、ヒンドゥー建築史である。

本論では、ヒンドゥー建築として、信仰の核となる神の祠堂とそれが形成する複合施設に焦点をあてる。ヒンドゥー建築はとりわけ、南アジアに出自をもつジャイナ教、上座部仏教、大乗仏教の建築との密接な相互作用の中で発達した。独自の視点として本論では、ヒンドゥーに取り入れられ、その中で発達し、ヒンドゥーを超えて他の宗教に継承された建築の形式とその構成要素を幅広く扱い、南アジアに出自をもつ宗教建築の広がりを通時的に論じる。

1. ヒンドゥー建築の成立と3つの大地域の緊結（7世紀まで）

北部南アジア

ヒンドゥーは、4世紀のグプタ朝の時代までに成立し、王たちの信仰を集めて仏教と肩を並べる勢力となった。ヒンドゥー寺院の祠堂は当初、先行する3種の宗教建築を踏襲して建設された。北インド一帯を統治したグプタ朝のもとで、これらの来歴の異なる建築を結合することで、ナーガラ様式が生まれ、7世紀までに北部南アジア各地で広く共有される建築様式となった。3種の宗教建築とは、バラモン教の祠堂、石窟、仏教の祠堂である。ヒンドゥーも仏教も、先行する信仰の形を継承して発達した。後発のヒンドゥーは、それ以前の宗教建築の発達を主導した仏教の建築語彙を多く転用している。

バラモン教はもともと神像をもたず野外で祭祀をおこなった。BCE4世紀に神像を用いた祭祀を示唆するヴェーダ文献があらわれ、神像を保護する覆いとしての祠堂の建設がはじまったと推察される。1世紀以降はガンダーラ、マトゥラーで仏像、神像の建設が盛んとなる。サーンチーなどの仏教遺跡の浮彫に多角形や方形平面で、木柱でドームや勾配屋根を支える吹放ちの祠堂が描かれている（▶図10-2）。遺構からこの種の祠堂の建設は北インドで10世紀まで続いたことが知られる。傾斜屋根をもつ柱で支えられた祠堂は、北方のネパール、ヒマラヤ山麓、パキスタンで祠堂の基本的形態として継承され、石造で建設されたり、木造の重層屋根をもつ形態へ発達する（▶図10-3）。石窟は、BCE3世紀にアージーヴィカ教ではじめられ、アジャンター石窟に代表される仏教祠堂、僧院で発達し、5世紀初期のウダヤギリ石窟以降8世紀までヒンドゥーでも多く建設された。とりわけデカン高原北部で盛んで、6〜9世紀のエローラ石窟寺院群第21窟が代表例である（▶図10-4）。5世紀前半に建設された現存最古の石造祠堂、サーンチーの第17祠堂（▶図10-5）やティガヴァのカンカーリー・デーヴィ寺院は、仏像、神像の場所である窓のない組積造で方形の主房と、来参者のための一段屋根の低い前面のマンダパ（礼堂）で構成される。神の顕現する場として石窟とその暗がりを建造物化したとされる。仏教の祠堂として特筆すべきは、北インド東部に位置する、仏陀が悟りを開いた地ボード・ガヤーに建設されたマハー・ボーディ寺院である。レンガとスタッコ造の祠堂が4世紀に建設されて7世紀に改修されたが、2〜3世紀

にクムラハールで出土したテラコッタ彫刻に木造の前身建物が描かれており、仏像を安置する祠堂は今日の祠堂と共通する、円錐台形の塔状の形態を有していたことがわかる（▶図10-6）。

　覆いとしての祠堂が、内部に神の顕現する場として窟をもち、外部に高くそびえる塔状の形態を有するようになったのが、ナーガラ様式である。マハー・ボーディ寺院、最古のレンガ造ヒンドゥー祠堂となる5世紀のビータルガーンヴ寺院を経て、デヴァガルの6世紀初頭のダシャーヴァタール寺院（▶図10-7）で完成する。祠堂は、基壇、身舎、屋蓋（シカラ）と、垂直方向に三層で構成される（▶図10-8）。ラティナ形式と呼ばれる、垂直に伸びる帯（ラター）の集合で形成されるシカラをもつのが、ナーガラ様式である。身舎壁面は、刳型によって層状に分割され（基部、胴部、軒部）、中央の突出部や飾扉によって垂直方向に分割される。垂直に伸びるシカラは、世界の中心に位置し、神の領域スヴァルローカであるメール山を象徴する。同時に、世界の中心に位置し地と天とを結ぶ柱をも象徴する。身舎、基壇はそれぞれ、メール山の周囲の清浄な領域ブーヴァルローカ、その外側の人の住む領域ブールローカに相当する。主神は入口に対面する壁を背にして位置し、これが寺院の方向を決定する。寺院入口は基本的に東を向く。主房の周りを巡る礼拝用の繞道をもつものや、主祠堂の外に4つの副祠堂を配する五塔式/五堂式（パンチャーヤタナ）平面をもつものなど、個別の要素は仏教建築から借用されている。ヒンドゥーの世界観が先行する個別の要素を統合し、ナーガラ様式を特別のものとしている。

南部南アジア

　南部南アジアでは、仏教の聖域や、邸宅などの世俗の建造物や仏教の祠堂がモデルとなった。仏教ももともと像をもたず、また祠堂をもたなかった。樹木とその下に据えられた祭壇やストゥーパを聖所とし、周囲を欄楯で囲って聖域を示した。ヒンドゥーでも、特定の場所に存在する聖なる力を可視化することが祠堂を生む原動力となっており、欄楯は、聖域を示す寺院敷地の周壁として継承される。邸宅は木造を基本とし、アーチ状の湾曲した骨組みでヴォールトやドーム状の屋根が架けられ、柱梁がそれを支えた。複数の階と庇をもつものもあった。この邸宅をモデルとしてアプス（後陣）をもつ長方形平面の仏教祠堂（チャイティヤ堂）が成立し、邸宅とともにヒンドゥー祠堂の形態に取り入れられた。南インド南部のトンダイナードゥと呼ばれる様式である。デカン高原中部では、石造で柱梁構造を壁で囲った、マンダピカーと呼ばれる覆いとしての祠堂が発達し、カルナータ様式というもう1つの様式が形成された。

　トンダイナードゥ様式最古の事例は、南インド南東部を支配したパッラヴァ朝の中心港マーマラップラムに7世紀につくられた5つのラタである（▶図10-9）。

▶図10-2　吹放ち祠堂の浮彫

▶図10-3　メルヴァルッダナスワミ寺院
（10世紀、パーンドゥレタン）

▶図10-4　エローラ石窟寺院第21窟

▶図10-5　サーンチーの第17祠堂

基壇、身舎、屋蓋という三層構成、刳型による身舎壁面の層状分割（基部、胴部、軒部）、主房の周りの繞道、はナーガラ様式と共通であるが、南部南アジアでは、木造構造を写した付柱によって壁面を垂直に分割する。さらに、身舎上部に湾曲した庇形の刳型がつく。最も特徴的なのは、重層する屋根を模した段状ピラミッド形の屋蓋で、ヴィマーナと呼ばれる。基壇や基部の刳型にはしばしば曲線が多用される。

　カルナータ様式は、デカン高原中部を支配したチャルキヤ朝の首都バーダーミを中心に形成された。最初期の事例は、アイホアレに建設されたメーグティ寺院（ジャイナ教、634）と、ラード・カーン寺院（8世紀以前、▶図10-10）である。いずれも陸屋根や勾配屋根をもつマンダピカーで、ヴィマーナをもたない。ラード・カーン寺院は壁面に採光窓を備え、閉じたマンダピカーが外部に開かれている。

東南アジア

　環インド洋地域は早くから南アジア文化を受容し、1世紀頃からエーヤーワディー川上流にベイッタノー、シュリー・クシェートラ（タイェーキッタヤー）を首都とするピュー人の王朝が現れる。ミャンマー沿岸部からタイ中部にかけては、6世紀までにタトンやロッブリーを首都とするモン人のドヴァーラヴァティー朝があらわれる。これら初期の王朝はアマラーヴァティーやタームラリプタから上座部仏教を導入した。インドシナにも、1世紀頃に南アジア文化を受容した王朝フナンとその中心港オケオ、2世紀末にチャーキュウを王都とするチャンパーが成立する。4世紀にはチャンパーはヒンドゥーを信仰していた。同時期に、マレー半島のクラ地峡を横断して南アジアと東南アジアとを結ぶ貿易路が形成され、オケオ、チャーキュウはその終着点だった。

　7世紀に、フナンに代わってヒンドゥーの有力王朝カンブジャ（チェンラ）が成立する。7世紀には南アジア〜東南アジア貿易の幹線路のマラッカ海峡への転換があった。インドシナのチャンパー、カンブジャに加えて、マラッカ海峡にパレンバンあるいはジャンビ、チャイヤーを首都とするシュリーヴィジャヤの王朝があらわれ、南部南アジアに興ったパッラヴァ朝と結ばれた。東南アジアでヒンドゥーが有力となるのはこの時期からである。レンガ造、石造の上座部仏教、ヒンドゥー祠堂の建設がこの時期にはじまる。上座部仏教では重要なモニュメントとしてストゥーパ（仏塔）も建設される。7世紀初頭に建設されたカンブジャの首都サンボゥル・プレイ・クックのヒンドゥー祠堂遺構群は、マーマラップラムの5つのラタに見られるトンダイナードゥ様式の身舎をもつ。ドヴァーラヴァティーでは、プラ・プラトン・チェディ（ナコーン・パトム）を先駆としてラタトナチェティー（角層塔）と呼ばれる方形段台の仏塔や、プラ・パトム・チェディを先駆として複層の基壇の上に載る仏塔が建設される。

▶図10-6　テラコッタ彫刻に描かれたマハー・ボディ寺院

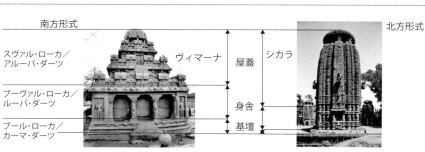

▶図10-8　祠堂の三層構成（基壇、身舎、屋蓋）

▶図10-7　ダシャーヴァタール寺院

▶図10-9　5つのラタ

▶図10-10　ラード・カーン寺院

Lecture 10……「ヒンドゥー建築」の世界史　世界秩序を体現する寺院

2. ヒンドゥー建築の成熟と、先進地域東南アジアの興隆（8～9世紀）

南北南アジア

ヒンドゥーでは、バラモン教、地域や西アジアなど、身の回りに存在するあらゆる思想と知識を結合し、仏教など異なる宗教も結合する作業がその後も数世紀にわたって継続し、プラーナ文献として体系化された。1つの対象に多義性をもたせることで、来歴の異なる思想、知識は関連づけられた。その中心は北部南アジアだった。一連の作業と連動しながら、芸術・技術の理論であるシャーストラ文献が建築、彫刻、音楽などの分野で成立する。建築理論書はヴァーストゥ・シャーストラと呼ばれ紀元6世紀前半にあらわれる。ヴァーストゥ・シャーストラではヴァーストゥ・プルシャ・マンダラと呼ばれる、グリッドで区画された正方形の一部を対角線で分割した図像が中心的役割を担う（▶図10-11）。マンダラを基本格子として祠堂の平面、立面が生成される。ヴァーストゥ・プルシャとは、巨人の姿をした土地の精霊で、頭を北西、足先を南東に向けて北東と南西に右左の肘と膝を置いたうつぶせの姿でこのマンダラの中に現れると考えられる。ヴァーストゥ・プルシャは奔放な自然をあらわす。一方、マンダラの各区画はヒンドゥーの神々に割り当てられる。唱句を唱え護摩を焚くことで各区画に神々が勧請され、神々はヴァーストゥ・プルシャを組み伏せて土地と祠堂の守護者へと転換する。グリッドを構成する線上やマンダラの中心はヴァーストゥ・プルシャの急所であり、神の配置は避けられる。ヴァーストゥ・プルシャの力と神々の力の均衡したこの状態こそが、世界の根本秩序である。ヴァーストゥ・プルシャ・マンダラは、世界の生成プロセスが組み込まれた図像であり、ヴァーストゥ・シャーストラにおいて、祠堂の建設は世界を創造する行為となっている。

異なる思想体系が結合された多義的なプラーナとシャーストラの理論とに対応する造形の探求が各地でなされ、北部南アジアの祠堂では、グプタ朝のナーガラ様式を継承しつつ、西部、中部、東部と異なる地域性をもつ様式があらわれる。北部南アジアの中心カンナウジのダシャールナデーシャ様式、（▶図10-12）が代表例である。南部南アジアでもパーンディナードゥ様式、カルナータ様式を基調に地域的な様式が発達する。岩盤から彫り出されたエローラのカイラース寺院はかつてない規模をもつ。ヴァーストゥ・シャーストラやヴァーストゥ・プルシャ・マンダラは、後に、寺域のスケール、さらに村や都市のスケールでも援用される。

異なる思想の結合は仏教の側でもなされた。大乗仏教ではヒンドゥーと思想を共有する密教が発達する。倶舎論を基礎とする金剛界マンダラなど密教のマンダラは、ヴァーストゥ・プルシャと並ぶもう1つのマンダラである。後者が世界の生成プロセスを説明するのに対し、密教マンダラはメール山が中心に位置する完成した世界のシステムを説明する（p.115 ▶図9-29参照）。祠堂単体を超えたスケールでの体系的造形は、密教マンダラでいち早くおこなわれ、パーラ朝の下、北部南アジア東部でソーマプラ大僧院（8世紀）（▶図10-13）など大僧院、僧院町が建設される。

東南アジア

この時期にヒンドゥー建築の発達を主導したのは東南アジアだった。8世紀にはペルシアから中国南岸までの直行航路が成立し、インド洋貿易は大きく成長する。中心港や産品の集積地に発達したヒンドゥーや仏教を信仰する諸王朝が大規模建築を造営した。カンブジャはクメールに発展し、チャンパー、シュリーヴィジャヤに加えて、中部ジャワにシャイレーンドラやその後継王朝が興る。ヒンドゥー、大乗仏教の2つのマンダラを基礎に、大規模な祠堂から複合施設、首都までを建設する壮大な実験がなされた。南部南アジアでパッラヴァ朝の後を継いだチョーラ朝がヒンドゥー文化の源泉となり、パーラ朝が仏教文化の源泉となった。密教によるヒンドゥーと大乗仏教の融合を背景に、東南アジアではヒンドゥーと大乗仏教は同時に受容され、連続したものとして一体的に信仰された。

シャイレーンドラや後継王朝は今日のプラムバナン付近を首都とした。ヒンドゥー、大乗仏教、ヒン

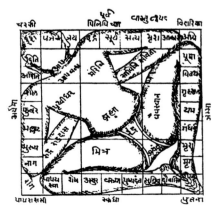

▶図10-11　ヴァーストゥ・プルシャ・マンダラ

ドゥーと王の信仰が変化するが、建造物では、チョーラ朝の前身であるパッラヴァ朝のトンダイナードゥ様式が受容された。790年から9世紀中頃にかけて建設された、仏教時代を代表する建築ボロブドゥール（▶図10-14）は、1辺120mの方形基壇を最下層とする6層の基壇の上に3段の円形の層が載り、その中心にメール山に見立てたストゥーパが載る、カーマ・ダーツ、ルーパ・ダーツ、アルーパ・ダーツの三界を実体化した立体マンダラである。同時に、大乗仏教の徳目である十波羅密や十地思想の表現とも理解でき、異なる世界像が統合されている。チャンディ・セウ（▶図10-15）は、メール山を中心に据えた密教マンダラのもう1つの代表例である。792年に増築され、十字型パンチャーヤタナの主祠堂の周囲を、正方形に配置された小祠堂群（ペルワラ）が三重に囲う。密教マンダラの立体的再現は、日本へも同時代的に波及し、767年に奈良で頭塔（▶図10-16）が建設される。これに対して、856年建設のチャンディ・ララ・ジョングラン（▶図10-17）は、ヒンドゥー時代の到達点を示す。寺域中央を空けてヴァーストゥ・プルシャ・マンダラに基づいて神々の祠堂を配置する。祠堂はトンダイナードゥ様式を基礎に、基壇や屋蓋の層数と各層の高さを増して垂直性を強調した塔状の外観をもつ。屋蓋頂部、隅部などのラトナはストゥーパの形を模し、ヒンドゥーと大乗仏教を統合した意匠が用いられる。主神のシヴァ像は祠堂を建設した王の姿を写している。東南アジアの王朝では、王を神と同一視する、いわゆるデーヴァ・ラージャ（神王）思想を基礎として寺院が建設された。

9世紀末までにカンボジアに成立したクメール朝では、首都ハーリハーラーライの中心寺院バーコン（881）、新首都ヤショーダラプラのプヌム・バケン（9世紀末）など、堂山型式と呼ばれる特有の構成をもつ大規模複合施設が建設された。両者の主祠堂は5堂式（パンチャーヤタナ）であり、前者は十字型、後者は対角線上に副祠堂が並ぶ。2つの主祠堂の外観はトンダイナードゥ様式を基礎とした塔状の形態でチャンディ・ララ・ジョングラン（▶図10-17）と類似する。シャイレーンドラやその後継王朝との交流をつうじて成立したとされる。プレア・コー（879）など3つの中心的祠堂が並列に並ぶ3堂型式、6堂型式と呼ばれる典型的平面構成もチャンディ・ララ・ジョングランと類似する。山に向かう長い直線軸に沿って世界の三界を表現する9世紀末の複合施設プレア・ヴィヒャやパノム・ルン（▶図10-18）が、3つ目の特徴的平面構成である。祠堂を東面、西面させず山に向ける配置は、東南アジア独自の山岳信仰に基づくとされる。

チャンパーでは、ミーソンに9世紀から12世紀を中心に多数のヒンドゥー複合施設が建設された。10世紀の祠堂ミーソンA1で様式は最も発達する（▶図10-19）。外観はチャンディ・ララ・ジョングランと類似の特徴をもち、装飾はシャイレーンドラ、クメール

▶図10-12　スールヤ寺院（マドゥケーダ）

▶図10-14　ボロブドゥール

▶図10-16　頭塔

▶図10-13　ソーマプラ大僧院平面図（パーハーラプラ）

▶図10-15　チャンディ・セウ

▶図10-17　チャンディ・ララ・ジョングラン

との類似が見られる。857年にドンズオンに建設された大乗仏教複合施設は、南アジア、東南アジアで最大級の規模だった。

3. ヒンドゥー建築の爛熟（10〜13世紀）

10世紀にはインド洋貿易が陸のシルクロード貿易を上回る。寺院建築では、プラーナ文献の発達と並行して、多義的意味をもつ形態とその体系が発達し、形態と意味の体系、そして経験との統合が実現された。これらを背景として、南北南アジア、東南アジア各地で、祠堂は水平垂直方向へ規模を増し、表面にあらわれる造形は高密化、精緻化した。寺院が成長し実体化する建設過程は、神のガルバ・グリハから世界が拡大し、複雑な体系を形成する過程として理解される。寺院表面に表出するのは生に満ちた豊穣な世界の姿である。それは同時に柱であり、山であり、身体でもあった。来参者は逆に、祠堂の外から内へ入りガルバ・グリハの暗闇へ到達することで、世界の多様性からその原初である1つの根本原理へ到達する。祠堂を超え、寺域、都市の建設までが、世界の拡大と重ねあわせて体系的になされた。自然を離れた人間秩序の独自の展開もはじまる。聖地はもともと川や山や海辺の自然の特異な場所であったが、拡大する建造物によって人工的に形成されるようになる。他方で、そこには王権の意図も入った。世界が生成する力の根源たる神＝王として、王は世界の中に位置づけられた。

北部南アジア

チャンデーッラ朝の首都カジュラーホーに11世紀中頃に建設されたジェージャーカブクティ様式のカンダーリヤー・マハーデーヴ寺院（▶図10-20）が中部の到達点を示す。長方形の基壇上に、アルダ（半）・マンダパ、マンダパ、マハー（大）・マンダパ、ガルバ・グリハという相似形の4つの堂が軸線に沿って高さを増しながら連続する。神、人、動物、神話の生物の多様な像が身舎壁面を埋める。ミトゥナと呼ばれる、愛でたい男女像はタトリズムあるいは生の本質であるカーマ（歓喜）をあらわす。ガルバ・グリハ真上の最大のシカラは、周りに相似形の小型シカラが規則的に配され、全体で1つの大きなシカラを形づくる。ガルバ・グリハとマハー・マンダパ側面に設けられた大開口のテラスが繞道に光をもたらし、繞道に外部と祠堂内部との中間的性格を与える。11世紀後半にブバネーシュワラにソーマヴァムシー朝の建設したカリンガ様式のリンガラージャ寺院が東部を代表する（▶図10-21）。基本セットであるガルバ・グリハとマンダパの前面にナト・マンディル（舞堂）、ボガ・マンダパ（献堂）が直線に並ぶ。シカラは身舎と同じ幅で立ち上がり、頂部で緩やかにカーブする。頂部に大型のチャルキャ（宝珠）が載る。マンダパの上に層状ピラミッド形の屋根が載るが、高さ50mを超えるシカラが突出する。西部で

▶図10-18　パノム・ルン

▶図10-19　ミーソンA1祠堂

▶図10-20
カンダーリヤー・マハーデーヴ寺院

▶図10-21　リンガラージャ寺院

は、サータヴァーハナ朝によりカルナータ様式の列柱式マンダパがデカン高原からもたらされ、シカラと組みあわされる。1027年にモーデーラーにソーランキー（チャウルキヤ）朝の建設したスールヤ寺院は、掘り下げられたクンダ（池）、独立のマンダパ、シカラを載せた祠堂が直線に並び、地中から天までを結ぶ独創的構成をもつ（▶図10-22）。ソーランキー朝ではヒンドゥー寺院からジャイナ教寺院も発達した。12世紀のアーブー山のデーラヴァーダー寺院群、16世紀のラナカプラのジャイナ教寺院（▶図10-23）は白大理石造で、祠堂を矩形の周廊が取りまき、列柱式マンダパが両者を連結する独自の構成をもつ。白大理石の周廊とマンダパから生まれる、明暗が入子状に配置された空間を横断する経験は類例をもたない。

聖地を巡る巡礼は紀元前数世紀にはなされていたが（▶図10-24）、10世紀以降、寺院の建設で聖地は増殖し、巡礼の規模はかつてないものとなる。ガートと寺院群の特徴的なヴァーラーナシー（▶図10-25）など聖地の都市景観がこうして成立する。巡礼は、空間的には、寺院への来参から都市、南アジア、さらに東南アジアと一体の広がりまで、時間的には一時、数年から全人生、さらに前世、来世まで及ぶ。世界そのものが巡礼の場であり、寺院がその焦点であった。

南部南アジアの3様式

9世紀以降チョーラ朝がパッラヴァ朝の後を継ぎ11～12世紀には南インドの大半を統治下に収めるとともに、ナーガパッティナムを外港としてインド洋貿易の中心的担い手となった。チョーラ朝の下でトンダイナードゥ様式から発達したチョーラナードゥ様式で首都タンジャーヴールに1010年、新首都ガンガイコンダーチョーラプラムに1035年に建設された、2つのビルハディースヴァラル寺院（▶図10-26）が南部南アジア建築の1つの到達点である。いずれも、高さ50m超の巨大なヴィマーナをもち、ガルバ・グリハから軸線に沿って両脇に入口をもつアンタラーラ（前室）、壁で囲われた長方形のマンダパが並ぶ。その先にナンディ（雄牛）が位置し、さらに、チョーラナードゥ様式の特徴である重層の屋蓋のゴープラ（門）へ至る。垂直に立ち上がるヴィマーナは、マハー・ボーディ寺院のシカラとの類似性が指摘される。タンジャーヴールの寺域は二重の周壁（プラーカーラ）で囲われる。さらに外側を同心方形の街路が取りまき、ヴァーストゥ・プルシャ・マンダラの造形原理の敷衍された寺院中心の都市が建設されたことが碑文から示唆される。メール山として圧倒的高さをもって聳えるヴィマーナ寺院が、都市の求心的焦点となる。東南アジア同様神王思想が卓越し、寺院は神＝王の宮殿として壮麗に建設された。ガンガイコンダーチョーラプラムでは王が神を凌ぐ力をもち、王宮を中心として寺院を隅に置くかつてない都市が建設された。

南インド南端部のパーンディヤ朝ではパーンディ

▶図10-22　スールヤ寺院（モーデーラー）

▶図10-23　ラナカプラのジャイナ教寺院

▶図10-25
聖地ヴァーラーナシーの都市景観

▶図10-24
『マハーバーラタ』に描かれた巡礼路

Lecture 10……「ヒンドゥー建築」の世界史　世界秩序を体現する寺院

ナードゥ様式が発達し、スリランカでも受容された。1344年にスリランカのキャンディ近郊に建設されたガダラデニヤ寺の祠堂（▶図10-27）は、仏堂とシヴァ神の堂とが前室を共有して直角に交差する、上座部仏教とヒンドゥーを組み合わせた祠堂となっている。パーンディヤ朝では、都市スケールの造形のもう1つの解が創出された。寺域の外側に周壁を順次廻らせ、寺院を中心に主軸とその直交軸に沿って、周壁の四方にゴープラを設ける。ゴープラはヴィマーナより規模が大きく、外側へ向かうほど規模と高さを増すことで、中心寺院から外側に向かって放射する空間秩序が生まれる。12〜13世紀の聖地チダムバラムを先駆とし、16世紀以降マドゥライ（▶図10-28）をはじめ南インド諸都市でおこなわれた手法である。

列柱式マンダパをもつカルナータ様式は、後期チャールキヤ朝、ホイサラ朝の下でさらに発達した。後期チャールキヤ朝では、イタギに1112年に建設されたマハーデーヴァ寺院のように、人や動物の像を入れず、建築的要素のみを精緻に彫刻するヴェーサラと呼ばれる形式が発達した。ホイサラ朝では、北部南アジアのカジュラーホーと比肩する豊かな装飾が発達した。ソーマナータプラに1268年に建設されたケーシャヴァ寺院（▶図10-29）の祠堂は幾何学的な星型平面をもちつつ、緑色片岩の壁面が神々の繊細な彫刻で埋められる。ヴィマーナは小型のヴィマーナの集合からなる。層状であると同時に垂直の連続性を備え、北部のシカラと南部のヴィマーナを統合した形態をもつ。

東南アジア

10世紀以降のクメール朝では、10世紀後半から11世紀後半、12世紀後半以降の2つの時期に堂山型式の複合施設と都市建設が活発化した。堂山型式は複雑さを増し、第2の時期に建設されたアンコール・ワット（▶図10-30、31）、バーイオァンなどで最も発達した形をとる。アンコール・ワットは、周廊で囲われたパンチャーヤタナの対角線を延長し、同心方形の外側周廊の4隅にも高塔を配置する9塔式の構成をとる。そこに十字平面の周廊が重ねあわされ、全体がさらに周廊で囲われる。バーイオァンでは高塔の数は17に及ぶ。バーイオァンの高塔は4面に王の顔を写した巨大な観音菩薩の頭部の彫刻をもち、神王思想を反映する。

アンコール・ワット、バーイオァンの屋蓋の形は、バーコーンやプノム・バーケン同様トンダイナードゥ様式を基礎とした塔状である。他方で、各層は壁面の後退幅を抑え、かつ上層の高さを抑えることで砲弾型の輪郭をもち、同時に、下層から頂部まで連続する几帳面の筋によって垂直方向の連続性を備え、ナーガラ様式のシカラとも見える。南北南アジアの屋蓋を1つの形態へ統合する、ホイサラ朝の寺院と並ぶいま1つの手法である。突出したシカラに高さを抑えた階

▶図10-26 ビルハディースヴァラル寺院（タンジャーヴール）

▶図10-27 ガダラデニヤ寺の祠堂（スリランカ）

▶図10-29 チェンナケーシャヴァ寺院

▶図10-28 ゴープラの連なる景観（マドゥライ）

段状に連なるマンダパ（あるいは周廊）が接続する構成は、リンガラージャ寺院などソーマヴァムシー朝の建築との類似が論じられる。

パーイオァンは最後の首都アンコール・トムの中心寺院である。パーイオァンを中心に1辺4kmの市街地が広がり、その外縁を方形の城壁と濠が囲う。城壁の外にはバーライ（大規模な人工池）が建設された。9世紀末のヤショーダラプラ（ヤサォテァレァボラ）以来、首都は同様の構成で建設されてきた。池は、用水確保の実用的役割と同時に象徴的役割も有する。メール山である中心寺院に対し、バーライは人の住む陸地を取り囲む海に相当する、都市スケールでヒンドゥー、仏教の世界像を具現化する要素と考えられる。

他方で、人工の秩序から自然の秩序への回帰がもう1つの潮流としてあった。シャイレーンドラ朝の後、10世紀中頃にマジャパヒト朝がジャワ東部に設立された。シャイレーンドラ朝は火山の噴火で消滅したともされる。マジャパヒト朝では、自然のペナングンガン火山を新たにメール山とし、山を中心に麓に首都や祠堂が建設された。祠堂は山を中心方位とする、建材に木や植物を用いるなど、東南アジアの地域性を顕著に表出する。祠堂は垂直方向に伸びる尖塔状の形態をとる（▶図10-32）。シュリーヴィジャヤやチャンパーもこの形態を共有していた。

大陸部東南アジアのミャンマーのエーヤーワディー川上流では、雲南から南下したビルマ族により1044年にバガン朝が設立されピューの文化を継承する。11〜13世紀に数千のレンガ造祠堂、仏塔が建設され、800以上が現存する。当初密教が信仰されたが1190年に上座部仏教がスリランカから再導入され、北部南アジアがイスラーム化して以降、スリランカと並ぶ上座部仏教の中心地となった。祠堂は当初ピューの建築文化から生まれた2つの構造形式を基本とし、小型は中心をヴォールト構造の室とし、中、大型は中心を柱として屋蓋の荷重を支えた。屋蓋にシカラか仏塔が載る。アーナンダー寺院（1091）以降、四辺に仏像を安置した中心の柱の周囲の繞道を二重にし、その四方に前室を配して入口とする、外側へ拡大された新しい平面が一般化する。12世紀後半には、1183年に完成したスーラーマニ寺院（▶図10-33）のように、主房が基壇に乗って前室よりも高くなり、また複層ともなり、祠堂は垂直方向へも拡大する。中、大型の祠堂は、下部の柱に仏像を安置した仏塔とも理解でき、祠堂の身舎上部の仏塔のレベルでメール山を中心とする世界像が再現される。

インド洋ではヒンドゥー、大乗仏教の交流が貿易と並行して活発化し、南部南アジアと中国の間に成立した直行航路の両端にあたる、ナーガパッティナムにシュリーヴィジャヤの仏教寺院（1005頃、1267）が建設され、泉州に1281年にチョーラナードゥ様式のヒンドゥー祠堂が建設された。ガンガイコンダーチョーラプラムの王宮は発掘から、木造礎石建ちで瓦屋根を

▶図10-30　アンコール・ワット

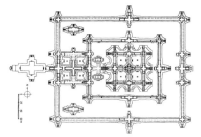

▶図10-31　アンコール・ワット平面

▶図10-32　チャンディ・ジャウィ

Lecture 10……「ヒンドゥー建築」の世界史　世界秩序を体現する寺院

もったことが知られ、東南アジアの王宮との類似性が指摘される。スリランカの王都ポランナルーワに12世紀後半に建設された祠堂サト・マハル・プラサーダはドヴァーラヴァティーのラタナチェティーの外観をもつ。上座部仏教の交流も継続していた。

4. ヒンドゥーの諸宗教への混在
（14〜18世紀）

　北部南アジア一帯は、13世紀以降デリー・スルターン朝によりアフガニスタン、ペルシア、中央アジアに出自をもつイスラーム王朝の統治下に入る。南部南アジアは、16世紀にヴィジャヤナガラ朝の興隆があるが14世紀からイスラーム化する。島嶼部東南アジアは、マジャパヒト朝の文化がバリ島とロムボク島（インドネシア）に継承され、残りの大部分は15世紀からイスラーム化する。大陸部東南アジアは、13世紀のモンゴルの衝撃の後、スリランカから招来された上座部仏教が大乗仏教に代わって受容される。16世紀以降キリスト教文化のヨーロッパも成長するインド洋貿易へ参入し、これらの諸宗教が社会と建築の形成を主導するようになる。庇護者である王朝、教義や儀礼に携わる僧侶、建設に携わる職能集団、信仰する人々という異なる主体が、それぞれに宗教間の連続性を探求し、複数の宗教に跨る活動もおこなってきた南アジア、東南アジアでは、これら新たな宗教の要素と混淆しながらヒンドゥーの建築が形成され、また、ヒンドゥーの要素は他の宗教建築に継承された。宗教とその建築は多義性によって他の宗教、建築と結びつき、それぞれの輪郭はあいまいだった。地域文化も混淆し、ベンガルではレンガ造、ケーララでは木造の独自の寺院建築が発達した（▶図10-34）。ゴアでは、モスクのようなドームを載せ、バシリカをマンダパとするシヴァ寺院があらわれる。東南アジアでは、モスクやスルタンの王宮は、ヒンドゥー祠堂、上座部仏教の王宮と同じ木造重層屋根をもつ。世界の柱となる中心寺院はワット・マハータート、ヒンドゥー祠堂はテーワサターン（▶図10-35）として上座部仏教のバンコクへ継承された。上座部仏教でも王＝神だった。ただ王は仏教と民への徳のあるおこないにより正当性を保証される転輪聖王となり、世界を忠実に写した都市の建設よりも、治水など住民へ具体的利益の還元される事業に建設活動の重点が移る。

5. 植民地近代、
ポスト・ナショナリズム（19世紀〜現在）

　19世紀にはじまるヨーロッパの植民地統治の下でも貿易と交通は活性化し、3つの大地域は一体化する。ヒンドゥー、上座部仏教も他の宗教も、植民地の構築する近代世界秩序の下で存続し、その重要な構成要素となった。諸宗教の新たな担い手となったのは、南ア

▶図10-33　スーラーマニ寺院

▶図10-34　チャイティヤ堂から発達したミシュカール・モスク（ケーララ）

▶図10-35　バンコクのシヴァ神のテーワサターン（神祠堂）

ジア、東南アジアに出自をもつ近代社会の市民たちであり、ヨーロッパの建築理論を受容し、特定の宗教が特定の形態を固有のものとして独占する、多義性を排する建築が建てられるようになる。市民の増加と移動とともに、宗教間の多義的連続を認めない新たなヒンドゥー建築、上座部仏教建築が地理的範囲を拡大しながら建設される。ヒンドゥーも上座部仏教も、科学・技術を基調とするヨーロッパ発の近代世界の文化と混淆しながら固有の建築を探求し、時にはモダン・ムーヴメントのパトロンともなった。ホーチミンのテンダイ・ユッタパニ寺院（20世紀前半、▶図10-36）では、世界の包括的な姿を体現するヴィマーナに、勉学に励む洋装の人物が登場する。多様な文化を互いに関連付けながら発達したヒンドゥー建築は、近代世界の文化も取り込んで発達する。アラヴィンドゥ・アーシュラム（1926、▶図10-37）は、パーンディッチェーリ（インド）に建設された瞑想施設である。宗教家のアラヴィンドゥ・ゴーシュが、因習を脱した根本原理に基づく瞑想空間の創出を目指し、モダン・ムーヴメントの建築家アントニン・レーモンドを招いて建設した。インドで最初のモダン・ムーヴメントの建築である。

20世紀中期に、3つの大地域の各地は細分化して国民国家として独立し、南アジアと東南アジアとは分離した地域となった。1980年代からはグローバル化で、ヒンドゥー、上座部仏教建築の建設される範囲は地球規模へと拡大した。近代世界の文化との混交はいっそう進み、各地で新しい建築が再び生み出されている。他方で、宗教間の多義的連続は回復されず、宗教を越えた建築の混交は依然稀である。

1970年に設立されたヒンドゥーの布教団体ISKONのバンガロール寺院（1997、▶図10-38）は、チョーラナードゥ様式のゴープラと近代的なガラスのピラミッドを合成したポスト・モダンヒンドゥー建築である。内部にはクリシュナの巨大な立像が安置される。祠堂が消失しゴープラのみで形成される構成はチョーラナードゥ寺院の最終形態ともいえる。ワット・プラ・タンマガーイのタンマガーイ・チャイティヤと野外瞑想場（2000-04、▶図10-39）は、バンコク郊外のクロン・ソンに位置する。1970年に設立された新たな瞑想法の布教団体タンマガーイの中心寺院である。上座部仏教をつうじて社会の近代化をしようとするタンマガーイ運動の中心として、タイ社会で大きな力をもつ。タンマガーイ・チャイティヤと野外瞑想場は、外周の濠を含めて1辺約1000mの正方形の多目的施設であり、年に1度タイおよび全世界から人々が一斉に参集する大瞑想会の会場である。個人の行為である瞑想を集団的行為として組織する空間上の仕掛けをもつ、瞑想アリーナと呼びうる建築である。チャイティヤはストゥーパの形態を抽象したドーム型で、中央に安置された30万体の黄金仏を中心として同心円状に仏、法、僧が表現される。チャイティヤを中心として正方形の広場があり、その外側を、装飾のない打放しコンクリートのラーメン構造による吹放ちの2階建テラスが取巻く。広場と外周建造物の平面は、瞑想に要する1人あたりの面積を基礎単位とするグリッドに基づいて決定されており、地上面と2階部分とをあわせて90万人の収容人数をもつ。中央のチャイティヤは瞑想者数十万人の意識の焦点となる。布施の額が教団内での地位に影響し、瞑想時の中央チャイティヤからの距離にあらわれるという参加者同士の競争原理も組み込まれており、儀礼に関わる物的、象徴的、社会的機能が包括的に計画された仏教機能主義の建築である。

▶図10-36　テンダイ・ユッタパニ寺院のヴィマーナ

▶図10-38　ISKONバンガロール寺院

▶図10-37　アラヴィンドゥ・アーシュラム

▶図10-39　タンマガーイ・チャイティヤと野外瞑想場

Column……10

王都アンコール・トム
ヒンドゥー教と仏教の宇宙観を象る

下田 一太

▶図C10-1　アンコール・ワットの回廊に制作された乳海攪拌の浮彫（中央部分）

　曼荼羅はインドやその影響下にあった地域において宗教を基調とした空間構造を形象化するうえで広く重要な役割を果たしたが、宗教建築や都市の設計にあたってはそのほかにも引用されるべき多様な神話的世界や宗教思想があった。12世紀末に築造されたアンコール王朝の王都アンコール・トム（Angkor Thom）とその中央に位置するバイヨン（Bayon）寺院は、複数の宇宙観を重層的に用いて秩序づけられた独創的な造型表現であった。当時の治世者は神話や宗教を設計原理として都市と建築を一体的に具現化し、国民の心を結束し、国威発揚の象徴としたのである。

アンコール・ワットの浮彫に見る「乳海攪拌」

　王都アンコール・トムにおける重要な設計原理の一つにヒンドゥー教神話「乳海攪拌」がある。乳海攪拌は敵対する神々デーヴァとアスラが協力し、ヴィシュヌ神の助言のもとで不老不死の甘露アムリタを獲得する神話である。インドの二大叙事詩ラーマーヤナ、マハーバーラタのほか、ヒンドゥー教の諸様相を示すプラーナの各文献には多少の筋書きを違えながらもこの神話が組み込まれている。

　アンコール王朝の建築家は多くの寺院にこの神話を好んで彫刻したが、中でも12世紀前半に建立されたアンコール・ワット（Angkor Wat）の回廊に制作された長さ50mにも及ぶ乳海攪拌の浮彫は、ヒンドゥー教芸術の至宝とも位置づけられる精緻かつ壮麗な作品である（▶図C10-1）。この長大な浮彫は、ヴィシュヌ神を中心に左にアスラ（阿修羅）、右にデーヴァ（男性神）がずらりと並び、双方が協力して竜王ヴァースキの胴体を綱として押し引きして中央のマンダラ山を回転させ大海を攪拌する場面を描いている。神話において、マンダラ山中は竜王ヴァースキの口から吐き出された炎と攪拌による摩擦のために火の海と化し、あらゆるものが焼失したとされる。既存の世界を象徴するマンダラ山中の全生物の消滅は、宇宙が混沌へ帰したことを意味する。その後、神々の王インドラが火を鎮めるために山に水を注ぐと、樹液や薬草のエキスが海へと流れ込み、不死の力をもつ乳液が生じた。さらに一千年にもわたり攪拌が続けられると、海中からは太陽、月をはじめとして天女アプサラや聖馬など、文献によって多少の異同はあるが、新たな世界を構成する様々なものが出現し、ついに医神ダヌヴァンタリがアムリタの入った白い水瓶を携えて誕生するのである。

　アンコール・ワットの浮彫では、神々の上方に攪拌によって生じた無数のアプサラが舞い、ヴィシュヌ神の右上には彫刻が未完成であるものの、神馬やインドラ神の乗り物であるアイラーヴァタ象らしき姿が認められる。想像を逞しくするならば、ヴィシュヌ神右下の未彫刻面にはアムリタの入った水瓶が彫刻される計画、もしくは攪拌によって将来アムリタが生じることを想起させる余白であったと考えてもよいだろう。

　このストーリーの本質は創世神話であるものの、宇宙は一度破壊され、その後新たに再生されたとする経緯は見逃せない。アンコール遺跡に表現された多くの乳海攪拌の場面では、攪拌棒の上にブラフマー神が認められるが、これはヒンドゥー教の三大神によって破壊と創世の繰り返しを暗示する神話「アナンタ蛇神の上で寝るヴィシュヌ神からのブラフマー誕生」の場面が乳海攪拌に重ねられたためで、インドには認められないクメール独自の創生神話の融合であった。乳海攪拌が好まれたことや、破壊からの再生を意味する神話を重ねて創世神話を強調した発想は、アンコール王朝における歴代王位が必ずしも平和裏に継承されず、武力による簒奪が少なくなかったことに起因しているのかもしれない。前王による治世を破壊したうえで、新たな支配秩序を再構築することを正当化するために、こうした創世神話が巧みに利用されたのである。

　実にアンコール・ワット寺院内に限っても乳海攪拌は5か所にも彫刻されている。この寺院を建立した王スーリ

ヤヴァルマン2世は、国を二分する勢力を有したダラーニンドラヴァルマン1世との激しい勢力争いを制し、新たな統治を開始した。こうした状況にあって、護国寺院の建立にあたりこの神話は政策的に強調されたのだろう。一方で、乳海攪拌は2つの相反する勢力が協力関係を築いて世界を再生する神話であることにも留意したい。神話において不老不死の妙薬アムリタは一方の勢力に独占される結末を迎えるのだが、少なくともこの場面で表現されている協調関係は、異なる勢力の共生を象徴しており、治世者の寛容な政策を明示しているようでもある。

王都アンコール・トムから版図全域に拡張された神話世界

アンコール・ワットを建立した王の死去後、国内は王位篡奪などの内乱が生じ、その混乱に乗じて隣国チャンパ（Champa）によって、建国以来初めて侵略される憂き目にあう。こうした状況から王都を奪還し、国を復興した王であるジャヤヴァルマン7世が新たに築造した都市がアンコール・トムである。都城中央には護国寺院バイヨンが建立され、寺院から四方へ延びる参道と、その北側に位置する王宮の正面から延びる大路にあわせて、周壁には計5か所の大門が構えられた（▶図C10-2）。

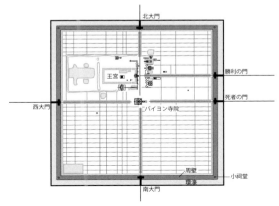

▶図C10-2 アンコール・トム平面図 アンコール遺跡群の中央に位置する12世紀末に築造された王都アンコール・トム。一辺3kmの方形の都城で、幅100mの環濠とその内側には高さ約8mの周壁を巡らせた堅牢な造りである

各大門前方の環濠に架かる橋の上には、竜王ヴァースキを引くデーヴァとアスラの巨像が並び、乳海攪拌の場面が立体的に表現された（▶図C10-3）。神々によって回転される攪拌棒であるマンダラ山は、都城中心に山のように聳える護国寺院バイヨンである。都城の四隅に配された小祠堂に刻まれた碑文には、「勝利の山」とその麓にせる「勝利の大洋」について記され、乳海である環濠の中

▶図C10-3 アンコール・トム南大門 南大門の前方に延びる環濠に架かる橋の両側には、竜王ヴァースキの胴体を引くデーヴァとアスラの巨像が左右にそれぞれ55体ずつ並び、橋の欄干をなし、立体的な乳海攪拌の場面を表している。
環濠に架かる5筋の橋上にはいずれも同様の場面が構成されている

央に位置する護国寺院からは世界の再生に必要とされる聖宝物が創生されるよう祈願された。

版図全域の復興にあたっては、この王都から主要な地方都市へと延びる5筋の幹線道路が整備された。いわゆる王道と呼ばれるこの幹線道路沿いには、計121の「灯明の家」と呼ばれた教育施設が規則的に配置された。アンコール・トムの五大門と5筋の幹線道路の連絡関係については考古学的調査が不足しており確かではないものの、東方に2筋、その他三方にそれぞれ1筋ずつ延びる王道とアンコール・トムの五大門とは、少なくとも理念上は対応していたものと考えられる。つまり、マンダラ山に巻き付くヴァースキの胴体は王都の五大門から版図全域へと延び、国土全体が神話の世界に投影され、全国民が乳海攪拌という神話世界に参画したのである。隣国によって蹂躙された国土は、こうして乳海攪拌の神話的世界に重ねられ、国民の総力をあげて復興を推し進めるべく企図されたのである。

護国寺院バイヨンにおける塔の象徴性

マンダラ山として表現されたバイヨン寺院には多数の塔が林立し、全体として1つの小高い山容をなすが、中央に聳える高さ32mの塔が攪拌軸をなす山頂として宇宙の中心に位置づけられた（▶図C10-4）。中央塔の室内には全高5m近い大仏陀坐像が配されたが、その聖室内は一切の装飾がない荒々しい壁面のままで、無装飾恐怖症ともいえるほどに壁面を彫刻で飾り立てなくては気が済まない当時の彫刻家の性向からすればきわめて異質な空間である。聖室は何枚もの扉を通過した最奥の小部屋であり、一切の光が差し込まない暗室であった。ヒンドゥー寺院において、本殿の聖室は「ガルバ・グリハ」つまり子宮と呼ばれ、生命誕生の空間とされた。子宮とされる聖室は人間が荘厳する一切の手立てがないほどに神秘に満ちた空間であり、攪拌によって聖宝物が次々と創生されたマンダラ山と重ね合わされたのである。アンコール・ワットにおいて乳海攪

▶図C10-4　バイヨン寺院　約150m四方の平面規模を有する回廊内には52基の塔が密集して配置される。伽藍中央の第3層目のテラス上には、複数の塔が寄り添って一体化した中央塔群が配され威容を誇る。中央塔の現高は32mだが、積み上げられた石材の中には崩落したものも多く、建立当初は一回り大きな量感を伴う中央塔群であったと推測される

▶図C10-5　バイヨン尊顔　各塔の側面に彫刻された尊顔。バイヨン寺院内には173面が残存し、いずれも少しずつ異なる表情を示す。すでに崩落した塔もあり、往時は同寺院内で200面に近い尊顔が存在したと考えられる。12世紀末から13世紀前半に建立された主要な寺院に尊顔は共通して表現されているが、この人面が意味するところに関してはいまだ議論が尽きない

拌中央のマンダラ山が未完成のままに残されたのもまた、バイヨン寺院の聖室が無装飾とされたのと同様に、人智を超越した計り知れない創生の様を表現することが彫刻家にとって越権的な行為とされたためかもしれない。

さて、このマンダラ山の頂をなす中央塔をはじめ、境内の各塔には巨大な顔が四面に彫刻され、一般にそれらは尊顔と呼ばれる（▶図C10-5）。アンコールの建築史において突如として現れた穏やかにほほ笑むこれらの尊顔は何を表象しているのか、これまで多くの説が提示されてきた。

アンコール遺跡群が西洋に再発見されてから間もない1880年代から1900年代、バイヨン寺院はいまだヒンドゥー教に捧げられた大伽藍と理解されていた。この当時、尊顔は4面の顔を持つブラフマー神であると考えられていた。その後1910年代には、寺院の主尊はリンガを祀るシヴァ神であると主張され、尊顔の額にある装飾がシヴァ神の「第三の眼」と考えられ、尊顔は男性器の外面に顔を持つ「ムカ・リンガ」、つまりシヴァ神の象徴であるとする見解が示された。1925年には建物の解体調査によって基壇の内部に増築により隠されていた観音菩薩の彫刻が発見され、ついに仏教寺院として建立されたことが明らかになるに至り、尊顔は観音菩薩を表現したものと理解されるようになった。あるいはアンコール王朝に通底する神王思想（デーヴァ・ラージャ）に基づき、四方を向いた尊顔は王自身が国内を遍く見渡している表現であるとする説や、尊顔はこの地における土着的な精霊信仰を象徴した存在であるとする主張も併存していた。

近年には、尊顔は3種に大別され、それらの表現の違いからデーヴァ（男性神）、デヴァター（女性神）、アスラが混在しているという説が提示された。これら三神は、仏教とヒンドゥー教に共通する存在であり、天上界に存在するあらゆる神々の表象として寺院に表現されたもので、宗教の共生思考、王の寛容な宗教観を明示したものと考えられた。しかしながら、すべての尊顔に対してこの三分法を適用して分類することは困難であり、この解釈も一般化するには至っていない。このように尊顔の表現が固定化されず、多様な細部表現を許容していることから、これらが無形の神、金剛薩埵であるとする説も提示されている。この神はかつて仏陀を警護する鬼神であったが、中期・後期密教では最高位の菩薩に変遷した。日本では金剛力士像へと派生する神である。無形であるがゆえに時と場所を越えて遍在し、全知の存在とされる。この説はバイヨン寺院が後期密教のタントラの立体表現であるという解釈にも通じる。

こうした様々な説のいずれが正しいのか結論には至っていないが、あるいはこれら複数の説はいずれも設計者の企図したものであり、尊顔は多重の神性を有する象徴であったと見做すこともできる。というのも、この寺院は複数の構想を重層的に表現することが目的であったと考えることができるためである。寺院に残された碑文から、この寺院に祀られた多数の神々による複雑かつ壮大な構想を整理したい。

寺院に重ね合わされた多層の思想

バイヨン寺院は大きく三層の段台型の構造よりなり、複数期に及ぶ増改築を経て今見る姿に至ったことが明らかになっている（▶図C10-6）。大きく四段階の増改築が推測されているものの、いずれの段階も未完成で、次々と変更された計画に追従して改変が加えられたようである。

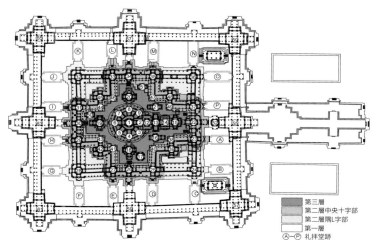

▶図C10-6　バイヨン寺院平面図　バイヨン寺院は外から中央にむけて、第1層から第3層へと3段のピラミッド状に基壇が築かれ、その上に中央塔を第1塔として周囲に向かって時計回りに第2、第3と番付された多数の塔が密集する（寺院内の各所には通し番号が与えられているが、本図中では塔状の建築のみの番号を付している）。第1層には外回廊が巡り、その内側には経蔵と呼ばれる施設が南北の東側に対になって配されるが、当初は礼拝堂と呼ばれるA-Pの施設が計16基が配置されていた。第2層は方形の内回廊が巡らされるが、当初は十字型の平面構成であり、その四隅にL字型の回廊が後補されたものである。第3層の十字形テラス上の中央には八方に副塔が取り付く中央塔群が屹立し、8葉の蓮弁が寺院中央に大きく開花するような独特の平面形式をなす

　寺院には計44の碑文が塔の扉枠などに残されている。多くの碑文は劣化や人為的な破壊を受けているが、少なくとも120の神々の名前が認められ、多くの塔に祀られていた神を把握することができる。

　第1層の塔には国内各地の神々が祀られていた。神々の所在する方向に合わせて配置されたものもあり、寺院は王国の縮図であったと考えられる。外回廊内側の礼拝堂の神々の名称からは、四維に対するローカパーラ（方位神）の存在が浮かび上がる。つまり北東にイシャナ、南東にアグニ、南西にニルリティ、そして北西にはヴァーユに関連づけられる神々が配されており、寺院が地理的モデルであったことが裏づけられる。

　第2層には28基の塔が配されるが、当初の十字型平面の回廊時に構成された24基に対して計画的に神格が配置された。横に並ぶ3塔（37-22-23、38-39-40---）で1セットをなし、各セットの中央の塔に仏陀、右側の塔に観音菩薩、左側の塔に般若波羅蜜菩薩を祀り、計8セットの三尊形式が八方を向き、全世界に遍く存在する様が表現された。加えて、各塔にはアンコール王朝の歴史上の王族やエリートが上述の各神像とあわせて祀られた。男性は観音菩薩の塔に、女性は般若波羅蜜菩薩の塔に祀られた。寺院北半の塔にはジャヤヴァルマン7世の先祖が祀られ、南半の塔は祭祀や貴族高官の寺廟とされたようである。

　第3層の中央塔には寺院の本尊としてムチリンダ竜王に守護された仏陀像が安置され、その前方の塔2の室内にはジャヤヴァルマン7世自身が祀られた。中央塔群の北東に位置する塔21には薬師如来が日光菩薩、月光菩薩を伴う三尊形式として祀られた。王は国内102か所に治癒の神である薬師如来を祀る施療院を建立し、諸病平癒の加護祈祷のほか、薬石・薬草を供与したことが同時代の碑文より知られており、全国各地の施療院を加護する存在であったと考えられる。

　さらに寺院全体の神々の配置を俯瞰すると、西面には10世紀半ばの王であったラージャンドラヴァルマンとその所縁の深い神々が、南面には9世紀後半の王であったインドラヴァルマンに関連する神々が群をなして配されていることがわかる。隣国チャンパを征伐したラージェンドラヴァルマンと、アンコール王朝の創設に重要な役割を果たしたインドラヴァルマンが歴代の王の中でもとくに偉大な先王として称えられたのである。加えて、寺院全体では東面にブラフマー神、北面にシヴァ神、西面にヴィシュヌ神とヒンドゥー教の三大神が配され、また南面は神々の王インドラと仏陀の領域とされ、二大宗教およびヒンドゥー教の宗派間での均衡をとりつつ伽藍全体の各神域が構成された。碑文の記述から判明するこの根本的な配置計画は、回廊の浮彫をはじめとした建築各所の装飾モチーフとも整合するもので、本尊である仏陀を中心としたパンテオンの構造は参拝者に対して視覚的に表現されたのである。

　こうしてバイヨン寺院には国内各地の神、歴史的に神格化された人物、三尊形式よりなる仏の世界、ヒンドゥー教の三神と仏が均衡をなす宇宙観、そして土着の神性が重層的に意味づけられた。さらにこの寺院は、王都アンコール・トムそして国土全体の基本構想をなす乳海攪拌のマンダラ山にも重ねて位置づけられた。隣国による侵略を受け、国民が精神的に極度に疲弊していた中にあって、ありとあらゆる神話や宗教上の宇宙観を国体の象徴をなす護国寺院と王都に重ねて実体化することにより、力強い復興の象徴とした。それが王都アンコール・トムであり、護国寺院バイヨンであったのである。

Column 10……王都アンコール・トム　ヒンドゥー教と仏教の宇宙観を象る

Lecture 11

「建築様式」の世界史
様式論の構造と変遷

杉本 俊多

1. ルネサンス期の古典様式再生

「様式」（伊語：stile、独語：Stil、英語／仏語：style）の言葉は、そもそも尖ったペン先を意味するラテン語のstilusに由来し、その書き手の文体を指す言葉となり、やがてある民族、地域、時代に固有の社会的に共有された造形的な特徴を指す言葉になっていった。

ルネサンス後期の芸術家ジョルジオ・ヴァザーリが著した『美術家列伝』（1550）はディセーニョ（素描・造形力）で共通する画家、彫刻家、建築家の詳細な人物伝を書き、それぞれのマニエラ（手法）の違いを提示した（▶図11-1）。彼は古代末期から中世に至る芸術の衰退期から脱し、古代復興が始まる14〜16世紀にかけて、萌芽期、準備期、完成期の3段階をなしてきたというマニエラの発展史観を示したが、それは「様式論」の源とされる。彼はそもそも素描（デッサン）を意味したディセーニョという言葉を、素描を通して直感的に把握され、作品化へと至る造形力までを含む言葉として用いており、それは今日言うデザインという言葉に発展する。また、この時代に建築は中世の組織的な職人仕事から、個人の天才的な芸術性の上に立つ、今日のアーキテクチャー概念の時代に移る。

この頃のイタリアでは、その名がゲルマン民族のゴート族に由来する中世のゴシック様式は、ドイツ（テデスコ）の様式として嫌われ、建築家たちはローマ帝国時代の古代（アンティコ）の建築遺構を実測するな

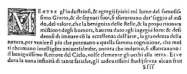

▶図11-1　ジョルジオ・ヴァザーリ『美術家列伝』、ミケランジェロの項冒頭頁

▶図11-2　L.B.アルベルティ「サンタ・マリア・ノヴェッラ教会堂」（フィレンツェ、1456-70）

▶図11-4　F.ボッロミーニ「サン・カルロ・アッレ・クゥトロ・フォンターネ教会堂」（ローマ、1638-67）

▶図11-3　アンドレア・パラディオ「ヴィラ・ロトンダ」（ヴィチェンツァ、1567-91）

どして古代の建築様式への復帰を図り、ここに様式意識が顕著となる。14世紀のイタリアでは、人文主義者たちによって古代ギリシャ・ローマの文献が読み直され、秩序正しい様式体系を持っていた古典様式の再生が始められる。

15世紀の初め、フィリッポ・ブルネレスキはゴシック様式で建築されてきたフィレンツェ大聖堂のドームの設計に際して、ローマで古代建築の研究を行いつつ、併せて創意ある技術革新をもたらす。また、人文主義者レオン・バッティスタ・アルベルティは、『建築書』（1452）を著し、はるか昔の古代ローマのアウグストゥス帝に献じられたウィトルウィウスの著作『建築十書』の解釈を通して、古典様式の再生を図る。彼がファサード・デザインを行ったフィレンツェのサンタ・マリア・ノヴェッラ教会堂は、下部にゴシック尖頭アーチを残しつつ、上部に古代神殿形を載せ、古典の装飾と幾何学的な比例で一新したが、それは様式変化を象徴している（▶図11-2）。

マニエリスム（後期ルネサンス）へ移行する16世紀には、アンドレア・パラディオが排他的に古典（クラシック）様式の造形文法を整備し、古典主義（クラシシズム）を大成する（▶図11-3）。この時代にはほかにも多くの建築書が著されるが、それらはオーダー書とも呼ばれる様式雛形図集となって普及し、ヨーロッパ規模のルネサンス様式の文化となる。しかし、それは初期・盛期ルネサンスの理想主義を逸脱し、次第に装飾的な建築文化に移行する。17世紀には古典様式は変形や誇張を加えられてカオス化し、曲面造形や力動性をもって統合される華麗なバロック様式へと変化する（▶図11-4）。また18世紀には繊細な表層デザインのロココ（後期バロック）様式へと移行する（▶図11-5）。後述するように、このルネサンスからバロックへの様式変遷についての造形心理に着目した研究が様式論の高揚期を呼び起こすことになる。

2. クラシックとゴシックの対峙

17世紀にはフランスの建築アカデミーを舞台に、古典主義の伝統上に古代様式を順守すべきか現代感覚によるべきかという新旧論争が起こる（▶図11-6）。そして、現代様式としてのバロックが究極へと向かう18世紀半ば頃、これを批判して、改めて古代の様式への復古運動が起こる。古代ギリシャ彫刻の輪郭線に着目し、「高貴な単純と静かな偉大」という名文句で一世を風靡したドイツ人考古学者ヨハン・ヨアヒム・ヴィンケルマンは、イタリアに残る古代遺構を調査し、『古代美術史』（1764）を著し、ギリシャ芸術を古い様式、大いなる様式、美しい様式、模倣の様式という4段階に整理し、萌芽、成長、開花、衰退に相当する過程があったことを明らかにした（▶図11-7）。ここに本格的な学術としての様式論が始まったとされる。

18世紀啓蒙主義はあらゆるジャンルの科学を誕生

▶図11-5　バルタザール・ノイマン「フィアツェーンハイリゲン巡礼教会堂」（中部ドイツ、1743-72）

▶図11-6

▶図11-6 現代派C.ペローによる『ウィトルウィウス建築十書』仏訳表紙絵に見る現代建築
▶図11-7　J.J.ヴィンケルマン『古代美術史』第一巻表紙

▶図11-8　スチュアート＆レヴェット『アテネの古代遺物』に掲載されたアクロポリス聖域入場門プロピュライアの実測図面

▶図11-9　P.-A.ヴィニョン「マドレーヌ教会堂」（パリ、1806-）

させ、近代を始めたとされるが、考古学もまたそれに含まれた。建築界では、フランス人J.-D.ル・ロワ、イギリス人のJ.スチュアートとN.レヴェットが、当時はイスラム教徒の国オスマン帝国が支配していたギリシャに相次いで旅し、古代ギリシャの建築遺構を初めて実測調査し、精細に図面化して出版し、古代ギリシャ礼賛のブームを牽引する（▶図11-8）。1800年前後の時代に、ベルリンではアテネ・アクロポリスの聖域入場門プロピュライアを模したブランデンブルク門が、またパリでは古代ローマ神殿メゾン・カレを模したマドレーヌ教会堂が建ち、古代の様式を精確に再生することが最大の美的価値となっていた（▶図11-9）。そしてヨーロッパ各国に建築史学者が出現し、古代の建築様式を解説、評論する書籍が登場し、アカデミーで講述された。

そのようなはるか古代ギリシャを超越的な理想とする新古典主義の思潮に席巻される一方、身近にある足元の中世社会を見つめ直す動きがあり、民俗学が誕生し、キリスト教のもとの共同社会が再評価され、また政治的な混乱は民族主義を呼び起こし、19世紀初期のロマン主義運動の隆盛をもたらす。それはゴシック様式を旗印にし、ここに普遍的で超越的な古典様式と社会共同体の媒介となるゴシック様式の間の対立が鮮明となり、時代は新古典主義の一元論からネオ・ゴシックとの二元論の時代へと移行する。

ドイツではボワスレー兄弟ら、ロマン主義文化人を中心にして、未完のゴシック建築だったケルン大聖堂完成事業の一大国民運動が展開される（▶図11-10）。フランスの建築家E.E.ヴィオレ＝ル＝デュクは中世の教会堂や都市の文化財修復活動に精を出し、1850〜60年代に『中世建築事典』（1856-68）を著し、また『建築講話』（1863-72）ではゴシック様式を近代的な鉄骨構造に発展させる理論を提示した（▶図11-11）。彼はパリ・ボザールで古典主義系とゴシック系の学問的な対立を引き起こす。イギリスでは18世紀からゴシック趣味が生まれていたが、1848年に活動し始めるラファエル前派の芸術家、批評家たちが中世回帰を促した。イギリス国会議事堂はネオ・ゴシック様式で建築され、その設計助手だったA.W.ピュージンは中世の宗教社会を理想としてキリスト教建築学を起こす（▶図11-12）。その流れは、『ヴェネツィアの石』（1851-53）等で中世主義を展開した思想家ジョン・ラスキンを通してイギリス的伝統となる。

3．分類学・発展史

新古典主義とネオ・ゴシックの二元論に対し、19世紀半ばにはネオ・ルネサンスが割って入り、多元論の時代へと移行する。建築設計教育の体制が整備されていくとともに、建築史の学問は急速に進展し、歴史様式の学術的な整理が進行し、分厚い建築史の書籍が出版されるようになる。ゴシックで一括されていた中

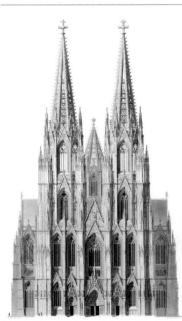

▶図11-10　ボワスレーによるケルン大聖堂完成事業のための西正面図案(1821)

▶図11-11　E.E.ヴィオレ＝ル＝デュク『建築講話』、鉄骨造ホール案

▶図11-12　Ch.バリィ、A.W.ピュージン「イギリス国会議事堂」（ロンドン、1836-60）

▶図11-13　W.チェンバースの設計したパヴィリオン群のあるキュー・ガーデンの風景

世は、より細かく分かれてロマネスク（ローマ風の意）、古キリスト教（ビザンチン）様式、またイスラム教が生んだ建築様式としてサラセン様式の名も登場する。他方、近世についてはフランス人によってルネサンス（再生の意）という名称が確定するとともに、その退廃としてバロック（歪んだ真珠を意味するイタリア語のバロッコから）、その終末期の装飾様式ロココ（フランス語の石＝ロカイユ、貝＝コキーユから）の名称が現れる。また後期ルネサンスにマニエリスム（手法主義の意）の名称も与えられることとなる。そこには同時代の自然科学の分類、発展史に見られる方法に共通した様式分類学と建築史全史の体系化がなされていった。そして建築の実践では、ネオ・ロマネスクやネオ・バロック等、さらに多元化する。過ぎゆく新古典主義期に立って建築家ハインリヒ・ヒュプシュが著書『いかなる様式で建築すべきか』（1828）で問いかけたように、様式問題が建築家の重要なテーマとなり、1850年前後には各国の建築ジャーナリズムで「様式論争」が展開される。設計競技では各種の歴史様式からの選択が課題となり、建築家は様々の歴史様式をマスターし、建築物の性格に応じて使い分けする折衷主義の能力が求められた。

ヨーロッパの建築家、建築学者たちの視野は次第に拡大していく。15世紀に始まる大航海時代は世界各地域の建築様式の情報をヨーロッパにもたらし、エキゾチシズムが特異な様式を生む。18世紀に生まれるイギリス式庭園ではピクチュアレスク（絵画風）の美学の誕生と共に、中国の仏塔を模した多重塔のパビリオンなどが好まれた（▶図11-13）。19世紀の帝国主義時代には世界の植民地から情報が集められ、1851年のロンドンに始まる万国博覧会シリーズは世界の様々の芸術様式を知らしめることとなる。

大英帝国を築いたイギリスでは、インドで商人として活躍したジェームズ・ファーガソンが著した『図説建築ハンドブック』（1855）、『すべての国々の建築史』（1865）はアジア、アフリカ、アメリカを含む世界建築史の概説書の先駆けとなり、地域、宗教、時代等による多様な全様式の提示を試みた（▶図11-14）。またバニスター・フレッチャーの『比較法による建築史』（1896）は、世界の建築史を一続きに系統樹で把握する発想のもとに編まれ、改訂されつづけて今日も定番の世界建築史となっている（▶P. 11 c1-2参照）。その世界建築史は帝国主義を背景にしたヨーロッパ中心思想に偏っていることに違いはないが、グローバルな視野に立つ知識体系化の第一歩となった。

19世紀後期には既定の歴史様式群から選択する発想にも飽き、合成、統合し、溶解させるようになり、世紀末には脱歴史様式のアール・ヌーヴォー（新しい芸術）へと至る（▶図11-15）。20世紀に向かって、建築デザインは目に見える歴史様式の次元から、深層の造形心理の次元へと大きく転換することとなる。

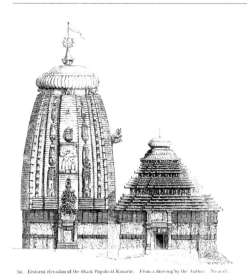

▶図11-14　J.ファーガソン『図説建築ハンドブック』にある自筆のヒンドゥー寺院建築側面図（1821）

▶図11-15　E.ギマール「カステル・ベランジェ」玄関の溶解した円柱（パリ、1894-8）

▶図11-16　エジプト・古典・ゴシック様式を積層したK.F.シンケル「解放戦争記念碑」案（1815頃）

4. 観念論哲学から心理学へ

18世紀の新古典主義は単に古代様式の模倣だけでなく、啓蒙主義哲学を通して深い建築理論を形づくっていく。19世紀へと移る頃には哲学者カントらが開いた観念論は哲学的な建築美学理論をもたらす。哲学者ヘーゲルの『美学講義』(1820年代のベルリンでの大学講義)は、エジプト建築と象徴表現、古代と古典主義、ゴシックとロマン主義を対応させ、様式を観念論で説こうとした。ベルリンの建築家カール・フリードリヒ・シンケルはそのような観念論哲学の影響を受けた建築設計を試みていた(▶図11-16)。

ドレスデンやウィーンのネオ・ルネサンス、ネオ・バロック調の劇場建築で知られる建築家ゴットフリート・ゼンパーの著書『様式』(『技術的、構築的芸術における様式あるいは実践美学』)(1860-63)は画期的な様式論となった。彼は建築の歴史を実用性から解釈し、『建築芸術の四要素』(1851)で炉、囲い、屋根、基壇という4つの基本概念を抽出し、そして『様式』では織物技術に始まって、製陶術、木構造技術、石彫術、金属加工といった具体的な各種の工法から様式を説いた(▶図11-17)。産業革命を背景に技術革新を伴って大きく社会構造、経済構造が変化する時代に、実用性や技術から説き起こすその様式論は、観念論の美学を超えて、時代を一歩進めた。しかし、美を精神から論じたい美術史家たちはゼンパーの理論を唯物論だとして反発し、19世紀末には精神史としての美術史で知られるウィーン学派を誕生させる。

その先駆者となるアロイス・リーグルは『美術様式論：装飾史の基本問題』(1893)で古代のオリエントからギリシャへの装飾パターンの発展を「芸術意思」という観点から説明した。彼は、人の心は白く空いた壁面を見るのにいたたまれず、装飾で埋めたくなるという「空間恐怖(ホロ・ヴァッキ)」の理論など、芸術の解釈に心理学を導入した(▶図11-18)。リーグルは同様の方法で、『末期ローマの美術工芸』(1908)では古典様式の衰退期ないしバロック期と見られていたローマ帝政末期芸術を、むしろキリスト教精神のもとに中世の様式が誕生するポジティブな様相として読み替えた。

近代科学として発達してきていた実験心理学は美学に影響し、心理学者テオドール・リップスらの感情移入論は美術史の分野にも応用された。そしてヴィルヘルム・ヴォリンガーは『抽象と感情移入』(1908)で、近世以降の古典様式の有機的な美を論じる感情移入論に対し、古代エジプト芸術やゴシック様式に見られる非有機的な抽象表現の存在に光を当てた。北方芸術のゴシック様式は石という材料に抗いつつ超越性へと向かう精神性を表現しているとされ、その考え方は近代芸術運動として勃興しつつあったドイツ表現主義に理論的基盤を与えた。バウハウス設立宣言文に添えられたライオネル・ファイニンガーの版画は、ゴシック大聖堂をキュビズム風に抽象化したものであり、象徴

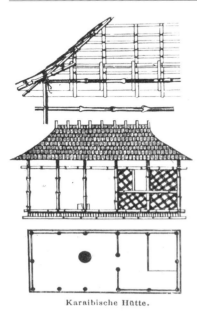

▶図11-17

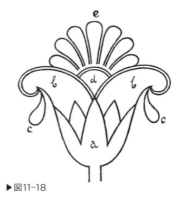

▶図11-18

▶図11-17　ゴットフリート・ゼンパー『様式』、独自の建築論を象徴する「カリブの小屋」の図
▶図11-18　アロイス・リーグル、『美術様式論』、エジプトのロータス装飾
▶図11-19　ライオネル・ファイニンガー、バウハウス設立宣言文に添付された版画

▶図11-19

的である（▶図11-19）。

5．ルネサンスとバロックの様式分析

　スイスの歴史家ヤーコプ・ブルクハルトは『イタリア・ルネサンスの文化』（1860）で知られるが、『チチェローネ』（1855）は古代以来のイタリア建築の案内書として精細を極め、文化としての建築という視点を築いた。彼の弟子に当たるハインリヒ・ヴェルフリンは、『ルネサンスとバロック』（1888）で近世建築の変遷の論理を説き、バロック建築を評価した（▶図11-20）。彼は様式解釈に形態心理学の発想を導入し、各時代の「視覚の基底」をなすものの存在に着目する。そして名著の誉れ高い『美術史の基礎概念』（1915）では近世の絵画、彫刻、建築の芸術様式を視覚芸術として総合的に論じ、古典的なルネサンスからダイナミックなバロックへの様式変遷を「線的・絵画的」「平面的・奥行的」「閉形式・開形式」「多様性・統一性」「明瞭性・不明瞭性」という対概念で解き明かした。モノとしての芸術作品と人の芸術意思の間における視覚表現に様式論的な構造が見出せることを明らかにしたヴェルフリンの理論は、以後の芸術理論の大きな発展を促すこととなる。ルネサンスの衰退期を指す蔑称だったバロックという様式名は、こうしてポジティブなものに転換される。
　ちなみに、後期ルネサンス期に相当するマニエリスムもまた、当初は小手先の遊びに溺れたスタイルとして名づけられていたが、ウィーン学派によって理念先行のルネサンスに対する人間的な感性の時代として読み替えられた。
　彫刻家アードルフ・フォン・ヒルデブラントが著した『造形芸術における形の問題』（1893）は、自らの制作活動を振り返りつつ、近接での触覚的なものとしての運動表象と、遠隔視での絵画的なものとしての視覚表象を対比させ、眼の果たす役割を重視するという理論の流れをつくる。それはコンラート・フィードラーの『芸術活動の根源』（1887）によって、造形と芸術鑑賞が視覚中心の世界で展開されていることを説く純粋可視性の理論と呼ばれるものに発展する。その流れがヴェルフリンの視覚経験を重視する様式論へとつながっていった。なお、触覚と視覚の対比はリーグルが古代から中世への様式変化を解釈するのにも活用されていた。
　その後、ヴェルフリンから美術史理論はエルンスト・ゴンブリッチ、エルヴィン・パノフスキーらに継承された。パノフスキーは芸術作品の解釈を、寓意等の決まりごとを論じるイコノグラフィー（図像学）から、背景の社会や文化へと掘り下げるイコノロジー（図像解釈学）へと前進させた。表現主義やキュービズム等、20世紀初期に抽象芸術が隆盛となることに並行して、芸術作品の様式の解釈はその対象が個別作品から、より幅広い人間的な思考にまで広げられ、芸術家の深層心理やその背景となる社会構造の読解にまで及ぶよう

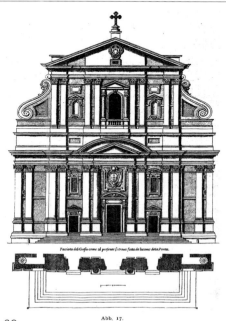

▶図11-20

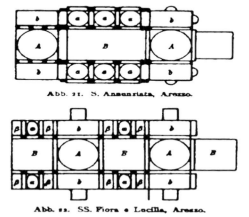

▶図11-21

▶図11-20　H.ヴェルフリン『ルネサンスとバロック』で参照、分析されたG.デッラ・ポルタによるイル・ジェズ教会堂ファサード図
▶図11-21　パウル・フランクル『近世建築の発展段階』、長堂式建築の空間組織の図式

になる。

　ヴェルフリンのルネサンス、バロック建築の分析の延長上に、パウル・フランクルは『近世建築の発展段階』（1914）でヴェルフリンの図式化の発想を継承発展させ、建築の躯体、空間、視覚像、目的性に分けて、各々に共通するルネサンスからバロックへの発展過程の時代区分を行った。そこではたとえば集中式と長堂式の教会堂の空間組織が単純な形態図式で明快に示され、空間構造そのものを様式としてとらえる方法が開拓された（▶図11-21）。ヴェルフリンに学び、ベルリン等で建築家・都市計画家として活躍したエルヴィン・A．グートキント（ガトキンド）は、後にヨーロッパ全域の歴史都市を網羅する叢書『国際的な都市発展史』（1964-68）で様式論の見方を都市形態の解釈にまで発展させる。

6．モダニズムの空間論

　ドイツ語圏の学者たちによって発展させられた美術史において、20世紀初期には「空間」（ラウム）という言葉が目立ってくる。それまでは建築物の躯体を彫刻作品のように見てその様式を論じてきていたが、躯体を反転させた雌型としての内部空間や外部空間にも造形意図が見出せるという考え方からである。アウグスト・シュマルゾーは『芸術学の基礎概念』（1905）等で、心理学の影響のもとに発達した美学理論を「空間造形」（ラウム-ゲシュタルツンク）という視点から反転させて読み替えた。人間が活動する空間にどのような社会的、時代的な感情を埋め込むかというところに建築が他の芸術と区別される理由があるとされたのである。前述したフランクルの著書でも多くが空間造形の観点から分析されていた。建築家アドルフ・ロースは『装飾と犯罪』（1908）で様式装飾が無益なものだとし、建築設計の実践でも様式装飾をはぎ取って社会にショックを与え、「空間計画（ラウムプラン）」という建築造形の方法を唱えたが、それは同時代の美学の傾向と軌を一にしていた（▶図11-22）。19世紀流の歴史様式をまとった建築物は、この時代にはファサード建築に堕していると批判され、様式論争の時代も終わりつつあった。

　ヴェルフリンのもとで学び、後期バロックから新古典主義への転換期の研究者だったジークフリート・ギーディオンはCIAM（近代建築国際会議）の事務局長としてモダニズム建築運動に大きく貢献したことで知られるが、後に著書『空間・時間・建築』（1955）で20世紀の建築が空間デザインを基調に、さらに時間次元を加え、動きのある機械のような建築像の段階に至ったとした。彼はヴァルター・グロピウスの設計したデッサウ・バウハウス校舎を、三次元空間に動きを内包する四次元的デザインとして評価した（▶図11-23）。グロピウスはモダニズムの芸術教育機関バウハウスの校長として、歴史様式や様式化そのものを徹底して排除す

▶図11-22　アドルス・ロース「ロースハウス」（ウィーン、1911）

▶図11-23　ヴァルター・グロピウス「デッサウ・バウハウス校舎」（中部ドイツ、1925）

▶図11-24　H.-R.ヒッチコック、Ph.ジョンソン『インターナショナル・スタイル』表紙

ることを試みたことで知られる。それは19世紀の様式生成という考え方からの脱却ばかりでなく、ルネサンス以来のアーキテクチャーという言葉に象徴される観念的な建築美からの離脱を意味しており、そこに空間の働きや性能に着目し、目的合理性を追求する機能主義の新しい建築像が産み落とされた。

　ちなみにバウハウスで重用されたゲシュタルツンク（造形）というドイツ語は英語では、冒頭で述べたディセーニョに由来するデザインと翻訳される。やはりヴェルフリンに美術史を学び、バロック研究者として出発するニコラウス・ペヴスナーは、ドイツからイギリスに移住した後、『モダン・デザインのパイオニア』（1949）を著し、ウィリアム・モリスのアーツ・アンド・クラフツ運動からバウハウスの近代運動への流れを、抽象的な次元での様式的な系譜として解き明かした。

7. 様式論の現代

　20世紀初期に抽象芸術の隆盛を背景に起こったモダニズム建築は、そもそも様式というものを否定し、建築をその用途から理性的に造形する機能主義のデザインへと促したはずだったが、ヨーロッパでの脱様式の苦闘をよそに、アメリカのフィリップ・ジョンソンとヘンリー＝ラッセル・ヒッチコックは展覧会と著書『インターナショナル・スタイル』（1932）を通して、ヨーロッパの近代運動がもたらした建築像を「国際様式」と命名した（▶図11-24）。

　20世紀後半には、世界に普及した禁欲的な機能主義の形骸化が批判され、理性主導から感性志向へと転じて快楽的な建築が求められ、そこに歴史様式の復権も見られた。チャールズ・ジェンクスは『ポスト・モダンの建築言語』（1977）において、かつての様式論に相当する観点が有効であることを示した。

　ヴァザーリやヴィンケルマンに始まり、リーグルやヴェルフリン、フランクルらが明らかにした、古代や近世において一定の様式の誕生、発展、衰退といった周期が見られるという様式観は、実は様式から自由になったと思われている近代にも適用できる。建築史上では、近代は18世紀中頃にバロックから新古典主義へと価値観の大転換が起こったところに始まるが、それは18世紀末頃に純粋幾何学の完成した様式となり、19世紀中期にネオ・ルネサンスで転換期を迎え、19世紀後期のネオ・バロックで衰退し、19世紀末のアール・ヌーヴォーで終わる。次に20世紀型初頭の近代運動において改めて純粋幾何学が出現し、機能主義を登場させ、20世紀中頃にポスト・モダンで転換期を迎え、20世紀後期はカオス的建築へと向かって衰退期をなす。衰退期はバロック期と同様に、明快な建築形態が複雑化してカオス状態として目に映るが、リーグルやヴェルフリンが指摘したように、それは豊穣な芸術の時代でもある。

　誕生から衰退までの一周期は、大きく括られたあるひとつの大様式（古代様式、中世様式、近世様式等）の一生を意味する。大様式はひとつの形態言語の文法体系を備えており、それは基盤となる時代背景、社会構造、人間の意識の上に成り立っている。それは科学思想史においてはパラダイムと呼ばれるものに相当する。ごく大づかみにいえば、ヨーロッパにおいては古代の様式は神々の神話的世界観を表すパラダイム、中世の様式は天と地の間をつなぐ神人による一神教的世界観を表すパラダイム、近世の様式は地上の絶対君主を焦点とする人間中心的な世界観を表すパラダイムに対応している。

　そして18世紀中頃に始まる近代の大様式は科学精神にもとづく理性の時代の世界観ないしパラダイムの表れと見ることができる。そこにはすでに副次的な2つの周期を見出すことができ、19世紀の歴史様式復興による周期、20世紀のモダニズムによる周期という2段階よりなる。今現在もこの様式的なロジックは足元で進行中と見なすべきものである。そもそも様式名は後代の学者らが定めるものであり、同時代の人々に様式を創造しているという明示的な意識はない。様式の創造は無意識のうちに、目を通して、人の脳の奥で本能的、生理的に起こっている現象と思われる。19世紀末期に心理学を媒介にして様式研究が起こるが、現代心理学は現象学、構造主義、ポスト構造主義等を経て、はるかに進歩しており、また脳科学の発達を背景に、様式研究の方法はより繊細かつ論理的になり、なお曖昧に残された芸術の現象を理解できるものにしていくものと思われる。

Column……11

日本様式──和様・禅宗様・大仏様、擬洋風、帝冠併合様式、ジャポニカ

布野 修司

　「日本様式」という言葉は、建築に限らず様々な分野で日本の文化全体について用いられるが、必ずしも明快ではない。要するに「日本」（「和」）とは何かということになるが、「日本」に固有なものを特定するのは容易ではないのである。たとえば、日本建築の特質として、和室すなわち畳や障子、襖によって構成される部屋のあり方が、ヨーロッパの石の壁に囲われた部屋に対比してあげられるが、畳や襖、障子といった個々の要素は、もともとは中国にその起源がある。また、ヨーロッパにも木造建築の伝統がある。要素のみを取り出して、日本建築の特質を定義づけようとすると、いずれもほかに起源があり、日本文化の中心には何もないということになりかねない。また、それゆえ、「日本」とは何か、「日本風」とは何か、ということが歴史を通じて問われてきたということでもある。

　そもそも、「日本風」は「唐風」すなわち「中国風」に対する概念である。また、「洋風」に対する概念である。古代日本において「日本」の諸制度や文化に大きな影響を与えてきたのは「中国」であり「朝鮮半島」である。日本の文化の特質は、むしろ、外国の文化を積極的に受け入れ、それを模倣しながら、やがて自らそれを変えて独自のものとしていくところにある。

　「和様」は、一般的には7～8世紀にかけてもたらされた「唐様」に対して、日本的な要素、風味を加えたものをいう言葉として平安時代に用いられ始めるが、建築の場合は、やや遅れて、鎌倉時代に伝来した2つの様式、大仏様と禅宗様に対して用いられるようになる。その用法の起源ははっきりしないが、桃山時代の建築技術書である『匠明』には、「日本様」という言葉が用いられている。大仏様も禅宗様も明治以降に使われ始めた用語である。大仏様は、かつては天竺様といった。これも明治以降の用語であるが、天竺すなわちインドである。「和様」「唐様」「天竺様」すなわちジャパニーズ・スタイル、チャイニーズ・スタイル、インディアン・スタイルである。

　建築の様式をめぐって、日本におけるその成立、外来様式の「受容・模倣」そして「変容・創造」にかかわる基本用語をいくつかみよう。

和 様

　平安時代以来の建築様式であるとされる「和様」は、①基壇を設けず、地盤が高い場合は亀腹（縁下の土の基壇の端部を丸く白漆喰で固めたもの）を設ける、②礎石は自然石とする、③床板を張り、縁側を設ける、④柱は上下同寸法

▶図C11-1　平等院鳳凰堂

▶図C11-1-b　平等院鳳凰堂

▶図C11-3　当麻寺本堂

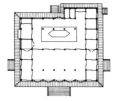

▶図C11-2　室生寺五重塔

の円柱で粽（ちまき）をつけない（上端部を細めない）、⑤柱間には切目長押、内法長押を打つ、⑥組物は簡単な形式をとり、中備（なかぞえ）に蟇股や簑束を用いる、⑦軒は平行垂木とする、⑧屋根は瓦葺以外に檜皮葺、柿葺なども多い、⑨窓は連子窓である、といった特徴をもつ。

代表的な和様建築とされるのは、平等院鳳凰堂（1052創建、▶図C11-1）、室生寺五重塔（770〜781、▶図C11-2）、当麻寺本堂（612創建、▶図C11-3）、浄瑠璃寺本堂（1107創建）、金剛峯寺不動堂（1197創建）、延暦寺根本中堂（788創建）、興福寺北円堂（721創建）（▶図C11-4）、一乗寺三重塔（1171建立）などである。鎌倉時代以降で具体的な事例となるのは、室町時代初期に再建された興福寺東金堂、五重塔などごくわずかである。多くの「和様」建築は、禅宗様や大仏様の要素を加味したり、両様式を折衷的に取り入れるなど、変化していく。京都の周辺では禅宗様が加味され、奈良地域では大仏様の影響が強い。また、瀬戸内地方では折衷様式が多く見られる。合わせて「新和様」とも呼ばれる。

禅宗様

座禅を基本とする禅宗は大乗仏教の一派であり、その起源はインドにさかのぼる。中国禅宗は、5世紀後半〜6世紀前半のインド僧菩提達磨（bodhidharma、ボーディダルマ、達磨大師）を開祖とするというが、盛んになるのは唐代末以降で、宋元代に臨済宗・潙仰（いぎょう）宗・雲門宗・曹洞宗・法眼宗を禅宗五家、臨済宗から分かれた黄竜派と楊岐派を加えて七宗が分立する。南宋代に設定された禅宗寺院の官寺制度の五山・十刹の最上位の5か寺は、径山（きんざん）興聖万寿禅寺、北山景徳霊隠禅寺（▶図C11-5）、太白山天童景徳禅寺、南山浄慈報恩光孝禅寺（▶図C11-6）、阿育王山広利禅寺である。

中国禅宗が栄西（臨済宗）そして道元（曹洞宗）によって日本に伝えられるのは鎌倉時代初期のことである。そして、禅宗が武士や庶民に広まるとともに各地に中国の禅宗寺院にならった禅寺が建てられるようになる。そのモデルとなるのは建長寺（1249創建）の伽藍配置と建築様式とされる（▶図C11-7）。禅宗寺院がもたらした新たな形式、要素、ディテールを総称して「禅宗様」という。中国の建築様式は一般的に唐様と呼ばれ続ける。禅宗様という言葉が用いられるようになるのは明治以降である。

禅宗寺院は、南北を基本軸とした東西対称の伽藍配置、仏殿は正方形で、間仕切りのない一室堂を基本とする。禅宗様は、①基壇上に建てられる、②床板を張らず土間床である、③柱と礎石の間に礎盤を置く、④柱は丸柱で上下端をすぼませる粽をつける、⑤柱は貫（ぬき）でつなぎ、頭貫の上に水平材の台輪を置く、木鼻（貫の先端）には繰り型といわれる装飾（渦巻、若草）をつける、⑥組物は三手先など複合的となり、柱の間にも組物を入れる詰組とする、⑦軒は放射状に垂木を置く扇垂木（裳階（もこし）は平行垂木が一般的）とする、⑧屋根の反りは強く、主要仏堂は裳

▶図C11-4　興福寺北円堂

▶図C11-5　北山景徳霊隠禅寺

▶図C11-6　浄慈報恩光孝禅寺

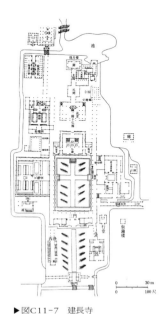

▶図C11-7　建長寺

階をつけて二重屋根とする、⑨窓は複雑な曲線の付いた花頭窓（▶図C11-8）とする、といった特性をもつ。

代表的な禅宗様建築とされるのは、功山寺仏殿（下関市、1320、現存日本最古）、善福院釈迦堂（海南市、1327）、安楽寺八角三重塔（上田市、鎌倉末期）、正福寺地蔵堂（東村山市、1407）、安国寺経蔵（高山市、1408）、清白寺仏殿（山梨市、1415）、円覚寺舎利殿（鎌倉市、15世紀）（▶図C11-8）、最恩寺仏殿（山梨県南部町、15世紀）、不動院本堂（広島市、1540）などである。

大仏様

大仏様は、東大寺という大伽藍の復興を短期間に行うために考えられた様式である。平重衡の南都焼打（1180）によって消失した東大寺を再興するための大勧進職についたのは重源である。この重源が建てた東大寺南大門（1199）（▶図C11-9）、開山堂（1200）（▶図C11-10）、浄土寺浄土堂（1194）（▶図C11-11）など一連の建築を大仏様というが、重源様ともいう。

大仏様は、巨大建築のために大断面の柱梁を組み合わせる単純な構造形式をとること、また、構造材以外の部材については規格化を図っているのが大きな特徴である。部分、ディテールについては、①基壇はあるもの（東大寺）とないもの（浄土寺）がある、②すなわち床を張るものと土間のものがあり、床は板敷の場合は縁（敷居と平行に板をはる榑縁（くれえん））を張り、土間床の場合縁は設けない、③、

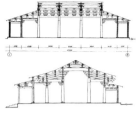

▶図C11-13　元妙観三清殿

④柱は丸柱で上端に粽をつける、⑤柱は数段の貫で固める、⑥組物は柱の中ほどから挿肘木を数段出し、肘木の間に斗（と）を置く、組物と組物の間に遊離尾垂木を用い、通肘木によって組物を設ける場合（東大寺）もある、⑦軒は一軒で、隅だけ扇垂木とし、軒先に鼻隠しを打つ、⑧屋根は本瓦葺で、野屋根がなく化粧垂木勾配が屋根勾配となる天井もない化粧屋根裏で垂木など屋根裏が見える、⑨扉は四周の框と縦横の数本の桟を組み、桟と框の間に入子板を嵌め込んだ桟唐戸、扉の軸を大仏様藁座が受ける、窓は開口部に棒状の木などを縦または横に並べた連子窓といった特性をもつ。

重源は、自ら「入唐三度聖人」と称したように南宋を3度訪れている。重源が参照したと考えられるのは、福州の華林寺大殿（964）（▶図C11-12）、甫田の玄妙観三清殿（1085）（▶図C11-13）、泰寧の甘露庵の観音閣（1153）（▶図C11-14）など諸殿である。すなわち、大仏様とされる建築様式がみ

▶図C11-8　円覚寺舎利殿

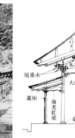

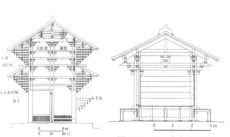

▶図C11-11　浄土寺浄土堂

▶図C11-9　東大寺南大門

▶図C11-10　東大寺開山堂

られるのは福建地方に限定されることが明らかにされている。

大仏様の特徴のひとつである貫構法は、中国では「穿闘式」として、江南・華南地方で一般的に用いられる構造方式であるが、貫の材寸を柱との接合部で急激に絞り込むのは華林寺などに限定されており、直接的参照関係を示唆している。挿肘木もまた南方に固有の手法とされ、大仏様の挿肘木と酷似するが違いも指摘される。そして、大仏様の特徴とされる遊離尾垂木については中国福建地方に類例はない。一方、隅扇垂木については、中国建築の定法にはない。すなわち、中国建築では漢代から扇垂木を主とし、平行垂木を併用してきた。隅扇垂木は、福建地方の地方的建築手法であり、大仏様はその手法を導入したと考えられる。

こうして、大仏様と福建における建築様式の間には大きなつながりが指摘されるのであるが、その関係は雛型をそのまま移入するというものではない。宋人工匠が培ってきた経験と知識に加えて日本人工匠の知恵と経験が加味されることで実現されたものである。

大仏様は、重源の死後、急速に衰えていく。しかし、大仏殿再建にかかわった職人は各地へ移り、大仏様の影響を受けた和様建築が生まれていく。大仏様、禅宗様が用いた貫は、和様でも一般的に使われるようになるのである。

擬洋風

日本に西洋建築についての情報がもたらされるのは、ポ

▶図C11-15　南蛮寺

▶図C11-16　平戸和蘭商館

ルトガル人の種子島漂着（1543）、フランシスコ・ザヴィエルの日本来航以降である。しかし、西洋建築がそのまま日本に建築されることはない。四条坊門姥柳町（中京区蛸薬師通室町西入ル）に建立された南蛮寺（被昇天の聖母教会）（1576）（▶図C11-15）は木造の和風建築である。唯一、西洋建築として建てられたのは1639年に建設された平戸和蘭商館（▶図C11-16）であるが、そのファサードに西暦年号を記したとして建設まもなく解体された。禁教下の隠れキリシタンが西洋風建築を建てることはありえず、海禁

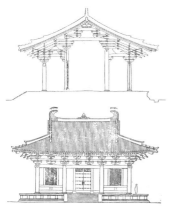

▶図C11-12　華林寺

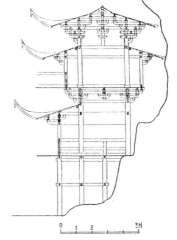

▶図C11-14　甘露庵

▶図C11-17　イギリス仮公使館

下で唯一西洋世界への窓口になった長崎出島の建築もすべて長崎の町人たちによって建てられたものである。

　西洋建築が導入されるのは、日本が開国を迫られた幕末以降である。しかし、西洋建築がそのまま建てられ始めたわけではない。日本には石造建築を建設する知識と技術、その経験がほとんど蓄積されてこなかったからである。そこで生み出されたのが「擬洋風」と呼ばれる建築様式である。すなわち、木造で「西洋風」の建築がつくられ始めるのである。

　「擬洋風建築」を生み出し建設に当たったのは、いわゆる大工の棟梁である。その代表が幕府公認の4人の請負人の一人、後に清水組（清水建設）を創設する2代目清水喜助である。横浜居留地のイギリス仮公使館（▶図C11-17）、東京の築地ホテル館（1868 ▶図C11-18）、海運橋三井組（1872）などが清水喜助による建設である。「擬洋風建築」を手がけた棟梁としてほかに林忠如などが知られる。

　開港場のホテルや外国公館のほか、「擬洋風建築」として建てられたのは、各地の役所や小学校、迎賓館、そして工場、病院などである。擬洋風の小学校には、長野の中込学校（1875 ▶図C11-20）や開智学校（1876 ▶図C11-19）、山梨の琢美学校（1874）と梁木学校（1874）、静岡の見付学校（1875）や坊中学校（1875）などがある。初期の「擬洋風建築」には漆喰が外壁に用いられるが、やがて下見板にペンキを塗って仕上げるものが一般的になる。下見板系の擬洋風は山形に多くみられ、県庁舎（1877）、師範学校（1878）、済生館（1879）など数多くの擬洋風建築が相次いで建てられている。建設を主導したのは県令を務めた三島通庸（1835-88）である。

　明治維新直後から各地で建設されてきた「擬洋風建築」は、10年ほどでブームのピークを迎え、1887（明治20）年以降は建てられなくなる。この間建設された「擬洋風建築」は、必ずしも「洋風」のみを擬したものではなかった。中には「中華」風、「南蛮」風とも言われる「異国」風、エキゾチシズムの要素があり、文化変容の時代の折衷様式であった。

帝冠併合様式

「西洋建築」が日本に本格的に導入されるのは、1877

▶図C11-18　築地ホテル館

▶図C11-20　中込学校

▶図C11-19　開智学校

(明治10)年に、イギリス人建築家・ジョサイア・コンドル（1852-1920）が工部大学校造家学科の教師として招聘されて以降である。J.コンドル自身が建築家として手掛けた作品からうかがうことができるが、「西洋建築」、例えば新古典主義建築をそのまま導入しようとしたわけではない。日本女性を妻とし、河鍋暁斎に日本画を学ぶなど日本文化に造詣が深かったJ.コンドル自身にとっても日本建築と西洋建築との融合は大きなテーマであった。師であるW.バージェスは英領インドで仕事をしており、イギリス人建築家のインド・サラセン様式建築は念頭に置かれているのである。

「西洋建築」とそれを支える西欧建築技術について一定の知識と経験が積み重ねられる中で、「帝国議事堂」をめぐって、「我国将来の建築様式を如何にすべきや」という大議論が行われる（日本建築学会、1910）。和洋折衷主義（三橋四郎）、新様式創造説（関野貞）、進化主義（伊東忠太）、西洋直写主義（長野宇平治）など諸説ある中で、提案されたのが下田菊太郎の「帝冠併合様式」である。すなわち、躯体を「西洋建築」、屋根形態は「日本の伝統建築（神社仏閣）」とする折衷（接合）様式である。下田は1919年の「帝国議事

▶図C11-24　神奈川県庁

堂」コンペに対して自案を示して意匠変更を訴えた（▶図C11-21）。下田の案は一般に受け入れられることはなかったが、鉄筋コンクリート造や鉄骨造の躯体に「和風」の屋根を載せる「帝冠様式」は、15年戦争期に東京帝室博物館（現東京国立博物館本館▶図C11-22）、軍人会館（現九段会館）、各地の庁舎に採用される（▶図11-23）。

ジャポニカ

近代建築の理念と方法が受容されていく過程で、木造でそのかたち（フラットルーフで箱形）のみ模倣する建築が現れる。一方、「和風」建築に工業材料を用いる建築（たとえば「新興数寄屋」）が現れる。近代建築と「和風」も大きなテーマであり続ける。戦後復興期から1950年代にかけて、近代住宅に「畳」や「障子」を導入する作品が「ジャポニカ」としてもてはやされる中で、「伝統建築論争」と呼ばれる論争が戦わされる。「和風」の起源を「縄文」にみるか、「弥生」にみるか、わかりやすくは、民家か神社（伊勢神宮）かということであったが、過去の屋根形態や建築様式に日本建築の祖型を求めるよりも、日本建築の伝統の中に近代建築の方向性をみる、たとえば、畳モジュールによる柱梁システムに近代性をみる、という議論が展開された。「和風」をめぐる議論のひとつの深化である。

「和風」をめぐる議論は、日本のアイデンティティが問われる局面において、今後も繰り返し問われることになる。

▶図C11-21　下田菊太郎の帝冠併合様式　帝国議事堂案

▶図C11-22　東京帝室博物館（東京国立博物館）

▶図C11-23　軍人会館

Column 11……日本様式―和様・禅宗様・大仏様、擬洋風、帝冠併合様式、ジャポニカ

Lecture 12

「構造技術」の世界史
建築空間と構造・技術

斎藤 公男

0. はじめに――建築 空間 構造

　古代ローマで公共浴場がつくられたのはBCE2世紀頃からで、BCE33年には市内に170もあったという。当時、世界最大のカラカラ浴場の収容人数は約1000人。多くの機能をもったレクリエーション・センターの先駆けとして市民に親しまれていたという。しかし6世紀はじめ、ゴート族のローマ侵入の際に破壊されたため、カラカラ浴場は使用不能になり、豪華な内装は略奪された。大理石もタイルも失われた遺跡には、構造と空間だけが残された。意匠がなくなっても空間はあるが、構造がない空間は存在しない。建築の構造史を語るには、構造技術がつくり出した建築の空間の時間的軌跡をたどればよい。これが第一の視点である。

　第二の視点は「建築は織物」という見方。「建築」は科学・工学・技術(テクノロジー)を縦糸に、時代・個人の感性・欲求(イメージ)を横糸に、連綿と織られる布である。人類が地上に誕生して以来、技術という縦糸は途切れることなく引き継がれ、その強靭な張力は、色とりどりの横糸への対応力を深めていく。建築の歴史を考えるには、まずもって構造の歴史を考えることが大切な由縁である。

　構造技術の歴史を概観するには、これを支配する材料・理論・構法・工法の変遷が主なテーマになる。さらに、建築の空間をヨコに広げる無柱空間(ドーム建築)は活動の空間をタテに重ねる重層空間(高層建築)に比

▶図12-1　カラカラ浴場

▶図12-3　空中都市・マチュピチュ

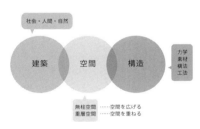
▶図12-5　建築・空間・構造

▶図12-2　建築は織物

▶図12-4　マチュピチュで段々畑から市街地へ通じる唯一の門

▶図12-6　ミュケナイの城塞

べ、その社会的要求と実績の歴史ははるかに長い。前者が古代より数千年の歴史があるのに対して、後者は近年わずか150年ほどの歩みである。こうした第三の視点を重視して、本稿では「空間構造」を中心に、構造技術の略史を述べたい。

1. 石の時代——組積造が生み出した建築空間

アンデス山脈の高峰に囲まれた「空中都市・マチュピチュ」は不思議な謎に満ちた第一の世界遺産（複合）である。地震や風雨の過酷な自然条件の中で豊饒な「自立都市」を支えたものは高度な石造技術。至る所で、精緻かつ大胆なしくみとしかけをもつインフラと建築遺跡を見ることができる。クスコの12角の石積やサクサイワマン砦の巨石群からもインカ帝国の石造技術がいかに高いレベルかは容易に推察されよう。しかしここにはアーチ構造は見当たらない。遺跡の入口、小さな「都市の門」に架かる石梁（楣）がわずかな石造空間をつくっているだけである。アーチはどこから生まれたのか。

①アーチの誕生——「持送り」から「迫持ち」へ

比較的小さな石やレンガを積んで生まれるアーチ構造は、木材に恵まれない地域で構造体をつくる場合の代表的な手法であった。しかし迫持構造としての「真のアーチ」が出現する糸口をつくったものは「疑似アーチ」ともいうべき「持送りアーチ」（コーベリング）である。

組積造の壁に、戦争や地震などにより、ある程度の大きさの孔ができる。この体験を基に、石を少しずつずらし（迫り出し）て意図的に開口や通路をつくる構造は、ピラミッドやミュケナイの遺構などにも数多く見られる。この開口部に沿って、多角形の石をはめこんでいくプロセスの中から、アーチ構造が形成されていったとみられる。その歩みの端緒はBCE2000年頃にさかのぼるという。スラスト（推力）に対する学習・検証も進んだ。圧縮力に強い石やレンガの特性を最大限に生かす「真のアーチ」の原理と有効性を再発見したのはエトルリア人といわれる。やがてこれを征服したローマ人は、先住民のもつアーチ技術を引き継ぎ、さらに実用面（水道橋や道路橋など）での飛躍的発展をとげローマ帝国の拡大を支えた。ここでは、生産的合理性からアーチ形状は製作・施工が容易な円形が選ばれた。

ローマ時代の迫持ちアーチによる水路の遺構、たとえばニームのポン・デュ・ガールやセゴビアの「悪魔の橋」は世界遺産としても有名である。また日本独自の石橋のひとつ、熊本の通潤橋は逆サイフォンの利用、耐震用の鞘石垣の採用などを試みており、当時の石匠たちの知恵と情熱に驚かされよう。

②ヴォールトの展開

ヴォールトとは、アーチによるトンネル状の屋根・天井であり、その足元にはスラストが発生する。スラストに抵抗できなければ即、崩壊へとつながる。そのため重い控え壁あるいは金属や木材によるタイが必要

▶図12-7　セゴビアの水道橋「悪魔の橋」

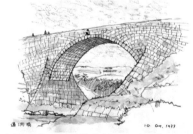

▶図12-9　日本を代表するアーチ石橋「通潤橋」

▶図12-11　プラハ城のリブ付きヴォールト

▶図12-8　ガルドン川をわたる「ポン・デュ・ガール橋」

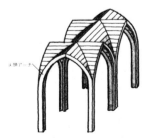

▶図12-10　尖塔型交差ヴォールト

となる。ゴシック建築のフライングバットレスの考案もここから生まれている。

2つの半円ヴォールトが直角に交差すると、両者の交線である楕円を稜線とする新しい内部空間（交差ヴォールト）が生まれる。この手法は古代ローマの教会堂からロマネスクへ、さらにゴシック建築へと展開された。ヴォールトの断面形も半円形アーチから尖頭アーチに変化させることで、頂部の高さを自由とし、スラストを低減させることも可能となった。さらにリブ付きヴォールトの採用により視覚的な軽量感だけでなく、構造体の施工時の仮設材としての有効性も獲得する。

ゴシック建築の構造的特徴は4つ。第一に尖頭アーチの断面形、第二に交差リブ、第三にフライングバットレスによるスラストの移動、第四にピナクルを含む外側重量によるスラストの吸収（ミドルサードの原理）である。重厚で暗いロマネスクの寺院建築からの解放を目指したゴシックのカテドラルは「光」を通す壁により神秘性と透明感に満ちた未知の建築空間を出現させた。奇跡ともいうべき技術革新であろう。

1150〜1300年の間に起きたカテドラル建設熱はやがて終焉を迎える。1272年に完成した「ボーヴェの大聖堂」は崩壊と修復を繰り返しながらも1569年、ついに6番目の棟梁G.ヴァースにより150mの尖塔を完成させる。その4年後、塔は大音響とともに一瞬にして崩壊したのだ。技術的にも社会的にも象徴的な「限界」であり、「未完のカテドラル」を最後に「ひとつの時代」は終わった。驚くことに、13世紀末から16世紀初にわたる250年間に、大聖堂の構造技術はまったく進歩していない。この低迷は建築以外のあらゆる領域に共通した現象であった。ルネサンス期には、すでに中世すなわち「中間の時代」という考え方があり、ゴシック様式は中世の最後を飾ることになった。

その後、フライングバットレスをもたない、ゴシックを超えるカテドラルを目指したのはA.ガウディである。逆吊手法による「サグラダ・ファミリア大聖堂」の内棟は石造技術による最後の挑戦となった。

③組積ドームの誕生

ドームの原始的形態はおそらく遠く先史時代にさかのぼるが、切り石やレンガによるドームが発祥したのはアーチと同じく古代オリエントと考えられている。最初は、アーチと同じように、石やレンガを少しずつ中心に向かって送り出しながら積んでいく「持送りドーム」から始まったと思われる。ミケーネの「アトレウス宝庫」（BCE1300頃、別名「アガメムノンの墓」）は代表的な遺構であり、南イタリアの「アルベロベッロのトゥルッリ」（16世紀半ば頃）なども同じ構法でつくられている。いずれも小規模なものとして成立しているが、緯線方向のスラスト伝達などのメカニズムは十分に解析されていない。

組積造としてのアーチもドームもその力学的基本は軸力抵抗。圧縮力を自身の「かたち」（経線）の中に流す

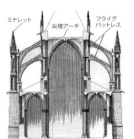

▶図12-12　ゴシック・カテドラルにおける力の流れ

▶図12-14　「未完のカテドラル」ボーヴェ外観（左）とかつて十字交差上に尖塔が立っていた頃のスケッチ（右）

▶図12-15　サグラダ・ファミリア外観（左）と同、身廊部の構造模型（右）

▶図12-13　カテドラル建設熱の先陣を切った「パリのノートルダム寺院」

▶図12-16　持送りドームでつくられた「アトレウス宝庫」

▶図12-17　アルベロベッロのトゥルッリ

ことである。共通する課題は第一に足元に生じるスラスト（外向きの推力）への抵抗。第二に圧力線（流線）を構造体の「核（ミドルサード）」から外さないことである。後者は「石」のもつ自重の大きさがある程度カバーしてくれるが、それでも崩壊の原因になりやすい。完成（1591）後の100年頃発生し始めたサン・ピエトロ大聖堂の大規模なクラックもここに起因している。世界で初めての科学的・理論的手法を用いたリング補強により大聖堂は崩壊を免れることができた。本来のドームがアーチと異なるのは緯線方向にも抵抗力をもっていることであり、フープ効果によって格段の強さを発揮するわけであるが引張抵抗のない「石の時代」には無理な要求であり、鉄骨やRCによる「シェルの時代」の到来を待たねばならない。

アーチと同様に、ドームを発展させたのはローマ人であるが、技術的主役のひとつは「ローマンコンクリート」である。焼いた石灰と火山灰と骨材を混合した新しい建設材料の開発により空間の規模と建築の自由度は飛躍的に拡大した。さらに注目すべきはこのコンクリートを壁やドームに「打ち込む」という技術である。パンテオンの大空間が誕生した鍵がここにある（▶P.7 図1-9参照）。

④ ドーム技術の展開

ドームをのせる下部構造の平面が円形から四角形になった場合、どうしたらよいか。人間の活動空間が求める当然の課題である。組積ドームを実現するた

▶図12-18　ドームの崩壊パターン予測（サン・ピエトロ大聖堂）

めに考え出された手法が2つある。すなわちペンデンティブとスキンチである。前者は、ドーム底部に球面三角形をはめこむやり方で、ハギア・ソフィアの中央ドームはその代表例。後者は、四角形平面を八角形とし、小アーチと組み合わせるやり方でありイスラム建築で好んで用いられた。工法も進化する。フィレンツェの「花の大聖堂」（1434）の建設に当たっては、仮設支柱は一切使われなかった。ドームは常に完結した八角形のリング（鉄の鎖）で迫持ちが成立しており、底部には木材のフープタイが配されている。

古典的ドーム建設の末尾を飾ったのはロンドンのセント・ポール大聖堂（1710）。美しい三重ドームの上に載せられた重いランタンを支えるために、C.レンは盟友R.フックのアドバイスによって革新のアイデアを実行した。レンガ造の中殻に「逆吊り形態」である。

2. 木の時代──日本の伝統的木構造

石やレンガによる組積造が主な西欧建築に対して、木材に恵まれた日本の伝統的建築は、寺院・神社から民家や橋梁に至るすべてが木造でつくられてきた。古来から独自な構法は数多くの魅力的な建築形態と空間構成を生

▶図12-19　ドーム建築の模型

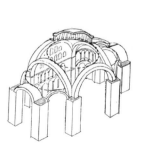
▶図12-20
ハギア・ソフィアの構造

▶図12-21
ハギア・ソフィアの内観

▶図12-22

▶図12-24

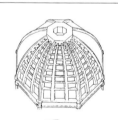
▶図12-23

▶図12-22　サンタ・マリア・デル・フィオーレ大聖堂
▶図12-23　同下、水平サークルと木製リング接合部分
▶図12-24　セント・ポール大聖堂

Lecture 12……「構造技術」の世界史　建築空間と構造・技術

み出している。そのいくつかの代表例を示したい。

①柱と梁の構造

トラス構造や筋違い構造のような斜め材をもたない柱・梁構造（ラーメン構造）は、建築空間として実用上の大きな価値を有している。厳密な意味でのラーメン構造は、RCや鉄骨における仕口の剛接化が必要であり、台風や地震時の横力に抵抗することが可能となる。日本の伝統木造でこうしたラーメン的構法が意図されたのは鎌倉時代。中国大陸の宋の建築技術（大仏様）とともに導入された貫構造に負うものと考えられる。

厳島神社の大鳥居には、柱と貫による立体架構、楔と板屋根等といったこの構造方式の基本的特徴が明快に読み取れる。ほかにも代表例として浄土寺浄土堂、東大寺南大門、清水寺本堂などがある。

②木塔の構造

日本で初めての仏塔が建てられたのは593年、飛鳥寺の五重塔といわれる。東大寺には高さ100mの2基の七重塔があったとされるが現存しない。

日本の木塔で第一に特徴的なものは「心柱」。お釈迦様の骨を納め、その上に立つ標木である。精神的には、「心柱は塔のすべて」と考えられているが構造的役割は完全には定かでない。途中で切られたり、鎖で空中に吊るしたり、足元を地中に埋め込んだりと多様である。薬師寺の東塔は伽藍の中で唯一残った創建当時（680）の建築。長らく失われていた西塔の再建（1981）は「現存する東塔がなかったら、不可能だったのではないか」といわれる。その心柱と基礎石の間には厚さ6cmほどの高さ調節用のくさびが差し込まれている。心柱の周囲には四天柱と側柱があり、それらをつなぐ横材を介してつくられる組物は鉛直方向には自立していて、心柱とは切り離されている。

修復される東塔（2020予定）の心柱も基礎石の上にのせただけである。おそらく心柱には柔らかく重層された三重屋根や裳階の動的挙動を吸収・統合する剛体効果が期待されていると思われる。またこの独自性は心柱のもつ精神的意味とも符合する。

日本の木造の特徴の第二は深い軒の出であり、木材の耐久性向上と日本的表現は高く評価される。ここでは大きな屋根荷重を支える垂木・斗栱が下の柱を中心として外側に回転するのを上階の柱の重量で押さえこんでいる。力学的にいえば「天秤構造」である。こうして極めてシンプルな静定構造が積層されていく。最上階の「鉢巻構造」には、さらに巧妙なしくみがみられる。

③独創的な木造の技術

日本の木構造の歩みの中にはかつて、広く普及はしていないけれどきわめて独創的な事例をみることができる。"木"の特性を十分に生かしながら、今日でも魅了される建築の形態と空間を実現したいくつかの構造技術を紹介したい。

迫持ちトラス●白川郷の合掌造り

トラスの基本的原理、すなわち棒状の部材をつなぎ

▶図12-25　厳島神社大鳥居

▶図12-26　東大寺南大門

▶図12-28　薬師寺西塔（左）と同、断面（右）

▶図12-27　清水寺外観（左）と同、架構部分（右）

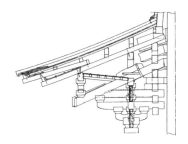
▶図12-29　天秤構造のメカニズム

▶図12-30　白川郷合掌造りの構造模型

合わせて三角形の骨組みをつくると、非常に安定かつ剛強な構造ができることは、古くから経験的によく知られていた。日常の道具などには立体的な応用もみられ、規模を拡大した事例には古代住居の屋根がある。こうした「迫持ちトラス」の基本は互いに寄りかかる2本の斜め材（合掌材）とその足元をつないでいる水平材（陸梁）であるが、われわれの祖先がこの原理に気づいたのは何千年も遠い昔のことである。この形式を大規模に使う場合、合掌の中間が曲げを受けて折れやすくなる。その解決のひとつとして水平のつなぎ材を何段にもいれた蚕室の床をつくった事例が白川郷や五箇所山地方にみられる「合掌造り」の民家である。

ここでは豪雪や強風、居住性に対して家屋の向きや通気性を配慮するとともに、結縄による柔らかく粘り強い部材接合法や駒尻によるピン支点の形成など、伝統木造ならではのさまざまな工夫が凝らされている。生活しながらの世界遺産は世界的にも珍しい。同様なイタリアのアルベロベッロとは姉妹都市となっている。木と石の建築群はともにサステナブルである。

迫持ちアーチ●岩国の錦帯橋（1673創建）

日本の各地にみられる一般的な太鼓橋や反り橋は造形的、機能的な役割をもつ「曲り梁」であり、中間の支柱を必要としている。したがって組積造のもつ迫持ちアーチとは基本的に力学原理を異にしている。その中で錦帯橋はきわめて特別な存在であ

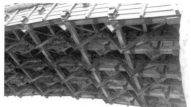

▶図12-31　錦帯橋外観（上）と同、迫持ちアーチの構成

り、木材のもつ軽量性・加工性・靭性を引き出しつつ、木のアーチとして世界に類をみない架構システムが考案され、力学的合理性と美的造形性を見事に融合させている。

また、錦帯橋以外にも「日本三大奇橋」といわれる愛本橋、猿橋あるいは祖谷渓・かずら橋なども、その時代の日本の匠たちが挑戦した先端的技術として興味深い。

初期曲げによるヴォールト●上三原田歌舞伎客席構

江戸中期以降に建造された農村舞台の全国での残存数は推定700～1,000棟。群馬県にはその1割が残されているとい

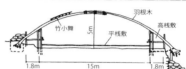

▶図12-32　初期曲げアーチ、上三原田の歌舞伎客席構の模型（上）と同、架構断面図（下）

う。中でも、上三原田の歌舞伎客席構はきわめて興味深い。近くの山林から切り出した2つの丸太を周辺の高桟橋を支点とし、下端を錘（石袋）で押さえながら跳ね出しの先端をロープで引き込んだ後、そこを縄で緊結する。これで初期曲げ（プリベンディング）アーチの完成である。客席を広く高く覆うヴォールト屋根は効果的な照明と音響効果を生み出す。祭りが終わればすべての木材や屋根葺材は解体され、町民に住居用建材として競売されるという。同じ架構原理から生まれているF.オットーのマンハイム展示場（1975）に先駆けた日本の独創的技術として興味深い。

3. 科学の時代

石と木という古代からの素材のみが支配していた時代の構造体の実現はすべてが経験と勘に基づいていた。人類が獲得した果実が共通の知識や技術力となっていくのには「科学時代」ともいわれるルネサンス期、15～16世紀にさかのぼらねばならない。その立役者はレオナルド・ダ・ヴィンチ（1452-1519）とガリレオ・ガリレイ（1564-1642）。鉄やコンクリートが本格的に登場するはるか以前に「力学」の世界が展開し始めたのだ。

Lecture 12……「構造技術」の世界史　建築空間と構造・技術

まずレオナルドは力のモーメントの概念や力の合成、仮想変位の原理、アーチの推力や梁の耐荷力といった基本的な力学的問題だけでなく、てこと滑車、斜面とくさびとねじを等価なものと考察している。多角的な発明家、比類なき芸術家でもあった。中世的偏見を排除した実証的な研究態度はまさに近代科学者の先駆者といえるが、その当時、彼の業績を理解し、その応用を考える者はほとんどいなかった。

「材料力学」の祖と呼ばれるガリレオが生まれたのはレオナルドの死の45年後であり、ミケランジェロが没し、シェイクスピアが生まれた年である。天文学と並ぶ力学の業績は今日の基礎を築いたわけであるが、晩年に著した『新科学対話』(1638)は材料力学の分野の最初の刊行物。構造体のスケールとプロポーションの問題や片持ち梁の破壊のメカニズムなど今日の構造設計にも通じるテーマを内包している。

4. 鉄の時代──新材料による大架構の展開

①アイアン・ブリッジ(1779)

16世紀から17世紀にかけて、発展したヨーロッパの鉄産業は消費の激増する木炭の不足に悩んだ。18世紀初頭、A.ダービー1世から2世へとコークス高炉が普及し、3世の頃にはコールブルックデールの製鉄所は世界的メッカとなった。そして世界初の鋳鉄橋、「アイアン・ブリッジ」がこの地に誕生する。

その後、18世紀末から19世紀初めにかけて、ヨーロッパ大陸各地に鋳鉄のアーチがいくつか建設された。しかし接合法の問題もあり、建方後間もなく崩壊する事故が相次ぐ。アーチ橋に代わり、力の流れがつかみやすい「吊橋」が台頭してくるのはこの頃からであった。鋳鉄($C>2.5\%$)に次いで19世紀前半では錬鉄(鍛鉄/$C<0.1\%$)、19世紀半ばから鋼鉄(軟鉄/$C=0.2～1.7\%$)が出現してくる。

②クリスタル・パレス(1851)

延べ8万㎡ものクリスタル・パレスが、わずか6か月で建設されたことは驚嘆すべき速さである。さらに徹底した部材(ガラスと鋳鉄)の規格化と巧妙なディテールに加え、トラス架構、カーテンウォール、室内環境の制御、品質管理といった総合的技術が結晶したことこそ、この建物の特徴といえる。今日のプレファブリケーションのはじまりはここにある。温室技師、J.パクストンの永年蓄積した経験と新しい時代への情熱が花開かせたものといえよう。

1889年、フランス革命100周年を記念して行われたパリ万国博覧会において、エッフェル塔(G.エッフェル)とともに世界の注目を浴びたのが機械館(V.コンタマン)。115m×420mの巨大な展示空間を覆う3ピンアーチはこの時代頃から確立されてきたトラス部材で構成されている。

③大規模な都市施設と橋梁

イギリスのヴィクトリア王朝時代(1837-1901)は

▶図12-33 ガリレオが示した動物の大きさと骨の太さの関係(左)と、『新科学対話』に示された片持ち梁の曲げ強さ(右)

▶図12-35 キューガーデン

▶図12-34 アイアン・ブリッジの外観(左)と同、鋳鉄によるアーチ骨組みのディテール(右)

▶図12-36 クリスタル・パレス

「鉄の時代」とも呼ばれ、すぐれた構造エンジニアによる大規模かつ美的な構造物が出現した。とりわけ鉄道駅と橋梁のデザインにみる革新的合理性と造形的審美性の融合は注目されよう。たとえばI.K.ブルネルによるロイヤル・アルバート橋(1859)、クリフトン吊橋(1864)、パディントン駅(1854)に加え、W.H.バーロによるセント・パンクラス駅覆屋(1876)やL.キュービットによるキングス・クロス駅(1852)は各々大規模に改修され、美しく今日に甦っている。

19世紀の「鉄の時代」の末尾を飾ったもっとも記念碑的な建造物としてはG.エッフェルによるギャラビの鉄道橋(1884)とエッフェル塔(1889)、スコットランドのフォース鉄道橋(1890)、ニューヨークのローブリング父子によるブルックリン橋(1883)などがあげられる。

5. 鉄筋コンクリート(RC)の誕生と発展

19世紀における鉄の時代に続く20世紀初頭はRCの時代の本格的な幕開けであった。古代のローマンコンクリートが進化し、やがて一般的な建築材料として広く用いられるようになったのは、「ポルトランド・セメント」(1824、製造特許)に代表される人工セメントの生産が進み始めた19世紀後半からである。引張りに強い鉄筋と圧縮に強いコンクリートを組み合わせたRCの開拓者の役割を果たしたのはフランスの造園技師J.モニエ。1867年にセメント容器(植木鉢)で特許を取得したうえで、橋梁などへの応用を試みている。さらに1892年、F.エネビックが工業化やシステム化を視野に入れながら、RC造による柱・梁(ラーメン)構造の特許をとるや、彼の指導を受けた企業を中心に、RC造の建物はまたたく間に普及していった。そして技術者の手から建築家へ。A.ペレによるフランクリン街のアパート(1903)やル・ランシーの教会(1923)、ル・コルビュジエのサヴォア邸(1931)、F.ライトによる落水荘(1936)など、自由で開放された建築空間の創出へと展開されていった。

一方、モニエの薄肉RCのアイデアは技術者G.ヴァイスによってドイツにおけるシェル構造を発展させていく。そしてスイス連邦工科大学(ETH)のC.クルマンやW.リッターの下で学んだR.マイヤールは無梁版の開発を行いながら、構造芸術の始祖ともいうべきサルギナトベール橋(1930)を実現した。同じ頃、スペインではE.トロハによるアルヘシラスの市場(1933)やマドリード競馬場(1936)が、またイタリアではP.ネルヴィのフィレンツェ・スタジアム(1932)、イギリスではO.アラップのペンギンプール(1933)が相次いで誕生した。

1930年代はヨーロッパの地で空間構造の第一の波が巻き起こった時代といえよう。

▶図12-37　ロイヤル・アルバート橋

▶図12-39　ギャラビの鉄道橋

▶図12-41　フォース鉄道橋

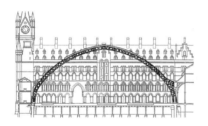
▶図12-38　セント・パンクラス駅

▶図12-40　エッフェル塔

▶図12-42　ブルックリン橋

Lecture 12……「構造技術」の世界史　建築空間と構造・技術

7. 20世紀の空間構造
—— サラブレッドからハイブリッドへ

　1957年春、世界の建築界を驚かす2つの事件があった。すなわちブラジリア新都市計画とシドニー・オペラハウスという二大国際コンペの最優秀案の決定である。L.コスタとO.ニーマイヤー、J.ウッツォンが各々描いた強烈なイメージはプロジェクト実現に対する未来への挑戦状とも受けとれた。第二の波ともいうべき1950年代、空間構造の世界的な隆盛は建築表現への創造性をかき立てた。たとえばF.キャンデラ、A.マンジャロッティ、E.サーリネン、F.オットーらの活動の世界が一層、広く鮮やかに展開する。ローリー競馬場(1953)に続くブリュッセル万博(1958)ではテンション構造の可能性が示唆され、C.ワックスマンやB.フラーの活動もテクノロジーへの活性化を突き動かしたといえよう。1950年代、海外からこうした新しい2つの波が日本にやってくる。そして丹下健三、坪井善勝による愛媛県民会館(1953)から始まった協同は、国立代々木競技場(1964)や東京カテドラル(1964)へと結実する。その一方でミュンヘン・オリンピック競技場(1972)の魅力的な有機的形態は次世代への重要なメッセージを発し始めていた。すなわち「シェル構造やケーブルネット構造が目指した、力学的合理性のみではなく、トータルな構造的合理性(ディテール、仕上げ、施工性など)を獲得することが今後の課題である」と。

　1970年は、空間構造にとってひとつの時代の終焉であり、日本でその幕を引いたのは大阪万博であった。シドニー・オペラハウス(1973)はその完成を待たずして"構造表現主義の墓名碑"の烙印を押され、丹下・坪井の名コンビの協同もこの頃を境に見られなくなる。構造デザインや空間構造の関心・話題を建築の表舞台から引き下ろしたものはポストモダンの潮流で

▶図12-43　ル・ランシーの教会

▶図12-46　サルギナトベール橋

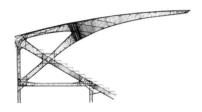
▶図12-49　フィレンツェ・スタジアム

▶図12-44　サヴォア邸

▶図12-47　マドリード競馬場

▶図12-51　イェール大学ホッケーリンク

▶図12-45　落水荘

▶図12-48　ペンギンプール

▶図12-53　ソチルミコのレストラン

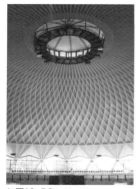

▶図12-50　ローマ・オリンピック小体育館

▶図12-52　モントリオール万博・アメリカ館

あり、小さなファラデーホール（1978）。RCシェルやケーブルネットといったサラブレッド的なものから、様々な材料、とくにテンション・ストリングと剛架構との組合せから生まれるハイブリッド的な構造が次々と登場してくる。J.シュライヒによる革新的な軽量構造が目指すトータルな構造的合理性と審美的造形性の融合も注目された。またその一方で、建築家と構造家の協同による構造デザインの高揚も1980年代から1990年代の特徴といえる。

20世紀末から21世紀初頭にかけて構造技術には大きな変化が生まれてくる。成熟を遂げたITの構造設計への参画である。CGによって描かれたイメージは時として過剰な形態を生み出し、これをいかに実現するかに向かう盲目的なベクトルは構造設計者に過酷な設計作業を強制するのではないか。そうした傾向——ポスト構造デザインや形態表現主義に対する危惧も聞こえてくる。ArchitectureとEngineering

あった。1970年代、代わって登場してくるものは地震被害が促した耐震工学の高まりであり、都市活動が要請する高層建築への傾斜であった。

しばらく続いた沈黙と停滞の時。空間構造の新しい流れを動かしたのはポンピドー・センター（1977）で

▶図12-54　ケルンのダンス場

▶図12-57　大阪万博・富士グループ館

▶図12-60　ファラデーホール

▶図12-55　愛媛県民会館

▶図12-58　ミュンヘン・オリンピック競技場

▶図12-61　山口・きららドーム

▶図12-56　国立代々木競技場

▶図12-59　ポンピドー・センター

▶図12-62　出雲ドームの内観

Lecture 12……「構造技術」の世界史　建築空間と構造・技術

▶図12-63　北京国家体育場

Designあるいは芸術と技術とが互いに融合・触発・統合するアーキニアリング・デザインの理念が、今後どのような展開をみせるか。人間の知力（工夫・発想・見識）とコンピューター（IT・AI）のパワーがどう共存し、協調するかはこれからの大きな課題であろう。

7. 高層建築を可能とした構造技術の歩み

高層建築を支える技術――鉄・ガラス・エレベーター――は19世紀半ば以降、欧米各国で開催された万国博覧会、たとえばロンドン万博（1851）やパリ万博（1889）などで象徴的に示された。動力を使った最初のエレベーターはイギリスで1835年に誕生し、鋼鉄の生産はアメリカでベッセマー製鋼法（1855に特許取得）により可能となった。

1880年代にシカゴで誕生し、その後ニューヨークで発展を遂げていく摩天楼（sky scraper）の祖はL.サリヴァンによるセントルイスのウェインライト・ビル（1891）。わずか10階建てではあるが垂直性を強調したファサード・デザインは、摩天楼のマスター・キーとも呼ばれている。そしてウールワース・ビル（1913）で摩天楼は一つの頂点に達する。241mの高さはその後16年間、世界一の座を占めることになる。

1930年代になると、鉄骨ラーメンと組積造の外壁の組合せで剛性を高めたクライスラー・ビル（1930、319m）や、工期わずか15か月というエンパイア・ステート・ビル（1931、102階、381m）に代表される摩天楼がマンハッタンを埋めつくし始める。一方、シカゴではミースによるレイクショア・ドライブ・アパートメント（1951、26階）がカーテンウォールによる新しい外皮のデザインをまとって誕生した。しかし格子状骨組みのみでは耐風剛性を得ることは困難であり、階高の増加に対する床面積当たりの鋼材料の増加は二次曲線的に増加する。この「高さのプレミアム」をなくすことが技術者の夢であり、挑戦的課題であった。こうした難題を克服し、超高層建築への新しい可能性を拓いたのはSOMのF.カーン。「チューブ構造」の新しい概念がかつてない2つの超高層をシカゴの地に誕生させた。すなわち大胆な外壁ブレース架構（カラム・ダイヤゴナル・チューブ）によるジョン・ハンコック・センター（1969、102階、457m）、バンドル・チューブによるシアーズ・タワー（1973、110階、442m）である。M.ヤマサキとL.ロバートソンの協同によるニュー

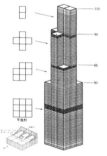
▶図12-64　ジョン・ハンコック・センター

▶図12-65　ワールド・トレード・センター

▶図12-66　中国銀行・香港支店

▶図12-67　森ビル・環球金融中心

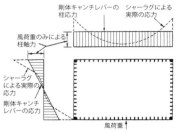
▶図12-68　シアーズ・タワー

▶図12-69　マンハッタンの超高層群。左手に崩壊したツインタワー（WTC）

ヨークのツインタワー、ワールド・トレード・センター（1972、110階、400m）ではチューブ構造特有のシャーラグを克服するため、密度を高めた柱と梁を剛接することによるフィーレンデル効果が期待された。香港の中国銀行タワー（1990）、上海の環球金融中心（森ビル／2008、101階、492m）にもロバートソンの手腕が発揮されている。

わが国の超高層ビル第一号、霞が関ビル（36階、147m）が完成したのは1968年であった。これを手がけた構造家、武藤清は、新宿三井ビル、サンシャイン60に次いで丹下健三による東京都新庁舎（1990、48階）を担当。大胆かつ明快なスーパーストラクチャーの提案によって108m×19mの大空間を内蔵した超高層建築を実現させた。

21世紀に入った今日、超高層建築は経済発展のシンボルであると同時に、国家間競争、都市間競争、さらには都市内の企業競争の手段としても利用されようとしている。"高さ競争"の波は高まる一方である。1990年代以降、超高層ビルの中心はアメリカからアジアや中東へ移った。マレーシアのペトロナス・ツイン・タワー（1998、88階、452m）、台北101（2004、101階、509m）を超えて上海には上海中心（上海タワー／2015、127階、632m）が建設された。注目すべきは台北101に投入された新技術。その主なものとしてまず台風や地震による揺れに対する振子型制振装置（Tuned Mass Damper：TMD）に重さ660tの鉄球が採用された。次に当時世界一の速度を誇った高速エレベーターは時速約60kmで、89階の展望フロアまで37秒で到達できる。ここには世界初の気圧制御装置が導入され、急激な気圧変動を抑えることに成功している。

2000年代に入ると日本でも超高層ビルの建設が活発になっていく。しかし2014年末現在において、日本の高さ150m以上の建築物の数は190棟で、ヨーロッパ全体（146棟）と比べれば多いものの、中国（1,105棟）には及ばない（大澤昭彦『高層建築物の世界史』による）。高さ比べでも300m以上が29棟ある中国に対して、日本ではあべのハルカス（2014、300m）のみである。中東における超高層ビルラッシュを支えたのは2000年代の石油価格の高騰であるといわれる。世界一の高さを大幅に更新したドバイのブルジュ・ハリファ（2010、206階、828m）が実現し、サウジアラビアの商業都市ジェッダではついに高さ1000m（1km）を超える超高層ビルが計画されているという。人間と社会の「欲望と抑制」はどのような未来を描こうとしているのだろうか。

建築形態はともかく、免震および制震の技術の発達に支えられながら、構造設計の可能性と建物の安全性の向上は加速されていくにちがいない。

▶図12-70　霞が関ビル

▶図12-72　東京都第一本庁舎

▶図12-74　ブルジュ・ハリファ
基準階平面図と外観

▶図12-71　都庁と周辺の高層ビル群

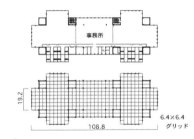

▶図12-73　都庁の超高層棟の下層部

▶図12-75　左から順に、モード学園スパイラルタワーズ、モード学園コクーンタワー、代々木ゼミナール本部校・OBELISK模型

Column……12

揺れる金字塔:映画『超高層のあけぼの』にみる霞が関ビルディングの科学技術(テクノロジー)

辻 泰岳

はじめに

『グローバル・ヒストリーとしての「1968年」』は、人々が国境を越えてつながり社会を変えた1968年には、世界のマクロなつながりと地域が相互に影響しあうミクロなつながりを総合的に分析するための可能性があると説明している★1。それではこの議論をふまえ、同年に竣工した霞が関ビルはどのようにとらえることができるだろうか。霞が関ビルは「日本ではじめての超高層ビル」と呼ばれるように、現在でも国民国家との関係で扱われることが多い。またこの霞が関ビルに関する論考でも知られる山本学治の著作名にもあるように★2、建築史研究において高層の建築物は、鉄やガラスやコンクリートからなる「素材と造形の歴史」として叙述されることが通例化している★3。しかしながらわたしたちはこうした技術史的な叙述が、近代日本建築史を一国史としてまとめる一つの契機になった明治百年(1968)を記念する行事や事業と不可分の関係にあることにも注意しなければならない★4。このようにグローバル・ヒストリーは広範な規模の変遷を説明するために多くの歴史研究の成果を扱う点で、史学史(歴史記述の歴史)としての性格も有する★5。そこで本稿は、前半で先行する議論から高層の建築物に関する論点を整理し、後半ではそれをふまえて映画『超高層のあけぼの』を考察することで、一国史としてまとめられた技術史的な叙述を更新し、それを広く世界の中でとらえていくための方法論的な検討を行う。

高層の建築物をめぐる論点の整理

高層の建築物(高層ビル)を扱う成果は膨大に存在する。そのため近年に日本語で刊行された書籍に限っても、たとえばトーマス・ファン・レーウェンの『摩天楼とアメリカの欲望』では訳者の三宅理一が★6、またアンドレアス・ベルナルトの『近代都市はエレベーターがつくった』では訳者の井上周平と井上みどりが★7、さらに『超高層建築の世界史』では大澤昭彦が★8、それぞれにこれまでの研究の歴史にふれている。こうした際にも定説として繰り返されるが、鉄骨造の高層ビルである摩天楼は、都心への人口の集中と社会の工業化の進展を背景として1880年代にシカゴで生まれニューヨークで花開く。また冷戦下に西側諸国で竣工した高層ビルは、資本主義に忠実に従いつくられた建築物として叙述されることが多い。そこで本稿ではこれらを参照しながら、高層の建築物とその高さをめぐる論点を整理しよう。

まずはレーウェンの著作について。同書は1885年に竣工したニューヨーク・ホーム・インシュアランス・ビルが摩天楼のあけぼのと見なされ、建築家たちがその設計に取り組む過程からアメリカを描く。訳者の三宅も指摘するように、なぜシカゴのような広大な土地の上に人々が立体的に密集する高層ビルを建てなければならなかったのかというレーウェンの問いは鋭く、同書は摩天楼からそれを欲望する資本主義という思想をも読み取ろうとしている。このようにひとつの建築物の成立を政治や経済との関係を含めて導こうとする同書は、鉄・ガラス・コンクリートから成るビルドゥングス・ロマン、もといビルディングス・ロマンとして建築に関する技術を発展的に示す歴史叙述に再考を促す。むしろレーウェンらは、技術史的な叙述だけではその全貌をとらえることができない摩天楼の立面から、インフラストラクチャーをも含有する表象としての都市建築史を示そうとしている。

続くベルナルトの著作でも建築物の高さが問われている。19世紀のパリやロンドンでは人々が足で階段を昇降するために、建築物は5階や6階の高さまでとなることが一般的であった。対して同書は19世紀末から20世紀初頭のエレベーターが、高さに対する人々の知覚を変える過程を追う。ベルナルトがここで示すように、人々がより短い時間で垂直に移動することを可能にしたエレベーターは、階を整然と区分し建築物を均質化していった。ほかでも言及されるように、摩天楼はエレベーターがあってこそ実現したといってよい。

さらに大澤昭彦も文献を博捜しながら、本稿とも問題を共有する世界史として高層の建築物の変遷を示す。同書はジッグラトやピラミッドからブルジュ・ハリファまでを通史的に概観し、ポール・ゴールドバーガーやエドワード・レルフによる定義を紹介しながら摩天楼が摩天楼たりうる条件を整理している。ただし大澤は同書で扱う「高層建築物」を「垂直性を志向する高さのある建造物」として、また「超高層建築物」を「100メートルを超える高層ビル」と定めることで、一義性がないことについて読者に了解を得ている。なぜなら「高層建築物」は消防法に「高さ

31メートルを超える建築物」という記載があり、また「超高層建築」はたとえば日本国語大辞典には「高さ100メートル以上」と記載されているものの、明治150（2018）年の日本においてはいまだその高さに対する厳密な定義はないからだ。そのため大澤は別稿では建築構造の耐力について記された建築基準法20条1号の「高さ60メートル以上」を「超高層建築物」として、論題に応じてその定義を見直している★9。もとより99mや59mの高さの建築物を「超高層建築物」ではないと断ずることはできず、それは屋上屋を架すようなものだ。すなわち現況の日本で高層とそれを超える高さの基準が共有されているとはいえず、「超高層」とは建築物の高さそのものの意味については判断することを停止して、それをつくるための標語であるといえよう。「超高層」ということばのこうした寄辺の無さは、それを組み立てる人々が依拠してきた身体の大きさを尺度とする理論だけで、建築物を把握することの限界をも示唆している★10。

ここでは3点を取り上げたが、もちろんこれらに限らずロラン・バルトの『エッフェル塔』（1964、邦訳1997）や松浦寿輝の『エッフェル塔試論』（1995）、そして佐藤健二の『浅草公園 凌雲閣十二階』（2016）などでも論ぜられるように、鉄とガラスそしてコンクリートは国民国家の威信をかけた技術を示すために、万国博覧会などとともに高層の建築物において象徴的に用いられた。また為政者に限られていた高所からの眺望を大衆も享受できるようになった点で、タワーを含む近現代の高層の建築物はそれまでとは時代を画する。短絡化を恐れずあえてまとめれば、ここで確認した成果は近現代の高層の建築物が国民国家の表象として機能することをあらためて確認するとともに、必ずしもそうした枠組みだけにとどまらない大衆による社会の表象としてこうした建築物をとらえるための論点を提示しているといえよう。

イメージとしての霞が関ビル

占領期を終えた日本の政治や経済は、オフィスの物理的な規模を壮大とすることを求めた。こうした背景の下で竣工した霞が関ビルはどのように表され、人々はそれにどのようなまなざしを向けたのだろうか。そこでここではこれまでの整理をもとに、関川秀雄が監督した映画『超高層のあけぼの』（日本技術映画社、1969）を題材として、霞が関ビルを国民国家とむすびつける視座を相対化し、それをグローバル・ヒストリーとして定位することを試みる。

同作は武藤清や二階盛、鹿島守之助、江戸英雄ら霞が関ビルにかかわった人物を豪華な俳優が演じる点に特徴

▶図C12-1　学生時代の武藤清を演じる山本豊三が関東大震災で揺れる寛永寺の五重塔を見つめる

がある。またこれに先立ち、日本技術映画社と三井プロダクションによって『超高層のあけぼの　霞が関超高層ビル　第1部』（1966）と『霞が関147M　霞が関超高層ビル　第2部』（1967）という記録映画が製作されていることも見過ごせない★11。とくにこれらに携わり同作でも菊島隆三の原作を脚色した岩佐氏寿は、1936年に発足した同盟通信社での仕事を皮切りに占領期にはニュース映画の手法を確立する人物であり、岩佐は武藤とともに小中学生を読者とする著作も執筆している★12。つまり建築に関する科学技術をどのように啓蒙し普及するかという点で、戦時下から戦後にかけて文化外交とも分かち難い関係で映画にかかわってきた岩佐の歩みには特筆すべきものがある。同作は建設会社という企業のPR（パブリック・リレーションズ）でありながら、記録映画のように建築に関する科学技術が再現されつつ、さらには劇映画として霞が関ビルにかかわる群像を多様なキャストが再演する、（見る者を誘導する仕掛けや演出をも許容し現実を写そうとする手法としての）「ドキュメンタリー」であるといえよう。

この映画は1963年2月に最終講義を終えた東京大学の古川善二（中村伸郎）が、学生時代に体験した関東大震災を振り返る回想からはじまる。帰り道で風鈴を運ぶ屋台とすれ違いながら古川が大学から下宿に戻ると地震が襲い、それらが割れる音が鳴り響く。また避難する際には、倒壊し燃える木造の住宅群とともに余震で揺れる寛永寺の五重塔に「柔構造理論」のきっかけを見出す古川の顔が重ねられる。だが古川のこうした回想は先の大戦には一切ふれることがないまま、鹿島守之助（佐野周二）と鹿島卯女（三宅邦子）の来訪でふいに断ち切られる。そして古川は持論を携えて、霞が関ビルに取り組んでいくことになる。

その後、ここでも五重塔と同様に柳に風を謳い文句として「動的設計法」を観衆にわかりやすく伝えるため、古川の下で建築構造の解析を行う課長の佐伯（木村功）らスター

が建築模型を揺らすことで、そのきらびやかさが建築構造の革新性として重ね合わされる。建築物の構造力学を強調しそれを外観として露出する表現を木造による自国の「伝統」とむすびつける議論が1950年代に商業誌で盛んになされたことは広く知られているが、ここではこうした叙法がこの映画の観衆に対しても援用されていることがわかる。また続くシーンでは古川が電子管式アナログ計算機を用いた解析を論拠として36階建てとすることを提案するが、会議室では三井不動産の重役らが収支の観点でそれが妥当かどうかを諮る。ここでは同じショットを幾度も繰り返しながら重役らの顔をなぞることで、この会議室と社長の川島（松本幸四郎）の決断の重々しさが描かれる。そして建設が決定すると、現場の所長である江尻（池部良）を軸にH形鋼の圧延やデッキプレートの開発がエピソードとして扱われる。霞が関ビルをめぐる構法（構造法）と工法（施工法）に関するディテールの物語は、このようにして用意されたのだ。

後半は建設現場の人々を中心に展開していく。ここで活躍する鳶職人の星野（伴淳三郎）やタワークレーンを操縦する島村（田村正和）らが年末年始に帰省するシーンでは、農村での久々の家族との交流や漁村での婚約者の両親への挨拶が、霞が関ビルとそれが建つ東京を都会として対比的に補強する。同時にそれは、全国の東映系の映画館を訪れた約200万人の観客を含め、イメージとしての霞が関ビルが日本の国内に均質に広がっていく過程でもある。この映画のクライマックスとして、デッキプレートの上で東京を見下ろす古川が久々に登場すると場面が転じ上棟式がはじまる。そこで皆が見上げるのは「36階147M」と記されたH形鋼であり、クレーンで吊り上げられるそれには風になびく日の丸が括り付けられている。総じてこの映画で霞が関ビルは高さに起因する記念性によって、国民国家とそれに関連する産業に対する規制の緩和を誇示する建

▶図C12-2　上棟式で吊り上げられるH形鋼と日の丸

▶図C12-3　『超高層のあけぼの』の製作発表会で挨拶する鹿島守之助

築物として扱われているといえるだろう。

ポップ・アーキテクチャーをめざして

映画『超高層のあけぼの』は科学技術をいかに記録し描くかという点で、虚実を織り交ぜながら奥行きを与えつつ、国民国家の表象としての霞が関ビルの力を増幅させている。ただし先に整理したように、霞が関ビルに関するこうした一国史的な叙述は、異なる地域の相関と国家の枠内にとどまらない人々の共同性の観点からも考察する必要がある。たとえば霞が関ビルをつくるための技術はどの程度、海外から取り入れられる状況にあったのだろうか。この映画をはなれれば、ヨーロッパでも1950年代になると100mを超える高層ビルがつくられていく。たとえばオーギュスト・ペレが計画した27階110mの高層住宅であるペレ・タワーは1952年にアミアンに、またBBPRが設計したミラノのトッレ・ヴェラスカやジオ・ポンティが設計したピレッリ・ビルはいずれも1958年にミラノに竣工している。また中南米では44階140mのトーレ・ラティーノ・アメリカーナが1956年にメキシコシティに建設されている。さらに東南アジアではジャカルタでウィスマ・ヌサンタラ・ビルが1964年に着工し、かつての日本の植民地でもあるここでのH形鋼を用いた「実験」は、霞が関ビルにおいても直接的に反映された。もちろんアメリカにも多くの人々が視察に向かい、こうした高層の建築物はその竣工とほぼ同時に日本国内でも伝えられているため、霞が関ビルにかかわる専門家たちがこうした海外の情報を目や耳にしていたことは間違いない。1940年のエル・セントロ地震を含め参照する地震動のデータが世界の各地から取り寄せられていることは言うまでもなく、地震国というナショナリティは決して日本だけに限られてはいない。

当然のことながら、こうしたデータと電子計算機（コンピュータ）を用

いて弾性および塑性の応答を解析する鉄骨造の高層化に関する技術を霞が関という敷地にいかに定着させるかという過程に、このビルディングの独自性があることは疑いない。また、だからこそ村松貞次郎は霞が関ビルに在来の建築生産の慣行に合わせた技術革新を、そしてそれを建築計画の名の下に束ねる郭茂林に「日本」の建築家の理想像を見出そうとした[13]。しかしながら霞が関ビルの構法や工法において他国に秘するような情報があったとはいい切れず、むしろ霞が関ビルをつくるための技術は概して他の国と共有されている。よりつぶさに確認する必要があるが、当時の台湾や朝鮮半島、そして東側諸国の高層の建築物とその工業化の過程にも個々の慣行があり、さらにはそれを超えて共通するいくつかの類型も見出せるはずだ。

加えて文献等の和訳による周知が、霞が関ビルに関する技術それ自体をどのように考えるかという建築の見方にも影響を及ぼしたこともにも目を配る必要がある。その点では一例だが、大衆による消費と大量生産（マス・プロダクション）に着目し建築に関する技術の表象を扱うレイナー・バンハムの論考は無視できない。山下泉によるビブリオグラフィーでも確認できるように[14]、バンハムの論考は霞が関ビルの設計や施工と前後して主に1960年代に邦訳されている。しかしながらその後の日本でバンハムは工学、とくに建築環境工学に関する観点から近代建築の歴史を叙述する存在として偏狭に扱われてきた。なぜなら『第一機械時代の理論とデザイン』(1960、邦訳1976)がポップ・アートに関する運動に参加する過程で執筆されたことや、『Los Angeles: The Architecture of Four Ecologies』(1971)の表紙にデイヴィット・ホックニーの《A Bigger Splash》(1967)を掲載することなど、建築や美術を視覚文化としてとらえるバンハムの仕事とその性格は[15]、日本においては等閑視されてきたからだ[16]。ハル・フォスターはこうしたバンハムの視座と、『ラスベガス』(1972、邦訳1978)などにおけるロバート・ヴェンチューリとデニス・スコット・ブラウンらの視座が継承されていく過程を指摘する[17]。フォスターによるこの指摘をふまえれば、霞が関ビルをいわばポップ・アーキテクチャーとして、国家の枠にとどまらず共同する人々の観点から位置づけることもできるだろう。

たとえばこの『超高層のあけぼの』では描かれなかった霞が関ビルの足下では、既存の制度を問うために海を越えて呼応する人々のデモンストレーションが行われていたはずだ。ただこの時期のニューレフト運動において、大学や空港の施設、広場、そして大阪万博（日本万国博覧会）が批判の対象となったことは当時を知る人々の述懐でも繰り返されるが、霞が関ビルがこれらと同様に問題とされることはいまだ乏しい。換言すれば、霞が関ビルの鉄骨は日常で見慣れていた高さをゆうに超えて構築されたにもかかわらず、当時の運動において路上から見過ごされている可能性もあるのだ。一方で霞が関ビルのオープンと同時に開放された最上階の「パノラマ36」で高所からの眺望を享受した人々は、眼下のデモンストレーションに参加する人々とは異なる角度から東京を俯瞰していた[18]。また『ニューヨーク・タイムズ』のロバート・トランブルは、華族制度が廃止され独力で館を運営することが難しくなっていた霞会館が、地上権を譲渡しこのビルの34階に居所を移す経緯を取り上げている[19]。こうした新聞等の報道を通じて霞が関ビルが海外でも視認されていたことは想像に難くないが、それでも日本だけを前提とする評価を再考するうえでは貢献があるだろう。『超高層のあけぼの』の終盤、現場を訪れた三井不動産の社長の川島は、アメリカから大工を呼んだ約40年前の三井本館の建設と比べ「このビルは全体が国産品。そうでしょう?」と問いかける。またそれに答える現場の所員も「人間も材料も、全部国産です」と胸を張る。しかしながら霞が関ビルは「国産の人間」に限らない、多種多様な人々にみつめられていたのだ。

むすびにかえて

本稿では高層の建築物に関する論点をふまえ映画『超高層のあけぼの』を考察することによって、「国産の技術」や「技術立国」といった一国史的な叙述にはとどまらない人々の共同性から戦後の科学技術をとらえるための糸口を示した。本稿の議論は、霞が関ビルの竣工の直後に鹿島守之助らが展開した建築物の設計と施工の一貫を問う論争や、神代雄一郎が口火を切ったものの不完全燃焼のまま忘却されつつある「巨大建築論争」に風を送る。「その社会が建築を創る」と己に言い聞かせた人々も、長い時を経て構築された環境（ビルト・エンバイラメント）に比べれば、きわめて限られた社会のひとときの要請にしか応ずることができなかった。そうした経験は、高層の建築物を組み立て直すことを社会の要請とみなし再びそれに当代の先端的な技術で応じようとする人々に、それがあくまでも機械の美学のうちにあると省みることを求めるだろう。ポップ・アーキテクチャーはこのように霞が関ビルという造形を、それを取り巻く社会とともに視覚化するのである。

Lecture 13

「公共建築」の世界史
制度と空間

布野 修司

建築史は、一般に、モニュメンタルな建築すなわち神殿（教会、寺院）、王宮、官衙、墓廟、城塞といった、国家あるいは社会の中核に関わる建築について書かれるが、本講ではより身近な、人間と人間の関係がつくり出す社会的空間すなわち公共空間Public and Common Spaceの歴史的展開を「建築類型」に着目しながら通観しよう。学校、図書館、病院、福祉施設といった公共建築は、近代的なインスティチューション（制度＝施設）として成立する。歴史をさかのぼれば、教育にしても、医療にしても、福祉にしても、住居周辺の生活領域で行われてきたのであって、それぞれ異なった「建築類型」が古来あったわけではない。

1. 家族システムと住居集落──定住・農耕・遊牧

地球の人工環境化：建築の歴史は地球を人工環境化していく歴史である。アフリカ大地溝帯で誕生した人類は、採集狩猟の遊動生活をしながら10万年前頃アフリカを出立し（出アフリカ）、エクメーネ（居住域）を広げていった。数万年前にヨーロッパそしてアジア南部に広がり、4万年前にオーストラリア、2万年前にベーリング海峡を渡り、1万5000年前に南アフリカの南端に達する。定住革命、農耕革命さらに都市革命が起こり、人類はそれぞれの地域で集団を形成していった。15世紀以前には地域間の交流はそう大きく

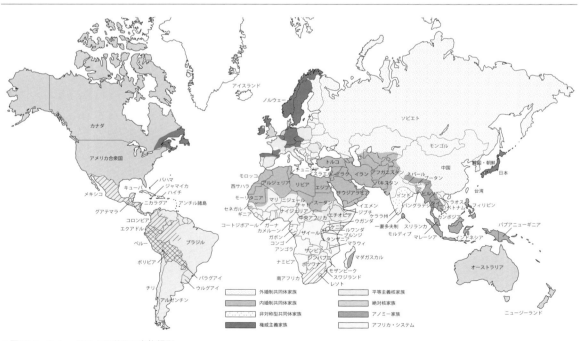

▶図13-1　E.トッドによる世界の家族類型

はない。大航海時代になって地球が「再発見」される。そして、産業革命が都市と農村の関係を決定的に変える。高層建築の出現によって立体都市が実現し、蒸気機関車、蒸気船から自動車、飛行機へ、交通手段の発達によって、今や人跡未踏の地はない。地球全体がエクメーネと化し、寒帯、熱帯を問わず、そして宇宙にも、人工的に調節可能な環境がつくり出されつつある。

家族と居住システム：人類の最初のそして最小の単位は核家族である。そして、遊動採集狩猟生活を基礎とする核家族は、持続的生活を維持するためにバンド（部族）社会を形成する。バンド社会では、すべてのものが共同所有され、採集狩猟物は平等に分配（共同寄託）される。必要とされたのは仮設的な住まいである。

定住が開始されると（定住革命）、バンド社会は氏族社会へ移行していく。備蓄が行われると不平等が生じ、階層社会が形成される。それを解消する方法が贈与による互酬システムであり、家族も資産の継承のシステムの相違によって様々なかたちをとる。世界史の中で生み出されてきた家族システムは、大きく核家族、統合家族、直系家族、共同体家族に分けられるが（E.トッド『家族システムの起源』）、地域的に異なる分布を示している（▶図13-1）。それに対応して住居も様々なかたちをとる。

東南アジアを例にとると、父方居住共同体家族をとるバタック族は、大規模な一室住居に6～8家族が共住する。母方居住共同体家族をとるミナンカバウ族は、ワン・スパンを娘家族が占有する大型住居に居住する。ロングハウスと呼ばれる長屋形式に住むイバン族などは一般的に双処居住直系家族である。北ルソンのイフガオ族のように核家族単位に住居を建てる場合もある。

集落と共同施設：複数の家族が共住する集落のパターンもまた多様である。建築類型として必要となるのは、備蓄のための倉や集会施設や共同作業場のような共用施設である。階層化が進行すれば特別に首長（王）のための空間がつくられる。統合の核となる宗教施設（聖処）、儀礼空間（祭場）、墓地などによって集落が構成される。大規模な集落になれば、階層的な編成がなされる。

集落の形態は、住居棟と倉や家畜小屋、作業小屋を平行に並べるもの、共同の広場を環状に囲むもの（▶図13-2-a, b）など、わかりやすい単純な構成をとるものが少なくない。コスモロジーに基づく配置原理をもつ場合がむしろ一般的である。

2. 都市と権力――神殿・宮殿・要塞・市場

都市革命：都市の定義をめぐっては、G.チャイルドの『アーバン・レボリューション（都市革命）』(1957)以降、諸説あるが、都市の本質、基本特性は、Ⅰ. 高密度の集住、Ⅱ. 分業、階層化と棲み分け、Ⅲ. 物資、資本、技術の集中とそのネットワーク化、Ⅳ. 権力（政事・祭事・軍事・経済）の中心施設と支配管理道具（文字・文書、法、税など）の存在である。

都市の起源についても諸説ある。通説となってきたのは、農耕技術の発展による生産力の増大によって集落規模が拡大し、各地の集落の余剰生産物を交換する場として、集落群を束ねるネットワークの中心、結節点として都市が誕生するという農耕の余剰生産を主因とする剰余説(A)である。この生産力理論による剰余

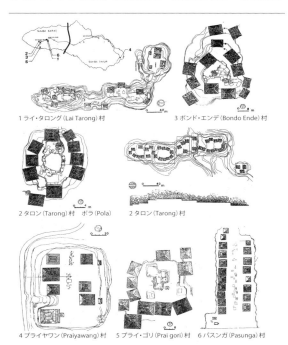

▶図13-2-a　スンバ島の集落形態

▶図13-2-b　スンバ島の集落形態

説(A)に対して、生産基盤を異にする地域間での交換、長距離交易(定期的輸入)を強調する市場説(B)、安全のために高密度集住して城壁で取り囲む都市が建設されたとする軍事(防御)説(C)、宗教的権威が所在する神殿の周辺に人々が集住したとする宗教(神殿都市)説(D)、そして、余剰生産物の分配を行う支配権力の拠点として都市が発生したとする政治権力説(E)説などがあるが、要するに、生産(農耕、技術)、交換(経済)、軍事、祭事(宗教)、政事のどれを重視するかによっている。そういう意味では、都市を権力の空間的装置とする説(E)が他を包括することになる。

都市核：都市の成立、すなわち、後背地の農村を支配するかたちで都市-農村関係が成立するためには、市壁で囲われ安全性が確保された中に、統合の核としての祭事の空間、神殿(聖所)、祭場、神官の居住区域が設けられる(神域)。また、交換の場として市場とその管理施設が設けられる。さらに、政治を司る王とそれを支える支配者層が居住する王宮と宮廷施設が設けられる(宮闕)。そして、軍が依拠する要塞や兵営地が設けられる。建築の歴史は、こうして、神殿(宗教施設)、宮殿(統治施設)、要塞・城塞(軍事施設)、市場(経済施設)を中心に書かれてきたのである。

中央神域・中央宮闕・中央広場：祭事、政事、軍事の力関係によって都市核のかたちは異なるが、神殿都市起源論が根拠とするように、古代都市の中心に置かれるのは神域である(中央神域)。メソポタミア最古の都市と考えられているのはウルク、そしてハブーバ・カビーラ南遺跡である。ウルクの中央には、白神殿・女神イナンナの神殿複合体とジッグラトが大きな神域を構成している(▶図13-3)。ウルでは、王の宮殿区域そしてバーザール跡が発掘される(▶図13-4)。メソポタミアでは、防御壁で囲われた中央にまず神域がつくられ、続いて王権の伸張とともに宮闕がつくられるのである。南米の古代諸都市の場合、神殿の遺構のみが発掘される。

ユーラシアにはインドと中国を中核地域とする2つの都城の系譜がある。それぞれに理想的都市の構成を記した書物がある。インド都城は「中央神域」、中国都城は「中央宮闕」である。インド都城のモデルとしてはマドゥライ(▶図13-5)、アンコール・トムなどがある。中国都城のモデルとしては、マンダレー、そして明清北京の故宮があげられる(▶図13-6)。それに対して、「中央広場」という都市モデルを成立させるのがギリシャ、ローマである。

3. 公共空間の原型—都市核の構成

ギリシャのポリスの都市計画は、大きくはミレトスに代表されるヒッポダミアン・プラン(グリッド・パターン)の系譜とペルガモンに代表される、地形を利用して都市を壮麗化する計画手法(グランド・マナー)の系譜に分かれるが、その都市核を構成する中心に位置した

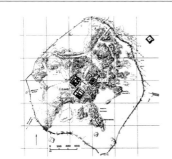

▶図13-3　ウルク都市図

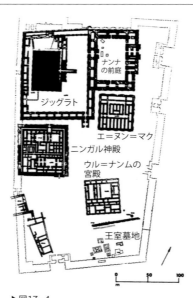

▶図13-4　ウルの神域　第3王朝期

▶図13-5　マドゥライ中心街区

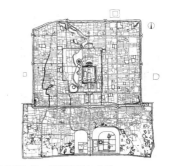

▶図13-6　北京旧内城・外城

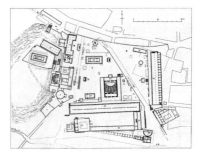

▶図13-7　アテネのアゴラ

のは、市民の公共広場アゴラであり、ローマ諸都市ではフォルムである。公共空間の原型となるのが中央広場である。ウィトルウィウスは、公共建築を防御的、宗教的、実用的の3つに分ける中で、実用的建築として、公共の使用に当てる共同の場所として、フォルム、劇場、浴場、パラエストラ（体育館）、港を挙げている（第五書）。

アゴラ：ギリシャの諸都市は、君主制、共和制、民主制など今日に至る原型となるいくつかの国制をとったが、民主制をとったアテネの都市核を構成するのはアゴラを中心とする集会施設（ブーレウテリオン（議会）、プリュタネイオン（スキアス））、神殿、そしてストアである（▶図13-7）。そして、劇場は近接した山の斜面に設けられた。アゴラは、ギリシャ以前の2つの核、神殿域と宮殿域が融合した、社会活動や商業活動が行われる広場であり、市場である。様々な儀礼が行われ、裁判、そして処刑場ともなった。この広場を中心とする都市核の構成は、西欧世界の都市に引き継がれていく。それをもっとも明快に法制化したのがフェリペⅡ世の勅令（1573）である（P. 42 Lecture04参照）。

ストア：注目すべきは、アゴラを構成するストアというポルティコ（列柱）のついた細長い空間である。店舗の並ぶアーケードの起源となるが、フレキシブルに広場を構成する空間装置である。ストアには、店舗付きのもの、列柱が2列のもの、L字形のものなどいくつかあって、複数のストアで都市核は構成される（▶図13-8）。ストアに向かって演台（ベーマ）が設けられる場合もある。

ヘレニズム時代になると、二廊式ストアが現れる。また、劇場とともに浴場（B.C.5世紀にさかのぼる）や泉や井戸のような共同施設、さらに公文書館（メトロオン）や運動教育施設（ギムナシオン、パラエストラ）も現れる。もともとストアで広場を囲うかたちをとっていたものが屋根付きになっていくのである。また、アテネの「風の塔」やアレクサンドリアの「灯台」、港湾施設や商取引所も建築類型として出現する。

フォルム：ローマがケントゥリアと呼ばれる正方形を単位とする条里制を敷き、「ローマ・クワドラータ（正方形のローマ）」と呼ばれる、カルドとデクマヌスという南北、東西の中央幹線道路軸によって構成されるローマンタウンを数多く建設したことはよく知られる。2軸の交差点に設けられたのがフォルムと神殿、バシリカなどの複合体である。ポンペイをみると、フォルムの西にアポロ神殿、その南にバシリカ、北にユピテル神殿、その北に公衆浴場、東に市場がある。公衆浴場はもう一箇所もっとも古い神殿がある地区にあり、その周辺に劇場、音楽堂など娯楽の中心があった。また、市域南東部に円形競技場とギムナジウムがある。住宅地には宿屋、食堂、工場などが散在している（▶図13-9）。帝政期ローマの都市核は、カエサルのフォルム以降、アウグストゥス、ネルファ、トラヤヌスが連続的にフォルムをつくり、「市民の宮殿」とも

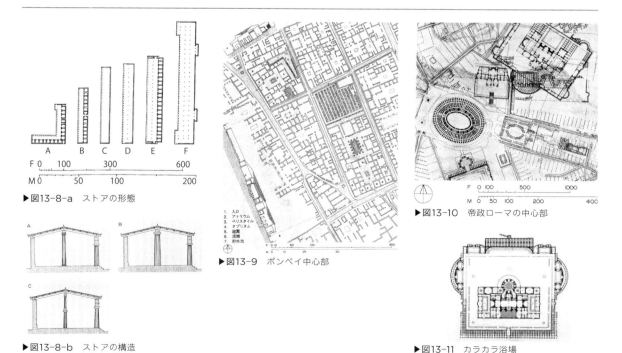

▶図13-8-a　ストアの形態

▶図13-8-b　ストアの構造

▶図13-9　ポンペイ中心部

▶図13-10　帝政ローマの中心部

▶図13-11　カラカラ浴場

Lecture 13……「公共建築」の世界史　制度と空間

呼びうる一大複合空間となる（▶図13-10）。

バシリカ：バシリカは、神殿と同じ長方形の建物の内部に柱列が並ぶ形式で、議場や法廷として、また商取引所としても使われた。ギリシャのストアあるいは多柱室、神殿の形式を踏襲するかたちで成立したと考えられる。ポンペイのバシリカは西端に裁判所があり、中庭に向かって店舗が並んでいた。

テルマエ（公衆浴場）：古代ローマの公共空間として、ギリシャ起源でB.C.5世紀には成立していたとされるテルマエ thermaeが重要である（▶図13-11）。ローマ帝国の諸都市には少なくとも1つの公衆浴場があった。テルマエは、高温、微温、冷温の3つの風呂と蒸風呂を中心に構成されたが、パラエストラやギムナシオン（運動場）が併設されていることが多かった。貧富の差を問わず誰でも利用でき、飲食、運動、読書、商売、哲学的議論などができる場所であった。現代でいえば、図書館、美術館、ショッピングモール、バー、レストラン、ジム、温泉などの複合施設である。公衆浴場はキリスト教によって禁止されるが、テルマエの伝統はイスラーム世界にハンマームの伝統として継承される。

市場（Mergadh, Mercatus, Mercado）：市場の起源は都市の起源にさかのぼり、当初は、港などの交易拠点で不定期に開かれる青空市、せいぜい仮設の建築による市が立つのが一般的であった。ストアやバシリカには店舗が付設され、フォルムや神殿には市場が付随するようになる。そして、中央広場あるいはその周辺に市場が立つのが一般的になっていく。

イスラーム世界ではモスクと市門をつなぐ街路に線状のスーク（バザール）が形成されるのが一般的である（▶図13-12）。中国で市が発達し始めるのは戦国時代で、各国で「市制」の整備が行われたが、「坊墻制」の成立とともに長安の東市、西市のように市場を囲郭で囲い完全に国家管理する形態が出現する。「坊墻制」に立脚した「市制」が崩壊するのは唐末以降である。

テアトルム（劇場・競技場）：劇場、競技場の歴史も古く、その始原においては必ずしも建築を要しない。演者（競技者）と観客との関係によって基本的な形式が決定される（▶図13-13）。古代ギリシャ、ローマの劇場は基本的には屋外劇場である。剣闘士競技、戦車競走などのための円形競技場、円形闘技場は、近代スポーツが成立して以降も、今日に至るまで変わらない。

宮廷劇は、古代ローマ時代にも行われ、ルネサンス以降、宮廷付きの演劇集団が成立する。街頭劇は、イタリア北部で16世紀半ばに生まれた仮面を用いた即興劇コメディア・デラルテが知られる。イギリスでは中世末期から街路や広場で演劇が行われるようになり、宿屋の中庭で行われる多くのイン・シアターが成立する。そして、その伝統の中から常設の公設劇場が現れる。J.バーベッジのザ・シアターが建設されたのは1576年、シェイクスピアのグローブ座（▶図13-14）が建設されたのは1598年である。

4. 市民建築の出現――
コムーネ（自治都市）とギルド（同業組合）

ヨーロッパ中世を支え、ローマ教会の位階秩序と各地の封建領主制という2つの枠組みを揺るがすかたちで「自治都市」が出現する。コムーネ（自治都市）誕生の動因となったのは、ローマ教皇と神聖ローマ皇帝との間の聖職叙任権闘争による都市領主としての司教や伯の権威の失墜である。

コムーネ：コムーネとともに、その中心施設として市庁舎イル・ムニシピオが成立する。北イタリアで一般化した司教館、大聖堂などと市場の開かれる広場に近接して建てられた市庁舎の形式は、王や司教、修道院長などの館をモデルとしている。コモ市庁舎は2階建てで、1階は広場の延長として専売品の売買などが行われる部屋と市場や度量衡を管理する事務所、公証人、弁護士、筆記などの部屋からなり、2階は大会議場となっていた。また、隣接して鐘楼が設置された。時間の管理も都市管理の要である。フィレンツェ市庁舎は4階建ての塔状住居の形式で、要塞として、1階は広場に開かれず兵器庫や法廷が置かれていた。北ヨーロッパのリューベックなどのように、市庁舎に市場や店舗を含む複合的なものもあった。

ギルド：コムーネの成立、発展に大きく寄与したのは商人（遠隔地商人）である。商人たちのギルド（同業組合）は、事務所や倉庫、市場や店舗などを必要とした。商人ギルドに対して、手工業者のギルドも形成される。手工業者の社会は徒弟制度による身分制社会であり、製品の品質・規格・価格などを厳しく統制する一方、自由競争を排除して構成員の共存共栄を図った。ギルドは教会と密接なかかわりがあり、集団ごとに守護聖人をもち、祝日などに会合を行うのが普通であった。

ギルド組織として、古来日本には「座」や「株仲間」、中国には、「行」がある。イスラーム世界ではコムーネが成立することはないが、同業者の集まる近隣組織としてムハッラ（ハーラ）が形成され、各ハーラはモスクのほか、ハンマーム（浴場）、サビル（水場）を共有施

設（寄進（ワクフ）財）とした。インド世界にも、ネパール諸都市のようにコミュニティごとにヒティ（水場）、パティ（集会所）などの共用施設が設けられるのが一般的であった。

ウニヴェルシタス：大学は、学問の世俗化によって成立する。キリスト教世界において、高等教育が行われてきたのは、教会あるいは修道院である。ウニヴェルシタスという語はもともと団体全般を指していたが、とくに教師と学生の団体を意味した。

世界最古の大学とされるのは、B.C.7世紀にガンダーラのタキシラに設立された僧院という説があるが、5世紀に設立され、玄奘三蔵も学んだナーランダは、11部門、教師は1000人、学生は1万人を超えるまさに大学と呼ぶにふさわしい教育機関であった。また、イスラーム世界では、モロッコのフェスで859年に設立されたアル・カラウィーン大学が最古であるとされる。現在その総長がスンナ派の最高権威とされるカイロのアズハル大学もモスクの設立は970年と古い。マドラサと呼ばれる学校が制度的に成立するのは11世紀である。中国では、国家の官僚養成のための科挙の制度が古くから用いられてきた。

ヨーロッパ最古の総合大学といわれるのはボローニャ大学（1088設立）である。パリ大学の創立は12世紀中葉であり、1211年にローマ教皇により大学として認められている。オックスフォード大学の設立は1167年とされるが、11世紀末には講義が行われた記録が残っている。13世紀までにイタリアを中心に22の大学が設立されている。

5.近代的諸施設の成立——監獄・兵舎・学校・病院・工場

ヨーロッパで、公的生活圏と私的生活圏が分離するのは16世紀以降の絶対王政の時代である。国家による公共事業はすべて公益を実現するものであり、国家は安全保障からインフラストラクチャーの整備など公共政策を決定する、すなわち、国家に関わるものが公的であり、国家的でないものが私的であるという観念が成立するのである（J.ハーバーマス『公共性の構造転換』）。

国家と社会が分離されることによって公私の分離は成立する。そして、「市民」の出現とともに「市民的公共性」という概念が成立する。市民社会は、社会的地位に関係なく万人が議論に参加し、論証以外のあらゆる権威を認めない公共性を原則とし、社会の階層的編成を縮小させる制度を発達させていくことになる。

19世紀頃までは「市民的公共性」は国家から自律していたのであるが、17〜18世紀にかけて規律・訓練（ディシプリン）の制度が支配の一般的な方法になっていく（M.フーコー）。すなわち、規律・訓練のための諸施設が成立していくことになる。わかりやすいのは軍隊の兵営である（▶図13-15）。略奪や暴行、脱走や浪費

▶図13-12

▶図13-14

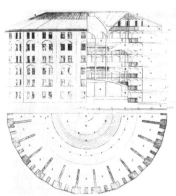
▶図13-16

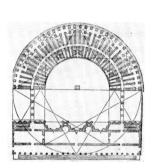
▶図13-13

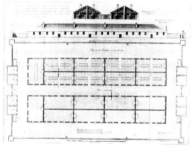
▶図13-15

▶図13-12　イスファハーンのバーザール
▶図13-13　パラディオの
ローマ劇場の復元
▶図13-14　グローブ座
▶図13-15　兵舎の図面　1719年の王令
▶図13-16　J.ベンサムのパノプティコン

Lecture 13……「公共建築」の世界史　制度と空間

を防止するための兵営が設置されるのは18世紀初頭である。兵営において、兵士たちは、教練を通じて、命令に服従する身体（動作や姿勢）を訓練される。もっとも象徴的なモデルは監獄である。18世紀から19世紀にかけて、人道という観念が成立すると、刑罰は、身体刑（絞首台、断頭台、鞭打ち、烙印など）から精神刑へ、拘禁、矯正中心の刑罰制度へ移行していく。そこで誕生するのが監獄である。M.フーコーが監獄の空間モデルとしてあげるのがイギリスの思想家ジェレミ・ベンサムのパノプティコンという、円形建物の中心に監視塔を置き、円形状に独房を配置する監獄計画である（▶図13-16）。囚人からは監視員は見えず、囚人は常に監視されていることを強く意識させられ、更生のために規律化され従順な身体が形成されるというのである。

兵営や監獄と近代的な施設として成立する学校、寄宿舎、病院、工場などとの本質的な差異はない。M.フーコーによれば、規律・訓練のための最初の処置は各個人を空間に配分することである。そして、その時間、活動を体系的に管理することである。まず①規律・訓練が行われる閉じられた空間が設定される（施設空間の限定）。そして②各個人はその位置を定められる（個人空間への分割）。さらに③施設空間は規律・訓練のために機能的に編成される。そして④施設空間の基本的要素（空間）は序列化され、相互に置換え可能とされる。

学校のクラスについては、18世紀後半以降、均質化され、成績、品行、体格などの序列に従って生徒を配列する、すなわち、個人の行動を規定しながら、全員一斉の教育を行う方式が一般化する（▶図13-17）。黒板を背にして、教師と生徒が向き合う空間形式は今日の学校建築の基本となる。病院も、18世紀後半以降、医療行為のために組織化され、患者を隔離する一方、十分に観察し、看護治療する空間になっていく。産業革命によって出現した工場は、まさに労働者の時間と空間を徹底的に管理する空間となる。そして、単純なラーメン構造の均質な空間を積層させるオフィスビルがその象徴となっていく。

6. ユートピアとグローバリゼーション

産業革命以降、工場に象徴される規律・訓練型の施設による空間編成、画一的で均質なオフィス空間が社会全体に浸透していくことになる。

その一方で、理想的共同体、ユートピアを実現しようとする動きが現れる。プラトン以来、理想的な国家、都市を実現しようとする思想は歴史をつき動かす大きな力になってきたが、19～20世紀にかけて世界史を主導することになったのがカール・マルクスの社会主義思想であり、その先駆者とされるのがサン・シモン、フーリエ、オーウェンである。その思想と活動は、具体的な共同体建設、また近代的都市計画思想に

▶図13-18-a

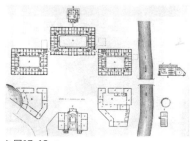
▶図13-19-a

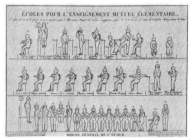
▶図13-17

▶図13-18-b

▶図13-19-b

▶図13-17　相互教育学校の教室（1818）
▶図13-18-a, b
フーリエのファランジュ
a 全景　b 中心施設
▶図13-19-a, b　ファミリステール
a 敷地図　b 全景

大きな影響を与える。

シャルル・フーリエ(1772-1837)のファランジュ(共同体)の構想(▶図13-18)は、アメリカでは、コンシデラン(1808-93)によるニュー・メキシコの「ノース・アメリカン・ファランクス」など1840年代に41の実験コミュニティの建設を産んだ。こうした実験的コミュニティの中でもっとも成功したとされるのは、ゴダン・ストーブの考案で知られる実業家ジャン・バティスト・ゴダン(1817-88)がエーヌ県のギーズに建設したファミリステール(▶図13-19)である。1886年に400家族が居住し、協同組合は1930年代末まで活動を続けた。ゴダンのファミリステールは、ル・コルビュジエのユニテ・ダビタシオンに大きな影響を与えたとされる。

ロバート・オーウェン(1771-1858)の理想都市モデル(1817)も、日本の武者小路実篤の「新しき村」を含め、大きな影響を与えた。人口800〜1,200人を単位とするコミュニティが一定の間隔で配置され、中央にオーウェンの四辺形と呼ばれる四辺形の居住区があり、各コミュニティは、周囲に1人当たり0.5〜1.5エーカーの耕作地をもつ。四辺形の中央には、共同炊事場と食堂、また、学校、講堂、図書館、会議室など共用施設が置かれる。そして、四辺形の3つの辺には、既婚者のための1戸4室からなる住戸が建てられ、一辺には3歳以上の児童を収容する寮が配置される。四辺形に隣接しては、工場、庭園、作業場、農作業場が設けられている(▶図13-20)。オーウェン自らアメリカ、インディアナ州に3万エーカーの土地を購入、信奉者800人とともに移住する。支援したのは、1803年にアメリカに移住し、宗教コロニー「ハーモニー村」を創設したドイツ人宗教改革者ジョージ・ラップである。

オーウェンの「四辺形」の理論は、アメリカの多くの識者を引きつけ、協同組合運動に大きな影響を与える。オーウェンの思想を基にしたコミュニティも、1840年代前半にかけて20近く建設された。しかし、それぞれのコミュニティは、長期にわたって存続することはなかった。

19世紀におけるこうした実験的コミュニティの建設を前史としながら20世紀初頭にはロシア革命が起こり、社会主義国家の建設が目指されたが、この世界史的大実験もソビエト連邦の崩壊とともに霧散する。

今や世界を主導するのはグローバル資本主義である。この間一貫するのはグローバリゼーションであり、支配的となったのは、経済的な合理性を第一の価値とする建築のあり方である。地球の歴史が地球を人

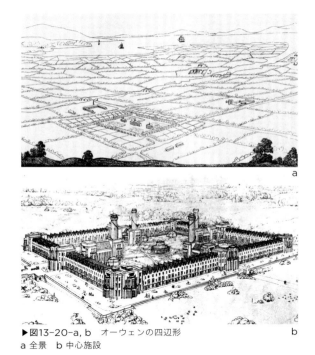

▶図13-20-a, b　オーウェンの四辺形
a 全景　b 中心施設

工環境化していく歴史であるとすれば、ほぼその終末を迎えつつあるといえるかもしれない。

公共空間のあり方、すなわち、人間と人間の関係がつくり出す空間も、ICT(情報伝達技術)の発達によって、まったく位相を異にしつつある。出現しつつあるのは、コミュニケーションのために必ずしも具体的な建築や場所を要しないまった新たな公共空間のあり方である。

一方、人口問題、資源問題、エネルギー問題、食糧問題などの顕在化、地球温暖化の進行に対して、地球環境全体の持続性が危惧される。グローバリズムのさらなる進行に対して、自律的な地域コミュニティとそのネットワークがどのような世界秩序をつくり上げていくかが問われるだろう。そして、グローバリゼーションの反動として顕在化するナショナリズムに対して、どのような共同空間をつくり上げるかは、建築においても問われていくことになる。

Column......13
宮殿：王の空間

布野 修司

　王（権力者）の居宅（邸宅、館、城）を中心とする支配者層の居住する複合建築をパレス（宮殿）という。パレスpaleceという語（Palast（独）、Palais（仏）、Palazzo（伊））は、ローマの7つの丘のひとつパラティーノPalatino（Palatinus）に由来する。この丘にローマ貴族の多くが邸宅を建て、初代皇帝アウグストゥスも居住した。その宮殿は、左右にバシリカと礼拝堂を配した玉座の間とペリスタイルで囲われた中庭、そして食堂が軸線状に並ぶ構成をしている。王の宮殿は、多くの場合、もっとも贅を凝らした、その時代、その地域を象徴する建築となる。

古代の宮殿

　古代遺構として、神殿やネクロポリス（墓地）は出土するが、宮殿の形態ははっきりしないことが多い。その起源において、神権、王権は一体化し、彼岸と此岸は区別されない。秦始皇帝陵に宮殿と同様の空間が用意されて人員が配置されたように、ネクロポリスにも現世の空間が用意された。やがて神権（神殿）と王権（宮殿）は分離していくが、宮殿は、基本的には王と王家、王一族の住まいであり、住居を大規模に複合した形式をとる。そして、王が政務や外国使節の謁見、国家的な儀式などを行う朝廷（外朝）と、君

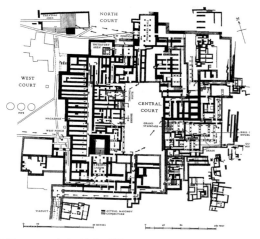

▶図C13-1　クノッソスの宮殿

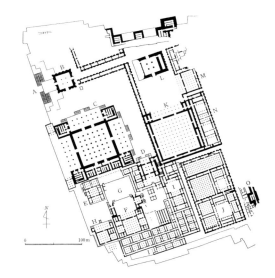

▶図C13-2　ペルセポリスの宮殿

主が私的な生活を行う宮廷（内朝）に大きく分かれる。また、国家の財宝、資産を集中的に収蔵する場所が設けられる。さらに、官僚機構のための空間が付随する。

　クレタ島のクノッソスの宮殿は、強大な王権と高度な官僚機構の存在を示している。中庭を囲む数多くの部屋からなり、巨大な倉庫を備えている（▶図C13-1）。

　宮殿は必ずしも都城を伴うとは限らない。都城が成立するのは官僚機構が整備され、都市住民が組織されることによってである。日本でも藤原京以前に「〇〇宮」と呼ばれる宮殿のみを中心とする段階があるが、ペルシア帝国でも、王はスーサ、バビロン、エクバタナ、ペルセポリスといった拠点を移動した。ペルセポリスは、年に一度、新年（ノウルーズ）の祝典に高官と聖職者が集まる祭儀に使用されるだけで、謁見殿（アパターナ）、接待、宴会のための広間、そして宝蔵のほか、警備用の兵舎、倉庫があるが、常設の王宮や官庁、その付属施設などはなく、居住区の遺構も発見されていない（▶図C13-2）。大モンゴルウルスのオルドも移動する「宮都」であった。

　歴代ローマ皇帝は、アウグストゥス以降、それぞれ宮殿を造営した。最大とされるのはコロセウムの位置にあったネロの黄金宮殿である。

教皇と皇帝の宮殿

　西ローマ帝国の滅亡後、ヨーロッパの秩序維持に大きな役割を果たしたのはカトリック教会である。8世紀後半にはカトリック教会制度の頂点に立つローマ教皇（最高司祭長）が出現する。そして、イベリア半島を除く西ヨー

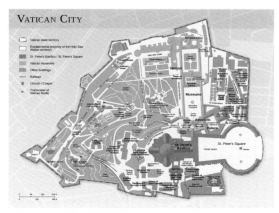

▶図C13-3　ヴァチカン宮殿

▶図C13-4　ホーフブルク宮殿（ウィーン）

ロッパ全域を支配下に置いたフランク王国のカール（シャルルマーニュ）1世が、ローマ教皇司教レオ3世による戴冠の儀礼を受け「神聖ローマ皇帝」となる（800）。歴史的に根拠をもつわけではない、この教皇による聖別・戴冠の正統性は問題にされ続けるが、教皇による皇帝の聖別という関係は維持されていく。カトリック教会が大きな力をもち、キリスト教が統合の原理となることによって、ヨーロッパ＝キリスト教世界という地域区分が一般化することになるのである。ヨーロッパという言葉がキリスト教世界を意味するようになるのは意外に遅く、エラスムス（1466-1536）が用いて以降である。

キリスト教世界の中心に位置するのはヴァチカン宮殿である。ブラマンテを主任建築家として1506年に着工、ミケランジェロのプランをもとに1626年に竣工した世界最大級のサン・ピエトロ大聖堂の北に位置するローマ教皇の現住居は、16世紀にシクストゥス5世によって建設されたものである（▶図C13-3）。

神聖ローマ帝国（800/962-1806）の宮殿であったのはウィーンの現ホーフブルク宮殿（▶図C13-4）である。その起源は13世紀にさかのぼり、ハプスブルク家の王宮として使われてきた。離宮であったのがウィーン風ロコ
コ様式のシェーンブルン宮殿で、レオポルト1世（在位：1658-1705）が狩猟用の別荘を建てて以降、歴代皇帝が増築・造作を行い、マリア・テレジア（在位：1740-80）の時代に完成されている。

ヨーロッパ世界に現存する宮殿のほとんどは絶対王政下に栄華の舞台となった宮殿である。また、植民地帝国として世界に君臨した国の宮殿である。

かつて「太陽の沈むことのない帝国」と称されたスペインには、フェリペ2世の修道院、墓所を併設するエル・エスコリアル（1563-84）がある（▶図C13-5）。ファン・デ・エレーラら3人の建築家の設計で、装飾をそぎ落とした近代建築の先駆ともいえるような古典主義建築である。フェリペ2世のマドリードの王宮（1561）は、火災で焼失し（1734）、カルロス5世によって再建されている。

フランス絶対王政を象徴するのは、ルイ14世（在位：1643-1715）が10km離れたセーヌ川から水を引いて建設したバロック建築・庭園を代表するヴェルサイユ宮殿（1689：設計マンサールとル・ブラン、庭園アンドレ・ル・ノートル）である。ルーヴル宮殿の起源はフィリップ2世のルーヴル城塞（1202）にさかのぼるが、シャルル5世（在位：1364-80）時代にフランス王宮となり、テュイルリー宮殿（設計：フィリベール・ドゥ・ロルム）と連結されるなど増改築が重ねられ、ルイ14世時代にクロード・ペロー設計の東ファサード部分はヨーロッパ屈指の古典主義様式としてその後の大規模建築の雛型となる。今日のルーヴル美術館が完成したのはナポレオン1世の時代である。フランス最大のフォンテーヌブロー宮殿の骨格はフランソワ1世（在位：1515-47）による。ルイ14世の庶子が建設したブルボン宮殿は、現在フランス国民議会議事堂であり、フランス共和国大統領官邸となっているエリゼ宮殿は1718年エヴェール伯爵のために建てられた宮殿である。

▶図C13-5　エル・エスコリアル宮殿

Column 13……宮殿：王の空間

イギリスの宮殿が古来立地したのは、テムズ河畔の英国議会議事堂とウェストミンスター宮殿のある場所である。起源はアングロ・サクソン時代にさかのぼり、現存最古の部分はウィリアム2世（在位：1087-1100）の建造で、1834年の火災後ゴシック・リヴァイバル様式（A.ピュージン）で再建され（設計：C.バリー）、さらに、第二次世界大戦での爆撃被害を修復して（設計：J.G.スコット）今日に至っている。バッキンガム公が建てた邸宅（1703）をジョージ3世が譲り受け（1761）、ジョージ4世が、建築家ジョン・ナッシュによって全面改築したバッキンガム宮殿がイギリス王室の公式の宮殿となるのは1837年、ヴィクトリア女王の即位の際にセント・ジェームズ宮殿から移り住んで以降である。

　スウェーデンで絶対王政を確立したヨハン3世が、13世紀にさかのぼる城塞を16世紀末にルネサンス様式に改装した世界最大級のストックホルム宮殿は、現国王も執務室を置いている。

　モスクワのクレムリン宮殿の起源は、モスクワ大公国（モスクワ・ルーシ）の設立（1263）にさかのぼる。東ローマ帝国が1453年に滅亡すると、モスクワは東方正教会圏の中心都市となり「第三のローマ」を自認する。新たに宮殿、教会堂が建設され、「赤の広場」が建設された。現在のクレムリン大宮殿は、1839〜49年にかけてコンスタンチン・アンドレーエヴィッチ・トーンの設計により建設された。

カリフ・スルタンの宮殿

　イスラーム世界の君主、皇帝はスルタンと呼ばれる。ムハンマド死後、「神の使徒の代理人」（ハリーファ・ラスール・アッラーフ）としてアブー・バクルが選出されたのがカリフ制の始まりで、カリフが領域支配を委ねたのがスルタン（権威の意）である。カリフは10世紀には実権を失うが、カリフ・スルタン制は、オスマン帝国末期まで存続する。

　イスラーム宮殿の原型となるのは、ウマイヤ朝（661-750）の「ヒルバト・アルマフジャール」（739-743）など、中庭式の大住宅、モスク、浴場などを四角く囲う城郭形式の砂漠の宮殿群である（▶図C13-6）。そして、アッバース朝（750-1258）の第2代カリフ、マンスールのバグダード宮殿（762）が先駆となる。直径約2.6kmの円城の中心に1辺200mの正方形の宮殿があり、イーワーン形式の4つの入口のある玉座が中央ドームの下に置かれていたとされるが遺構は残っていない。現存最古の宮殿はバビロンの東南にある中庭式住居が連結する「ウハディルの宮殿」（778）とされる。サーマッラーの第8代カリフ、ムータシムのバルクワーラー宮殿（836）は、中央軸線に四分庭園（チャハル・バーグ）を配置する整然とした構成であったが建築遺構は残されていない（▶図C13-7）。

　イスラーム王朝の宮殿として評価が高いのがグラナダのアルハンブラ宮殿である。その起源は後ウマイヤ

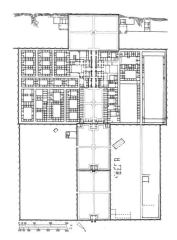

▶図C13-7　バルクワーラー宮殿

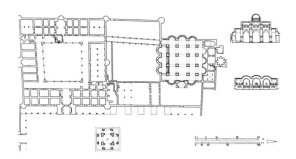

▶図C13-6　ヒルバト・アルマフジャール

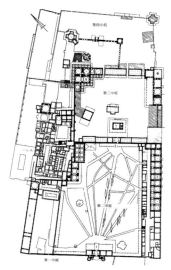

▶図C13-8　トプカプ宮殿

朝(756-1031)末期にさかのぼるが、ナスル朝(1232頃-1492)の建設である。L字形に交差するアラヤネスのパティオとライオンのパティオの2つの中庭を中心に配された「二姉妹の間」などの小部屋はムカルナス(鍾乳石紋)の天井、スタッコ彫刻、花綱のレース飾り、微細な装飾群で華麗に飾り立てられている。

オスマン朝の宮殿といえば、イスタンブールの金角湾に面するトプカプ宮殿である(▶図C13-8)。メフメト2世が1460年代に建設を開始し、様々な改変が加えられ、謁見殿、図書館などを囲む外廷(ビルン)、金角湾を望む殿舎や園庭が並ぶ内廷(エンデルン)、そしてハーレム(後宮)からなる。中庭を囲んで数多くの建築物が複合するオスマン朝の建築複合体キュリエの形式である。小さなキョシュク(東屋)を庭園に配するのはユルト(ゲル、包)の伝統ともされる。

サファヴィー朝のシャー・アッバース1世(在位: 1587-1629)のイスファハンの造営は、ムガル朝第3代のアクバル(在位: 1556-1605)によるファテープル・シークリーと並ぶイスラームの都市設計の白眉である。アリー・カプー宮殿は、ターラール(屋根付きのテラス)、音響箱を天井に仕込んだ大広間など趣向に富んでいる。アッバース2世のチェヘル・ソトゥーン宮殿(四十柱殿)(1647)は、三連のドームを頂く横長の宴会場となっており、前面の池に前部のターラールの長大な木造列柱を映している。スレイマン1世のハシュト・ベヘシュト宮殿(1670)は、水路に囲われたヴェランダの上に八角形の広間を中心に四隅に小部屋を配する佳品である。

ムガルの宮殿

古代インドの都城そして宮殿については『アルタシャーストラ』(実利論)が記述するが、それを具体的に体現する宮殿ははっきりしない。現在インド各地に残る代表的な宮殿遺構のほとんどはイスラームの侵入以降のもので、アーグラ、ファテープル・シークリー、ラホール、デリーに残るムガル朝の宮殿がその代表であり、地方勢力として一定の独立性を保ったラージプート諸侯もすぐれた宮殿建築を残している。

ムガル帝国初代皇帝バーブルの都は移動するオルド(宮殿)であり、その後もアーグラ、ラホールと都は定まらず、アクバルによって珠玉のファテープル・シークリー(▶図C13-9)が建設されるが長続きしない。帝都が定まるのは「もし地上に天国がありとせばそはここなり」と謳われたシャージャハナバードにおいてであり、ムガル朝の宮

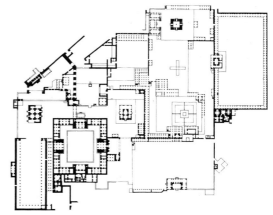

▶図C13-9 ファテープル・シークリー

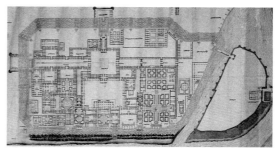

▶図C13-10 ラール・キラ宮殿

殿建築の代表がラール・キラLal Qilaである。「バグダードの八角形」と呼ばれるが、ヤムナー河からの水路、池、庭園が幾何学的に配置される。多様アーチ、ダブルコラム、柱頭・柱身・柱脚の装飾などムガル建築を特徴づける(▶図C13-10)。

ラージプートの諸侯の宮殿は、男性の領域マルダナmardanaと女性の領域ゼネナzenenaを截然と区別し、防御を考えて、小さな部屋と中庭を斜路や階段により複雑な形で構成するのが一般的である。現存最古の宮殿建築はチトールのラーナ・クンバ宮殿(1433-68)で、グワリオールのキルティ・シン宮殿(1454-79)も古い。ラージプート宮殿の特徴である、柱頭の持送り、腕木、八角形の柱、四角な柱礎、曲面の屋根、小さな出窓・ジャロカjarokha、斜め庇・チャジャchajja、石のスクリーン窓・ジャリjaliなどはヒンドゥー建築の要素である。

17世紀初頭のオーチャのブンデルカンド宮殿、ダティアのゴヴィンド・マンディルなど宮殿の形態は整然としている。『マーナサーラ』などの建築書が参照されたと考えられる。宮殿建築の建設を担ったのは、ヒンドゥー教徒である。17～18世紀の初頭にかけて建てられた、アンベールをはじめとして、ウダイプル、ジャイサルメル、

▶図C13-11　チャンドラ・マハル（ジャイプル）

ビカネール、ジョードプル、ドゥンガルプルなどの宮殿群は、ラージプート・スタイルの成熟を示している。多様アーチ、バンガルダールbangaldarと呼ばれるベンガル地方の農家の屋根を模した湾曲した屋根、フルーティング（襞飾り）のついた柱などムガル建築の影響が見られる一方、ラージプート伝統の装飾要素も用いられ、ペルシア由来の幾何学的文様との融合をみることができる。18世紀になると、ムガル建築の影響が大きくなり、ディグのバダン・シン宮殿（1722）、スーラジ・マル宮殿（1760）などは、ラージプート宮殿がその独自性を失っていく過程を示している。そして18世紀末〜19世紀になるとヨーロッパ建築の影響が見られるようになる。

ジャイプルの建設は、ラージプートの歴史の中でも際立っている。軸線が15°ほど時計回りに傾いていること、ナイン・スクエア（3×3分割）の北西の角が欠け、南東に一街区飛び出していること、『マーナサーラ』のプラスターラに基づくという説などをめぐって議論があるが、コスモロジーに基づいた整然とした都市計画は、ファテープル・シークリーそしてシャージャハナバードに勝るとも劣らない。建築家としてヴィディヤダールの名が知られるが、骨格となるバーザール、交差点チョウパル（広場）、街区分割のパターンなど実にユニークである。チャンドラ・マハル（1727-30）（▶図C13-11）は、バンガルダールを中央に、連続的な突き出しバルコニー窓が印象的な均整のとれたムガル朝を代表する王宮である。また、ユニークなファサードのハワ・マハル（風の宮殿）（1799）は、サワイ・プラターブ・シンの建設である。

朝堂・太極殿・紫禁城

中国の宮殿の完成形態は、『周礼』考工記が理念化する「中央宮闕」モデルにもっとも近い、外朝と内廷からなり、それぞれ三殿からなる、明清北京の故宮（紫禁城）に見ることができる。

宮殿は、政事・祭事・軍事・外事の意思決定が行われる場所である。古代中国においてもっとも重要な意思決定を行う朝議のための朝堂が成立するのは前漢末である。天子の居所そして朝政の場が太極殿と呼ばれるのは曹叡（明帝）（在位：226-239）のとき以降である。魏晋洛陽では、太極殿前殿を皇帝の即位・葬儀、大規模な儀礼、祭礼の執行空間、東堂を朔望の朝会など皇帝の日常の政務空間、西堂を皇帝の私的な居住空間とする太極殿・東西2堂形式で、西晋滅亡後、東晋さらに南朝の諸王朝に引き継がれていくが、北朝においても、北魏平城において孝文帝によって採用され、北魏洛陽、さらに東魏北斉に引き継がれる。太極殿は曹魏洛陽（220-265）から唐長安（618-907）まで、西魏、北周、隋を除く南北朝の13の都城において宮城の中心宮殿であった。日本の宮城の大極殿は太極殿に由来する。原型は小墾田宮（603）の大殿であるとされるが、大極殿の起源については飛鳥浄御原宮（エビノコ大殿）説と藤原宮説の2説ある。大極殿は、7世紀以降安元3（1177）年に焼失するまで5世紀余りにわたって存続した。

隋唐長安において、『周礼』『礼記』が説く三朝五門制に基づく宮城中枢の基本構造が確立する。すなわち、皇帝の日常的朝政の場である内朝としての両儀殿、臣下を朝見する場である中朝としての太極殿、そして、外朝としての承天門・朝堂という構成である。太極殿・東西2堂から三朝制へという転換とともに、皇城と宮城の分離が大きな転換となる。北宋の開封以降、宮殿の空間形式はさらに整えられていくが、北京の宮殿に至る基本構成の起源となるのは洪武帝の明の中都そして南京である（▶図C13-12）。そして、都城の理想形を実現することになったのは永楽帝の北京にお

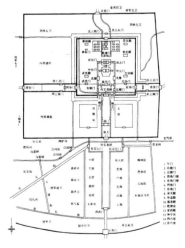

▶図C13-12　明の南京

いてである。

現代の宮殿

現在、君主制をとる国家は28を数えるが、ほとんどが立憲君主制であり、絶対君主（王）制をとる国は、ヴァチカン市国（ローマ教皇）、リヒテンシュタイン公国（大公）、北朝鮮（首領）を含めて、アラブ首長国連邦UAE、オマーン国、カタール国、クウェート国、サウジアラビア王国、バーレーン王国などアラビア半島の諸王国とエスワティニ王国（旧スワジランド王国）、ブルネイ・ダルサラーム国の11か国である。

王国の宮殿は、しばしば、世界的に著名な建築家に委ねられる。サウジアラビア王国は、1902年に建国され、イギリス軍のT.E.ロレンス（アラビアのロレンス）の協力を得てヒジャーズ王国を建てた（1915）ことが知られるが、現在のサウジアラビア王国国家宮殿・同国王宮殿（ジェッダ）は1982年に丹下健三（1913-2005）によって設計された（▶図C13-13）。1984年に独立したブルネイ王国の王宮（イス

▶図C13-13　サウジアラビア王国宮殿

タナ・ヌルル・イマンIstana Nurul Iman）（1984）はフィリピンの建築家レアンドロ・V・ロクシン（1928-94）による世界最大の宮殿である。様々なデザイン・モチーフをちりばめた折衷様式であるが、内装はアラブ首長国連邦ドバイの最高級ホテル、ブルジュ・アル・ドバイを手掛けたクワン・チュウ（Khuan Chew）による。

共和制をとる国の大半は大統領制であり、国家の中枢となる建築を代表するのは大統領官邸である。また、立法、行政、司法の三権分立を前提とすると、議会、行政府、最高裁判所が現代の宮殿ということになる。ヨーロッパでは、歴史的な宮殿をそのまま使用する例が少なくない。

ポスト・コロニアル（脱植民地）期に国民国家として成立した国の場合は、国家のアイデンティティを象徴する建築表現として、伝統的な建築様式、日本でいう帝冠様式（下田菊太郎）（Column11）がとられるのが一般的である。タ

▶図C13-14　タイ王宮

イ、カンボジアの王宮は伝統的仏教寺院の様式である（▶図C13-14）。民族や地域のアイデンティティを表現するためにしばしば屋根形態のシンボリズムが用いられる。そして、植民地期に建設された宗主国の総督邸などが用いられるのも一般的である。フィリピンの大統領府マラカニアン宮殿は、スペイン人貴族ルイス・ロチャの夏の住まいとして建てられ（1750）、スペイン総督の別宅、そしてアメリカ総督官邸となり、1935年以降、大統領官邸として用いられてきている。インドネシアの大統領府ムルデカ宮殿は、オランダ東インドの総督邸を起源とするパラディア様式の西欧建築である。

アメリカ合衆国のホワイトハウスは大統領府の象徴であるが、その起源は初代大統領ジョージ・ワシントンの時代にさかのぼり、コンペでJ.ホーバン案を採用（1790）、1800年に竣工している。米英戦争で焼失（1814）、再建した際に（1817）焼け焦げた外壁を白く塗ったことからホワイトハウスと呼ばれる。第二次世界大戦後、トルーマン大統領によって全面的に改造（1952）されている。東棟（大統領執務室ほか）、西棟（ファースト・レディ関係諸室ほか）を両翼に連結させたエグゼクティブ・レジデンス、アイゼンハワー行政府ビルからなる。

立憲君主制をとる国のうち16か国は、イギリス、オーストラリア、カナダなどイギリス国王を君主とするコモンウェルスに属するが、大英帝国から独立したインド、そして南アフリカの大統領府は、いずれもH.ベイカーの設計による。

現代の宮殿としての国家の中枢施設の建築表現が問われるのは新首都建設の場合である。20世紀の首都設計を代表するのはブラジリアである。国会議事堂など主要な建築はO.ニーマイヤーの設計であり、モダニズムの建築群で構成されるが、すでに1987年に世界文化遺産に登録されている。

Lecture 14

「都市組織」の世界史

都市をつくる町屋

青井 哲人

1. 都市組織と建物類型

顕微鏡でヒトの皮膚組織を覗き込むと、その単位に皮膚細胞があり、なおかつ細胞の形態こそがその集合の形態に直結する重要性をもつことがわかる。同様に、都市住宅の類型は都市組織を決める。しかもその形態によって何らかの社会を定着させている。では、都市組織の単位となりうる住宅の基本類型にはどのようなものがあるだろうか（▶図14-1）。

①中庭型

周囲を閉じ、中央の庭に開く。人も光・風も中庭から各室に配られる。求心的な閉じた内部世界の理念を表すことも少なくない。周壁は石やレンガを積み、中庭まわりは木の柱を立て、その間に床や屋根を組むのが素直な構造形式となる。

パレスチナのジェリコではB.C.8～9千年紀に集落の住居平面が円形から矩形の中庭型に移行し、道も登場する。メソポタミアの諸都市も中庭型であり、B.C.2千年紀のウルの例がよく知られる。宅地は正方形に近く、一辺十数mが必要。中国には陝西省鳳雛にB.C.1100年頃の中庭型形式の単位を前後に連ねた建物遺跡があり、四合院（院は中庭）と呼ばれる住宅類型の深い淵源が知れる。中庭型はユーラシア大陸の都市住宅の定数であるが、中国では単位反復の冗長性をそなえ、建物用途の別も都市・農村も問わず全中国世界に広がった理念的形式、建築の定数というにむしろふさわしい。

②外庭型

平城京・平安京など日本の古代都城（王都）は中国の制度の輸入だが、住宅は中庭型を採用していない。敷地中央に置かれた軽快な木造軸組の主屋が、周囲の庭に開かれ、敷地を塀で囲う。光・風だけでなく人の動きも建物内外にわたり流動的で、中庭型の反転形といえる面が多いので、外庭型と呼んでおく。この型は日本だけでなく東南アジア大陸部・島嶼部の諸都市にも広く見られ、市街地は広大な農村ともいえるような景観を呈する。

③列型

イタリアの建物類型学でいうスキエラ型に対応する。スキエラとは兵士の隊列のように独立の単位建物が道に沿って列状に並ぶことを指す。中庭型の求心性、外庭型の発散性に対し、焦点は街路との界面にあ

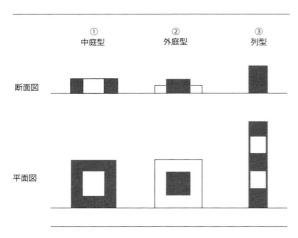

▶図14-1 都市住宅の3類型

り、これに直交する奥行方向の軸性が強いところに特徴がある。界面を競って分け合うため間口は数m程度に絞られ、代わりに奥行を深くする。正面を開き、両側面をふさぎ、表から奥へと庇・歩廊ー店舗部ー居住部と空間を連ねる。なお、列型を複数まとめて1棟にした長屋建ての住宅はイタリアでは線型（リネア型）と呼ばれ、列型とは区別される。本章では、独立家屋が「列」をなす場合をたんに町屋とし、「線」＝長屋の場合は連棟式町屋と呼ぶ。店舗だけの長屋は町屋とはいわない。

都市住宅の基本的な類型は、ほぼこの3つで足りるだろう。中世盛期のフィレンツェやボローニャなどで貴族が盛んに建てた塔状住居もひとつの類型としてよいが、都市組織の単位として一般的とはいいがたい。またヨーロッパでは5〜6層の高層町屋も珍しくないが、高層でも町屋（列型）には違いない。

列型（線型）の都市住宅は、世界でどのように呼ばれているだろうか。町屋（日本）、店屋（中国）、ニャ・オン＝筒家（ヴェトナム）、トゥク・テウ＝列屋（タイ）、タウン・ハウス＝町家（英語圏）、ビュルガーハウス＝市民の家（ドイツ）、ショップハウス＝店屋（シンガポールほか）。歴史民俗用語から学術・出版用語まで様々だが、この言葉のリストは示唆的である。町・店・筒・列・市民。町屋にも豊かな多様性があり、特徴を数え上げればキリがないが、もっとも基本的・通底的な定義は案外簡単でよいのかもしれない。伊藤毅は日本の町屋について、街路に「接して」正面をもち、街路に「沿って」配列される都市民衆の住宅、とする。形態学的な要約は「接道性＋沿道性」となる。これは都市において町屋が市街地をどのようにつくるかという、「個と集合」の論理をきわめて簡潔に示唆しており、世界の町屋に拡張できる。

歴史的な見通しとしては、中庭型や外庭型の古代都市の後に、町屋（列型・線型）が出現した。では、町屋は具体的にどのように形成されたのか。ヨーロッパと東アジアの町屋誕生の局面をみよう。

2.町屋の誕生：解体と生成

ヨーロッパでも東アジアでも町屋発生の培養器は、古代都市の解体と都市の中世化であった。広大な版図に無数の都市を建設した古代ローマ帝国が4〜5世紀に崩壊した後、のちのヨーロッパ都市の核となる前都市的集落が生まれたのは9〜10世紀だった。中国や日本では10世紀前後から古代都市秩序の解体が始まる。同時に新しい都市景観への転換が進み、新しい種類の都市的な場を多数生み出した。いずれも、農業生産力の向上や遠隔地交通の発達から醸成された商人の活力と、権力の不安定性との、緊張にみちた動的均衡を背景としていた。

①ヨーロッパ南部

古代ローマにおける都市富裕層の邸宅はドムスと呼ばれ、巨大都市の喧騒の中に理念型としての求心的内部世界を囲い込む中庭型だった。ところが、帝政下のローマでは人口増加と過密化が地価高騰をもたらし、1世紀後半にはドムスをインスラに置き換える投機的な再開発が活発化する。この傾向は2〜3世紀にローマ諸都市にも及んだ。インスラとは「島」の意で、タベルナ（店舗）、ケナクルム（部屋）、さらにはドムス（邸宅）さえも複合させた3〜5層程度の雑居的な賃貸建物である（▶図14-2）。街区全体を占める大規模なも

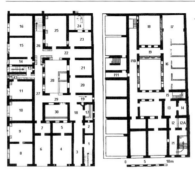

インスラXIII

▶図14-2
インスラの事例（オスティア）
IIIはインスラの初層の
タベルナの例。XIIIはタベルナ・ドムス・ケナクルムの複合。
Xはテルマエ（公共浴場）とタベルナ・ケナクルムの複合。

インスラIII

インスラX

▶図14-3　パドヴァの町屋

のは中庭型平面をいくつも連ね、間口の狭いものは列状をなした。1階はたいていタベルナ（小食堂）だったが、タベルナは他方でバシリカやテルマエなどの公共施設にも取り付いた。商業は施設としての市場（メルカトゥム）からあふれ出し、都市空間の一切が市場（市場原理）に委ねられた。

イタリアのパドヴァでもやはり上記のような開発が進んでいた。帝国崩壊は、ヨーロッパ南部では必ずしも断絶を意味しない。8〜11世紀に司教都市化し、12世紀末にコムーネ（自治都市）に移行、13〜14世紀に都市整備が推進されるが、そこでは古代の多様なインスラや公共施設の遺構を活用しながら、街路に面して開かれた店舗を街区奥部へ延伸させ、居住部を充実させて都市を列型の組織に変化させた（▶図14-3）。古代末期の店舗や住宅を別々の賃貸物件として積み重ねた雑居的な建物から、店舗と住宅を一体的に市民が所有する狭長な町屋へと、連続的な転形プロセスが想定されている。

権勢を誇った修道院の存在で知られるフランスのクリュニーには、13世紀に木造から石造に建て替えられた時期のロマネスク様式の町屋が多数残り、ヨーロッパの中世町屋でも最古の遺構群に属す（▶図14-4）。2〜4層の石造町屋で、大アーチを架けた1階の店舗、街路から直接2階に上がる階段、2階の装飾窓列などが特徴であり、間口の狭いインスラと酷似する。この型はフランス西南部・中部に広く類例が分布する。

②ヨーロッパ北部

他方、ヨーロッパ北部にはハーフティンバー（木造軸組を露出させる真壁構造）の町屋を豊富に残す都市が多数ある。

ドイツでは、8〜9世紀にローマ都市・駐屯地の跡などに司教座教会・司教館およびベネディクト会修道院などを要塞化した宗教集落が現れる。たとえばトリーアは厚さ4mにも及ぶローマ都市の瓦礫上に築かれたといわれるが、それは瓦礫であって、イタリアなどに比べて古代の影響ははるかに小さい。領主たる司教の庇護下で、城郭や砦に寄生するように形成された商職人らの集落は、農村と変わらぬ原始的な木造住宅からなっていた。そこに導入された定期市の広場（マルク

▶図14-4
▶図14-5

▶図14-4　クリュニーの町屋（上と下）
クリュニーには12〜13世紀の中世町屋の遺構が残る。アーチ内が店舗で、これとは別の入口から2階の住居部分に上がる形式。
▶図14-5　ドイツの木造町屋
上―ツェレ（ニーダーザクセン地方）の町並み
下―カール・グルーバーによるエッセン地方の町並み

ト広場)は領主の重要な財源だったが、やがて力をつけた市民が都市自治権を獲得する。物理的には、12〜14世紀頃にマルクト広場の屋台小屋が高密な建物群へと建て替わって広場を埋めるプロセスと、低密な集落が土地を分割しながら高密化・高層化していくプロセスが平行し、町屋のひしめく組織に転じた。領主の管理下にあった市場の店舗と、粗末な農家とが合流してビュルガーハウス（市民の家）へと進化した姿である。

ゲルマン系の藁屋根の小屋組は、二重・三重の梁で固められた急勾配の叉首が細かいピッチで並び、これが垂木を兼ねる、母屋のない急勾配の構造であり、町屋にもこの記憶が色濃く残る（▶図14-5、14-12）。ヨーロッパ南部に比べ宅地間口の広い都市も多く、急勾配の屋根は空間容量も大きい。同型の町屋にも個々に中心性が発揮されてリズミカルな景観を生む。ファサードを上層に向けて段階的に張り出すものも多い。

③中国

古代の中国都市史は何よりも都城の歴史である。都城とは皇帝と官僚機構の都市であり、王権の世俗秩序と宇宙論をディスプレイする装置であった。地方行政都市も含めて、都市の空間と社会は厳格に管理され、街区（坊）を堅固な壁で囲む坊墻制、商業を官営市場に限定する市制がその要となった。市場の店舗は「市廛」「行列」「列肆」などと呼ばれ、後漢代の画像磚にみえる長屋建の店舗がそれである（▶図14-6）。こうした制度は戦国時代（B.C.5-3世紀）の画期を経て、秦漢代に厳格化される。この坊墻制・市制の解体ないし緩和なしには、街路に接して並ぶ町屋は登場しえない。

その条件は、しかし、官僚帝国の構築に腐心したはずの唐（618-907）の末期にはすでに生じた。坊墻の破壊や侵街（路上占拠）の現象が知られる。北宋（960-1127）の首都開封では坊墻制は有名無実化し、市制も崩壊していた。都市内外に商業市街地が生まれるだけでなく、都城以下の府州・県城といった行政都市以外の流通・商業拠点が生まれていった。このプロセスが町屋を生んだ。

中国には18世紀より前に遡る町屋遺構はほとんどないが、北宋末期（12世紀）の作とされる絵画「清明上河図」の細密な描写がある（▶図14-7）。市壁のある都市の門外に伸びた市街地が運河と並走・交差している。ローマ都市の城壁や司教座教会の砦の外に形成されたヨーロッパ中世初期の都市的集落（ボルゴ、フォーブール）を思わせるが、こちらはきわめて開放的であり、街路と運河にはさまれて木造軸組の軽快な建物が並ぶ。それら町屋はほぼ同形式で、間口2〜4間、奥行2間に加えて路上に浅い「涼棚」を出す。

隣戸同士の側壁間には隙間があり、共有の界墻（界壁）にはならない。妻壁にみえる小屋組は、古代的な叉首で、瓦葺きの屋根のけらばが出ており、いわゆる卯建は立たない。

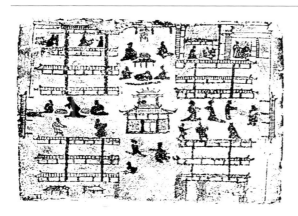

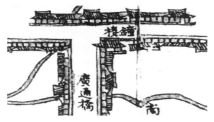

▶図14-6

▶図14-7

▶図14-6　東アジアの市廛
▶図14-7　北宋末「清明上河図」（12世紀）に描かれた町屋
奥行2間の町屋の前後に、涼棚が取り付く。

④日本

　平安京では、市制の崩壊と、街区を囲む築地塀の建物への置換を通して、町屋の形成が進んだ。詳しくはColumn14に譲るが、平安末（12世紀初）の「年中行事絵巻」に描かれた面路部の長屋が、次第に分割されて独立町屋の集合する組織へと成熟していった。外庭型から列型へのこの変化は、社会的には両側町（通りを挟む近隣共同体組織）の成立をも促す。変化の初期に現れた長屋は街区内の邸宅に住む貴族が建てたものとも考えられ、供給が生成の母体になる過程が示唆される。ヨーロッパ北部の、領主管理下のメルクト広場にみられた長屋建店舗の町屋化と比べることもできよう。

3. 都市化の時代

　地球の東西で、古代の規範や官僚制の瓦礫の中から半ば自生的に生まれた町屋とそれが織りなす都市組織は、生き生きとした個が小さくとも新しい集合（都市）を無数につくり出す時代の表現である。しかしながら、下から沸き起こるような活力も、領主権力に利益をもたらすかぎりで庇護・黙認・利用された。また、中世は生成の時代であると同時に、精力的な建設の時代でもあり、広範かつ急速な都市化はやがて飽和に達する。町屋は建設の時代の有用なツールとなった。

①様々な都市建設

　ヨーロッパでは、町屋の草創からほどなくそれを前提とした計画的な都市建設が始まる。よく知られるのは1222〜1372年の間に南フランスに700近く建設されたバスティードである。バスティードは動詞batir（建設する）から派生した語である。トゥルーズ伯レーモン7世らバスティドール（建設者）は都市建設によって領地の維持・拡張をはかり、地方地主（領主・修道院の連合）は荒蕪地の開発により増収を期待し、移住者は農奴から自由農に転じることができた。もっともよく知られるモンパジェは、東西約230m・南北約400mの小都市だが、中央の広場と街路の構成が美しい。50×100m程度の街区に間口7m程度の町屋が小さな隙間を開けて並び、広場に面する部分は大きなアーチを構えた歩廊とする（▶図14-8）。

　この建設ブームが蓄積した「都市づくりの経験」は、ウェールズ、ホラント、フリースラント、スペイン等にも応用され、ドイツの騎士団によるポーランドなど東部植民都市建設の例もある。15世紀末に大航海時代が幕を開けると、スペイン人は中南米とフィリピンに、ポルトガル人はブラジルからアフリカ・南アジア・東アジアに無数の小都市を設立した。それらは中央に広場をもつ整然たるグリッドプランが特徴で、古代の植民都市の伝統と中世の都市建設の経験を合流させたものであった。発見と拡張への熱意は、ヨーロッパの中庭型と町屋型の、世界規模での移植をもたらしもした。

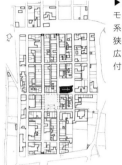

▶図14-8 モンパジェ 系統的な都市計画、狭長な地割、広場周囲だけに付くアーケード。

　中国では、流通経済の拠点に、市鎮と呼ばれる商業集積が多数つくり出されていったことをあげねばならない。その人口や経済力はやがて県城の水準に並び、越えていく。

　ヨーロッパで司教や修道院の庇護下に都市的集落が形成されたように、日本の中世には宗教や武士の求心的・閉鎖的な領域に町屋の組織を組み込んだ都市的

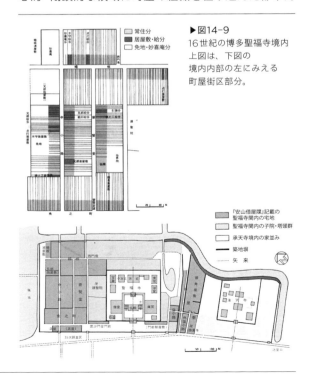

▶図14-9 16世紀の博多聖福寺境内 上図は、下図の境内内部の左にみえる町屋街区部分。

な場が多数つくられた。たとえば博多の禅宗寺院聖福寺の16世紀の境内は、本坊を核とし、周囲に塔頭を配し、さらに商職人の住む町は間口2〜6m、奥行54〜60m程度の町屋の地割が設定され、これら全体を築地塀と濠で囲んだ（▶図14-9）。16世紀に近畿・北陸地方に多数建設された寺内町は、真宗御坊（道場）を核とする門徒集団の都市であり、大部分は町屋の都市組織からなる。戦国城下町の場合、中心から大名の居館、家臣団や下級武士の宿舎があり、周縁に商職人集団を組み込んでいた。

②都市性と在地性

大場修は、日本の町屋を京都型と在地型に大別する。京都の町家が、古代の築地塀を置換する面路部の長屋に発するとの見方は先にふれたが、その原型は古代都市にあった被官層の宿舎、寺院の僧坊、市場の店舗などに求められる。側壁に通柱を密に立て、それらが直接母屋を受けるような京都型町屋の架構形式も含めて、京都型は都市的な場を母体とする型とみられ、それが全国の主要都市に波及した。他方の在地型は、農村部の在郷町などにみられ、平面形式は京都に似ても、構造は農家の特徴を伝える。正背面と側面とで柱の粗密がなく、木柄が太く、柱上部を大梁でつないだうえに小屋を組む。茅葺屋根の叉首組の名残を示す例もある。他方で、狭長な短冊状地割りを前提とする妻入の型や、城郭の影響が上層から一般層へ下ったとみられる例もあり、在地型は多様である。そこに京都型の影響が選択的に重なり、日本の町屋の複雑な多様性を生んだ（▶図14-10）。

同様の視点からヴェトナムの町屋の分布をみよう。北部のハノイは華人移住者の影響が強く、間口2〜5m、奥行数十mといった狭長宅地の町屋は中国南部と共通点が多いが、小屋組みは在地農家と共通する登り梁の簡便な形である。中部のホイアンでは、店舗および居住棟の主屋を三間四方の求心的な平面とし、登り梁を架け継ぐ特徴的な構法を採るなど、在地的な特徴を維持して町屋を形成したことがわかる（▶図14-11）。

さらに、古代都市を物的な基盤とするヨーロッパ南部の町屋に対し、ゲルマン系の農家の構法を引き継ぎながら都市化に適応させたヨーロッパ北部の町屋を在地型とみることもできよう。北部の木造については先に述べたが、南では緩勾配のトラスを組んだ屋根が基本で、平入りが一般的である（▶図14-12）。フランス中南部では両系統の伝統が多様に混じる。北部でも時代をくだるにつれ急勾配の妻入屋根を緩勾配の平入に置き換えるケースがある一方、向きを変えずに正面妻壁をレンガ造や石造に置き換えていくハンザ同盟の都市等では在地性を特徴的な意匠へと誇らしげに昇華させている。

再びアジアに目を戻すと、台湾中南部では、主要な交易拠点をのぞく大半の都市・集落の家屋は20世紀初めまで竹造であった（▶図14-13）。構造形式は、柱を貫

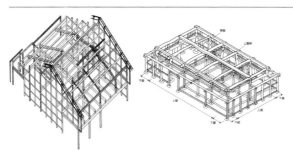

▶図14-10　京都型町屋の構造と農家の構造　左―瀧澤家住宅（京都、18世紀）　右―旗山家住宅（広島県三次市、18世紀）

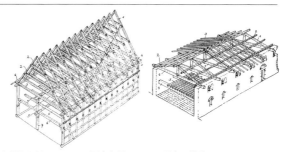

▶図14-12　ローマの民家とゲルマンの民家の構造

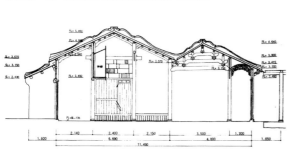

▶図14-11　ヴェトナム・ホイアンの町屋
身舎柱の位置で登り梁を上下に重ねて継ぐ独特の構法。

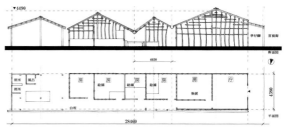

▶図14-13　台湾の竹造町屋

▶図14-16 「熙代勝覧」(1805)に描かれた江戸の町並み
17世紀中頃にそろえられた庇下は、その後に側壁や建具が出現して私的占有が進んだ。

で固め、直接母屋を承ける穿斗式で、福建など大陸南部の木造建物と同じだが、材料を竹に置換したのである。竹は生育が早く低コストで、加工も容易であり、災害や抗争の後の都市再建も早い。竹造町屋は、17世紀以降に福建・広東から台湾海峡を渡った漢人たちの、台湾への適応や土着化の証言である。

4. 統合される町屋

こうしてヨーロッパと東アジア、そして世界各地の植民地に多様な都市的な場が無数につくり出され、高密化の圧力だけでなく、古代都市の影響の濃淡、文化的な権威、技術的系統などが互いに重なり、混交して、多彩な町屋の文化が醸成された。町屋の町並みは、基本的には独立の町屋が並ぶ「個と集合」の生き生きとした均衡の姿である。だが、近世には、町屋は様々な統制・統合の力に晒される。絶対的な権力の再登場ならびに資本制的な土地開発の勃興がその背景にあった。

①町屋の統合

イタリアのコムーネは早くも14世紀末には都市貴族や富商らが構成する強力な統治機構へと変貌した。彼らの建てたパラッツォ(宮殿の意)は、新築のものもあるが、アルベルティ設計のパラッツォ・ルチェライ(フィレンツェ、1446-51)のように複数のスキエラ型建物を合体し、新しいファサードで統合したものも少なくない(▶図14-14)。

投機家によるテラスハウス(連棟式の建売分譲住宅)が出現したのは17世紀のロンドンだった。初期の例はコベント・ガーデン(イニゴ・ジョーンズ設計、ロンドン、1630)などで(▶図14-15)、地下階から最上階までの間口の狭い専用住居の単位を連ねた、連続歩廊付きの長大な板状建物として供給され、これが街路や広場などの空間を壮麗に縁取った。18世紀のバースにジョン・ウッド父子の設計でつくられた一連のクィーン・スクエア、サーカス、クレセントなどの著名な作品もあるが、テラスハウスは都市拡張の常套手段としてヨーロッパ中に普及し、さらには階によって異なる住人が住むフラット型へと展開していく。

中国都市では、初層に店、上層に居住空間をもつ、奥行の浅い2層の連棟式の町屋が富商や官人によって盛んに建てられた。他方、様々な間口幅の既存の店舗群を歩廊で統合する例も多い。「廊棚」と呼ばれる運河沿いの連続歩廊で知られる浙江省の西塘では、歩廊の屋根は平屋の町屋からそのまま葺き下ろされたものと2層建町屋の壁に取り付くものが交じり、上下や隙間を見せながらも1km以上続く。近世江戸の下町では、草創期には草分け名主と呼ばれる建設者に長屋による街区供給が委ねられ、のち土地の分割・統合により独立町屋の集積になるが、同時に奥行のまちまちな庇下が路上を占拠する混乱を来したため、明暦大火後に幕府が各町に命じて壁面と庇柱列をそろえさせた(▶図14-16)。これが景観政策として東国の城下町にも波及し、地域によって「雁木」「小見世」と呼ばれた。

他方で明他方で清時代の中国の町屋遺構をみると、根強い文化的規範性をもつ四合院形式へと町屋が吸収される傾向が顕著である。街路に面して3間、5間などの連棟式店舗棟があり、その奥に地主の住む中庭型の邸宅が控える(▶図14-17)。富商による都市居住と土

地経営の型である。18世紀以降の江戸では、地主は不在であることが多く、たとえば間口15m、奥行き約40mの一片の宅地なら、表坪と呼ばれる街路から奥行き10m程度には商人に町屋を建てさせ、その背後の裏坪に長屋を建てて日雇いや職人などの低所得層に貸した（▶図14-18）。町屋は土地経営の効率的なパッケージへと統合されたのである。中国の上海、ヴェトナムのホーチミンなどにみられる「里弄」と呼ばれる面的な計画的不動産開発（19世紀後半〜20世紀前半）もまた、以上の大きな潮流の一翼を担う事例だろう。なお、江戸ではひときわ富裕な呉服屋等「大店」の、破格に巨大な、しかし形式としては紛れもない町屋が出現したこともふれておく。

▶図14-19　リューベック（ドイツ、シュレースヴィヒ＝ホルシュタイン州）の町屋の妻壁（ファサード）

②都市火災と町屋

ヨーロッパでも東アジアでも、火災はもっとも頻度の高い都市災害であった。明治以降、都市防火の法制下で東京に現れた土蔵造町屋が川越など関東地方に広がったことが知られるが、ヨーロッパ北部の町並みでも、町並み保存の際に表面を覆っていた防火用のプラスターを剥がし、ハーフティンバーの表情を取り戻したところが少なくない。

他方でヨーロッパでは、経済力さえあれば石造やレンガ造の町屋への建替えも進められてきた。12〜13世紀以降、様々なタイミングで多くのヨーロッパ都市が木造から脱しているが、1666年の大火を機に定められた建築規制により木造町屋が消滅したロンドンの例は有名だろう。ハンザ同盟の盟主リューベックは町屋をレンガ造に改造し、鋭角に尖った正面妻壁を階段状に処理した重厚なファサードをもつに至った（▶図14-19）。

中国では明清代にレンガ造の分厚い界墻をつくり、そのインテリア側に通し柱を密に立てるようになったが、この界墻が屋根より高く立ち上がって卯建をつくる（▶図14-20）。日本の場合、京都型町屋では側壁に密に通し柱を立て並べ、その上部に壁を立ち上げたものが卯建となる。中国でも日本でも、卯建の独特・多様な形状が意匠的に大きな特徴となっており、防火以上に間口と商勢のディスプレイであったと考えられている。

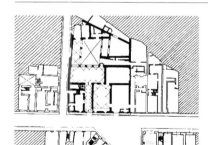

▶図14-14

▶図14-15

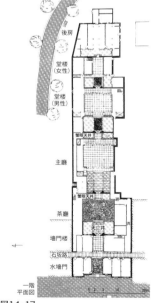

▶図14-17

▶図14-18

▶図14-14　パラッツォ・ルチェライ
▶図14-15　コベントガーデン
▶図14-17　周庄（中国江蘇省）の店舗を組み込んだ邸宅
石板路に面する両側に店舗がみえるが、奥は四合院の単位を反復した邸宅となっている。
▶図14-18　江戸下町の土地利用
18世紀以降、表坪に町屋と、裏坪に長屋を立てる土地運用パタンが一般化。

Lecture 14……「都市組織」の世界史　都市をつくる町屋

▶図14-20　烏鎮（中国浙江省）の町屋の妻壁（界壁＝卯建）

③ショップハウス

　西欧諸国による海外進出あるいは世界システムの形成は、17世紀以降ヘゲモニー国家をオランダ、イギリスと交代させながら進んだ。植民地にはアフリカ、南アジア、東アジアから労働力が導入されたが、東南アジアやアメリカの都市には華人街が形成され、華僑が中国東南海岸（福建・広東）から町屋を移植した。独立町屋が高密・乱雑に立ち並ぶ華人街の景観は、シンガポール建設者のスタンフォード・ラッフルズが出した布告（1822）により整理され、都市開発の基本単位として標準化されたショップハウスの建設がシンガポールで始まる（▶図14-21）。間口5m弱、奥行20m前後、2〜3層の主屋の後方に付属棟とバックヤードをもつのが平均的で、これが街区単位の連棟式で供給された。面路部には初層に奥行5フィート（約1.5m）の歩廊が組み込まれ、これをfive foot wayと呼んだ。狭義には、これ以降に東南アジア・東アジアなどに広がっていったこの型の建物をショップハウスという。東西の町屋文化が邂逅し、近世後期的な都市観が植民地的に結晶化したものといえようか。

　ショップハウスは、19世紀を通じて東南アジアから東アジアへ北上する（▶図14-22）。タイのバンコクでは王室に莫大な収益をもたらす都市開発の手段として活用された。ショップハウスも近世都市建築の例にもれず、権力や事業者による都市開発のツールとしての性格が強い。

④都市改造

　台湾に漢人移民が建設した都市には、もともと連続歩廊はなかった。19世紀末に、清朝の台湾近代化政策のなかでfive foot wayの導入が図られるが、大きな実績を見ぬまま、台湾は日本の植民地支配に移る。台湾総督府は台北にわずかに実現した「亭仔脚」と呼ばれる連続歩廊を、奥行3m程度に拡充して台湾全土の市街地開発に適用しただけでなく、既存の都市において道路を拡幅ないし新開した際に、亭仔脚付きのファサードを取り付けさせた（▶図14-23）。同様の都市改造は、1920〜30年代に福建省の無数の都市で展開され、第二次世界大戦後も続いた。外見上は狭義のショップ

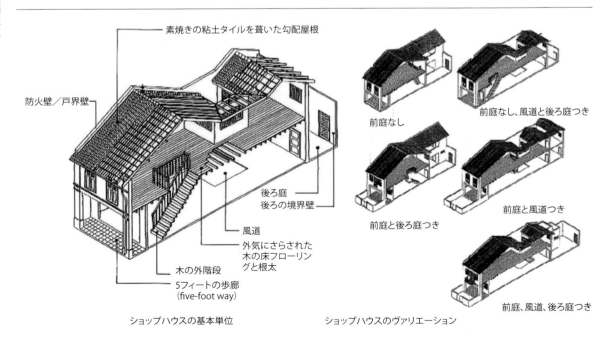

▶図14-21　シンガポールの典型的ショップハウス

ハウスの系譜上にあっても、内実は明清期にさかのぼる町屋の改造である場合も多いのである。

19世紀後半から20世紀初期は、欧米も都市改造の時代だった。オースマンによるパリ大改造(1852-70)、ウィーンのリングシュトラーセ(1857-)、バルセロナの改造・拡張(1860-)、シカゴ大火後の再建(1871-)、そして東京の銀座煉瓦街(1872-77)や市区改正(1889-1914)、福建諸都市の都市改造。これらは中世以来の都市の建設・成熟の蓄積が、もはや物理的に近代化に耐えられなくなったことを意味していた。都市の閉鎖性を打ち破り、広幅員道路の明快なネットワークを切り開き、そして新時代の都市と国民国家の威信につながる景観をもたせること。交通の近代化、景観の統制とスペクタクルが求められた。

5. 町屋の現代

産業化以降、労働と居住の地理的分離や近代住宅の形成をともなう、新しい社会編成が世界に広がるにつれ、町屋は都市住宅としての一般的存立根拠を失い、また戦争と、何よりも戦後の経済成長は多くの町並みを消した。歴史地区の保存は、ヨーロッパでは19世紀以来の歴史があるが、本格的には1950〜70年代に社会運動と学術研究と法制度整備が世界的に進んだ。しかし、とりわけ自由主義的な開発主義政策をとる日本やアジア諸国の戦後は、社会構造・生活様式と実際の町並みがともに激しい変化に晒される時代であった。その遺産は、遺構の保存・活用のみならず、これからの都市組織をどのような個と集合の論理でとらえていくのか、その新しい回答の模索を通しても受け継がれなければならない。

▶図14-22 ジョージタウン(ペナン)のショップハウス

▶図14-23 都市改造と町屋 鹿港(台湾彰化縣)
1920年代、18〜19世紀の町屋の前面が取り壊されていく。一部の町屋ではすでに前面に亭仔脚を含む新しいファサードの取付けを終えている。

Column……14

町屋（店屋・仕舞屋）成立のシナリオ

松田 法子

多様な原像

　「町屋（町家）」と聞いてまず一般的に思い浮かべられているその姿とは、道に直接面し、店舗と住居の機能をあわせもつ木造建築、といったようなものであろう（▶図C14-1）。軒を接して建ち並ぶことや、比較的小さな間口規模など、建ち方の高密さや小規模性もそのイメージに加わっているかもしれない。なお、現在京都市が耐震補助金等の支給対象として「町屋」を認定する条件とは、"昭和25年以前築の木造建物"というものである。

　町屋の成立をめぐる研究史においては、京都の町屋がまずその中心を占めてきた。その京都の町屋の祖型は長らく、商業の発展に伴って平安末期から鎌倉時代にかけて形をなした戸建ての店舗併用住宅だと考えられてきた。これが戦前からおおむね1970年代頃まで了解されてきた町屋の原像だったといえる。これは、京都のみならず全国各地の伝統的市街地に今もみられる町屋の通念的イメージとも合致しやすい。しかしその後現在までに、京都の町屋の原形や確立過程には多様なモデルやプロセスが想定されるようになった。戸建てか長屋か、門や塀・壁などの境界装置や小屋（小家）との関係、構造上の特徴などからそれが追求されてきたのである。

言葉上の町屋、研究史上のマチヤ

　実は、まず、町屋をいったいどのような建物として定義するのかという素朴かつ根本的な課題がある。

　17世紀初期に使われていたあらゆる日本語の意味がわかる『日葡辞書』（1603-04）において、町屋（Machiya）は「町の家」としか定義されていない。これは「民家」の定義である「（民の家）農民の家」と対比的に掲載されている。研究史上、町屋の原形として取り扱われてきた古代から中世のその建物は、同時代的には「小屋」ないし「小家」と名指されていたとみられている。町屋という用語が多用されるようになるのは織豊期以降のことであり、また町人身分の家屋としての用例が明確になるのは17世紀以降のこととされる。

　町屋を商業と一体に考えるのか否か、京都に即すか京都とそれ以外の地域の双方を横断的にとらえるのかなどによっても、扱うべきマチヤの範囲は大きく異なってくる。道に面し、店舗と住居の機能をあわせもち、小規模で軒を接して建つ、といった町屋の第一次イメージは、実は、そうした形をとる建物の確立期から現代までに培われてきたマチヤイメージの一部にすぎない。

　おそらくマチヤは、ある特定の原形や最終形を目指して語りうるものではない。それが古代からおおむね近代までの都市や道のあり方と互いに切り離せない建築であったことと、都市の変化とともにいかに姿形を変えてきたのかが重要である。よってこのコラムでは、町屋に関する過去の議論を踏まえたうえで、町屋を定義するもっとも外延

▶図C14-1　近世後期の京都の町屋（「三条油小路町西側町並絵巻」）

的な条件を、"(都市内の、もしくは都市性の高い)道につながる建物"であるということだけをはじめに据えて話を進めたい。

土地が道に向かうとき

京都において町屋はまず、古代から中世への移行期における都市の街区内の土地分割法と、街区と道との接合領域の変化とともに出現してきた。

古代都市平安京において、方一町すなわち一辺60間(約120m)の正方形にまず大きく区画された街区は、その内部がさらに四行八門制に基づいて東西方向に4、南北方向に8分割され、南北方向に短く東西方向に長い計32の区画となっていた。しかし平安後期から鎌倉初期にかけてこのような地割は変貌し、各土地は街区四周の大路に面して間口の短辺を接し、街区内部に向かって奥行きをとる形状に変化したとみなされている(▶図C14-2)。各地割が四周の大路に向かって地口を接するようになったあと、各街区では「四面町」化が進み(12世紀後半)、その後これら4つの「面」がひとつの地域的まとまりである「四丁町」時代を経て(14世紀末)、応仁の乱以降には道を挟んで向かい合う宅地群が地縁で結ばれて共同体化した「両側町」に至った、とされる(▶図C14-3)。このプロセスはすべて実証されているわけではなく、さらなる検証が必要だが、いずれにせよ「町屋」はこの過程で出現し、かつ姿を変じてきたのである。

桟敷と長屋

古代における「町屋」ないし「町屋の原形」とみなされてきたもっとも古い建物のイメージは、12世紀中後期の「年中行事絵巻」の中にある(▶図C14-4)。この建物は、平安京の条坊制街区と道との接合領域が"動く"局面にかかわっ

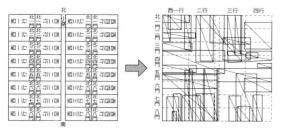

▶図C14-2　12〜13世紀の京都における地割の変化。
条坊制(左)では、南北に小路を通して各住宅には東西2面からアプローチしていた。

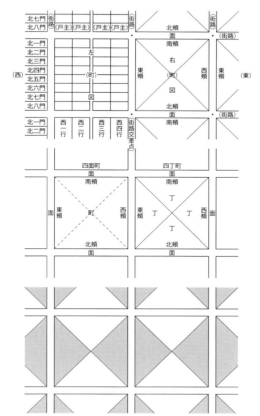

▶図C14-3　四行八門制から両側町へ

▶図C14-4　古代の「町屋」(「年中行事絵巻」)

▶図C14-5　桟敷屋(「年中行事絵巻」)

た、道につながる建物だといえる。その"動き"とは、道に対しては築地塀などで閉ざされていたはずの貴族住宅の宅地において塀が一部壊され、そこにこのような建物が挿入されるというものであったり、またこのような建物の中に普段は庶民がいるが、祭礼という特別な動きが路上に生じる折にはより社会的上層にある人々が見物者としてその建

Column 14…町家(店屋・仕舞屋)成立のシナリオ

物へ入り込んでくる、といったような各種の動きである。

道を主な舞台として繰り広げられる祝祭の見物場に、「桟敷」がある。「年中行事絵巻」にある図C14-5は桟敷（桟敷屋）だとされる。一方で図C14-4は桟敷のようにして使われているが、町屋の原形にあたる建物なのだとして議論が重ねられてきた。この議論の中では、従来町屋の性格として前提視されてきた、戸建て・持家・主屋という想定を逆転させてしまう指摘も生じた。それは、図C14-2にあるような古代京都の接道建築すなわち「町屋の原形」は、戸建て住宅ではなく長屋であり、かつそれは供給住宅で、また別に主屋たる建物が存在する付属屋であった、という見方である。またこの新解釈が引き金となって、町屋のルーツは建物の範疇のみならず、道と街区を分かつ門・塀・壁などの境界装置や、境界的領域との関係からも論じられるようになった。

境界領域と境界装置

路と街区の間にある、という町屋の立地場所を積極的に取り上げた場合、町屋が建つ土地の境界領域性と、町屋と境界装置との関係がより前景化されることがある。この点は、図C14-4の古代町屋に加え、中近世移行期の町屋に対してまで論じられてきた。

▶図C14-6　町屋の戸口（「洛中洛外図屏風」歴博甲本）

まず図C14-4の建物の正面各部について屋根を取り払った姿を想像すると、それらは屋敷の一般的な境界装置である網代塀や冠木門と構法や材料において近似しており、また中近世移行期の町屋についても、建物の出入口に共通して描かれるⅡ［パイ］型の描写、すなわち2本の柱とまぐさからなるゲート状の構成物が門や鳥居を想起させるという（▶図C14-6）。この「門」形の形象については、ひとつの門戸がひとつの棟を象徴的に示す、すなわちひとつの門が「一戸」の単位を表明するカタチなのであり、その背景には戸別に課された税制システムがあるとの説もある。

一戸の単位と町屋

町屋における「一戸」という単位にやはり関係するとみられている要素が、ウダツ（梲、卯達）である。建築史における過去のウダツ理解は、都市住民の自立や上昇にかかわる格式表現だというものであった。だがその後ウダツは、とくに町屋の原形を長屋とみる立場と深くかかわりながら、町屋の一戸単位の表象かつ町屋の独立家屋化過程において構法的に必要な要素だとみなされるようになった。つまり①長屋では戸境がわかりにくく、②また長屋から一戸の町屋を切り離して独立させる場合には妻側両端に壁をつくる必要がある。③そのほか、ウダツとは元は地面から立ち上がって棟を支える棟柱のことを指したが、町屋を囲繞する「壁」と近世初期に融合して変化を遂げたというプロセスも想定されている。

①の場合、ウダツは戸境の象徴として棟別に課された税の対象範囲を明示する。京都の中心域では1591（天正19）年に土地からそのウワモノに課金する方法へと税制が変えられた。土地に対する税である地子銭が免除され、代わって家屋を賦課の単位とする軒役が課せられた。②は、構法的な必要性に加えて語句の指示内容の変遷も指摘されている。それは③の前提をなす説でもある。すなわち、ウダツとは原初的には棟持柱であったが、棟を支える束柱へと構法的・意味的に切り縮められ、さらに束柱と壁とで構成される妻面の上部となり、のちには屋根からの突出部を指すようになった、というものである。③は図C14-7のようにして町屋のまわりに発生していた道から建物を囲繞する壁と、②の変遷を経た妻側柱列が複合したものとして論じられる。

近世以降の京都の町屋が備える基本的特徴に、切妻平

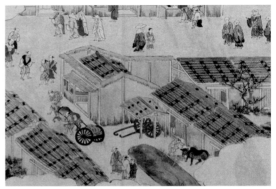

▶図C14-7　塀に囲まれた町屋1（「洛中洛外図屏風」東博模本）

入、妻壁のみが通し柱で内部の小屋組とは別の構造だという点がしばしばあげられる。近世のうちに共通の特徴をもつ一類型に収束して成熟する「京都型」町屋の成立には、ウダツにまつわる①〜③が深く関係していたともみられている。さらに、切妻平入で妻壁を通し柱構造とする京都の町屋形式は各地に伝播し、しかも京都に結びつく一種の格式表現として地方の町屋に摂取・定着されていったという見方もある。

発掘遺構上の町屋

続いて発掘の成果から町屋の祖型を確認しておきたい。ただしその際には、どんな特徴を備えた建物を町屋の前提とするかによって、遺構の解釈が分かたれることに留意しなければならない。

そのうえで、まず、道に面する・小規模である・建ち並ぶ、という要素を兼ね備えるという条件からみた場合の最古級の事例としては（2006時点）、11世紀の「町屋」が見出されている（右京七条二坊十二町（図C14-8）・左京四条四坊十二町）。また、これまでの発掘成果上、平安時代末から鎌倉時代（12世紀末期〜13世紀初期）になると、街路に面す

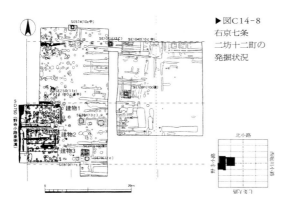

▶図C14-8 右京七条二坊十二町の発掘状況

る建物はかなり密集した状態となり、かつ宅地の裏側が街路に並行する溝などで区画され、さらには街区の内部に貫入する通路が発達しその通路に面して建物が建ち並ぶ状態が検出されるようになるという。考古学分野には、このような遺構の状態をもって町屋確立の第一の画期とする見方がある。

また考古学分野では、土地の計画的な分割と、町屋のみから構成される街区の登場（京都の聚楽廻や江戸城下など）をもって、桃山〜江戸初期を町屋確立の第二の画期とする見方がある。町屋という建物の存在と形態を前提に都市計画が実行された時代だからである。そして、第一・第二の画期の双方において典型的な遺構とはいずれも、従前は宅地としての利用度が低かった土地の新規開発例であったことが指摘されている。

都市化する土地、都市と道

「町屋」の謂とそれによって名指される建物とは、実は都市建築の継起的諸動態である。

マチヤの生成と展開はまず、その建物が立つ土地がより都市的になることと深く結び合っている。これは京都でも、京都以外の（そしておそらく世界の）どの土地においても基本的に共通するマチヤ成立のための基礎条件であり、必然的帰趨である。マチヤの住人ないし造り手、そしてマチヤの供給者や経営者を含めて、マチヤは都市住民による多様な経済・社会行為の展開と一対の建物である。なおそのとき、道が都市の諸活動の重要な場であり、インフラであることがマチヤ成立の大前提である（▶図C14-9）。道が都市的な諸活動の舞台として活力をもち続ける限りにおいて、マチヤはその都市と道の何らかの画期ごとに成立しなおすといってもよい。

▶図C14-9 土崎湊の町屋と町並み（『秋田街道絵巻』）

Lecture 15

「建築書」の世界史

建築をめぐる知の体系

杉本 俊多
布野 修司

1. 建築書——建築の学と術

　古くは、パルテノン神殿の建築家イクティノスとカピトンによる建築書などの存在が知られてはいるが、現存最古の建築書はマルクス・ウィトルウィウス・ポリオMarcus Vitruvius Pollio（80/70-25 BCE頃）の『建築十書De Architectura libri decem』である。建築書というと、建築の理念、理論、方法、技術をめぐる難解で哲学的な書物のイメージがあるが、建築物をどう建てるかというマニュアル、建築設計のための図面集のようなものも建築書である。すなわち、ある体系性をもってまとめられた建築についての書物、建築の方法を示し、指針や規範、モデルとして参照されてきたものを建築書という。

　建築という概念は西欧世界において成立するのであるが、非西欧世界にも建築書は存在してきた。建築技術を伝えるためには、図面や書物のような媒体が必要である。建築のためには空間認識の能力が必要であり、頭脳の中の構想を絵図に表し、共有することで建設はなしうるのである。

　日本では、古くから板図が用いられ、木割書が書

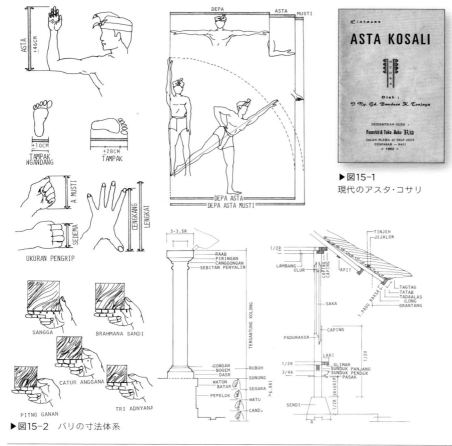

▶図15-2　バリの寸法体系

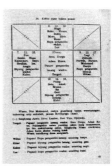

▶図15-1
現代のアスタ・コサリ

▶図15-3　プリンボン

▶図15-4
ウィトルウィウス的人体図
レオナルド・ダ・ヴィンチ

かれてきた。江戸初期の成立とされる幕府作事方大棟梁の平内家伝来の『匠明』（門記集（門）、社記集（鳥居、神社本殿、玉垣、拝殿等）、塔記集（塔と九輪）、堂記集（寺院の本堂、鐘楼、方丈等）、殿屋集（主殿、塀重門、能舞台等）の5巻）がその代表である。

バリ島には、「アスタ・コサラ・コサリ」と呼ばれる建築書（▶図15-1）があり、ロンタル椰子の葉に書かれて伝えられてきた。ウンダギと呼ばれる古老大工（棟梁、宮大工）に聞くと、身体寸法をもとに各部材の断面、長さ、スパンが決定される（▶図15-2）。アスタastaはそもそもインドのハスタhastaであり、肘の先端から手の中指の先端までの長さをいう。いわゆる肘尺、腕尺、ヨーロッパではキュービットcubitである。両手を広げた長さドゥパは、中国・日本では尋である。身体寸法を基礎にするのは世界各地に共通である。バリ島の住居の、臨棟間隔は足の長さ（フット）の倍数によって規定されている。ジャワにはプリンボンと呼ばれるもう少しまとまった書物がある（▶図15-3）。近代以前には、地域ごとに独自の建築システムが存在してきた。

2. ウィトルウィウスの『建築十書』

ウィトルウィウスは、カエサルそしてアウグストゥスに仕え、建築の実務にも携わった建築家である。引退後、皇帝が参照すべき知識として、古代ギリシャの文献も参照しながら『建築十書』を執筆、アウグストゥスに献呈した（BCE33～22頃）。1415年にスイスのザンクト・ガレン修道院で発見されたとされる、9世紀初頭、カール大帝のカロリング・ルネサンス期の筆耕本（ハーレイ写本2767番）が今日に伝わる（大英博物館図書室蔵）。

「第一書」は序であり、建築家の備えるべき能力（第1章）、建築の基本概念（第2章）、建築術の部門構成と基本テーマ（第三章）、城壁を備える都市の計画方法（第4章～第7章）について概説する。「第二書」は建築を論じる前提として、自然とのかかわりに着目して建築材料を論じる。続いて建築術の中心テーマとなる神殿を取り上げ、「第三書」はイオニア式神殿、「第四書」はドリス式神殿とコリント式神殿を扱い、古代建築造形の要となる円柱と3つのオーダー、また単位寸法モドゥルスを用いた詳細な部材寸法の決定方法などを論じる。「第五書」は行政施設、バシリカ、また劇場や公衆浴場等の公共建築、「第六書」は私的な建物すなわち住居の平面構成など、「第七書」はモルタル、スタッコを含む各種材料による床や壁、天井等の仕上げについて論じる。「第八書」は水道施設、「第九書」は日時計等の製作、「第十書」は建設機器や軍事技術の大砲等器械の製作を述べる。

「第一書」において今日の一般システム論のような、建築の哲学的な体系を説いており、それはルネサンス期以降、近代に至るまでの建築理論に絶大な影響力

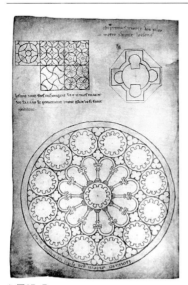
▶図15-5-a

▶図15-5-b

▶図15-5-c

▶図15-5　ヴィラール・ド・オヌクールの『画帖』
　a　バラ窓（シャトル大聖堂）　　b　円陣周歩廊の平面構成案　　c　石造工法平面図（ラン大聖堂塔屋）

Lecture 15……「建築書」の世界史　建築をめぐる知の体系

を持つこととなる。「各種の建物は強さfirmitas、用utilitas、美venustasの理・立場が保たれるように造られるべきである」(第一書第3章2)という一節は、用・美・強の三位一体という神話を打ち立てることとなる。そして、今日の建築デザイン方法に相当する建築制作の基本概念として、建築全体の秩序を整えるオルディナティオordinatio、平面図、立面図、背景図の作成を通して適切な配分をなすディスポシティオdispositio、視覚に美しく映るようにするエウリュトミアeurythmia、人体にも見出されるような部分相互と全体を一体化させるシュムメトリアsymmetria、建築物の性格や社会的地位を装飾表現し、また自然環境の中での愛好感を演出するデコルdecor、仕事の割り振りや経済的な材料の配分をなすディストリブティオdistributioの6つを抽出している(第一書第2章)。これらの基本概念はルネサンス以降の建築論にも援用され、知的な古典主義建築美学の要として継承されていく(▶図15-4)。

　ヨーロッパ中世は、キリスト教の教会建築が建築文化の中心となる。『建築十書』の写本は参照されてきたが、高さを追求したゴシック建築には、新たな石工の建築技術が必要であり、ウィトルウィウスの理論は実用的ではなかったと考えられる。壮大な大聖堂の建設によって建築技術や知識は高度に発達したが、石工職人組合の秘伝とされ、建築書のかたちでは残されていない。13世紀のヴィラール・ド・オヌクールの『画帖』(33葉66図版)(▶図15-5 a〜d)によってその一端を知ることができるだけである。

3. 近世ヨーロッパの建築書

　中世社会が爛熟した14世紀のイタリアに、古代文化への回帰現象が現れる。古代の文献を読解する人文主義者たちが活躍するなかで、『建築十書』にも注目が集まる。

　『絵画論』『家族論』『暗号論』などの著述によって万能人として知られるL.B.アルベルティ(1404-72)はウィトルウィウスを念頭に、自ら『建築論De re aedificatoria』を書いた。それは1452年に法王ニコラウス5世に献呈され、死後1485年にラテン語で出版されたが、図は1枚も含まず、建築家のための実務書というよりは知識人に向けて建築、都市の理想を説くものだった。そして、アルベルティは、マントヴァのサンタンドレア教会などによって古代の様式を復活させ、ルネサンス建築特有の幾何学的な建築像を開拓することとなる。

　ミラノの建築家フィラレーテことA.アヴェルリーノ(1400-69)は当時のトスカナ語でより実践的な『建築論』(1461-64)を書く。そのスフォルツァ家のための空想的な理想都市案は、ルネサンス理想都市計画の系譜の先陣を切った(▶図15-6)。また、ウルビノ公国の軍事技術者となるフランチェスコ・ディ・ジョルジョ

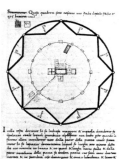
▶図15-6

▶図15-7

▶図15-8

▶図15-9

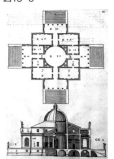
▶図15-10

▶図15-11

▶図15-6　スフォルツィンダ
▶図15-7　D.バルバロ版、ウィトルウィウス『建築十書』扉絵
▶図15-8　S.セルリオ『建築書』第三書表紙
▶図15-9　J.B.d.ヴィニョーラ『建築五オーダーの規範』、円柱モデル
▶図15-10　A.パラディオ『建築四書』第二書19頁、ヴィラ・ロトンダ　イオニア式オーダー
▶図15-11　Ph.ドロルムの『建築第一巻』28頁、よい建築家の寓意図

(1439-1502)が『市民建築および軍事建築に関する理論書』(1482)を書く。その幾何学的な形態処理はダ・ヴィンチにも影響を及ぼした。

ラテン語のウィトルウィウス『建築十書』の現代イタリア語への翻訳作業、また図版化作業は15世紀末期に始まる。F.ジョコンドの多数の挿図を加えたラテン語版(1511)が先駆となる。続いてC.チェザリアーノ版『ウィトルウィウス』(1521)、そしてA.パラディオの図版を添えたD.バルバロ版(1556)など、注釈も含めた訳書が相次ぐ(▶図15-7)。スペイン語、フランス語、ドイツ語でも翻訳、編集版が出版される。

16世紀中頃から、建築書は実用的なマニュアル書に変化する。S.セルリオ(1475-1554)は、その建築書の第四書(1537)、第三書(1540)をヴェネツィアで出版した後、王室建築家としてフランスへに招かれる(▶図15-8)。出版は不規則に継続し、未完の第八書まで至る。内容は、第一書：幾何学、第二書：透視図法、第三書：古代ローマ建築、第四書：五種のオーダー、第五書：教会堂、第六書：住宅、第七書：建築家、第八書：ローマ兵営、番外：ルスティカの門扉、という構成である。マニエリスム特有の奇想も含まれ、雛形本として影響はヨーロッパ全域に広がり、W.ディターリン『建築』(1593)のような装飾的な建築雛形本が出版される。

イエズス会の本山イル・ジェズ教会堂の原設計者として知られるJ.B.d.ヴィニョーラの『建築五オーダーの規範』(1562)はオーダーをステレオタイプ化したともいわれる明快な設計法を記し、これもまたヨーロッパ全体に影響を与えた(▶図15-9)。そしてヴィチェンツァを拠点に活躍し、ヴィラ・ロトンダやヴェネツィアの教会堂で知られるA.パラディオの『建築四書』(1570)は、マニエリスムの想像力を整然とした古典主義の文法に統合するものであった(▶図15-10)。V.スカモッツィの大部の『普遍的建築のイデア』(1615)は、ルネサンス建築書の集大成である。

17世紀のバロック期には、ブロークン・ペディメントなどのような建築要素の裁断、建築形態の曲面化、複雑化による多様で豊かな表現が全面化し、知的な建築書の系譜は途切れる。作品図面集が一般化し、F.ボッロミーニは自作の図面集『建築作品集』(死後出版:1720-25)、G.グァリーニは作品集兼建築書『民生建築』(死後出版:1737)を出版する。

フランスでは、Ph.ドロルムの『建築第一巻』(1567)(▶図15-11)、P.ル・ミュエ『良き建築の手法』(1623、第二部:1681)、R.F.d.シャンブレー『古代建築と現代建築の比較論』(1650)といった独自の建築書の系譜が生まれる。特筆すべきは、1671年にルイ14世の財務総監J.-B.コルベールによって王立建築アカデミーが創設されたことである。建築アカデミー主事N.F.ブロンデルの行った講義が『建築教程』(1675-83)として出版され、ルーヴル宮殿東ファサードの列柱廊で知られるC.ペローがウィトルウィウスの仏訳(1673)さらに『五種の円柱のオルドナンス』(1683)を著すことで、ブロンデルら古典を重視するアカデミー主流と現代感覚を重視するC.ペローが衝突したのが新旧論争である(▶図15-12)。建築書の系譜は、イタリアにおける人文主義者のサークルでの知的文化から、アカデミーの教育制度を基盤にした公式的な理論媒体へと発展する。

イギリスは、イタリアの動向が飛び火するかのようにして独自のルネサンスを経験する。17世紀前半にロンドンで活躍したI.ジョーンズはイタリアからパラディオの『建築四書』を持ち帰り、建築設計の実践を通してパラディアニズムの伝統の礎を築いた。もっとも、建築書による理論的取り組みはやや低調で、C.レン、J.ヴァンブラ、N.ホークスムアと続くイギリス・バロック建築は古典主義をもとに比較的に自由な様式へと向かう。18世紀初頭にC.キャンベルが著した『ウィトルウィウス・ブリタニクス(イギリスのウィトルウィウス)』(1715-25)はネオ・パラディアニズムを呼び起こし、新古典主義の展開を促す。I.ウェアはパラディオ『建築四書』を英訳し(1738)、また自ら『建築全書』(1756)を著した(▶図15-13)。同じ頃、中国建築スタイルを紹介するところによって建築界の指導的人物となるW.チェンバースは、『民生建築論』(1759)で啓蒙主義の息吹を取り入れ、近代への足がかりを築いた。

4. インド世界の建築書

インドには古来シルパ・シャーストラSilpasastraと呼ばれる諸技芸の書があり、スタパティ(棟梁)やスートラグラヒ(測量士)の知識、技能、技術をまとめた建築に関わるものをヴァーストゥvāstu・シャーストラという。ヴァーストゥは居住、住宅、建築を意味する。5〜6世紀には集大成されたと考えられている。

もっともまとまっているのは、南インドで書かれた『マーナサーラ』(▶図15-14)である。1章で創造神ブラーフマへ祈りを捧げ、全体の構成を示し、建築家の資格と寸法体系(2章)、建築の分類(3章)、敷地の選定(4章)、土壌検査(5章)、方位棒の建立(6章)、敷地計画(7章)、供犠供物(8章)と続く。9章は村、10

章は都市と城塞、11〜17章は建築各部が扱われる。18章から30章までは1階建てから12階建ての建築が順次扱われる。31章は宮廷、以下建築類型別の記述が42章まで続く。43章は車について、さらに、家具、神像の寸法にまで記述は及ぶ。

極めて総合的、体系的でウィトルウィウスの『建築十書』の構成によく似ている。第Ⅱ章で寸法の体系を明らかにするが、8進法で、知覚可能な最小の単位はパラマーヌ（原子）、その8倍がラタ・ドゥーリ（車塵、分子）、その8倍がヴァーラーグラ（髪の毛）、と続けられて指の幅アングラとなる。

建物の配置については、9章「村落」、10章「都市城塞」、32章「寺院伽藍」、36章「住宅」、40章「王宮」に記述されるが、7章に正方形の分割パターンが32種類あげられている。一般的に用いられるのはパラマシャーイカ Paramāśāyika（9×9＝81分割）もしくはチャンディタ Chandita（マンドゥーカ Mandūka）（8×8＝64分割）である。神々それぞれに分割した場所が与えられる。すなわち、分割パターンは、神々の布置を示す曼荼羅である。原人プルシャを当てはめたものをヴァーストゥ・プルシャ・マンダラという。大宇宙（マクロ・コスモス）と身体（ミクロコスモス）をつなぐ建築物、村落、都市はメソコスモスであり、すべての空間が、マンダラという表象を介して一種の入れ子構造的な相同関係を保ち、それぞれ宇宙的秩序を表現していると考えるのである。

5. 中国世界の建築書

中国最古の建築書は、『周礼』「考工記」であるが、『周礼』は国家社会の編成全体を規定している。最古の建築書とされるのは、一般的には北宋末の李誡（李明仲）（？〜1110）の『営造方式』（1103）である（▶図15-15）。「総釈」と「総例」で2巻、「制度」13巻、「功限」10巻、「料例」と「工作等第」で3巻、「図様」6巻の34巻に、「目録」1巻と「看詳」1巻が加わって、計36巻からなる。

「総釈」は、古書に表れた建築関係述語を集めて分類し、その変遷を説く。総例は凡例である。「制度」13巻が中心で、壕寨、石作、大木作、小木作、彫作、施作、鋸作、竹作、瓦作、泥作、彩画作、塼作、窯作という13の工事の方法が述べられる。「功限」10巻は、計算上の基礎資料を列挙する。「料例」は、材料の積算に必要な資料を提示し、「工作等第」は仕上げの程度を上中下の等級に分けて示す。「図様」は、制度の記載を補足する。『営造方式』編纂の目的は、『木経』など既往の要覧書の体系化であり、官営建築工程の経済統制のための設計標準化であった。

明清時代に普及した手引書に牟榮の作とされる『魯班経』3巻がある。魯班は春秋時代に魯の国で活躍した名工で、中国木匠（民間匠師）の祖とされる。日本にもその名は伝わり、飛鳥寺の造営時に百済からやってきたという「露盤博士」の「露盤」は魯班である。成立

▶図15-12

▶図15-13

▶図15-14-a

▶図15-14-b

▶図15-12　C.ペロー『五種の円柱のオルドナンス』
▶図15-13　I.ウェア『建築全書』扉絵
▶図15-14　『マーナサーラ』より
　a　2階建ての建物　立面
　b　同　平面
　c　王宮の図面
　d　パラマシャーイカ（9×9＝81分割）

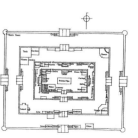
▶図15-14-c

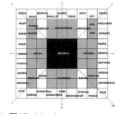
▶図15-14-d

は元代にさかのぼると考えられるが、もとになっているのは明代弘治年間(1488-1505)の『魯班営造正式』6巻で、寧波天一閣所蔵の残欠本が唯一の版本として伝わる。巻1と巻2前半で、工具(水縄、水鴨子、魯班真尺、曲尺など)を説明し、巻2後半と巻3で建築工程(入山伐木、起工架構など)と建築架構(三架屋、五架房子格、正七架三間格など)、巻4で部分詳細(門楼、庁堂、垂魚など)を説く(▶図15-15 a〜d)。巻5、巻6はほとんど散逸している。全編に「詩」が引用され、口承されてきた技術を文字化したものである。

清朝の工部が1731(雍正9)年に編纂したとされる『工程做法』は全74巻からなり、『営造方式』に倣うが、細部の技法はより簡略化され、規格化を進めている。大木(木構造)、装修(造作)、石・瓦・発券做法(アーチ工法)、土工事について、それぞれ、做法(技法)、用料(用材積算)、用工(工数積算)を詳述する。大木では斗口(肘木)の幅を基準寸法とする1〜11等の比例寸法が説明される。

清代にはほかに『欽定工部則例』141巻(嘉慶20(1815))があり、20世紀に入って、姚承祖による『営造法原』(1929)がある。建築書に関連する各種手引書として、世界の様々な事物を、天文、地理、人物、時令、宮室、器用、身体、衣服、人事、儀制、珍宝、文史、鳥獣、草木の14部門に分けて説明する王圻編『三才図絵』(万暦37(1609))、造園書として名高い計成の『園冶』(崇禎7(1634))、技術の百科全書である宋応星の『天工開物』(崇禎10(1637))(宋応星・藪内清訳注(1969))などがある。

6. 近代における建築学と建築論

18世紀を席巻する啓蒙主義は、近世末期のバロック芸術に見られる文化の爛熟に水を差し、理性への復帰を促す。フランスでは、修道士J.-L.d.コルドモワが『建築全般に関する新論』(1706)で機能主義的な考え方を示す。やがて、イエズス会司祭M.A.ロージエは『建築試論』(1753)で建築を哲学的な論議の対象にし、建築専門家の知的文化に対して新風を吹き込む(▶図15-16)。建築の起源を自然の立木にまでさかのぼった推論は近代科学に共通する発想法であり、慣習化したオーダー論を根底から理論構築し直す。同書は各国語に訳されて普及する。

ロココ装飾のインテリアで知られるG.ボフランの『建築書』(1745)はウィトルウィウス以来の語彙を深く論究しつつ、同時に「趣味」の概念を発展させた。パリの建築アカデミー教授J.-F.ブロンデルは『建築教程』(1771)で古典主義の伝統を確固としたものとしつつ、建築美を「品性」の論へとシフトさせる。そして建築についての論議は抽象度を強め、フランス革命に向かう。革命をかろうじて生き延びた元王室建築家C.N.ルドゥーの『芸術、慣習、法制との関連で考察した建築』(1804)はユートピア都市計画論の書となり、建築書

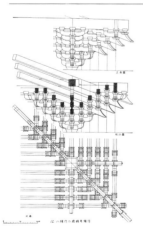

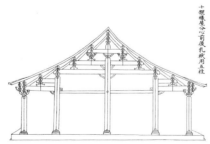

▶図15-15
李誠『営造方式』より

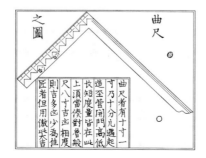

▶図15-16　M.A.ロージエ『建築試論』扉絵

の伝統は市民社会に開かれた建築家個人の文化論に変化する。

王立アカデミーが解体され、王政復古後の1816年にエコル・デ・ボザール（美術学校）が創立されると、近代的な建築学の時代が始まる。一方、革命最中の1794年、パリにエコル・ポリテクニク（理工科学校）が設立され、建築家教育は美術系と技術系に二分される。近代科学の発展、技術革新、産業革命の拡大を背景に、同教授J.-N.-L.デュランの『建築講義要録』(1809)は建築学生のための設計手引き書として普及し、近代教育における建築教科書の時代が始まる（▶図15-17）。ドイツのカールスルーエに1825年に設立された理工科学校で教授を務めたF.ヴァインブレンナーの『建築教本』(1810-19)は、オーダー論を含みつつもデュランの影響も伴い、伝統的な建築書を転換させた。

19世紀を通じて、科学的な観点から、学術としての建築学が整理されていく。英文1092頁に及ぶJ.グウィルトの『建築百科事典』(1854)は、「第1部：歴史」で建築の起源や地域史、「第2部：理論」で構造、材料、図学、「第3部：実践」でオーダーと各部構造、造形的な構成方法、各建築類型を列挙し、建築学の全体像を提示した（▶図15-18）。19世紀後期ともなると、複数巻からなるハンドブック（便覧）が各専門分野の学者の分担執筆で出版され、もはやひとりの建築家の著作ではなくなる。ドイツ語の『建築便覧』は1880年に始まり、1843年まで143項目にわたって執筆された。

このような学術的な専門分化は、他方で建築家の感性、情緒表現の個性化をもたらし、建築評論の世界をかたちづくる。文豪J.W.v.ゲーテは「ドイツ建築芸術について」(1772)で、ロージエを含むフランス古典主義文化への批判を伴いつつゴシック建築称賛の声を上げ、ロマン主義思潮を牽引したが、その後、パラディオ『建築四書』を携えてイタリア旅行を行い、建築評論を書きつつ古典主義文化に貢献した。イギリスの建築家A.W.N.ピュージンは『対照』(1836)で建築文化を題材にして現代社会を批判し、中世主義を唱えた（▶図15-19）。J.ラスキンもまた、『建築の七灯』(1849)、『ヴェネツィアの石』(1851-53)で建築文化を通して中世の倫理観再生を唱えた。

新古典主義から歴史主義に移行する様式の流行は様式論争を伴い、19世紀中頃に各国で出版社が発行し始める建築専門雑誌を賑わす。イギリスでは『ザ・ビルダー』誌(1842-)、ドイツでは『バウヴェーゼン(ZfBw)』誌(1851-)が発刊され、建築知識の普及とともに公開された建築論議の舞台となる。

7. 近代建築以後

専門細分化する建築の学術に対し、19世紀末のアール・ヌーヴォーの時代には人間的なトータリティの喪失に抵抗する建築家たちが個人的感覚や思想を明らかにする書籍を出版する。セセッション運動の建

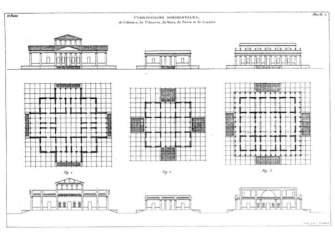

▶図15-17

▶図15-17　J.-N.-L.デュラン『建築講義要録』、「水平の構成」
▶図15-18　J.グウィルト『建築百科事典』第三部 実践、劇場計画の項

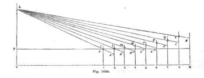

▶図15-18

築家O.ヴァグナーの『現代建築』(1896)は既存の価値観を脱する建築論を提示し、またベルギーのアール・ヌーヴォー建築家H.ヴァン・ド・ヴェルドもまた新しい芸術と建築のあり方を著作で論じた。続く20世紀初頭に各国で起こる、未来派、構成主義、表現主義等の近代芸術運動においては、新しい建築理論が運動宣言や理想建築案、各種の評論を掲載する運動の機関誌を舞台に展開される。『デ・スティル』誌(1917-31)はとりわけ活動的な媒体となった。B.タウトは第一次大戦後の革命運動の最中、「芸術労働評議会」を通して各種論文を発表し、また『アルプス建築』(1919)等のスケッチ集でユートピア運動を牽引した(▶図15-20)。

近代芸術運動の一端を担ったW.グロピウス校長のもとの芸術教育機関バウハウスは、『国際建築』(1925)等の一連のバウハウス叢書を発行し、広く影響力があった。パリを拠点に活躍する建築家ル・コルビュジエは、『レスプリ・ヌーヴォー』誌(1920-25)を発刊し(▶図15-21)、また『建築をめざして』(1923)、『今日の装飾芸術』(1925)等の一連の書籍で、メディアを駆使した建築運動を展開した。モダニズムの建築家たちが集ったCIAM(近代建築国際会議)(1928-56)は会議開催テーマに関わる出版物を発行し、社会を動かした。第4回会議(1933)の際にル・コルビュジエによってまとめられた『アテネ憲章』は機能主義の都市理論をわかりやすく説き、とりわけ世界的に影響を与えた。

強力な経済産業力で建築物を大規模化させたアメリカ合衆国では、シカゴの建築的伝統を引きつつ、独自に近代建築を牽引した建築家F.L.ライトがニューヨークなどの資本主義経済都市を批判し、個性的な有機的都市論、建築論を展開したが、その建築論を『テスタメント』(1957)に総括した。

20世紀半ばには近代建築が世界に波及し、各国の言語で多様な建築理論書が出版される。日本の建築家は建築作品に独自の建築論を添えるケースが多く、たとえば丹下健三は『丹下健三作品集 技術と人間 1955-1964』(1968)で、機能論から構造論へいう建築思想の転換を説いた。

1960年代のモダニズム批判からポスト・モダンへの移行は、R.ヴェンチューリの『建築の複合性と対立性』(1966)が象徴的な建築論書とされる。ポスト・モダンは多様な価値観を噴出させ、建築論の世界を複雑化し、拡散させた。20世紀後期のグローバル化する建築界にあって、R.コールハースの『S、M、L、XL』(1995)は画像を媒体としたコミュニケーション方法で、建築論の現代的な次元を画している。建築書の形式は歴史的に次第に変遷を遂げてきたが、情報技術(IT)の発達はさらに知識の裁断、拡散化と、他方の個性的な建築論へと二極化し、デジタル・メディアを通して次世代の知識構造を形成しつつある。

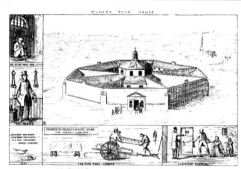

▶図15-19

▶図15-20

▶図15-21

▶図15-19　A.W.N.ピュージン『対照』、「貧民の住居の対照」
▶図15-20　B.タウト『アルプス建築』10頁
▶図15-21　ル・コルビュジエ『レスプリ・ヌーヴォー』誌、第一巻表紙

Column……15

「建築家」、その起源、職能の成立と歴史的変遷

布野 修司

　西欧世界においては、アルケー archē（はじめ・原初・根源）のテクネー technē（技術）、すなわち根源的技術を司るのが建築家（アーキテクト architectōn→architect）である。しかし、歴史的な存在としての建築家は様々である。「建築家　名詞　あなたの家のプラン（平面図）を描き、あなたのお金を浪費するプランを立てるひと」というのは『悪魔の辞典』の風刺家アンブローズ・ビアス（1842-1913 ?）である。

最古の建築家──誰もが建築家である

　ピラミッドや巨大な神殿、大墳墓などの建設に、建築家の天才が必要であったことは疑いない。最古の石造建築の建築家として記録されるのは、古代エジプト第3王朝第2代ファラオ、ジェセル王（在位　BCE2668-49頃）に仕えたイムホテプ（▶図C15-1 参照）である。サッカラの階段ピラミッド（▶P. Ⅲ 口絵1）の設計者で、構造計算の図が発見されている（▶図C15-2）。18王朝第5代ファラオ、ハトシェプスト女王（在位1479-58頃）に仕えたセンムトも知られる（▶図C15-3）。

　ギリシャ神話には、斧、錘、水準器、神像などを発明したというダイダロスが登場する。アテネで活躍したが、鋸やコンパスを発明した工匠を殺害した罪で追放され、クレタ島に逃亡、ミノス王の下で、王女アリアドネのために迷宮（クノッソスの宮殿？）や舞踏場をつくったという。ギリシャ最初の建築家であるが、ダイダロスというのは、そもそも職人、技巧者、熟練者を意味する。

　中国最初の建築師とされるのは、伝説の聖人、有巣氏（ゆうそうし）である。鳥が巣を営むのを見て初めて人類に家をつくることを教え、禽獣の害を避けさせたという。

　1本の柱を建てること、石を積むこと、穴を掘ることなど、すべての人工物を建築と考えれば、最古の建築家は最初のヒトである。最古の農耕集落チャタル・ヒュユク（BCE7000頃）の壁画遺構や北メソポタミアのテル・アスマルの遺構からは粘土板に描かれた住宅の平面図が出土する（▶図C15-4）。空間認識、空間表現の獲得はヒトの起源にかかわる。ヒトは長い進化の過程で建築する能力を身につける。最初の住まい、始原の小屋が建築の起源であるとすれば、本来、誰もが建築家である。

世界の創造者（神）としての建築家──デミウルゴス

　古代ギリシャで最初の建築家と考えられたのはデミウルゴスである。プラトンの『ティマイオス』に登場する世界の創造者で、物質的世界を創造した造物主をいう。プラトンは、宇宙は3つの究極原理、造形する神としてのデミウルゴス、眼にみえぬ永遠のモデルとしてのイデア、存在者を眼にみえるようにする受容器としてのコーラ（場）によって生成される、と考えた。すなわち、デミウルゴスは、可視的な世界をイデアをモデルとしてのコーラのふるいにかけたうえで生成する存在である。デミウルゴスは、物質と霊の二元論を唱えた古代地中海のグノーシス主義においては神の使者、ルネサンスの思想家フィチーノ（1433-99）においては芸術家、フリーメーソン（16世

▶図C15-1　イムホテプのミイラ棺

▶図C15-2　イムホテプの構造計算（陶片）

▶図C15-3　センムト像

▶図C15-4　テル・アスマル出土の粘土板に書かれた住居の平面図

紀末に結成された友愛結社）では大宇宙の建築家、ニーチェ（1844-1900）においてはツァラトゥストラ（ゾロアスター）と姿を変えて語られ続ける。

そして、建築家はすべてを統括する神のような存在としてしばしば理念化されてきた。この神のごとき万能な造物主としての建築家を自らに重ね合わせ、世界を構想し、計画設計し、建設しようとする建築家は、世界史の中に繰り返し現れることになる。

王としての建築家

歴史上に建築家として第一に登場するのは、モニュメンタルな建造物の建設者である。古代の王は、世界の時間と空間すなわち宇宙を司る神のような存在であり、季節や時刻を測定する天文観測装置やその絶対的権力を誇示し象徴する建造物を必要とした。すなわち、最初の建築主＝建築家は王である。

古来、自ら数々の建築を建設した普請狂ともいうべき王は少なくない。自らの名を冠した数多くの都市を建設したアレクサンドロス大王は、エジプトのアレクサンドリアの建設をディノクラテスに命ずるが、自ら縄張り（選地、設計）をしている。ローマ帝国皇帝として、建築の才に溢れていたのは、パンテオン（118-128再建）、ウェヌス神

▶図C15-5-b　サンタンジェロ城

▶図C15-5-a
ハドリアヌス（76-138）

殿（121-141）、サンタンジェロ城（135-139）などで知られるハドリアヌス（▶図C15-5）であり、巨大なドムス・アウレア（黄金宮殿64）のネロ（37-68）である。ハドリアヌスは、測量士、建築家などあらゆる職人集団を百人隊に編成したといわれる。

イスラーム世界には、宮殿都市を建設したアッバース朝の首都バグダードのマンスール（▶図C15-6）やサーマッラーのムウタシム（在位833-842）（▶図C15-7）、ファーティマ朝首都アル・カーヒラ（カイロ）のムイッズ（在位953-975）など、世界に名だたるカリフがい

▶図C15-6
マンスール（在位754-775）

る。時代を下るとオスマン朝のメフメト2世（在位1451-81）、サファヴィー朝の首都をイスファハーンへと移転したシャー・アッバースがいる（▶図C15-8）。さらにムガル朝にはアクバル、そしてシャージャハーン（在位1628-58）がいる。

インドで理想的聖王とされるのが転輪聖王（チャクラヴァルティン）である。マウリヤ朝の巨大な円柱を各地に建てたアショーカ王、チェーティ

▶図C15-7-a
シャー・アッバース
（在位1587-1629）

▶図C15-7-b　ロトフォラー・モスク

朝のカーラヴェーラが知られる。中国では、古来、皇帝が最大最高の建設主であり続けるが、転輪聖王を任じた皇帝には、隋唐長安城を建設した文帝（在位581-604）、明の中都、南京を『周礼』に基づいて建設した洪武帝（1328-98）、上都そして大都（北京）を築いたクビライ（1215-94）、そして乾隆帝（1711-99）がいる。19世紀半ばにマンダレー（ミャンマー）を建設したコンバウン朝のミンドン・ミン王（在位1853-78）もインド・中国にまたがる転輪聖王を任じた。

こうした王、皇帝としてのオールマイティーな「建築家」像は、今日も実は死に絶えたわけではない。ドイツ第三帝国の皇帝を任じたA.ヒトラー（1889-1945）は建築家であり、A.シュペアー（1905-81）に命じて「永遠の建築」の実現を夢見ている。ファシストとしての建築家である（▶図C15-8）。

▶図C15-8　アドルフ・ヒトラーとシュペアー（左）、ニュールンベルク党大会（右）

Column 15…「建築家」、その起源、職能の成立と歴史的変遷

万能人としての建築家——ルネサンスの建築家

　最高権力者である王もすべてが建築の才を有しているわけではない。イムホテプやダイダロスがそうであるように、建築の才に秀でたものが王の代理あるいは分身として建設に当たることになる。

　古代ギリシャには、オリンピアのゼウス神殿のリボンとペイディアス、アテネのパルテノン神殿のカリクラテスそしてペイディアスとイクティノスなど、何人かの建築家の名前が知られる。ウィトルウィウスは、「建築家は文章の学を解し、描画に熟達し、幾何学に精通し、多くの歴史を知り、努めて哲学者に聞き、音楽を理解し、医術に無知でなく、法律家の所論を知り、星学あるいは天空理論の知識をもちたいものである」(『建築十書』の第一書第一章)と書く。建築家にはあらゆる能力が要求されるのである。

　しかし、帝政ローマ期の建築家の名前はネロの時代のセヴェルスとラビリウス、そしてトラヤヌス帝(53-117)の建築家であったアポロドロスなどしか知られない。ア

オナルド・ダ・ヴィンチやミケランジェロら万能の普遍人である。彼らは、発明家であり、芸術家であり、哲学者であり、科学者であり、工匠であり、要するに万能の人として理念化された。

　オスマン帝国のスルタンに仕えたM.シナン(1490頃-1588)(▶図C15-10)、文帝に仕えた宇文凱(555-579)、

▶図C15-10-b　スレイマニエ・モスク

大都を設計した劉秉忠(1216-74)など、万能人というべき建築家の存在は洋の東西を問わない。

　多芸多才で博覧強記の「建築家」像は今日でも建築家の理想である。近代建築の巨匠たちを支えたのも、世界を創造する神としての「建築家」像である。

▶図C15-10-a　シナン

職人としての建築家——マスタービルダー

　万能人として理念化される建築家の多くは、職人階層を出自としていた。ミケランジェロ(1475-1564)は例外的に貴族の出身であったが、P.ブルネレスキは金工職人であり、ダ・ヴィンチ(1452-1519)も絵画や彫刻、金属細工の工房で育った。すなわち、大学教育とは無縁の職人や商人の世界からルネサンスの建築家が誕生するのである。デミウルゴスは、そもそも農業以外の活動で生計をたてる者をいい、金属工、陶工、石工など、一般には手仕事をする職人あるいは工匠を意味した。古来、建築家と職人は同様の能力をもつものとして一体的に考えられてきたのである。

　ヨーロッパ中世において、当初教会や修道院の建設を担ったのは建築の才をもつ聖職者や修道士たちである。キリスト教の世界においては、すべて万物の創造主である神に帰せられるのであり、キリストは教会の建築家であ

▶図C15-9-b　孤児院

ポロドロスは、ハドリアヌスと張り合う存在だったという。ハギア・ソフィア(537)の建築家アンテミウスが知られるが、アポロドロスに続く建築家の名前は、ルネサンスのブルネレスキである(▶図C15-9)。

　ルネサンス期に現れたのは、レ

▶図C15-9-a　ブルネレスキ(1377-1446)

り、聖パウロは職人の親方である。

　そして、職人の中から有能なマスタービルダー（棟梁）が育ってくる。ロマネスクの教会を建設したのは熟練の親方である。そして、ゴシックの大聖堂を建設したマスタービルダーとして、ランスのサンニケーズ教会のリベルジェなどのようにその名が知られるようになる。

　J.ヴァザーリの『画家・彫刻家・建築家列伝』（1550）にはわずか7人の建築家しか登場しないが、貴族層がパトロンとして建築家を雇うようになり、建築家は職人とは一線を画すかたちで次第に増えていく。

　アルベルティ（1404頃-72）は、職人仕事や技術を重視する一方で、建築家について「賞賛すべき確かな理論的方法と手順とで、知的に精神的に決定し、作品を実施し、いかなるものであれ、重量の移行と物体の結合を、構造化をとおして、それを人間のもっとも権威ある用途に見事に捧げることを心得た人である」（『建築論』序文）とする。建築家と職人の区別は、17世紀の科学革命を経て、さらに拡大していくことになる。

宮廷建築家

　16〜17世紀にかけて、建築家の頂点に立ったのは王に仕える宮廷建築家（王室建築家）である。

　フランスの王室建設局の歴史はシャルル5世（在位1364-80）の治世にさかのぼる。当初は石工親方を中心とする簡素な組織で次第に拡大整備される。フランソワ1世（在位1515-47）がS.セルリオを王室建築家に指名し、建設局の職人たちのために書かせたのがその建築書である。王室建設局の建築教育は王立アカデミー（1635設立）、そしてエコール・デ・ボザール（1682設立）のカリキュラムに引き継がれていくことになる。

　イギリスで、最初に自らを建築家と呼んだのは『建築の第一原理』（1563）を書いたJ.シュートであるが、最初の建築家と認められるのはI.ジョーンズ（1573-1652）である。もともと仮面劇のデザイナーで、王室の知遇を得てジェームズ1世のキングス・サーヴェイヤーになり、多くの建築を手掛けた。

　サーヴェイヤーは、監督、調査士、測量士、鑑定士、検査官などと訳されるが、建築の実務にとってサーヴェイ（測定、調査）はきわめて重要である。キングス・サーヴェイヤーは王室の普請にかかわる一切を統括した。

　I.ジョーンズに続いてチャールズ2世のキングス・サーヴェイヤーに任命されるのが、もともと天文学者だった、大火（1666）後のロンドン再建計画、セント・ポール大

▶図C15-11　セント・ポール大聖堂

聖堂の設計で知られるクリストファー・レンである（▶図C15-11）。

　中国では、古来、皇帝の下に宮廷建築家群が組織された。文帝に仕えた宇文凱とクビライ・カーンに仕えた劉秉忠も宮廷建築家である。元の中都、大都の設計についてはモンゴル人の野速不花（エスブカ）、色目人の也黒迭児（エケデル）も知られる。清朝乾隆帝の下には円明園などの設計で知られる宮廷画家G.カスティリオーネ（1688-1766）がいた。

　官僚機構に組み込まれるテクノクラートとしての建築家は宮廷建築家の系譜に連なる。

軍事エンジニアとしての建築家
── 植民地建築家

　ルネサンスの建築家たちが大きなエネルギーを注いだのは要塞建築であり、理想都市の計画である。その背景には火器による攻城法の出現がある。新たな築城術とともに新たな職能としての建築家が必要とされた。建築家の大きな供給源となったのは軍隊であり、植民地建設である。

　近代世界システムのヘゲモニーを最初に握ったオランダでは、マウリッツ王子が設立し（1600）、S.ステヴィンが主導したネーデルダッチ・マデマティカが、そうした建築家の養成機関になる（▶図C15-12）。

Column 15…「建築家」、その起源、職能の成立と歴史的変遷

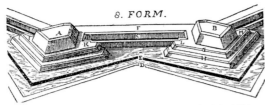
▶図C15-12-b 多角形稜堡システム

▶図C15-12-a
S.ステヴィン
(1548-1620)

フランスではルイ14世（1638-1715）の時代には、コルベールが王室建設局の監査長官を務めたが、軍人建築家ヴォーバンが数多くの要塞を建築し、大きな影響力をもった（▶図C15-13）。

海外で力をつけた建築家たちはヨーロッパの諸国に招聘され、活躍することになる。

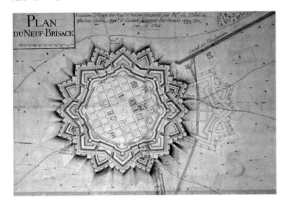
▶図C15-13-b ヴォーバン設計のヌフ・ブリザック

▶図C15-13-a
ヴォーバン(1633-1707)

芸術家としての建築家

絶対王政から市民社会へ移行していく過程で、建築家の活躍の場は拡大していく。イギリスでは、17〜18世紀にかけてのパラディオニズムの流行とともに、貴族など富裕層がパトロンとして建築家に館の設計を依頼するようになるのである。軍事エンジニアに対するシビル・エンジニアの出現である。

一方、万能の人としての建築家の仕事は、細分化され、分業化されていく。科学革命によって、科学技術の分野が独立し、18世紀後半には、サーヴェイヤー、シビル・エンジニア、そしてアーキテクトが分化するのである。シビル・エンジニア協会が設立されたのは1771年である。ジョージ・ダンスJr.らによってアーキテクト・クラブが設立されたのは1791年である（▶図C15-14）。一種のサロンであり、メンバーは1768年に設立された王立アカデミー会員に限定されたものであった。サーヴェイヤーズ・クラブが設立されるのは1792年である。

▶図C15-14
G.ダンス(1741-1825)

ギリシャ語のテクネーに対して、ラテン語にはアルスという語があり、職人をアルティザンと呼んできたが、結果として、技術に対してアート（芸術）が分離される。西欧世界においてアーキテクトが拠り所とするのは、アートとしての建築となっていく。

プロフェッション（職能）としての建築家

アーキテクトの数が増え、社会的に認知されると、弟子入り希望も増えてくる。18世紀後半には、徒弟的修業を経て独立するケースが一般的になっていた。そうした中で設立されるのが王立英国建築家協会RIBAである（1834）（▶図C15-15）。RIBAの設立目的は簡潔かつわかりやすい。

①市民建築（シビル・アーキテクチャー）の全般的な発展・振興をはかる。

②建築に関連する人文科学と自然科学の知識の獲得を促進する。

▶図C15-15 RIBA本部

建築は市民の日常生活の利便性を向上させるものであるとともに都市の改善や美化にもおおいに貢献するものである。したがって、文明国において建築は芸術として尊重されかつ奨励されるものである。

　医師、弁護士と並んで、建築家を神への告白（プロフェス）をその根底に置く職業（プロフェッション）とするのは、人の命、財産にかかわるからである。公共の立場に立ち、市民の日常生活の利便性の向上、都市の改善や美化へ貢献するという使命は、今日の建築家も共有するところである。

大組織の建築家とコミュニティ・アーキテクト

　日本では、明治維新以降に建築そして建築家という概念がもたらされると、それを具体化しようとする動きが起こる。日本造家学会（1886設立）と称した日本建築学会も当初はRIBAをモデルにした職能団体を目標としていた。戦前には、建築家を職能として位置づける法案が繰り返し出されるが成立しない。日本では、今日に至るまで請負（ゼネコン）と呼ばれる総合建設業の力が強いという背景があり、結局、建築士資格を認定する資格制度が基本となっている。

　各国それぞれではあるが、20〜21世紀にかけて、建設技術の進歩、グローバリゼーションの進行とともに、世界全体が複雑化する中で、建築家の仕事は一貫して細分化されてきた。そして、建築家の理念は大きく揺らいできた。そうした中で、中心的位置を占めつつあるのは、最先端技術を駆使する大規模な設計組織である。そして一方、世界をまたにかけて活躍する国際的に著名なスター・アーキテクトの一群がいる（▶図C15-16）。また、各国、各地域には自治体の都市建設行政と建設界による建築生産の体

▶図C15-16-c　ドレル・ゴットメ・田根／アーキテクツのエストニア国立博物館

▶図C15-16-b　Z.ハディドの広州大劇院

制がある。さらに、1970〜80年代にかけて提起された、地域社会に密着し、その発展を支援しようとするコミュニティ・アーキテクトの存在もひとつの流れである。

　こうして建築家も大きく分化しつつあるが、その背後には、以上のような歴史的な建築家の理念や仕事の伝統が様々な水脈を形成しながら流れてきたのである。

▶図C15-16-a　R.コールハースのCCTV

Column 15…「建築家」、その起源、職能の成立と歴史的変遷

本文注と図版出典

Lecture 01

★1…新星社出版編集部 (2016)『カラー版徹底図解 地球のしくみ』『身近な地形を考える②』p.158／★2…中谷礼仁 (2017)『動く大地 住まいのかたち プレート境界を旅する』岩波書店／★3…付加体とはプレート境界の沈み込みにおいて、沈み込む側の海洋側プレートに付着していた堆積層が削り取られ、陸側のプレートに付加したもの。海中の石灰岩などが地上に露出するメカニズムの主要因。／★4…Koolhaas, Rem and Mau, Bruce (1998), "S,M,L,XL", Monacelli／★5…「ジェネリック・シティは中心の束縛、アイデンティティの拘束から解放された都市である。ジェネリック・シティは依存性がつくり出す負の連鎖と訣別し、ただひたすら今のニーズ、今の能力を映し出すのみである。それは歴史のない都市だ」1-6 ジェネリック・シティ (太田佳代子、渡辺佐智江訳、ちくま学芸文庫2015)／★6…「大きいからみんなが住める。お手軽だ。メンテナンスも要らない。手狭になれば広がるだけ。古くなったら自らを壊して刷新する。どこもエキサイティングで退屈だ。」1-6、前註に同じ。／★7…前掲太田、渡辺2015／★8…http://skyscraperpage.com/cities/maps/ ／★9…HOME INSURANCE BUILDING, 1931年解体／★10…https://ja.wikipedia.org/wiki/%E3%82%A2%E3%83%A1%E3%83%AA%E3%82%AB%E5%90%88%E8%A1%86%E5%9B%BD%E3%81%AB%E3%81%8A%E3%81%91%E3%82%8B%E9%89%84%E9%8B%BC%E6%A5%AD%E3%81%AE%E6%AD%B4%E5%8F%B2 (2017年3月31日閲覧)／★11…その当時の主要なアメリカの製鉄所は以下の通りである。American Iron Works in Hyattsville, Maryland, Bath Iron Works in Maine, Burden Iron Works in Troy, New York, Cambria Iron Company in Johnstown, Pennsylvania, Falling Creek Ironworks, Virginia, Saugus Iron Works in Saugus, Massachusetts, Toledo Iron Works in Miami, Florida, Tredegar Iron Works at Richmond, Virginia, Vulcan Iron Works in Pennsylvania and other places (参考:https://en.wikipedia.org/wiki/History_of_the_iron_and_steel_industry_in_the_United_States 2017年3月31日閲覧)／▶図1-12 The U.S. Navy airship USS Akron (ZRS-4) flying over the southern end of Manhattan, New York, New York, United States, circa 1931-1933. Official U.S. Navy photo NH 43900／▶図1-13 Woudloper, Wikimedia commons

Column 01

▶図C1-2、C1-9 フレッチャー(1905)『比較法による建築史』(第5版)／▶図C1-7 内海満男／▶図C1-4 伊東忠太 (1893年11月)「法隆寺建築論」『建築雑誌』83号／▶図C1-8 伊東忠太(1909年1月)「建築進化の原則より見たる我邦建築の前途」『建築雑誌』265号

Lecture 02

▶図2-2、11、12 日本建築学会 (1995)『東洋建築史図集』(彰国社)／▶図2-3 樋口隆康(1996)『始皇帝を掘る』(学生社)／▶図2-5 中国建築史編集委員会 (田中淡編訳1981)『中国建築の歴史』／▶図2-7 ユネスコ北京事務所・中国国家文物局 (発行年不詳)『大明宮含元殿遺址保存工程』／▶図2-9 Wheeler, Mortimer (1968) "The Indus Civilization" (Third ed. 1968, Cambridge U. P.)／▶図2-13、16 M.S.ダメルジ (岡田保良・高世富夫編訳、1987)『メソポタミア建築序説 - 門徒扉の建築術 -』(国士舘大学イラク古代文化研究所)／▶図2-14 Woolley, C.L. & P.R.S. Moorey (1982) Ur 'of Chaldees' (London)／▶図2-18〜20、23、26 日本建築学会 (1981)『西洋建築史図集 三訂版』／▶図2-21 Lloyd, S. & H. W. Muller (1980) Ancient Architecture (Milano)／▶図2-29 毎日新聞社 (2009年5月11日本紙／朝刊)／▶図2-30 堀内清治・増田義郎 (編著) (1983)『古代オリエント・古代アメリカ』(『世界の建築』第1巻学習研究社)／▶図2-31 Bingham, Hiram (1979) Machu Picchu, a citadel of the Incas (New York)

Column 02

★1…伊東忠太 1901「日本神社建築の発達」『建築雑誌』15巻169号、pp.2-20／★2…伊東忠太 1909「建築進化の原則より見たる我邦建築の前途」『建築雑誌』23巻265号、pp.4-36／★3…関野克 1938「鉄山秘書高殿に就いて (原始時代一建築構造の啓示)」『考古学雑誌』28巻7号、pp.429-446／★4…Shrenck, Leopold von 1881-1895 "Die Volker des Amur-Landes: Reisen und Forschungen im Amur-Lande in den Jahren 1854-1856", Kaiserliche Akademie der Wissenschaften, St.Petersburg／★5…佐藤浩司 1992『建築をとおしてみた日本』『海と列島文化 第10巻:海からみた日本文化』、小学館、pp.520-570

▶図C2-1 深谷平大夫治直『社類建地割』／▶図C2-2 辻内伝五郎伝『鳥居之巻』／▶図C2-3 文部省検定小学校3年生社会科の教科書(1952)『わたくしたちのくらし』教育出版／▶図C2-4 文部省検定小学校3年生社会科の教科書(1954)『小学校しゃかい』学校図書／▶図C2-5 TEIT, James A. (1900) "The Thompson Indians of British Columbia", Memoirs of the American Museum of Natural History 2 (Jesup North Pacific Expedition 1)／▶図C2-6 大槻茂質 (1807)『環海異聞』(九州大学記録資料館所蔵)／▶図C2-7 Summer and Winter Habitations in Kamtschatka キャプテン・クックの第3回目の航海に同行した John Webber の描く銅版画 "A Voyage to the Pacific. Captain James Cook 1776-1780" (published 1784)

Lecture 03

★1…フレッチャー、監訳・飯田喜四郎 (2012)『図説世界建築の歴史大事典 建築・美術・デザインの変遷』西村書店『A history of architecture on the comparative method』(Fletcher Banister, Batsford, Scribner's Sons, 1905) ダン・クリュックシャンク編の20版(1996年)の翻訳)／★2…平内政信 (東京大学蔵、1608)『匠明』『殿屋集』所蔵／★3…Okakura Kakuzo (1906)『THE BOOK OF TEA』Duffield & Company, New York『茶の本』(岡倉覚三 (天心))

Lecture 04

▶図4-33、34 Drew, P. (1992), "Veranda Embracing Place", Angus & Robertson／▶図4-38 ロバート・ホーム (2001)『植えつけられた都市 英国植民都市の形成』布野修司+安藤正雄監訳:アジア都市建築研究会訳、京都大学学術出版会 (Robert Home (1997)" Of Planting and Planning The making of British colonial cities", E & FN Spon)

Column 04

▶図C4-9 明治神宮社務所 (1959)『明治神宮御遷宮』

Lecture 05

▶図5-1 Auguste Choisy (1899), " Histoire de l'Architecture" (p.240)／▶図5-3 ヴィオレ=ル=デュク『建築講話』／▶図5-6 John Ruskin (1851-53): "The stones of Venice, Smith, Elder"(ジョン・ラスキン、福田晴虔訳 (1994-1996)『ヴェネツィアの石(第1-3巻)』中央公論美術出版)／▶図5-11 Alexander, Christopher (1964), "Notes on the synthesis of form", Harvard University Press"(クリストファー・アレグザンダー著、稲葉武司訳(1978)『形の合成に関するノート』鹿島出版会)

Column 05

▶図C5-1、2、3 河東義之

Lecture 06

▶図6-3 G.カタルディ (Oliver, Paul (ed.) (1997), "Encyclopedia of Vernacular Architecture of the World (EVAW)", Cambrige University Press)／▶図6-2、4、5〜7、28 Vellinga, Marcel; Oliver, Paul; Bridge, Alexander (2007), "Atlas of Vernacular Architecture of the World", Rouledge.／▶図6-8〜12 布野修司編 (2005)『世界住居誌』昭和堂／▶図6-13〜18、23〜27 布野修司+田中麻里+ナウィット・オンサワンチャイ+チャンタニー・チランタナット(2017)『東南アジアの住居 その起源・伝播・類型・変容』京都大学学術出版会

Column 06

図版は、いずれも村田治郎(1931.4-6)『東洋建築系統史論』(『建築雑誌』(no.530〜546)による。

Lecture 07

▶図7-3、4 Hansen, Maria Fabricius (2015), "The Spolia Churches of Rome, Recycling Antiquity in the Middle Ages", trans. By Barbara J. Haveland, Aarhus University Press／▶図7-9 Kalas, Gregor (2015), "The Restoration of the Roman Forum in Late Antiquity, Transforming Public Space", The University of Tezas Press／▶図7-10 フレッチャー『図説 世界建築の歴史大事典 建築・美術・デザインの変遷』ダン・クリュックシャンク編、飯田喜四郎監訳、西村書店／▶図7-11 R Krautheimer et al., "Corpus Basilicarum Christianarum Romae, The Early Christian Basilicas of Rome" (IV- IX cent.), vol. V, Città del Vaticano, 1977.

Column 07

▶図C7-1、7-2 Vitruvius Polio (1521), "Di Lucio Vitruvio Pollione De Architectura Libri Dece", Cesare Cesariano, Como, (ウィトルウィウス『建築十書』チェーザレ・チェザリアーノ版)／▶図C7-3、4、7 撮影:岡北一孝／▶図C7-5 Percier, Charles (1812), "Recueil de décorations intérieures", Paris: Chez l'auteur,. (シャルル・ペルシエ『室内装飾集成』)／▶図C7-6 Francesco Colonna (1499), "Hypnertomachia Poliphili, Ventiis"(フランチェスコ・コロンナ『ポリフィリス狂恋夢』)／▶図C7-8、9 Delorme, Phlibert (1567), "L'Architecture",

Federic Morel:Paris（フィリベール・ドゥロルム『建築書』）／▶図C7-10 Ledoux, Claude-Nicolas (1847), "L'architecture considérée sos le rapport de l'art, architecture de C. N. Ledoux", édition de Daniel Ramée, Paris: Lenoir editeur（クロード＝ニコラ・ルドゥ『建築』ダニエル・ラメ版）

Lecture 08
▶図8-12 錦田愛子撮影／▶図8-19 谷水潤撮影／▶図8-24 岡田保良撮影

Column 08
▶図C8-3〜6、9、11 Sterlin, Henri (1979), "ARCHITECTURE DE L'ISLAM", Office du Livre, Fribourg (Suisse)（アンリ・スチールラン（神谷武夫訳、1987）『イスラムの建築文化』原書房）

Column 09
▶図C9-1-a 杉本卓洲 (2007)『ブッダと仏塔の物語』大法輪閣／▶図C9-2、3、6 Tadgell, C. (1990), "The History of Architecture in India: From the Dawn of Civilization to the End of the Raj", Phaidon Press Limited.／▶図C9-18、19 長谷川周 (2006)『中国仏塔紀行』東方出版／▶図C9-28 齋藤忠 (2002)『仏塔の研究 アジア仏教文化の系譜をたどる』第一書房

Lecture 10
▶図10-2〜6、10、12 the American Institute of Indian Studies／▶図10-8 MacDougall, R. D.（右側の写真）／▶図10-11 小倉泰『インド世界の空間構造—ヒンドゥー建築のシンボリズム』／▶図10-13 Marg（インドの総合美術雑誌）, Vol 27 No 2, Marg, 1974 ／▶図10-19、21 日本建築学会（1995）『東洋建築史図集』彰国社／▶図10-23 Surinder Mohan Bhardwaj, Hindu Places of Pilgrimage in India, Univ. of California Press, 1973 ／▶図10-25 柳沢究

Lecture 11
▶図11-1 Vasari, Giorgio (1568), "Le vite de' più eccellenti pittori, scultori e architettori", Firenze, p.715.／▶図11-6 Perrault, Claude (1673 (2.ed. 1684) 表紙絵), "Les dix livres d'architecture de Vitruve", Paris／▶図11-7 Winckelmann, Johann Joachim (1764), "Geschichte der Kunst des Alterthums", 1.Th., Dresden／▶図11-8 Stuart, James & Revett, Nicholas (1787), "The Antiquities of Athens", vol.2, ch.V, pl.III／▶図11-10 Boisserée, Sulpiz (1821), "Ansichten, Risse und einzelne Theile des Doms von Köln", Stuttgart, pl.v. ／▶図11-11 Viollet-le-Duc, Eugène (1872), ," Entretiens sur l'architecture" ,Paris, fig.18. ／▶図11-13 Chambers, William (1763), "Plans, Elevations, Sections and Perspective Views of the Gardens and Buildings at Kew in Surrey", London, p.89／▶図11-14 Fergusson, James (1855), "The Illustrated Handbook of Architecture", vcl.1, London, fig.70／▶図11-15 Staatliche Museen zu Berlin, Kupferstichkabinett, SM 36b.12 （"Das Erbe Schinkels", Der Online-Katalog）．／▶図11-17 Semper, Gottfried (1863), "Der Stil in den technischen und tektonischen Künsten oder Praktische Ästhetik", München, Band 2, p.276.／▶図11-18 Riegl, Alois (1893), "Stilfragen: Grundlegungen zu einer Geschichte der Ornamentik", Berlin, p.59. ／▶図11-19 Bauhaus (1919), "Manifesto" ／▶図11-20 Wölfflin, Heinrich (1888), "Renaissance und Barock", München, p.87／▶図11-21 Frankl, Paul (1914), "Die Entwicklungsphasen der neueren Baukunst", Leipzig & Berlin, p.25／▶図11-24 Hitchcock, Henry-Russell & Johnson, Philip (1932) ,"The International Style: Architecture Since 1922", New York, cover.

Column 11
▶図C11-1〜4、7〜11 日本建築学会（2011）『日本建築史図集 新訂第三版』彰国社／▶図C11-18 河東義之／▶図C11-19、22 日本建築学会（2002）『図説 日本建築年表』彰国社

Column 12
★1…西田慎、梅崎徹（2015）「なぜ今「1968年」なのか」『グローバル・ヒストリーとしての「1968年」』ミネルヴァ書房、1-21頁／★2…山本学治（1966）「高さへの挑戦 三井超高層への序章」（『SD』13号、117-124頁）／★3…山本学治（1966）『素材と造形の歴史』鹿島出版会／★4…渡辺裕（2017）「「1968年」問題と感性文化」『感性文化論:〈終わり〉と〈はじまり〉の戦後昭和史』春秋社、3-13頁／★5…Crossley ,Pamela Kyle (2008), "What Global History? is ", What is Global History?, Cambridge : Polity Press, pp. 102-121（パミラ・カイル・クロスリー著、佐藤彰一訳（2012）『グローバル・ヒストリーとは何か』岩波書店、151-178頁）／★6…Leeuwen ,Thomas A. P. van (1988), "The Skyward Trend of Thought: The Metaphysics of the American Skyscraper", Cambridge Mass.: MIT Press（トーマス・ファン・レーウェン著、三宅理一、木下壽子訳（2006）『摩天楼とアメリカの欲望』工作舎）／★7…Bernard, Andreas (2006), " Die Geschichte des. Fahrstuhls : Über einen beweglichen Ort der Moderne", Frankfurt am Main: Fischer Taschenbuch Verlag（アンドレアス・ベルナルト著、井上周平、井上みどり訳（2016）『金持ちは、なぜ高いところに住むのか 近代都市はエレベーターが作った』柏書房）／★8…大澤昭彦（2015）『超高層建築の世界史』講談社／★9…大澤昭彦（2013）「東京都における超高層建築物の高さと容積率」『日本建築学会学術講演梗概集』2013年8月、719-720頁／★10…同様の観点から大谷幸夫が指摘している。大谷幸夫（1968）「現代の証と未来への暗示の稀薄さ」『新建築』43巻6号、1968年6月、168-170頁／★11…以下を参照。鳥羽耕史（2014）「東京タワーとは何か「戦後日本」および都市の象徴として」丹羽美之、吉見俊哉編『戦後復興から高度成長へ』記録映画アーカイブ2、東京大学出版会、193-207頁／★12…武藤清、岩佐氏寿（1968）『超高層ビルのあけぼの』鹿島出版会／★13…村松貞次郎（1968）「ルポルタージュ : 霞が関ビル はじめてのこと、高いこと、大きいこと、その衝撃的意義について 設計組織論的な考察」『新建築』43巻6号、1968年6月、175-182頁／★14…Banham, Reyner (1975), "The Age of the Masters: A Personal View of Modern Architecture", New York: Harper & Row（レイナー・バンハム、山下泉訳 (1978)『巨匠たちの時代』鹿島出版会）／★15…Banham, Reyner (1962) "Towards a Pop Architecture" , Architectural Review, vol. 132, no. 135, July 1962, pp. 43-46.／★16…岸和郎による邦訳はこの例に限らない。Banham ,Rayner and Sparke, Penny eds.(1981), "Design by Choice", New York: Rizzoli（レイナー・バンハム、岸和郎訳（1983）『建築とポップ・カルチュア』鹿島出版会）／★17…Foster, Hal (2011), "Image-Building," The Art-Architecture Complex, London; New York: Verso, pp. 1-16（ハル・フォスター、瀧本雅志訳（2014）、『イメージとしての建築 アート建築複合態』鹿島出版会、21-44頁）／★…18「カメラ・ニュース 36階の展望 回廊付さから公開」『読売新聞』1968年4月25日夕刊、3頁／★…19 Trumbull, Robert (July 7 1968), "Japan's Erstwhile Peerage Reaches New Heights in Tokyo," New York Times, p. 46／▶図C12-1、2『超高層のあけぼの』関川秀雄監督、日本技術映画社（現・Kプロビジョン）制作（1969）／▶図C12-3 鹿島守之助（1969）「善人ばかりの映画」（鹿島建設婦人会会報班編『流れ』7号、1969年6月、4頁）

Lecture 13
▶図13-1 E.トッド（荻野文隆訳、2008）『世界の多様性 家族構造と近代性』藤原書店をもとに作成 図13-7、8-a、8-a、9、10、11 S.Kostof (1985), "A History of Architecture", Oxford University Press. 図13-18 M.フーコー（1977）『監獄の誕生』(Michel Foucault (1975))／▶図13-21 Benevolo, Leonardo (1963) ,"Le Origini Dell'Urbanistica Moderna", Laterza & Figli S.p.A., Bari, (L.ベネヴォロ (1976))

Lecture 14
▶図14-2 Reconstruction drawings by Italo Gismondi (https://smarthistory.org/roman-domestic-architecture-insula/) ／▶図14-3、4 Marcus Binney (1998), "Town Houses: Urban Houses from 1200 to the Present day", Watson Guptill／▶図14-3、5 カール・グルーバー『図説 ドイツの都市造形史』（宮本正行訳、西村書店、1999）／▶図14-6 布野修司ほか（2017）『東南アジアの住居』京都大学学術出版会および伊藤裕久『ソウルの商業空間と都市韓屋、そして比較の視点』（大場修ほか（2007）『東アジアから日本の都市住宅（町家）を捉える』日本建築学会民家小委員会、所収）／▶図14-7 伊原弘監修（2004）『「清明上河図」をよむ』勉誠出版／▶図14-8 伊藤毅編著（2009）『バスティード：フランス中世新都市と建築』中央公論美術出版／▶図14-9 高橋康夫・宮本雅明・吉田伸之・伊藤毅編著（1993）『図集 日本都市史』東京大学出版会／▶図14-10 光井渉（2016）『日本の伝統木造建築:その空間と構法』市ヶ谷出版社／▶図14-11 大田省一「ベトナムの町家形式の特徴と比較の視点」（前掲・大場修ほか（2007）『東アジアから日本の都市住宅（町家）を捉える』日本建築学会民家小委員会、所収）／▶図14-12、19、21 前掲・カール・グルーバー『図説 ドイツの都市造形史』（宮本正行訳、西村書店、1999）／▶図14-14、15 日本建築学会（1981）『西洋建築史図集』彰国社／▶図14-16 浅野秀剛・吉田伸之（2003）『大江戸日本橋絵巻—「熙代勝覧」の世界』講談社／▶図14-17 陣内秀信・木津雅代・高村雅彦・阮儀三（1993）『中国の水郷都市:蘇州と周辺の水の文化』鹿島出版会／▶図14-18 江戸東京博物館所蔵模型（筆者撮影）／▶図14-23『鹿港懐古』（左洋出版、1994）

Column 14
▶図C14-1 京都府立京都学・歴彩館蔵／▶図14-2、3 秋山國三・中村研（1975）『京都「町」の研究』法政大学出版局／▶図14-4、5 田中家・中央公論新社／▶図14-6 国立歴史民俗博物館蔵／▶図14-7 東京国立博物館蔵／▶図14-8 南孝雄『町屋型建物の成立』『平安京の住まい』京都大学学術出版会／▶図14-9 秋田市千住美術館蔵

Lecture 15
▶図15-6 フィラレーテ『建築論』／▶図15-7 D.バルバロ版、ウィトルウィウス『建築十書』扉絵／▶図15-8 S.セルリーオ『建築書』第三書表紙／▶図15-9 J.B.d.ヴィニョーラ『建築五オーダーの規範』、円柱モデル／▶図15-10 A.パラディオ『建築四書』第二書19頁、ヴィラ・ロトンダ イオニア式オーダー／▶図15-11 Ph.ドロルムの『建築第一巻』28頁、よい建築家の寓意図／▶図15-12 C.ペロー『五種の円柱のオルドナンス』／▶図15-13 I.ウェア『建築全書』扉絵／▶図15-15 李誡『営造方式』／▶図15-16 M.A.ロージェ『建築試論』扉絵／▶図15-17 J.-N.-L.デュラン『建築講義要録』、「水平の構成」／▶図15-18 J.グウィルト『建築百科事典』第三部実践、劇場計画の項／▶図15-19 A.W.N.ピュージン『対照』、「貧民の住居の対照」／▶図15-20 B.タウト『アルプス建築』10頁／▶図15-21 ル・コルビュジエ『レスプリ・ヌーヴォー』誌、第一表表紙

Column 15
▶図15-3、4 Kostof, S. (ed.) (1977) "The Architect——Chapters in the History of the Profession", Oxford University Press, 1977 (S.コストフ（1981）『建築家—職能の歴史』槇文彦監訳、日経アーキテクチャー）／▶図15-9-b 日本建築学会（1981）『西洋建築史図集 三訂版』

参考文献

- ▶ 基本的に、テーマ、対象を限定した専門的な文献ではなく、より長期のより広い地域の建築の歴史を扱う通史あるいはグローバルな視野に基づく文献を中心に挙げる。
- ▶ 外国語文献については、代表的なテキストを選定し、日本語訳のあるものを中心として挙げる。
- ▶ 本書に関する文献については、テーマ別に分類項目を立てて挙げる。
- ▶ 文献は、分類ごとに刊行順に列挙する。
- ▶ 原則として、図書館、Web Siteなどで入手（アクセス）可能なものを挙げる。

[通史]
世界建築史 Global History of Architecture

- Fergusson, James (1855), "The Illustrated Handbook of Architecture : Being a Concise and Popular Account of the Different Styles of Architecture Prevailing in All Ages & Countrie, Vol.Ⅰand Vol.Ⅱ", John Murray
- Fergusson, James (1862), "History of the Modern Styles of Architecture, Vol.Ⅰand Vol.Ⅱ", Dodd, Mead
- Fergusson, James (1867), "A History of Architecture in All Countries, Vol.Ⅰand Vol.Ⅱ", John Murray
- Fergusson, James (1874), "History of Indian and Eastern Architecture, Vol.Ⅰand Vol.Ⅱ", John Murray
- Fletcher, Banister (1896), "A History of Architecture on the Comparative Method", Athlone Press, University of London（バニスター・フレッチャー(1919)『フレッチァア建築史』古宇田実・斉藤茂三郎訳, 岩波書店）
- Hamlin, A. D. F. (1911), "History of Architecture", Longmans, Green
- Kimball, Fiske & Edgell, George Harold (1918), "A History of Architecture", Harper & Brothers
- 森田洪 (1918)『世界の建築様式』建築書院
- Moreux, Jean-charles (1941), "Histoire de l'Architecture", Presses Universitaires de France（ジャン＝シャルル・モルウ (1995)『建築の歴史』藤本康雄訳, 白水社）
- Hitchcock, H. R.; Lloyd, Seton; Rice, David Talbot; Lynton, Norbert; Boyd, Andrew; Carden, Andrew; Rawson, Philip; Jacobu, John (1963), "World Architecture : An Illustrated History", McGraw-Hill
- Millon, Henry A. (ed.) (1965), "Key Monuments in the History of Architecture", Abrams, New York
- Champigneulle, Bernard (1972), "Histoire de l'Architecture", Somogy
- Stierlin, Henri (1978), "Encyclopaedia of World Architecture, Vol. 2", Taschen（アンリ・ステアリン (1979)『図集世界の建築〈上／下〉』鈴木博之訳, 鹿島出版会）
- Kostof, Spiro (1985), "A History of Architecture : Settings and Rituals", Oxford University Press（スピロ・コストフ (1990)『建築全史：背景と意味』鈴木博之監訳, 住まいの図書館出版局）
- Bussagli, Mario (1989), "History of World Architecture", Faber and Faber
- Monnier, Gérard (1996), "Histoire de l'Architecture", Presses universitaires de France
- Cruickshank, Dan (1996), "Sir Banister Fletcher's a History of Architecture", Architectural Press（ダン・クリュックシャンク編 (2012)『フレッチャー図説・世界建築の歴史大事典：建築・美術・デザインの変遷』飯田喜四郎監訳, 西村書店）
- Moffett, Marion; Fazio, Michael W.; Wodehouse, Lawrence (2003), "A World History of Architecture", McGraw-Hill Professional
- Ching, Francis D.K.; Jarzombek, Mark M.; Prakash, Vikramaditya (2006), "A Global History of Architecture", John Wiley & Sons, Inc.
- Borden, Daniel; Elzanowski, Jerzy; Taylor, Joni; Tuerk, Stephanie (2008), "Architecture : A World History", Abrams Books
- Fazio, Michael & Moffett, Marian (2008), "A World History of Architecture", Lawrence King Publishing
- Pryce, Will (2011), "World Architecture : The Masterworks", Thames & Hudson
- 中川武先生退任記念論文集刊行委員会編 (2015)『世界建築史論集：中川武先生退任記念論文集 西アジア・西洋・南アジア・カンボジア・ベトナム篇』中央公論美術出版
- Ingersoll, Richard (2018), "World Architecture : A Cross-cultural History", Oxford University Press

講座・叢書・事典

- Nervi, Pier Luigi (ed.) (1971), "The History of World Architecture", 14 Volumes, Harry N. Abrams（『図説世界建築史』シリーズ1〜16, 1996〜2003, 本の友社）
- Guidoni, Enric (1978), "Primitive Architecture", Robert Erich Wolf (tr.)（エンリコ・グイドーニ (2002)『図説世界建築史1 原始建築』桐敷真次郎訳）
- Lloyd, Seton; Martin, Roland; Müller, Hans Wolfgang (1974), "Ancient Architecture : Mesopotamia, Egypt, Crete, Greece"（シートン・ロイド, ハンス・ヴォルフガング・ミューラー (1997)『図説世界建築史2 エジプト・メソポタミア建築』堀内清治訳）
- Lloyd, Seton; Martin, Roland; Müller, Hans Wolfgang (1974), "Ancient Architecture : Mesopotamia, Egypt, Crete, Greece"（ロラン・マルタン (2000)『図説世界建築史3 ギリシア建築』伊藤重剛訳）
- Ward-Perkins, J. B. (1977), "Roman Architecture"（ジョン・ブライアン・ウォード・パーキンズ (1996)『図説世界建築史4 ローマ建築』桐敷真次郎訳）
- Mango, Cyril A. (1976), "Byzantine Architecture"（シリル・マンゴー (1999)『図説世界建築史5 ビザンティン建築』飯田喜四郎訳）
- Hoag, John D. (1977), "Islamic Architecture"（ジョン・D. ホーグ (2001)『図説世界建築史6 イスラム建築』山田幸正訳）
- Kubach, Hans Erich (1975), "Romanesque Architecture"（ハンス・エリッヒ・クーバッハ (1996)『図説世界建築史7 ロマネスク建築』飯田喜四郎訳）
- Grodecki, Louis; Prache, Anne; Recht, Roland (1977), "Gothic Architecture", Paris, I. Mark (tr.)（ルイ・グロデッキ (1996)『図説世界建築史8 ゴシック建築』前川道郎・黒岩俊介訳）
- Heyden, Doris & Gendrop, Paul (1975), "Pre-Columbian Architecture of Mesoamerica"（ドリス・ハイデン, ポール・ジャンド (1997)『図説世界建築史9 メソアメリカ建築』八杉佳穂・佐藤孝裕訳）
- Murray, Peter (1971), "Architecture of the Renaissance"（ピーター・マレー (1998)『図説世界建築史10 ルネサンス建築』桐敷真次郎訳）
- Norberg-Schulz, Christian (1972), "Baroque Architecture"（クリスチャン・ノルベルグ・シュルツ (2001)『図説世界建築史11 バロック建築』加藤邦男訳）
- Norberg-Schulz, Christian (1974), "Late Baroque and Rococo Architecture"（クリスチャン・ノルベルグ・シュルツ (2003)『図説世界建築史12 後期バロック・ロココ建築』加藤邦男訳）
- Middleton, Robin & Watkin, David (1980), "Neoclassical and 19th

Century Architecture"（ロビン・ミドルトン，デイヴィッド・ワトキン（1998）『図説世界建築史13 新古典主義・19世紀建築』土居義岳訳
- Middleton, Robin & Watkin, David (1980), "Neoclassical and 19th Century Architecture"（ロビン・ミドルトン，デイヴィッド・ワトキン（2002）『図説世界建築史14 新古典主義・19世紀建築2』土居義岳訳
- Tafuri, Manfredo & Dal Co, Francesco (1979), "Modern architecture"（マンフレッド・タフーリ，フランチェスコ・ダル・コ（2002）『図説世界建築史15 近代建築1』片木篤訳
- Tafuri, Manfredo & Dal Co, Francesco (1979), "Modern architecture"（マンフレッド・タフーリ，フランチェスコ・ダル・コ（2003）『図説世界建築史16 近代建築2』片木篤訳
◉ Pevsner, Nikolaus, Sir; Fleming, John; Honour, Hugh (1970), "A Dictionary of Architecture", Penguin（ニコラウス・ペヴスナー，ジョン・フレミング，ヒュー・オナー（1984）『世界建築事典』鈴木博之訳, 鹿島出版会）
◉ "Architecture Universelle", la serie, Office du Livre（『世界の建築』シリーズ, 美術出版社）
- Stierlin, Henri (1964), "Maya : Guatemala, Honduras, Yucatan"（アンリ・スティールラン（1964）『世界の建築 マヤ：グアテマラ・ホンジュラス・ユカタン』増田義郎・黒部美江子訳）
- Cenival, Jean-Louis de; Stierlin, Henri; Breuer, Marcel (1964), "Egypte : Epoque Pharaonique"（ジャン=ルイ・ド・スニヴァル，アンリ・スティールラン，マルセル・ブロイヤー（1964）『世界の建築 エジプト：王朝時代』屋形禎亮訳）
- Charpentrat, Pierre; Heman, Peter; Scharoun, Hans (1964), "Baroque : Italie et Europe Centrale（ピエール・シャルパントラ，ペーテル・ヘーマン（1965）『世界の建築 バロック：イタリアと中部ヨーロッパ』坂本満訳）
- Charles-Picard, Gilbert; Butler, Yvan; Portoghesi, Paolo (1964), "Empire Romain"（ジルベール・ピカール，イヴァン・バトラー写真（1966）『世界の建築 ローマ』佐々木英也訳）
- Oursel, Raymond; Rouiller, Jacques Dominique; Baur, Hermann (1966), "Univers Roman"（レーモン・ウルセル，ジャック・ルイエ（1967）『世界の建築 ロマネスク』飯田喜四郎訳）
- Vogt-Göknil, Ulya & Widmer, Eduard (1965), "Turquie Ottomane"（ウリヤ・フォークト・ギョクニル，エドワルト・ヴィトメル（1967）『世界の建築 トルコ』森洋子訳）
- Martin, Roland; Stierlin, Henri; Bill, Max (1966), "Monde Grece"（ローラン・マルタン，アンリ・スティールラン（1967）『世界の建築 ギリシア』高橋栄一訳）
- Stierlin, Henri & Kaspé, Vladimir (1967), "Mexique Ancien"（アンリ・スティールラン（1968）『世界の建築 古代メキシコ』佐藤功訳）
- Hofstätter, Hans Hellmut; Bersier, René; Desbarats, Guy (1968), "Gothique",（ハンス・H・ホーフシュテッター，ルネ・ベルジェ（1970）『世界の建築 ゴシック』飯田喜四郎訳）
- Corboz, André (1970), "Haut Moyen Age"（アンドレ・コルボ（1972）『世界の建築 初期中世』藤本康雄訳）
- Volwahsen, Andreas & Henn, Walter (1968), "Inde : Bouddhique, Hindoue et Jaïna"
- Bottineau, Yves (1969), "Baroque Ibérique : Espagne-portugal, Amérique Latine"
- Masuda, Tomoya（増田友也）& Hutagawa, Yukio（二川幸夫）(1969), "Japon"
- Pirazzoli-t'Serstevens, Michèle & Bo uvier, Nicolas (1970), "Chine" Stierlin, Henri (1970), "Angkor"
- Volwahsen, Andreas (1971), "Inde Islamique"
◉『世界の建築』シリーズ, 学習研究社
- 堀内清治編（1982）『世界の建築2 ギリシア・ローマ』
- 飯田喜四郎編（1982）『世界の建築5 ゴシック』
- 山田智三郎編（1982）『世界の建築7 バロック・ロココ』
- 堀内清治・増田義郎編（1983）『世界の建築1 古代オリエント・古代アメリカ』
- 石井昭編（1983）『世界の建築3 イスラーム』
- 柳宗玄編（1983）『世界の建築4 ロマネスク・東方キリスト教』
- 鈴木博之編（1983）『世界の建築6 ルネサンス・マニエリスム』
- 阿部公正編（1983）『世界の建築8 近代・現代』
◉ Tadgel, Christopher (1998〜1999), "History of Architecture Series", Ellipsis (1 Origins: Egypt, West Asia and the Aegean, 2 Hellenic Classicism: The Ordering of Form in the Ancient Greek World, 3 Imperial Form: From Achaemenid Iran to Augustan Rome, 4 Imperial Space: Rome, Constantinople and the Early Church, 5 India and South-East Asia: The Buddhist and Hindu Tradition, 6 Four Caliphates: The Formation and Development of the Islamic Tradition, 7 Four Empires of Islam: Imperial Achievement, 8 China, 9 Japan: The Informal Contained, 10 Early Medieval Europe: The Ideal of Rome and Feudalism, 11 Gothic Cathedrals: Light and Emancipation, 12 The Italian Renaissance: Mastering Revived Classicism, 13 The Italian Baroque: The Counter Reformation and the Theatrical Ideal)
◉ 中川武監修（2001）『世界宗教建築事典』東京堂出版
◉ Tadgel, Christopher (2007〜2008), "Architecture in Context Series", Routledge (1 Antiquity : Origins, Classicism and the New Rome, 2 The East : Buddhists, Hindus and the Sons of Heaven, 3 Islam : From Medina to the Maghreb and from the Indies to Istanbul, 4 The West : from the advent of Christendom to the eve of Reformation, 5 Reformations : From High Renaissance to Mannerism in the New West of Religious Contention and Colonial Expansion, 6 Transformations : From Mannerism to Baroque in the Age of European Absolutism and the Church Triumphant)
◉ 中川武編, 溝口明則著（2018）『古代建築：専制王権と世界宗教の時代（シリーズ世界 宗教 建築史）』丸善出版

地域建築史 Regional History of Architecture

〈ヨーロッパ〉

◉ 岸田日出刀・黒正巖・山中謙二（1932）『西洋史講座13 歐洲近代建築史 西洋經濟史 キリスト教發展史』雄山閣
◉ Pevsner, Nikolaus (1945), "An Outline of European Architecture", Penguin（ニコラウス・ペヴスナー（1989）『新版 ヨーロッパ建築序説』小林文次・山口廣・竹本碧訳, 彰国社）
◉ 足立一郎（1951）『西洋建築史』共立出版
◉ 森田慶一（1962）『西洋建築史概説』彰国社
◉ 小林文次他（1968）『建築学大系 改訂増補6 西洋建築史』彰国社
◉ Yarwood, Doreen (1974), "The Architecture of Europe", Chancellor Press
◉ 日本建築学会編（1983）『西洋建築史図集, 3訂第2版』彰国社
◉ Watkin, David (1986), "A History of Western Architecture", Barrie & Jenkins（デイヴィット・ワトキン（2014-2015）『西洋建築〈1-2〉』白井秀和訳, 中央公論美術出版
◉ 長尾重武・星和彦編著・石川清・小林克弘・末永航・関和明・羽生修二・渡辺道治（1996）『ビジュアル版西洋建築史：デザインとスタイル』丸善
◉ 西田雅嗣（1998）『ヨーロッパ建築史』昭和堂
◉ 桐敷真次郎（2001）『西洋建築史』共立出版
◉ 陣内秀信・中島智章・横手義洋・渡辺道治・太記祐一・星和彦・渡辺真弓（2005）『図説西洋建築史』彰国社
◉ 吉田鋼市（2007）『西洋建築史』森北出版
◉ 加藤耕一（2017）『時がつくる建築：リノベーションの西洋建築史』東京大学出版会

〈イスラーム〉

◉ Al-Kashi Ghiyath al-Din (1427), "Miftah al Hisab"（Yamshid Ibun Mas'ud, Hasim (1977), "Miftah al-Hisab, Tahqiq N. Al-Nabulsi", Universite de Damas）

- Stierlin, Henri (1979), "Architecture de l'Islam", Office du Livre, Fribourg, Suisse (アンリ・スティールラン (1986)『イスラムの建築文化』神谷武夫訳, 原書房)
- Ca'fer Efendi (1641), "Risāle-i Mi'māriyye"(Crane, Howard (tr.) (1987), "Risāle-i Mi'māriyye : An Early-Seventeenth-Century Ottoman Treatise on Architecture, Facsimile with Translation and Notes", Brill)
- Hillenbrand, Robert (1994), "Islamic Architecture: Form, Function, and Meaning", Edinburgh University Press
- Blair, Sheila S. & Bloom, Jonathan M. (1994), "The Art and Architecture of Islam, 1250-1800", Yale University Press
- Petersen, Andrew (1995), "Dictionary of Islamic Architecture", Routledge
- Frishman, Martin & Hasan-Uddin, Khan (eds.) (2002), "The Mosque: History, Architectural Development & Regional Diversity", Thames & Hudson
- Graber, Oleg & Jenkins-Madina, Marilyn (2003), "Islamic Art and Architecture 650-1250", The Yale University Press Pelican History of Art Series
- 深見奈緒子 (2003)『イスラーム建築の見かた：聖なる意匠の歴史』東京堂出版
- Bloom, Jonathan M. & Blair, Sheila (2009), "The Grove Encyclopedia of Islamic Art & Architecture", Oxford University Press
- 深見奈緒子 (2013)『イスラーム建築の世界史』岩波書店
- Fin Blood, Finbarr & Necipoglu, Gurlu (Eds.) (2017), "A Companion to Islamic Art and Architecture", John Wiley & Sons
- Williams, Caroline (2018), "Islamic Monuments in Cairo: The Practical Guide", Amer Univ in Cairo Pr

〈アジア〉
- Havell, E. B. (1915), " The Ancient and Medieval Architecture of India : a study of Indo-Aryan civilisation", John Murray.
- 村田治郎 (1931)『東洋建築系統史論』(建築雑誌第544-546号), 日本建築学会 (学位論文)
- 伊東忠太 (1931)『支那建築史 東洋史講座 第11巻』雄山閣
- 岸田日出刀・藤島亥治郎 (1932)『日本建築史・支那建築史』雄山閣
- 樂嘉藻 (2014)『中國建築史 復制版』上海三聯書店（原著：1933）
- 伊東忠太 (1936-1937)『第3巻 東洋建築の研究 上』『第4巻 東洋建築の研究 下』龍吟社 (伊東忠太建築文献：全6巻)
- 関野貞著・藤島亥治郎編 (1941)『朝鮮の建築と芸術』岩波書店 (新版：2005)
- Brown, Percy (1942), "Indian Architecture, Volume I: Buddhist and Hindu Periods / Volume II: Islamic Period", D.B. Tarporevala Sons & Co.
- 杉山信三 (1946)『日本朝鮮比較建築史』大八洲出版
- 藤島亥治郎 (1948)『台湾の建築』彰国社
- Rowland, Benjamin (1967), "The Art and Architecture of India: Buddhist, Hindu, Jain", (3rd edn.), Pelican History of Art, Penguin
- 藤島亥治郎 (1969)『朝鮮建築史論』景仁文化社
- Nilsson, Sten (1968), "European Architecture in India 1750-1850", Faber & Fabe
- 村田治郎 (1972)『建築学大系 改訂増補4-2：東洋建築史』彰国社
- 近藤豊 (1974)『韓国建築史図録』思文閣
- Michell, George, (1977), "The Hindu Temple : An Introduction to its Meaning and Forms", University of Chicago Press (ジョージ・ミッチェル (1993)『ヒンドゥ教の建築：ヒンドゥ寺院の意味と形態』神谷武夫訳, 鹿島出版会)
- 梁思成 (1981)『中國建築史』明文書局
- 中国建築史編集委員会編 (1981)『中国建築の歴史』田中淡訳, 平凡社
- 千原大五郎 (1982)『東南アジアのヒンドゥー・仏教建築』鹿島出版会 (Chihara, Daigoro (1996), " Hindu-Buddhist Architecture in Southeast Asia ", E.J. Brill)
- 李乾朗 (1986)『壹灣建築史』雄獅図書
- 田中淡 (1989)『中国建築史の研究』弘文堂
- 中西章 (1989)『朝鮮半島の建築』理工学社
- Tadgell, Christopher (1990), "The history of architecture in India : from the dawn of civilization to the end of the Raj", Architecture Design and Technology Press
- Dumarçay, Jacques & Smithies, Michael (1991), "The palaces of South-East Asia : architecture and customs", Oxford University Press
- Harle, James C. (1994), "The Art and Architecture of the Indian Subcontinent", 2nd edn., Yale University Press Pelican History of Art
- 蕭默 (1994)『中國建築史』文津出版社
- 日本建築学会編 (1995)『東洋建築史図集』彰国社
- Schinz, Alfred (1996), "The magic square: cities in ancient China", Edition Axel Menges
- 神谷武夫 (1996)『インドの建築』東方出版
- 神谷武夫 (1996)『インド建築案内』TOTO出版 (Kamiya, Takeo (2003), "The Guide to the Architecture of the Indian Subcontinent", Architecture Autonomous (Gerard Da Cunha), Goa)
- 尹張燮 (1997)『韓國建築史』柳沢俊彦訳, 丸善
- Waterson, Roxana (1998), "The Architecture of South-East Asia through Traveller's Eyes", Oxford University Press
- 小倉泰 (1999)『インド世界の空間構造：ヒンドゥー寺院のシンボリズム』春秋社
- 布野修司編・アジア都市建築研究会 (2003)『アジア都市建築史』昭和堂（布野修司編 (2009)『亜州城市建築史』胡恵琴・沈謡訳, 中国建築工業出版社）
- 飯島英夫 (2010)『トルコ・イスラム建築』冨山房インターナショナル
- 篠野志郎編 (2011)『Stone Arks in Oblivion：東アナトリアの歴史建築』彩流社
- 沈福煦 (2012)『中国建筑史』上海人民美術出版社
- Rujivacharakul, Vimalin; Hah, H. Hazel; Oshima, Ken Tadashi; Christensen, Peter (2013), "Architecturalized Asia : Mapping a Continent through History", Hong Kong University Press+University of Hawai'i Press
- ジラルデッリ青木美由紀 (2015)『明治の建築家伊東忠太 オスマン帝国をゆく』ウェッジ
- 川本智史 (2016)『オスマン朝宮殿の建築史』東京大学出版会

〈アメリカ〉
- 小林文次 (1954)『アメリカ建築』彰国社
- Scully, Vincent (1969) "American architecture and urbanism", Praeger (ヴィンセント・スカーリー (1973)『アメリカの建築とアーバニズム』香山寿夫訳, 鹿島研究所出版会)
- Castedo, Leopoldo & Freeman, Phyllis (1969), "A History of Latin American Art and Architecture from Pre-Columbian Times to the Present", Praeger
- Pierson, William Harvey (1970), "American Buildings and Their Architects: The Colonial and Neo-Classical Styles", Oxford University Press
- Buschiazzo, Mario José (1978), "Historia de la Arquitectura Colonial en Iberoamérica", Edición Revolucionaria
- Craig, Lois A. (1978), "The Federal Presence: Architecture, Politics, and Symbols in United States Government Building", MIT Press
- Roth, Leland M. (1979), "A Concise History of American Architecture", Harper & Row, New York
- Bayón, Damián & Marx, Murillo (1992), "History of South American colonial art and architecture : Spanish South America and Brazil", Rizzoli
- Roth, Leland M. (2001), "American Architecture : A History",

Westview Press
- Bergdoll, Barry & Museum of Modern Art (2015), "Latin America in Construction : Architecture 1955-1980", Museum of Modern Art.

〈アフリカ〉
- Davidson, Basil (1959), " The Lost Cities of Africa", Little Brown
- Hull, Richard W. (1976), "African Cities and Towns Before the European Conquest", W. W. Norton & Company
- Schwerdtfeger, Friedrich W. (1982), "Traditional Housing in African Cities : A Comparative Study of Houses in Zaria, Ibadan and Marrakech", John Wiley & Sons, New York and Chichester
- Garlake, Peter S. (2002), "Early Art and Architecture of Africa", Oxford University Press
- Coquery-Vidrovitch, Catherine (2005), "The History of African Cities South of the Sahara From the Origins to Colonization", Markus Wiener Pub
- Hess, Janet Berry (2006), "Art and Architecture in Postcolonial Africa", McFarland & Co
- Barnow, Finn (2009), "The City of the Hunter : Urban Systems and Urban Architecture in Indigenous Societies", Royal Danish Academy of Fine Arts, School of Architecture Publishers
- Demissie, Fassil (2017), "Colonial Architecture and Urbanism in Africa: Intertwined and Contested Histories", Routledge

時代別建築史 History of Architecture by Age
〈古代建築〉
- Frankfort, Henri (1954), "The Art and Architecture of the Ancient Orient", Penguin
- Smith, William Stevenson (1958), "The Art and Architecture of Ancient Egypt", Penguin Books
- 小林文次 (1959)『建築の誕生—メソポタミヤにおける古拙建築の成立と展開』相模書房
- Badway, Alexander (1966), "Architecture in Ancient Egypt and Near East", MIT press
- Stern, Philip Van Doren (1969), "Prehistoric Europe from Stone Age Man to Early Greeks", Norton
- Frankfort, Henri (1970), "The Art and Architecture of the Ancient Orient", Penguin
- Doxiadēs, Kōnstantinos Apostolos (1972), "Architectural Space in Ancient Greece", MIT Press
- Muayad Said Damerji (1973), "Die Entwicklung der Tür-und Torarchitektur in Mesopotamien", W. u. J. M. Salzer (ムアイヤッド S.B. ダメルジ (1987)『メソポタミア建築序説：門と扉の建築術』高世富夫・岡田保良編訳, 国士舘大学イラク古代文化研究所)
- Dinsmoor, William Bell (1975), "The Architecture of Ancient Greece : An Account of Its Historic Development", Norton
- Kubler, George (1975), "The Art and Architecture of Ancient America : the Mexican, Maya, and Andean Peoples", Penguin
- Willetts, R.F. (1978), "The Civilization of Ancient Crete", University of California Press
- Lloyd, Seton & Müller, Hans Wolfgang (1980), "Ancient Architecture", History of world architecture, Electa , Rizzoli
- Trump, D.H. (1980), "The Prehistory of the Mediterranean", Yale University Press
- 劉敦楨 (1984)『中国古代建築史』中国建築工業出版社
- Wolff, Walther (1989), "Early Civilizations : Egypt, Mesopotamia, the Aegean", Herbert

- 高宮いづみ (1999)『古代エジプトを発掘する』岩波書店
- 郭黛姮編・東南大学・清華大学 (1999-2003)『中国古代建築史〈1-5〉』中国建築工業出版社
- 沈福煦 (2001)『中国古代建筑文化史』上海古籍出版社
- 西本真一 (2002)『ファラオの形象—エジプト建築調査ノート』淡交社
- 潘谷西編 (2013)『中国建築史』中国建築工業出版社
- Riggs, Christina (2014), "Ancient Egyptian Art and Architecture : A Very Short Introduction", Oxford University Press
- 中川武・溝口明則共同監修 (2014)『コー・ケーとベン・メアレア アンコール広域遺跡拠点群の建築学的研究』中央公論美術出版
- 中川武・溝口明則共同監修 (2018)『プレア・ヴィヘア アンコール広域遺跡拠点群の建築学的研究2』中央公論美術出版

〈ロマネスク建築〉
- Porter, Arthur Kingsley (1912), "Mediaeval Architecture: Its Origins and Development, with Lists of Monuments and Bibliographies", Yale University Press
- Clapham, Alfred William, Sir (1936), "Romanesque Architecture in Western Europe", Clarendon Press, Oxford
- Branner, Robert (1961), "Gothic Architecture", Braziller
- Focillon, Henri (1963), "The Art of the West in the Middle Ages: Romanesque Art, Vol. 1", Bony, Jean (ed.), D.King (tr.), Phaidon (アンリ・フォション (1970)『西欧の芸術1ロマネスク』神沢栄三・長谷川太郎・高田勇・加藤邦男訳, 鹿島研究所出版会)
- Conant, Kenneth John (1966), "Carolingian and Romanesque Architecture: 800-1200", Penguin
- Saalman, Howard (1968), "Medieval Architecture: European Architecture 600-1200", Studio Vista
- Focillon, Henri (1969), "Art of the West in the Middle Ages", Phaidon
- Radding, Charles M. & Clark, William W. (1992), "Medieval Architecture, Medieval Learning: Builders and Masters in the Age of Romanesque and Gothic", Yale University Press
- Yarwood, Doreen (1992), "The Architecture of Europe, Vol.2: The Middle Ages, 650-1550", B.T. Batsford

〈ゴシック建築〉
- Frankl, Paul (1962), "Gothic Architecture", Penguin Books (パウル・フランクル (2011)『ゴシック建築大成』佐藤達生・辻本敬子・飯田喜四郎訳, 中央公論美術出版)
- Focillon, Henri (1963), "The Art of the West in the Middle Ages: Romanesque Art, Vol. 2", Bony, Jean (ed.), D.King (tr.), Phaidon (アンリ・フォション (1972)『西欧の芸術2ゴシック』神沢栄三・長谷川太郎・高田勇・加藤邦男訳, 鹿島研究所出版会)
- Deuchler, Florens (1970), "Gotik", Belser
- Gimpel, Jean (1983), "The Cathedral Builders", Salisbury
- Mark, Robert (1983), "Experiments in Gothic Structure", MIT Press
- Mark, Robert (1990), "Light, Wind and Structure: the Mystery of the Master Builders", MIT Press, (R. マーク (1991)『光と風と構造：建築デザインと構造のミステリー』飯田喜四郎訳, 鹿島出版会)

〈ルネサンス建築〉
- Frankl , Paul (1914), "Die Entwicklungsphasen der Neueren Baukunst", Teubner (パウル・フランクル (2005)『建築史の基礎概念：ルネサンスから新古典主義まで』香山壽夫・武澤秀一・宇佐見真弓・越後島研一訳, 鹿島出版会)
- Wittkower, Rudolf (1949), "Architectural Principles in the Age of

Humanism", The Warburg Institute, London（ルドルフ・ウィットカウアー（1971）『ヒューマニズム建築の源流』中森義宗訳，彰国社）
- Kaufmann, Emil (1955), "Architecture in the Age of Reason : Baroque and Post-baroque in England, Italy, and France", Harvard University Press（エミール・カウフマン（1993）『理性の時代の建築：イギリス，イタリアにおけるバロックとバロック以後』白井秀和訳，中央公論美術出版）
- Millon, Henry A. (1961), "Baroque and Rococo Architecture", Braziller
- Lowry, Bates (1962), "Renaissance Architecture", Braziller
- Vasari, Giorgio (1967), "Le Vite de' Più Eccellenti Pittori, Scultori e Architettori, vol. 1-9", Istituto Geografico de Agostini（原著：1568）（ジョルジョ・ヴァザーリ（2003）『ルネサンス彫刻家建築家列伝』森田義之監訳，白水社）
- Chastel, André (1968), "La Crise de la Renaissance, 1520-1600", Skira（アンドレ・シャステル（1999）『ルネサンスの危機：1520-1600年』小島久和訳，平凡社）
- Murray, Peter (1969), "The Architecture of the Italian Renaissance", Thames and Hudson（P. マレー（1991）『イタリア・ルネサンスの建築』長尾重武訳，鹿島出版会）
- Bruschi, Arnaldo (1977), "Bramante", Editori Laterza（アルナルド・ブルスキ（2002）『ブラマンテ：ルネサンス建築の完成者』稲川直樹訳，中央公論美術出版）
- Lotz, Wolfgang (1977), "Studies in Italian Renaissance Architecture", MIT Press（ヴォルフガング・ロッツ（2008）『イタリア・ルネサンス建築研究』飛ケ谷潤一郎訳，中央公論美術出版）
- Swaan, Wim (1977), "The Late Middle Ages: Art and Architecture from 1350 to the Advent of the Renaissance", Cornell University Press
- Benevolo, Leonardo (1978), "The Architecture of the Renaissance vo. 1-2", Westview Press London
- Blunt, Anthony (1978), "Baroque and Rococo Architecture and Decoration", Elek
- Rowe, Colin & Satkowski, Leon George (2002), "Italian Architecture of the 16th Century", Princeton Architectural Press（コーリン・ロウ，レオン・ザトコウスキ（2006）『イタリア十六世紀の建築』稲川直樹訳，六耀社）

〈植民地建築〉
- Noel, Martín S. (1926), "Fundamentos Para Una Estética Nacional : Contribución a la Historia de la Arquitectura Hispano-americana", Talleres R. Giles
- Nilsson, Sten (1968), "European Architecture in India, 1750-1850", Faber
- King, Anthony D. (1976), "Colonial Urban Development : Culture, Social Power and Environment", Routledge & Kegan Paul
- Davies, Philip (1985), "Splendours of the Raj : British Architecture in India, 1600 to 1947", John Murray Publishers Ltd
- Wright, Gwendolyn (1991), "The Politics of Design in French Colonial Urbanism", University of Chicago Press
- Home, Robert (1997), "Of Planting and Planning The making of British Colonial Cities", Taylor & Francis ロバート・ホーム（2001）『植えつけられた都市 英国植民都市の形成』布野修司・安藤正雄監訳・アジア都市建築研究会訳，京都大学学術出版会
- Guaita, Ovidio (1999), "On Distant Shores : Colonial Houses Around the World", Monacelli Press
- 布野修司編（2005）『近代世界システムと植民都市』京都大学学術出版会
- 青井哲人（2005）『植民地神社と帝国日本』吉川弘文館
- 布野修司・韓三建・朴重信・趙聖民（2010）『韓国近代都市景観の形成：日本人移住漁村と鉄道町』京都大学学術出版会
- 布野修司，ヒメネス・ベルデホ，ホアン・ラモン（2013）『グリッド都市：スペイン植民都市の起源，形成，変容，転生』京都大学学術出版会

〈近現代建築〉
- Pevsner, Nikolaus, Sir (1936), "Pioneers of the Modern Design from William Morris to Walter Gropius", Faber & Faber（ニコラス・ペヴスナー（1957）『モダン・デザインの展開：モリスからグロピウスまで』白石博三訳，みすず書房）
- Giedion, Sigfried (1941), "Space, Time and Architecture : The Growth of a New Tradition", Harvard University Press, Oxford University Press（ジークフリート・ギーディオン（1955）『空間・時間・建築〈1-2〉』太田實訳，丸善
- Zevi, Bruno (1948), "Saper Vedere l'Architettura", Giulio Einaudi editore (in Italian)（ブルーノ・ゼヴィ（1966）『空間としての建築』栗田勇訳，青銅社）
- Hitchcock, Henry-Russell (1958), "Architecture : Nineteenth and Twentieth Centuries", Penguin Books
- 中国建築科学研究院編（1959）『中国近代建築史初稿』中国建築工業出版社
- 稲垣栄三（1959）『日本の近代建築：その成立過程』丸善（1979, SD選書上下復刻，鹿島出版会）
- Banham, Reyner (1960), "Theory and Design in the First Machine Age", Architectural Press（レイナー・バンハム（1976）『第一機械時代の理論とデザイン』石原達二・増成隆士訳，鹿島出版会）
- Scully, Vincent (1961), "Modern Architecture : The Architecture of Democracy", G. Braziller（ヴィンセント・スカーリー（1972）『近代建築』長尾重武訳，鹿島研究所出版会）
- 蔵田周忠（1965）『近代建築史：国際環境における日本近代建築の史的考察』相模書房
- 村松貞次郎（1965）『日本近代建築史ノート：西洋館を建てた人々』世界書院
- Hitchcock, Henry-Russell & Johnson, Philip (1966) "The International Style", W.W. Norton（ヘンリー・ラッセル・ヒッチコック，フィリップ・ジョンソン（1978）『インターナショナル・スタイル』武澤秀一訳，鹿島出版会）
- 山本学治ほか（1968）『建築学大系 改訂増補6：近代建築史』彰国社
- 山口廣（1968）『解説・近代建築史年表：1750-1959』建築ジャーナリズム研究所
- Pevsner, Nikolaus, Sir (1968), "The Sources of Modern Architecture and Design", Thames and Hudson（ニコラウス・ペヴスナー（1976）『モダン・デザインの源泉：モリス|アール・ヌーヴォー|20世紀』小野二郎訳，美術出版社）
- Benevolo, Leonardo (1971), "History of Modern Architecture", MIT Press（レオナルド・ベネヴォロ（1978）『近代建築の歴史』武藤章訳，鹿島出版会）
- Jencks, Charles (1973), "Modern Movements in Architecture", Penguin Books (second edition)（チャールズ・ジェンクス（1976）『現代建築講義』黒川紀章訳，彰国社）
- Tafuri, Manfredo (1973), "Progetto e Utopia: Architettura e Sviluppo Capitalistico", Laterza（マンフレッド・タフーリ（1981）『建築神話の崩壊：資本主義社会の発展と計画の思想』藤井博巳・峰尾雅彦訳，彰国社）
- Whittick, Arnold (1974), "European Architecture in the 20th Century", Leonard Hill Books
- 日本建築学会編（1976）『近代建築史図集 新訂版』彰国社
- Blake, Peter (1977), "Form Follows Fiasco : Why Modern Architecture Hasn't Worked", Little, Brown（P. ブレイク（1979）『近代建築の失敗』星野郁美訳，鹿島出版会）
- 村松貞次郎・山口廣・山本学治編，近江栄ほか著（1978）『近代建築史概説』彰国社
- Curtis, William J. R. (1987), "Modern Architecture Since 1900", Phaidon Press（ウィリアム・J.R. カーティス（1990）『近代建築の系譜：1900年以後〈上/下〉』五島朋子・澤村明・末廣香織訳，鹿島出版会）
- Frampton, Kenneth (1980), "Modern Architecture : A Critical History", Thames & Hudson（ケネス・フランプトン（2003）『現代建築史』中村敏男訳，青土社）
- 汪坦・藤森照信編（1992）『中国近代建築総覧』中国建築工業出版社

- 楊秉德（1993）『中国近代都市与建築』中国建築工業出版社
- Jencks, Charles（1993），"Modern Movements in Architecture", Penguin Books（チャールズ・ジェンクス（1976）『現代建築講義』黒川紀章訳，彰国社）
- Monnier, Gérard（1996），"L'Architecture du XXe Siècle", Presses universitaires de Franc（ジェラール・モニエ（2002）『二十世紀の建築』森島勇訳，白水社）
- 大川三雄・初田亨・川向正人・吉田鋼市（1997）『図説 近代建築の系譜』彰国社
- 石田潤一郎・中川理編（1998）『近代建築史』昭和堂
- 桐敷真次郎（2001）『近代建築史』共立出版
- Stewart, David B.（2002），"The Making of a Modern Japanese Architecture, From the Founders to Shinohara and Isozaki", Kodansha International.
- 張復合（2004）『中国近代建築史研究与保護』清華大学出版社
- Curl, James Stevens（2006），"A Dictionary of Architecture and Landscape Architecture" (Paperback) (Second ed), Oxford University Press
- 頼德霖（2007）『中国近代建築史研究』清華大学出版社
- Gast, Klaus-Peter（2007），"Modern Traditions : Contemporary Architecture in India", Birkhäuser
- 本田昌昭・末包伸吾編著，岩田章吾ほか著（2009）『テキスト建築の20世紀』学芸出版社
- Ōshima, Ken Tadashi（2009），"International Architecture in Interwar Japan : Constructing Kokusai Kenchiku", University of Washington Press
- 鈴木博之編著，五十嵐太郎・横手義洋著（2010）『近代建築史 部分カラー版』市ヶ谷出版社
- 藤岡洋保著・谷口汎邦監修（2011）『近代建築史』森北出版
- 柏木博・松葉一清（2013）『デザイン／近代建築史：1851年から現代まで』鹿島出版会
- 頼德霖・伍江・徐蘇斌編（2016）『中国近代建築史（第1巻―第5巻）』中国建築工業出版社
- 中谷礼仁（2017）『実況近代建築史講義』LIXIL出版

テーマ別建築史 History of Architecture by Topics
〈建築様式・装飾・美術〉
- Winckelmann, Johann Joachim（1764），"Geschichte der Kunst des Alterthums", Walther（ヨハン・ヨアヒム・ヴィンケルマン（2001）『古代美術史』中山典夫訳，中央公論美術出版）
- Hegel, Georg Wilhelm Friedrich, Hotho, Heinrich Gustav（Hrsg.）（1835），"Vorlesungen über die Ästhetik", Verlag von Duncker und Humblot（ヘーゲル，G.W.F.（1956）『美学講義』岩波書店（ヘーゲル全集18））
- Burckhardt, Jacob（1860），"Die Kultur der Renaissance in Italien", Schweighauser（ヤーコブ・ブルクハルト（1974）『イタリア・ルネサンスの文化』（上・下）柴田治三郎訳，中央公論新社）
- Semper, Gottfried（1860,1863），"Der Stil in den technischen und tektonischen Künsten oder praktische Ästhetik", Bd.1:Verl. für Kunst und Wissenschaft, Bd.2:Bruckmann（参照＝大倉三郎（1992）『ゴットフリート・ゼムパーの建築論的研究 近世におけるその位置と前後の影響について』中央公論美術出版）
- Viollet-le-Duc, Eugène Emmanuel（1863,72），"Entretiens sur l'architecture"（E.E.ヴィオレ・ル・デュク（1986）『建築講話』飯田喜四郎訳，中央公論美術出版）
- Wölfflin, Heinrich（1888），"Renaissance und Barock", Bruckmann（ハインリヒ・ヴェルフリン（1993）『ルネサンスとバロック』上松佑二訳，中央公論美術出版）
- Riegl, Alois（1893），"Stilfragen : Grundlegungen zu einer Geschichte der Ornamentik", Georg Siemens（アロイス・リーグル（1970）『美術様式論：装飾史の基本問題』長広敏雄訳，岩崎美術社）
- Worringer, Wilhelm（1908），"Abstraktion und Einfühlung", Piper（ヴィルヘルム・ヴォリンガー（1953）『抽象と感情移入』草薙正夫訳，岩波書店）
- Loos, Adolf（1908），"Ornament und Verbrechen", Herold（アドルフ・ロース（2011）『装飾と犯罪』伊藤哲夫訳，中央公論美術出版）
- Pevsner, Nikolaus（1972），"Some Architectural Writers Of The Nineteenth Century", Clarendon Press（ニコラウス・ペヴスナー（2016）『十九世紀の建築著述家たち』吉田鋼市訳，中央公論美術出版）
- 加藤邦男・香山壽夫・横山正・前川道郎・福田晴虔・池原義郎・入江正之・廣部達也・湯澤正信（1985）『新建築学大系6 建築造形論』彰国社
- Duncan, Alastair（1988），"Art déco". Thames & Hudson.（アラステア・ダンカン（1991）『アール・デコ』関根秀一訳，洋販出版，1991）
- Duncan, Alastair（2009），"Art Deco Complete: The Definitive Guide to the Decorative Arts of the 1920s and 1930s", Abrams.
- 吉田鋼市（2010）『図説アール・デコ建築 ―グローバル・モダンの力と誇り』河出書房新社

〈建築技術〉
- Straub, Hans（1949），"Die Geschichte der Bauingenieurkunst : ein Überblick von der Antike bis in die Neuzeit", Birkhäuser（ハンス・シュトラウブ（1976）『建設技術史：工学的造技術への発達』藤本一郎訳，鹿島出版会）
- De Zurko, Edward Robert（1957），"Origins of Functionalist Theory", Columbia University Press（エドワード・R.デ・ザーコ（1972）『機能主義理論の系譜』山本学治・稲葉武司訳，鹿島研究所出版会）
- Davey, Norman（1961），"A History of Building Materials", Phoenix House（N.デヴィー（1969）『建築材料の歴史』山田幸一訳，工業調査会）
- Allsopp, Bruce（1970），"The Study of Architectural History", Praeger
- Mainstone, Rowland（1975），"Developments in Structural Form", MIT Press（ローランド・J・メインストン（1984）『構造とその形態』山本学治・三上祐三訳，彰国社）
- 村松貞次郎（1976）『日本近代建築技術史』彰国社
- 伊藤延男・岡田英男・樋口清治・浜島正士・服部文雄（1999）『新建築学大系50：歴史的建造物の保存』彰国社
- Balcombe, George（1985），"History of Building : Styles, Methods, and Materials", Batsford Academic and Educational
- 若山滋・TEM研究所（1986）『世界の建築術：人はいかに建築してきたか』彰国社
- 高橋裕（1990）『現代日本土木史』彰国社
- Elliott, Cecil D.（1992），"Technics and Architecture : The Development of Materials and Systems for Buildings", MIT Press
- Adam, Jean Pierre & Mathews, Anthony（1994），"Roman Building : Materials and Techniques", Indiana University Press
- 斎藤公男（2003）『空間構造物語：ストラクチュラル・デザインのゆくえ』彰国社
- 鈴木博之ほか編（2005）『材料・生産の近代（シリーズ都市・建築・歴史，9）』東京大学出版会
- Pryce, Will（2005），"Architecture in Wood : A World History", Thames & Hudson（ウィル・プライス（2005）『世界の木造建築』郷司陽子・五郎谷洋子・バベル訳，グラフィック社）
- 斎藤公男（2011）『新しい建築のみかた』エクスナレッジ
- 中川武監修（2013）『木砕之注文』中央公論美術出版

〈建築類型〉
- Durand, Jean-Nicolas-Louis（1801），"Recueil et Parallèle des Édifices de Tout Genre Anciens et Modernes Tome 1-2", chez l'auteur, Hachette Livre BNF（1799-1800）（長尾重武編（1996）『デュラン比較建築図集』玲風書房）
- Durand, Jean-Nicolas-Louis（1802），"Précis des Leçons

d'Architecture Données à l'École Polytechnique", A Paris (1819, Verlag Dr. Alfons Uhl)
● Hamlin, Talbot & Arnaud, Leopold (1952), "Forms and Functions of Twentieth-century Architecture", Columbia University Press
● McKay, Alexander Gordon (1975), "Houses, Villas, and Palaces in the Roman World", Cornell University Press
● Pevsner, Nikolaus (1976), " A History of Building Types", Thames and Hudson（ニコラウス・ペヴスナー（2014-2015）『建築タイプの歴史』越野武訳，中央公論美術出版）
● Forsyth, Alastair (1982), "Buildings for the Age : New Building Types, 1900-1939", H.M.S.O. : Royal Commission on Historical Monuments England
● Geist, Johann Friedrich (1983), "Arcades, the History of a Building Type", MIT Press
● Markus, Thomas A. (1993), "Buildings & Power : Freedom and Control in the Origin of Modern Building Types", Routledge
● Michell, George (1994), "The Royal Palaces of India", Thames and Hudson
● Thurley, Simon & Cook, Alan (1999), " Whitehall Palace : An Architectural History of the Royal Apartments, 1240-1698", Yale University Press
● Campi, Mario (2000), "Skyscrapers : An Architectural Type of Modern Urbanism", Birkhäuser
● Riding, Christine & Riding, Jacqueline (2000), "The Houses of Parliament : History, Art, Architecture", Merrell

〈都市・都市住居〉
● Ucko, Peter J.; Tringham, Ruth; Dimbleby, G. W. (eds.) (1972), "Man, Settlement and Urbanism", Duckworth
● Helen Rosenau (1972), "The Ideal City : Its Architectural Evolution in Europe", Harper & Row（ヘレン・ロウズナウ（1979）『理想都市：その建築的展開』理想都市研究会訳，鹿島出版会）
● Benevolo, Leonardo (1975), "Storia Della Città", Editori Laterza（レオナルド・ベネーヴォロ（1983）『図説・都市の世界史』全4巻，佐野敬彦・林寛治訳，相模書房）
● 布野修司（1991）『カンポンの世界：ジャワの庶民住居誌』PARCO出版局
● Kostof, Spiro (1991), "The City Shaped : Urban Patterns and Meanings Through History", Thames and Hudson
● Kostof, Spiro (1992), "The City Assembled : Elements of Urban Form through History", Thames and Hudson
● 都市史図集編纂委員会編（曽根幸一・布野修司他）（1999）『都市史図集』彰国社
● 布野修司（2006）『曼荼羅都市：ヒンドゥー都市の空間理念とその変容』京都大学学術出版会
● 布野修司・山根周（2008）『ムガル都市：イスラーム都市の空間変容』京都大学学術出版会
● 布野修司（2015）『大元都市：中国都城の理念と空間構造』京都大学学術出版会

〈ヴァナキュラー建築〉
● Rudofsky, Bernard (1964), "Architecture without Architects : A Short Introduction to Non-pedigreed Architecture", Doubleday & Company（バーナード・ルドフスキー（1984）『建築家なしの建築』渡辺武信訳，鹿島出版会）
● Rapoport, Amos (1969), "House Form and Culture", Engelwood Cliffs, Prentice-Hall（A. ラポポート（1987）『住まいと文化』山本正三・佐々木史郎・大嶽幸彦訳，大明堂）
● Oliver, Paul (ed.) (1969), "Shelter and Society", Barrie & Rockliff:Cresset Press
● 泉靖一編（1971）『住まいの原型Ⅰ』鹿島研究所出版会
● 石毛直道（1971）『住居空間の人類学』鹿島研究所出版会
● 吉阪隆正ほか（1973）『住まいの原型Ⅱ』鹿島研究所出版会
● Oliver, Paul (ed.) (1975), "Shelter Sign and Symbol", Barrie & Jenkins
● Rudofsky, Bernard (1977), "The Prodigious Builders : Notes toward a Natural History of Architecture with Special Regard to Those Species That Are Traditionally Neglected or Downright Ignored", Secker and Warburg（バーナード・ルドフスキー（1981）『驚異の工匠たち』渡辺武信訳，鹿島出版会）
● Duly, Colin (1979), "The Houses of Mankind", Thames and Hudson
● Schoenauer, Norbert (1981), "6000 Years of Housing: The Pre-Urban House, Vol.1-3", Garland STPM Press（ノーバート・ショウナワー（1985）『先都市時代の住居』三村浩史監訳，彰国社）
● 布野修司他（1982）『地域の生態系に基づく住居システムに関する研究（Ⅰ）』住宅総合研究財団
● Rapoport, Amos (1982), "The Meaning of the Built Environment : A Nonverbal Communication Approach", Sage Publications（エイモス・ラポポート（2006）『構築環境の意味を読む』花里俊廣訳，彰国社）
● 太田邦夫（1985）『ヨーロッパの木造建築』講談社
● Oliver, Paul (1987), "Dwellings : The House Across the World", Phaidon
● 太田邦夫（1988）『東ヨーロッパの木造建築：架構形式の比較研究』相模書房
● Waterson, Roxana (1990), "The living house : an anthropology of architecture in South-East Asia", Oxford University Press（ロクサーナ・ウォータソン（1997）『生きている住まい：東南アジア建築人類学』布野修司監訳，学芸出版社）
● 布野修司他（1991）『地域の生態系に基づく住居システムに関する研究（Ⅱ）』住宅総合研究財団
● 太田邦夫（1992）『ヨーロッパの木造住宅』駸々堂出版
● Oliver, Paul (ed.) (1997), "Encyclopedia of Vernacular Architecture of the World", Cambridge University Press
● 布野修司（1997）『住まいの夢と夢の住まい：アジア住居論』朝日新聞社
● Steen, Athena Swentzell; Steen, Bill; Komatsu, Eiko; Komatsu, Yoshio (2003), "Built by Hand : Vernacular Buildings Around the World", Gibbs Smith.
● Oliver, Paul (2003), "Dwellings : The Vernacular House World Wide", Phaidon（ポール・オリバー（2004）『世界の住文化図鑑』，藤井明監訳，東洋書林）
● 布野修司編（2005）『世界住居誌』昭和堂（布野修司編（2010）『世界住居』胡恵琴訳，中国建築工業出版社）
● 太田邦夫（2015）『木のヨーロッパ：建築とまち歩きの事典』彰国社
● 中谷礼仁（2017）『動く大地、住まいのかたち プレート境界を旅する』岩波書店
● 布野修司，田中麻里，ナウィット・オンサワンチャイ，チャンタニー・チランタナット（2017）『東南アジアの住居：その起源・伝播・類型・変容』京都大学学術出版会

〈建築書・建築理論〉
● Pollio, Marcus Vitruvius（30〜23BCE）, " De Architectura (Ten Books of Architecture)"（森田慶一訳註（1969）『ウィトルーウィウス建築書』東海大学出版会（ウィトルーウィウス（1943）『建築書』森田慶一訳，生活社））
● Arberti, Leon Battista (1485), "De Re Aedificatoria"（レオン・バッティスタ・アルベルティ（1982）『建築論』相川浩訳，中央公論美術出版）
● Serlio, Sebastiano (1537), "Regole Generali d'Architettura"（Serlio, Sebastiano, Hart, Vaughan, Hicks, Peter (1996), "Books I-V of "Tutte l'Opere d'Architettura et Prospetiva"", Yale University Press）
● Vignola, Giacomo Barozzio (1562), "Regole delli Cinque Ordini d'Architettura"（Vignola, Giacomo Barozzio & Ware, William R. (1905), "The

参考文献

● Five Orders, The American Vignola Part 1", (4th edn.), International Textbook．ジャコモ・バロッツィ・ダ・ヴィニョーラ（1984）『建築の五つのオーダー』長尾重武編，中央公論美術出版）

● Palladio, Andrea (1570), "I Quattro Libri dell'Architettura", Dominico de' Franceschi（桐敷真次郎編著（1986）『パラーディオ「建築四書」注解』，中央公論美術出版）

● Fischer von Erlach, Johann Bernhard(1721), "Entwurff einer historischen Architektur"（中村恵三編著（1995）『フィッチャー・フォン・エルラッハ「歴史的建築の構想」注解』中央公論美術出版）

● Laugier, Marc-Antoine (1753), "Essai sur l'architecture", Chez Duchesne（マルク・アントワーヌ・ロジエ（1986）『建築試論』三宅理一訳，中央公論美術出版）

● Ledoux, Claude Nicolas (1804), "L'Architecture Considérée sous le Rapport de l'Art, des Mœurs et de la Législation", Chez L'auteur（白井秀和編著（1993-1994）『ルドゥー「建築論」註解〈1-2〉』中央公論美術出版）

● Durand, Jean-Nicolas-Louis (1809), "Précis des Leçons d'Architecture Données à l'École Royale Polytechnique", Chez L'auteur（ジャン・ニコラ・ルイ・デュラン（2014）『ジャン・ニコラ・ルイ・デュラン建築講義要録』丹羽和彦・飯田喜四郎訳，中央公論美術出版）

● Ruskin, John (1849), "The Seven Lamps of Architecture", John Wiley（ジョン・ラスキン（1930）『建築の七灯』高橋松川訳，岩波書店）（ジョン・ラスキン（1997）『建築の七燈』杉山真紀子訳，鹿島出版会）

● Gottfried Semper (1851), "Die vier Elemente der Baukunst : Ein Beitrag zur Vergleichenden Baukunde", F. Vieweg（河田智成編訳（2016）『ゼンパーからフィードラーへ』（ゴットフリート・ゼンパー『建築芸術の四要素：比較建築学への寄与』中央公論美術出版）

● Ruskin, John (1851-1853), "The Stones of Venice", Smith, Elder（ジョン・ラスキン（1994-1996）『ヴェネツィアの石〈1-3〉』福田晴虔訳，中央公論美術出版）

● Viollet-le-Duc, Eugène-Emmanuel (1875), "Discourses on Architecture", Henry Van Brunt (tr.), J.R. Osgood（原著：Viollet-le-Duc, Eugène-Emmanuel (1863-72), "Entretiens sur l'Architecture, Vol. 1-2"）（E.E.ヴィオレ=ル=デュック（1986）『建築講話 第1巻』飯田喜四郎訳，中央公論美術出版）

● Konrad Fiedler (1878), "Bemerkungen über Wesen und Geschichte der Baukunst", K. Vochlatko（河田智成編訳（2016）『ゼンパーからフィードラーへ』（コンラート・フィードラー『建築芸術の本質と歴史』中央公論美術出版）

● Choisy, Auguste (1899), "Histoire de l'Architecture", Gauthier Villars（オーギュスト・ショワジー（2008）『建築史〈上／下〉』桐敷真次郎訳，中央公論美術出版）

● Heinrich Wölfflin (1915), "Kunstgeschichtliche Grundbegriffe : Das Problem der Stilentwicklung in der Neueren Kunst", F Bruckmann（ヴェルフリン（1936）『美術史の基礎概念：近世美術に於ける様式發展の問題』守屋謙二訳，岩波書店）

● Le Corbusier (1923), "Vers une Architecture", G. Crès（ル・コルビュジエ（1967）『建築をめざして』吉阪隆正訳，鹿島出版会）

● Taut, Bruno (1938), "Mimarî Bilgisi", Güzel Sanatlar Akad（ブルーノ・タウト（2015）『タウト建築論講義』沢良子監訳・落合桃子訳，鹿島出版会）

● Kubler, George (1962), "The Shape of Time : Remarks on the History of Things", Yale University Press（ジョージ・クブラー（2018）『時のかたち：事物の歴史をめぐって』中谷礼仁・田中伸幸訳，鹿島出版会）

● Ackerman, James S. (1966), "Palladio", Penguin（ジェームズ・S・アッカーマン（1979）『パッラーディオの建築』中森義宗訳，彰国社）

● Venturi, Robert (1966), " Complexity and Contradiction in Architecture", Museum of Modern Art（ロバート・ヴェンチューリ（1969）『建築の複合と対立』松下一之訳，美術出版社）（R. ヴェンチューリ（1982）『建築の多様性と対立性』伊藤公文訳，鹿島出版会）

● Bertotti Scamozzi, Ottavio (ed.) (1968), "Le Fabbriche e i Disegni di Andrea Palladio", A. Tiranti（オッタヴィオ・ベルトッティ・スカモッツィ（1994）『パラディオ図面集』長尾重武訳，中央公論美術出版）（ベルトッティ・スカモッツィ（1998）『アンドレア・パラーディオの建築と図面 解説』桐敷真次郎訳，本の友社）

● 竹島卓一（1970）『営造方式の研究〈1-3〉』中央公論美術出版

● 伊藤要太郎（1971）『匠明』『匠明五巻考』鹿島出版会

● Taut, Bruno (1977), "Architekturlehre", VSA（ブルーノ・タウト（1974）『建築とは何か』篠田英雄訳，鹿島出版会）

● Watkin, David (1977), "Morality and Architecture : The Development of a Theme in Architectural History and Theory from the Gothic Revival to the Modern Movement", Clarendon Press（D. ワトキン（1981）『モラリティと建築：ゴシック・リヴァイヴァルから近代建築運動に至るまでの，建築史学と建築理論における主題の展開』榎本弘之訳，鹿島出版会）

● Koolhaas, Rem (1978), "Delirious New York : A Retroactive Manifesto for Manhattan", Oxford University Press（レム・コールハース（1995）『錯乱のニューヨーク』鈴木圭介訳，筑摩書房）

● Acharya, P. Kumar (1979), "Manasara on Architecture and Sculpture : Sanskrit Text with Critical Notes", Oriental Books Reprint

● Gombrich, Ernst Hans (1979), "The Sense of Order : A Study in the Psychology of Decorative Art", Phaidon（E.H.ゴンブリッチ（1989）『装飾芸術論：装飾芸術の心理学的研究』白石和也訳，岩崎美術社）

● Kruft, Hanno-Walter (1985), "Geschichte der Architekturtheorie : Von der Antike bis zur Gegenwart", C.H.Beck（ハンノ=ヴァルター・クルフト（2009）『建築論全史：古代から現代までの建築論事典』竺覚暁訳，中央公論美術出版）

● Mallgrave, Harry Francis (2005), "Modern Architectural Theory : A Historical Survey, 1673-1968", Cambridge University Press（ハリー・フランシス・マルグレイヴ（2016）『近代建築理論全史1673-1968』加藤耕一監訳，丸善出版）

● Mallgrave, Harry Francis & Goodman, David (2011), "An Introduction to Architectural Theory : 1968 to the Present", Wiley-Blackwell（ハリー・フランシス・マルグレイヴ，デイヴィッド・グッドマン（2018）『現代建築理論序説：1968年以降の系譜』澤岡清秀監訳，鹿島出版会）

● 中谷礼仁（2011）『セヴェラルネス＋ 事物連鎖と都市・建築・人間』鹿島出版会

〈建築家・職能・団体〉

● Carpenter, Rhys (1970), "The Architects of the Parthenon", Penguin（R. カーペンター（1977）『パルテノンの建築家たち』松島道也訳，鹿島出版会）

● Harvey, John (1972), "The Medieval Architect", Wayland（ジョン・ハーヴェー（1986）『中世の職人I：建築の世界』森岡敬一郎訳，原書房）

● Kostof, Spiro (ed.) (1977), "The Architect : Chapters in the History of the Profession", Oxford University Press, University of California Press（スピロ・コストフ編（1981）『建築家：職能の歴史』槇文彦監訳，日経マグロウヒル社）

● Coulton, J.J. (1977), "Ancient Greek Architects at Work : Problems of Structure and Design", Cornell University Press

● Rykwert, Joseph (1980), "The First Moderns : The Architects of the Eighteenth Century", MIT Press

● Colvin, Howard Montagu (1997), "A Biographical Dictionary of British Architects, 1600-1840", J. Murray

アジア・オセアニア

日本
❶青森
❷佐賀
❸大阪
❹奈良
❺京都
❻鳥取
❼兵庫
❽岩手
❾広島
❿岡山
⓫滋賀
⓬栃木
⓭島根
⓮長崎
⓯群馬
⓰東京
⓱宮城
⓲石川

韓国
❶慶北慶州
❷全北益山
❸慶北安東
❹慶北栄州
❺忠南礼山
❻慶南陜川
❼忠北報恩
❽ソウル
❾水原

中国
❶河南鄭州
❷陝西西安
❸甘粛敦煌
❹山西大同
❺河南登封
❻山東歴城
❼山西五台
❽天津薊県
❾河北正定
❿山西応県
⓫河北保定
⓬福建泉州
⓭北京
⓮マカオ
⓯遼寧瀋陽
⓰チベット・ラサ
⓱上海
⓲江蘇蘇州
⓳香港
⓴浙江寧波

カザフスタン
❶テュルキスタン

ウズベキスタン
❶サマルカンド

トルクメニスタン
❶マリ

インドネシア
❶ボロブドゥール
❷プランバナン
❸ジャカルタ
❹スラバヤ

フィリピン
❶マニラ

カンボジア
❶シェムリアップ近郊
❷プレアヴィヒア

タイ
❶アユタヤ

ベトナム
❶クアンナム

ラオス
❶チャンパーサック

ネパール
❶カトマンズ

バングラデシュ
❶ダッカ

ミャンマー
❶ピュー

インド
❶サーンチー
❷カールリー
❸アジャンター
❹エレファンタ島
❺ナーランダ
❻ブッダガヤー
❼ワーラーナシー
❽マハーバリプラム
❾カーンチープラム
❿ハンピ
⓫エローラ
⓬アブハネリ
⓭カジュラーホー
⓮タンジャーヴール
⓯パタン
⓰デリー
⓱コナーラク
⓲グルバルガ
⓳クルヌール
⓴バッタダカル
㉑ラーナクプル
㉒コチ
㉓アーグラ
㉔ゴア
㉕ビジャープル
㉖マドゥライ
㉗アムリトサル
㉘ジャイプル
㉙チェンナイ
㉚ムンバイ
㉛チャンディガール

スリランカ
❶ダンブッラ

パキスタン
❶モヘンジョ・ダロ
❷タキシラ
❸タフテ・バヒー
❹ラホール

アフガニスタン
❶バーミヤーン
❷ジャーム

イラン
❶チョガ・ザンビール
❷ペルセポリス
❸タカブ
❹ダームガーン
❺イスファハン
❻ゴンバデ・カブス
❼マク
❽アルダビール
❾テヘラン

イラク
❶ウルク
❷ナーシリーヤ近郊
❸モースル
❹バグダート近郊
❺モースル南西
❻サッマラー

シリア
❶アレッポ北西
❷アレッポ
❸ダマスカス

レバノン
❶ビブロス
❷スール（ティール）
❸バールベック
❹アンジャル

イスラエル
❶エルサレム
❷マサダ
❸パレスチナ・ベツレヘム

ヨルダン
❶ペトラ
❷アムラ

サウジアラビア
❶マダイン・サーレハ（アル＝ヒジュル）
❷メッカ
❸メディナ

オマーン
❶バハラ

イエメン
❶サナア

トルコ
❶ハットゥーシャ
❷ミレトス
❸ギョレメ
❹エフェソス
❺イスタンブール
❻ディヴリーイ
❼エディルネ

オーストラリア
❶メルボルン
❷シドニー

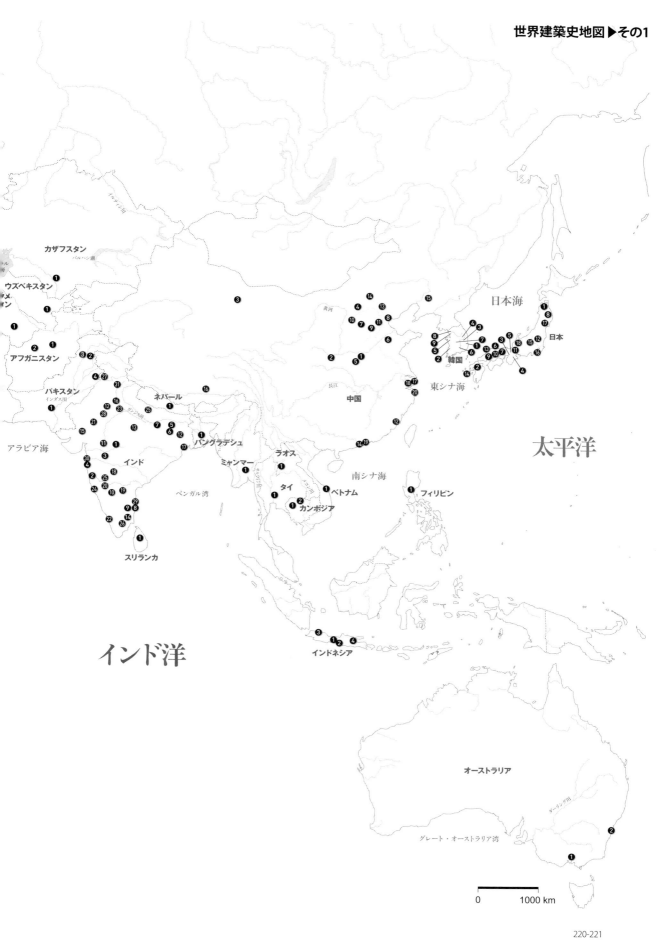
世界建築史地図▶その1

南北アメリカ・アフリカ

カナダ
❶ケベック・シティー
❷モントリオール

アメリカ
❶タオス
❷ボストン
❸シカゴ
❹スプリングフィールド
❺ニューヨーク
❻フィラデルフィア
❼サンフランシスコ近郊
❽フォートワース
❾シアトル

メキシコ
❶ビヤエルモサ
❷オアハカ
❸メキシコシティ
❹パレンケ
❺パパントラ
❻チチェン・イッツァ
❼グアダラハラ

ニカラグア
❶レオン

ホンジュラス
❶ホンジュラス西部

ベネズエラ
❶リベルタドル

ペルー
❶ペルー中部ワリ
❷ナスカ
❸トルヒーヨ
❹クスコ

ブラジル
❶リオデジャネイロ
❷ベリオリゾンデ
❸ブラジリア

ボリビア
❶サンタクルス

エジプト
❶サッカラ
❷ギザ
❸ルクソール
❹アスワン
❺ソハーグ
❻カイロ

リビア
❶キュレネ
❷フムス
❸サブラータ

チュニジア
❶エル・ジェム
❷ケルアン

アルジェリア
❶ジェラミ
❷ティムガット

モロッコ
❶ヴォルビリス
❷マラケシュ
❸フェス

マリ
❶トンブクトゥ
❷ガオ
❸ジェンネ

セネガル+ガンビア
❶セネガンビア

エチオピア
❶ラリベラ

ウガンダ
❶カンパラ

マダガスカル
❶アンタナナリボ近郊

モーリシャス
❶ポートルイス

南アフリカ
❶プレトリア

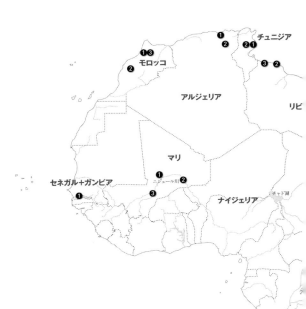

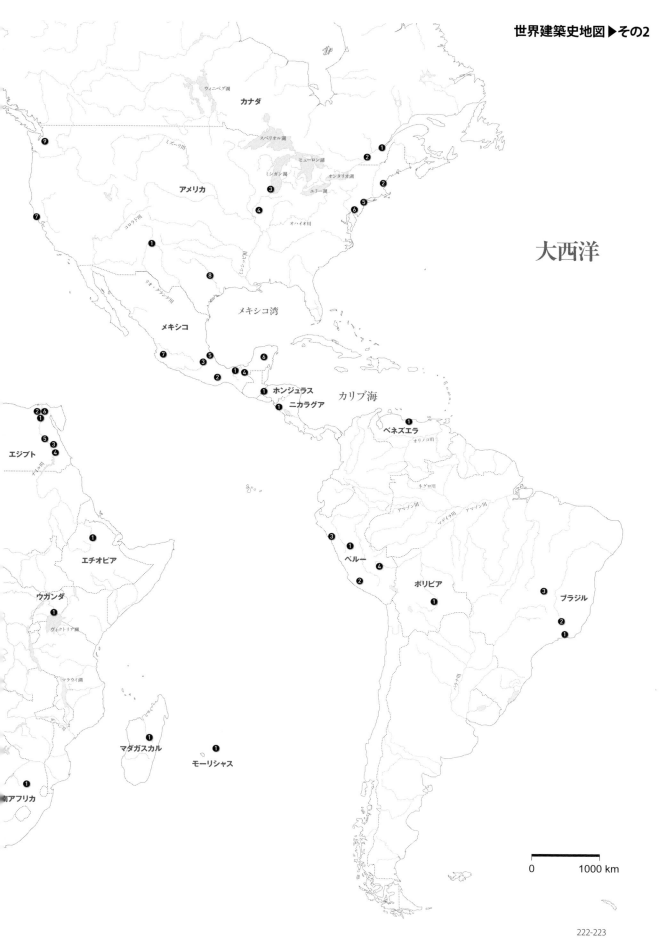

世界建築史地図▶その2

ヨーロッパ

ギリシャ
❶クレタ島
❷アルゴス＝ミキネス
❸アテネ
❹エピダウロス
❺テッサロニキ
❻ヒオス島

マルタ
❶マルタ島

イタリア（ヴァチカン含む）
❶ローマ
❷ルッカ
❸ラヴェンナ
❹ヴェネツィア
❺ピサ
❻フィレンツェ
❼シエナ
❽ミラノ
❾マントヴァ
❿ヴィチェンツァ郊外
⓫ヴァチカン
⓬ヴェローナ

スペイン
❶コルドバ
❷オビエド
❸セビリア
❹タラゴナ郊外
❺バルセロナ
❻ブルゴス
❼グアダルーペ
❽グラナダ
❾マドリッド郊外
❿メリダ
⓫ビルバオ

ポルトガル
❶アルコバッサ
❷トマール
❸バターリャ
❹リスボン
❺ポルト

フランス
❶オランジュ
❷ニーム近郊
❸アルル
❹パリ
❺シャルトル
❻フォントネー
❼ストラスブール
❽ブールジュ
❾ヴェズレー
❿アミアン
⓫ランス
⓬ル・トロネ
⓭シャンボール
⓮アル＝ケースナン
⓯マルセイユ
⓰ル・アーヴル
⓱メス

イギリス（および北アイルランド）
❶ソールズベリー
❷カンタベリー
❸ダラム
❹ロンドン
❺ノッティンガム
❻チェスターフィールド
❼ブライトン
❽オックスフォード
❾ブロックハンプトン

ドイツ
❶トーリア
❷アーヘン
❸ロルシュ
❹ヒルデスハイム
❺シュパイヤー
❻ナウムブルク
❼バンベルク
❽マウルブロン
❾ケルン
❿ウルム
⓫ブレーメン
⓬ドレスデン
⓭ネレスハイム
⓮ポツダム
⓯ヴィース
⓰ベルリン
⓱ミュンヘン
⓲ヴュルツブルク
⓳フェルクリンゲン
⓴アールフェルト
㉑デッサウ
㉒ハンブルク
㉓ヴァイゼンホーフ
㉔シュトゥットガルト

オランダ
❶アムステルダム
❷ロッテルダム
❸レンメル
❹ユトレヒト

オーストリア
❶ウィーン
❷グラーツ

ハンガリー
❶パンノンハルマ
❷ブダペスト

ベルギー
❶トゥルネー
❷ブリュッセル

スイス
❶ザンクト・ガレン
❷ミュスタイア
❸スンヴィッツ
❹ローザンヌ

チェコ
❶クトナー・ホラ
❷ゼレナー・ホラ
❸ブルノ
❹プラハ

スロバキア
❶ジェフラ

ポーランド
❶ヴロツワフ

アルメニア
❶エチミアジン
❷ハフパット
❸ガルニ近郊

アゼルバイジャン
❶バクー

ルーマニア
❶ホレズ

セルビア
❶クラリエボ近郊
❷ノビ・バザル

ブルガリア
❶リラ
❷ソフィア郊外

クロアチア
❶スプリト
❷ポレッチ
❸シベニク

リトアニア
❶ヴィリニュス

ベラルーシ
❶ミール
❷ネスヴィジ

ウクライナ
❶セヴァストポリ近郊
❷キエフ

ロシア
❶モスクワ
❷キジ島

デンマーク
❶コペンハーゲン

ノルウェー
❶ウルネス
❷ベルゲン
❸オスロ

スウェーデン
❶エンゲルスバーリ
❷ストックホルム
❸セルヴェスボリ

フィンランド
❶ヘルシンキ

世界建築史地図▶その3

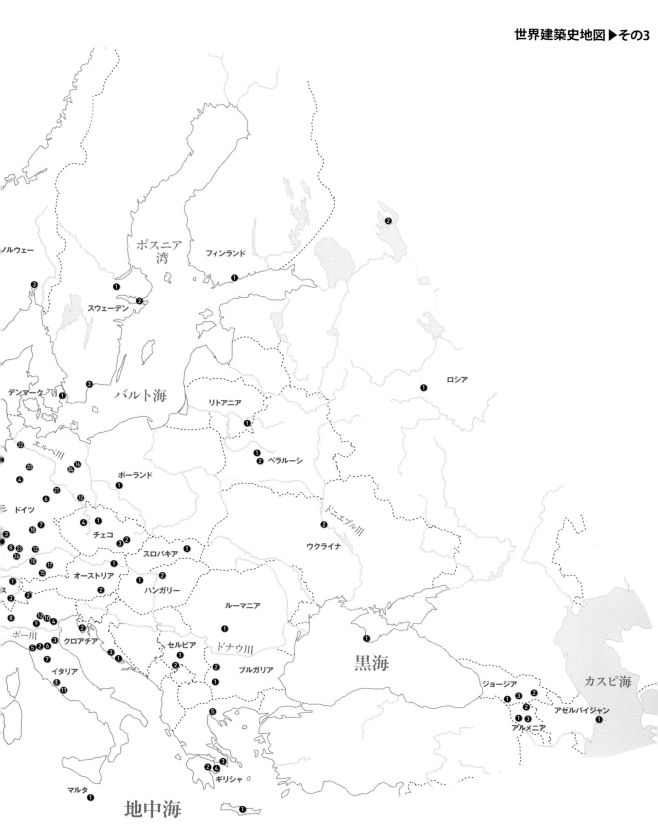

索 引

[年表写真クレジット]
その1
藍谷鋼一郎（落水荘、キンベル美術館、シーグラムビル）／ Adam Jones（ラリベラの岩窟教会群）
その2
Carla Hufstedler（ショーヴェ洞窟画）／ Stefan Kühn（ストーンヘンジ）／ P. Pétrequin, Centre de la Recherches Archeologique de la Vallée de l'Ain（杭上住居）／ Guido Radig（アルルの円形競技場）／ Beko（エチミアジン大聖堂）／ Roland Zumbühl of Picswiss（ザンクト・ガレン修道院）／ Florian Hannemann（ブレーメン市庁舎）／ Рустам Абдрахимов（クレムリン）／ Luc Viatour（ブリュッセル市庁舎）／ 藍谷鋼一郎（チジックハウス、ポンピドー・センター）／ Laban66（キジ島）／ Schubbay（フィアツェーンハイリゲン巡礼聖堂）／ Ondřej Žváček（ブランデンブルク門／森の墓地（鈴木敏彦）
※上記以外は本書の著者による。

▶人名編

あ

アヴェルリーノ, A…198
アショーカ王…18、108、116、117、118、119
アッパース、シャー…205
アバディ、ポール…56
アラップ、O…159
アルベルティ、レオン・バッティスタ…88、91、92、139、188、198、207
アレグザンダー、クリストファー…58、59、61
イクティノス…196
石本喜久治…63
磯崎新…64、65
伊藤毅…183
伊東忠太…10、11、12、24、51、52、53
伊東豊雄…65
イムホテップ…204
ヴァイス、G…159
ヴァインブレンナー, F…202
ヴァグナー、O…203
ヴァザーリ、ジョルジョ…82、207
ヴァン・ド・ヴェルド、H…203
ヴィオレ＝ル＝デュク…55、56、61、140
ヴィディヤダール…180
ウィトルウィウス…36、38、39、79、83、84、90、91、92、93、196、197、199、206
ヴィニョーラ、ジャコモ・バロッツィア・ダ…36、82、199
ヴィンケルマン、ヨハン・ヨアヒム…139
ウェア、I…199
ウェイクフィールド、E.G…43

上原敬二…53
ヴェラスカ、トッレ…166
ヴェルフリン…145
ヴェンチューリ、ロバート…58、59、167、203
ヴォーバン…43、208
ウォーホール、アンディ…59
ウッツォン…160
ウッド父子、ジョン…188
宇文凱…206、207
也黒迭児（エケデル）…207
野速不花（エスブカ）…207
エネビック、F…159
エレーラ、ファン・デ…177
エンリケ航海王…42
オーウェン、ロバート…174、175
大江新太郎…53
オクヌール、ヴィラール・ド…198
オットー、F…157、160

か

カーネギー、アンドリュー…9
ガウタマ・シッダールタ…107
ガウディ、A…154
郭茂林…167
鹿島守之助…167
カスティリオーネ、G…207
カピトン…196
カブラル、A…41
ガリレイ、ガリレオ…157
ギーディオン、ジークフリート…144
菊竹清訓…64
ギドーニ、E…67
キャンデラ、F…160
キャンベル、C…199
キュービット、L…159
キロガ、ヴァスコ・デ…44
グァリーニ、G…199
グウィルト、J…202
グートキント、エルヴィン・A…144
クラム、ラルフ・アダムス…62
黒川紀章…64
グロピウス、ヴァルター…144、203
ゲーテ、J.W.v.…202
玄奘…109
神代雄一郎…64、167
コールハウス、レム…8、59、203
コスター、L…160
ゴダン、ジャン・バティスタ…175
後藤慶二…63
コルドモワ、J.-L.d…201
コルベール、J.-B…199、208
コロン、クリストバル…40、75
コロンナ、フランチェスコ…92
コンシデラン…175
コンタマン、V…158
コンドル、ジョサイア…62、63、150
ゴンブリッチ、エルンスト…143

さ

サーリネン、E…160
坂倉準三…63
サリヴァン、L…162
ジェンクス、チャールズ…145
シナン、M…206
篠原一男…65
清水喜助…62
下田菊太郎…151
シモン、サン…174
シャフツベリー…43
シャンブレー、R.F.d…199
シュート、J…207
シュペア、アルベルト…60、205
シュマルゾー、アウグスト…144
シュライヒ、J…161
ジョーンズ、I…199、207
ジョーンズ、イニゴ…188
ショウジー、オギュスト…15、54、

...56
ジョンソン、フィリップ…145
白井晟一…65
シンケル、カール・フリードリヒ…142
スィナン…101
スコット、G.G…46
スダッタ…109
スチュアート、J…140
スティーヴンス、フレデリック・ウィリアム…57
ステヴィン、S…43、207
角南隆…53
清家清…64
セヴェルス…206
関野貞…24
関野克…25
セルリオ、セバスティアーノ…82、92、199、207
ゼンパー、ゴットフリート…55、142

た
ダ・ヴィンチ…206
タウト、ブルーノ…63、203
丹下健三…63、64、160、163、181
ダンスJr.、ジョージ…208
チェンバース、W…199
チザム、R.F…46
重源…148
坪井善勝…160
ディターリン、W…199
デュラン、J.-N…202
ドゥルーズ…57
トランブル、ロバート…167
トロハ、E…159
ドロルム、フィリベール…92、199

な
ニーチェ…205
ニーマイヤー、O…160181
ネルヴィ、P…159
ネロ…205

は
バージェス、W…151
バーロ、W.H…159
パクストン、J…158
長谷川逸子…65
ハドリアヌス…205
パノフスキー、エルヴィン…143
パラディオ、アンドレア…139、199
バンハム、レイナー…167
ヒッチコック、ヘンリー＝ラッセル…145
ピュージン、A.W.N…140、202
ヒュブシュ、ハインリヒ…141
ヒルデブラント、アードルフ・フォン…143
ファーガソン、ジェームズ…10、15、141

ファイニンガー、ライオネル…142
フィードラー、コンラート…143
フーコ、M…174
フーリエ、シャルル…174、175
フェノロサ…33
フック、R…155
ブッダ…116
フラー、B…160
ブラウン、デニス・スコット…167
プラトン…204
ブラマンテ…177
フランクル、パウル…144
プリマティッチオ、フランチェスコ…92
ブルクハルト、ヤーコプ…143
ブルネル、I.K…159
ブルネレスキ、フィリッポ…88、139、206
プレ、エティエンヌ＝ルイ…93
フレッチャー、バニスター…15、141
フレッチャー父子…11、28
ブロンデル、J.-F…201
ブロンデル、N.F…199
ベヴスナー、ニコラウス…85、86、145
ベーコン、ヘンリー…59
ペレ、オーギュスト…159、166
ベロー、クロード…93、199
ベン、W…43
ベンサム、ジェレミ…174
ポイント、M…46
ホーバン、J…181
法顕…109
ボッロミーニ、フランチェスコ…85
ボフラン、G…201
ボフラン、ジェルマン…93
堀口捨己…63
ボウスレー兄弟…140
ポンテ、ジオ…166

ま
マイヤール、R…159
槇文彦…65
マハーヴィーラ…107
マヘンドラ…119
マンジャロッティ、A…160
マンスール…205
ミース・ファン・デル・ローエ…57、59
ミケランジェロ…177、206
武藤清…163
村田治郎…76
村松貞次郎…167
モース、エドワード…62
モニエ、J…159
モリス、ウィリアム…145

や
山田守…63
有巣氏…204

吉田五十八…63
吉村順三…62
<ら>
ライト、W…43
ライト、フランク・ロイド…63、159、203
ラスキン、ジョン…55、56、140、202
ラッチェンス…60
ラビリウス…206
ラブルースト、アンリ…56
ラフルズ、スタンフォード…190
ランファン、ピエール・シャルル…59
リーグル、アロイス…142
李誡…200
リベルジェ…207
劉秉忠…206、207
ル・コルビュジエ…58、90、203
ル・ミュエ、P…199
ル・ロワ、J.D…140
ルドゥ、クロード＝ニコラ…93、201
ルドルフスキー、バーナード…64、66、70
ルフェーブル、アンリ…58
レヴィ＝ストロース…61、73
レヴェット、N…140
レオナルド・ダ・ヴィンチ…157、158、206
レン、クリストファー…155、207
ロース、アドルフ…90、144
ロクシン、レアンドロ・V…181
ロジエ、マルク＝アントワーヌ…93、201
ロジャース、エルネスト…166

わ
渡辺仁…63
ワックスマン、C…160

▶建築・遺跡・地名編

あ
ISKONバンガロール寺院…133
アイアン・ブリッジ…158
朝日新聞社屋…63
アジャンター…18、108
アジャンター石窟…123
アデレード…43
アトレウスの宝庫…21
アヌの聖域…18
あべのハルカス…163
アラヴィンドゥ・アーシュラム…133
アルハンブラ宮殿…178
アルヘシラスの市場…159
アルベロベッロのトゥルッリ…154
アンコール・トム…134、135
アンコール・ワット…130、137
イギリス仮公使館…150
イシュタル門…19
イスティクラール・モスク…101
イバン族のロングハウス…73
岩の神殿…96、105
インド博物館…45
インド門…60
ヴァーラーナシー…129
ヴァチカン宮殿…177
ヴィクトリア・ターミナス…57
ウィスマ・ヌサンタラ・ビル…166
ヴィハーラ窟…108
ヴィマーナ寺院…129
ウィレムスタッド…47
ウェインライト・ビル…162
ウェストミンスター宮殿…178
ヴェトナム・ホイアンの町屋…187
ヴェルサイユ宮殿…177
ウダヤギリ石窟…123
ウマイヤ・モスク…97
雲崗石窟…110
雲崗石窟のレリーフ…118
英国議会議事堂…178
エッフェル塔…158、159
愛媛県民会館…160
エリゼ宮殿…177
エル・エスコリアル…177
エローラ…108
エローラ石窟寺院第21窟…123
円覚寺舎利殿…148
園城寺勧学院客殿…34
エンパイア・ステート・ビル…162
王のモスク…99
オックスフォード大学自然史博物館…55
オルムズ要塞…42
女神官の部屋…23

か
カーバ神殿…100
階段ピラミッド…19、204
開智学校…150
香川県庁舎…64

霞が関ビル…163、164、167
河南鄭州城…15
カバー神殿…96
鎌倉近代美術館…63
上三原田歌舞伎客席構…157
カラカラ浴場…152
ガラデニヤ寺の祠堂…130
華林寺大殿…111、148
カルナック神殿…31
カンカーリー・デーヴィ寺院…123
環球金融中心…163
ガンダーラ…118
カンダーリヤー・マハーデーヴ寺院…128
甘露庵の観音堂…148
機械館…158
ギャラビの鉄道橋…159
旧サン・ピエトロ聖堂…84、85
京都型町屋…187
錦帯橋…157
クシナガル…107
クッバット・アッ・サフラ…105
クノッソス宮殿…20、176
クフ王のピラミッド…30
クライスラー・ビル…162
クリスタル・パレス…158
クレムリン宮殿…178
クンヴェシュワル寺院…118
軍人会館…151
京城護国神社…53
京城神社…52
ゲルマニア計画…60
ケルン大聖堂…140
建長寺…147
ゴヴィンド・マンディル…179
交差した手の神殿…23
広勝寺…111
交泰殿…80
皇龍寺…112
皇龍寺の9層の木塔…120
国立代々木競技場…160
孤児院…206
コベント・ガーデン…188
コリカンチャ神殿…23
コルドバのメスキータ…105
コロセウム…22

さ
サールナート…107
サーンチー…109
サーンチー第17祠堂…123
サーンチー第1塔…18、116
サヴァンナ…43
サヴォア邸…159
サグラダ・ファミリア大聖堂…154
サクレ・クール教会堂…56
サダン・トラジャの住居…74
サッカラ北宮…30
サン・アグスティン教会…44
サン・ジョヴァンニ・イン・ラテラノ聖堂…85、87

サン・ドミンゴ教会…23
サン・ピエトロ…87
サン・ピエトロ大聖堂…155、177
サン・フィリベール修道院…89
サン・ミニアト・アル・モンテ聖堂…89
サン・ロレンツォ聖堂…88
サンタ・コスタンツァ…83、84
サンタ・マリア・ノヴェッラ教会…139
サンタ・マリア・ラ・メノール聖堂…43、44
サンタニェーゼ・フォーリ・レ・ムーラ…83
サンタンジェロ城…205
サンタンドレア聖堂…88
サンチャゴ要塞の門…42
サント・ジュヌヴィエーヴ図書館…56
シアーズ・タワー…162
シェイフ・ザイド・モスク…99
シェーンブルン宮殿…177
ジェファーソン記念碑…59
ジェラシュ遺跡…22
ジェンネの大モスク…99
始皇帝陵…16、176
シドニー・オペラハウス…160
ジャイプール記念円柱…60
シュパイヤー大聖堂…89
浄土寺浄土堂…148
定林寺…112、120
ジョーリアーン寺院…109
ジョン・ハンコック・センター…162
白川郷…156
神護寺四門塔…120
嵩嶽寺塔…120
スーラーマニ寺…131
スールヤ寺院…129
ストックホルム宮殿…178
スパイラル…65
スルタン・ハサン・モスク…98
スレイマニエ…101
スレイマニエ・モスク…98、206
セ・カセドラル…43、44
清真寺…100
聖天主堂…43
聖フランシスコ教会…44
聖ポール教会…43、44
善化寺…111
禅宗寺院聖福寺…187
セント・パンクラス駅覆屋…159
セント・ポール大聖堂…155、207
双楹塚古墳…80
総督邸（インドネシア）…47
ソーマプラ大僧院…126
尊像窟…111

＜た＞
第一国立銀行…62
大華厳寺…111
醍醐寺五重塔…33
台中オペラハウス…65

台北101…163
当麻寺本堂…147
大明宮…17
大モスク（クアラルンプール）…99
太陽の神殿…22、23
太陽のピラミッド…22
第4王朝ピラミッド群…31
台湾神社…52
台湾の竹造町屋…187
ダシャーヴァタール寺院…124
タフィティ・パビ寺院…109
ダラム大聖堂…89
ダルマラージカー寺院…108
タンマガーイ・チャイティヤと野外瞑想場…133
チェンナケーシャヴァ寺院…130
チャイティヤ窟…108、117
チャールズタウン計画…43
チャンディ・ララ・ジョングラン…127
チャンドラ・マハル…180
中国銀行タワー…163
朝鮮神宮…51
朝鮮総督府…52
チョガ・ザンビール…5
直方体の森…65
チョビン・デ・ワンタルの神殿…23
ツタンカーメン王墓…31
築地ホテル館…150
ディオクレティアヌスの浴場…87
ティラウラコット遺跡…107
定陵寺…112
デッサウ・バウハウス校舎…144
テュイルリー宮殿…177
テンダイ・ユッタパニ寺院…133
東京カテドラル…160
東京帝室博物館…63、151
東京都新庁舎…163
東大寺…148
東大寺南大門…148
頭塔…121、127
トーレ・ラティーノ・アメリカーナ…166
独楽寺…111
トコ・メラ…47
トプカプ宮殿…179
ドムス・アウレア…92
豊多摩監獄…63
登呂遺跡…25、26
トロイ第2市の遺跡…20
トロブリアンド島のヤムイモ倉…71
敦煌石窟…110

＜な＞
ナーランダ…173
ナーランダ僧院…109
中銀カプセルタワー…64
中込学校…150
南禅寺大殿…111
南山浄慈報恩光孝禅寺…147
南蛮寺…149

西本願寺北能舞台…35
二条城二の丸御殿…35
ニューアムステルダム…47
ニュートンのセノタフ…93
ニルヴァナ寺…107
仁徳天皇陵…16
ヌフ・ブリザック…208
ノース・アメリカン・ファランクス…175

＜は＞
バーイオァン…130
バイヨン…135
バイヨン寺院…134、135、136、137
パインランズ…47
ハギア・ソフィア…85、98、103、155
バシリカ・アエミリア…86
バシリカ・ウルピア…86
バシリカ・センプロニア…86
バシリカ・ユリア…86
バタヴィア市庁舎…45
バタック・カロの住居…74
バタック・シマルングンの住居…71
バッキンガム宮殿…178
バト・ディエム大聖堂…44
バトヴァ…184
ハトシェプスト女王の葬祭殿…20、31
パノム・ルン…127
パラッツォ・ルチェライ…188
バリシカ・ノヴァ…86、87、88
バリ島の住居…74
バルクワーラー宮殿…178
パルテノン…21
パルテノン神殿…32
バンドン工科大学…46
ピサ大聖堂…89
平等院鳳凰堂…33、147、
平戸和蘭商館…149
ビルハデースヴァラル寺院…129
ヒルバト・アルマフジャール…178
ファミリステール…175
ファラデーホール…161
ファンスワース邸…59
フォンテーヌブロー宮殿…177
フィラデルフィア建設…43
フィレンツェ・スタジアム…159
フィレンツェの「花の大聖堂」…155
フォース鉄道橋…159
フォロ・ロマーノ…87
藤原京…17
仏宮寺釈迦塔…118
仏光寺大殿…111
仏国寺…112
仏国寺多宝塔…120

ブッダガヤ…107、118
扶余神宮…53
ブラジリア…181
ブラジリア新都市計画…160
フランクリン街のアパート…159
ブルジュ・ハリファ…163
ブルックリン橋…159
ブンデルカンド宮殿…179
北京の故宮…180
ペトロナス・ツイン・タワー…163
ヘラ神殿…21
ペルセポリス…176
ペンギンプール…159
ホイアン…187
報恩寺…112
奉国寺…111
法隆寺…32
ボーヴェの大聖堂…154
ホーカーブ…47
ホーフブルク宮殿…177
北山景徳霊隠禅寺…147
保国寺…111
ポサランの教会…46
ボム・ジェズ・バジリカ…43、44
ボロブドゥール…120、127
ホワイトハウス…181
ポン・デュ・ガール…153
ポンピドー・センター…161
ポンペイ図書館…46

＜ま＞
マスジッディ・シャー…104
マスジッディ・ジョメー…103、104
マチュピチュ…153
マチュピチュ遺跡…23
マトゥーラ…118
マドゥライ…130
マドリード競馬場…159
マドリードの王宮…177
マドレーヌ教会堂…140
マハー・ボーディ寺院…123
マハービハーラ寺院…119
マハーボディ寺院…107
マラカニアン宮殿…181
マレーの大モスク…100
マンゲーシャ寺院…45
マンハイム展示場…157
ミーソンA1…127
ミーソンの遺跡…16
三井組ハウス…62
ミナンカバウの住居…73
弥勒寺…112
ミュンヘン・オリンピック競技場…160
ムルデカ宮殿…181
室生寺五重塔…147
明治神宮…51
メイドムの崩壊ピラミッド…30
モスクワ計画…60
モヘンジョ・ダロ…17

＜や＞
薬師寺東塔…32、156
揚州大明寺…112
預言者の家…96
預言者のモスク…96、97

＜ら＞
ラ・ベンダ遺跡…22
ラード・カーン寺院…125
ラーナ・クンバ宮殿…179
ラール・キラ…179
洛陽白馬寺…112
ラテラノの洗礼堂…83、84
ラナカプラのジャイナ教寺院…129
隆興寺…111
リューベック…189
龍門石窟…110
リンガラージャ寺院…128
ルーヴル宮殿…177
ルクソール神殿…20
ルンビニー…107
レイクショア・ドライブ・アパートメント…59、162
ロイヤル・アルバート橋…159
ローリー競馬場…160

＜わ＞
ワールド・トレード・センター…163
ワシントン・メモリアル…59

▶建築用語・専門用語 ほか編

あ

アーキトレーヴ…37
アーキニアリング・デザイン…162
アーケード…49、87
アーチ構造…6、153
アーツ・アンド・クラフツ運動…145
アール・ヌーヴォー…141
アゴラ…171
飛鳥寺…113
アスタ…197
「アスタ・コサラ・コサリ」…197
アスラ…136
アッティカの柱基…39
『アテネ憲章』…203
アトレウス宝庫…154
アプス…86
アフリカ大地溝帯…3
アムリタ…134、135
アメリカ建築家協会…55
『アルパ・ダーツ』…127
『アルプス建築』…203
『暗号論』…198
アンコール王朝…134
イーワーン…98、102
家社会…73
イオニア式…36、37
イオニア式オーダー…21
『いかなる様式で建築すべきか』…141
イコノグラフィー…143
イコノロジー…143
板図…196
『イタリア・ルネサンスの文化』…143
インカ組積…23
インスラ…183、184
インターナショナル・スタイル…62、145
インダス文明…122
インディアス諮問会議…42
インディアス法…42
インド・イスラーム様式…46
インド・サラセン様式…46
ヴァーストゥ・シャーストラ…126
ヴァーストゥ・プルシャ・マンダラ…126、127
ヴァナキュラー…66
ウィトルウィウス的人体…91
ヴィハーラ…117
ヴィハン…110
ヴィマーナ…125、130
ヴェータ文献…123
『ヴェネツィアの石』…56、140、202
ヴェランダ…47、48
ヴォールト…153
ヴォールト構造…87
氏族社会…169
ウダツ…194

ウドゥー…95
ウニヴェルシタス…173
ウポソ…110
ウンダギ…197
『営造法原』…201
『営造方式』…111、200
エウリュトミア…198
AIA…55
エクメーネ…168、169
エジプト文明…3
『S、L、M、XL』…203
エスプラナード…43
エレベーター…162、164
円錐形住居…70
円錐形移動住居…77
エンタシス…12、32
エンタブレチュア…37
『園冶』…201
王権…176
王立アカデミー…199
王立英国建築家協会…208
王立建築家協会…55
オーウェンの「四辺形」…175
オーダー…36、82、83、89、90
オルディナティオ…198
オンドル…72

か

カーマ・ダーツ…127
『絵画論』…198
開拓三神…52
靠崖式窰洞…70
核家族…169
風の塔…72
『家族論』…198
『形の合成に関するノート』…59
下沈式窰洞…70
曲尺…38
唐様…146
伽藍…108
カリンガ様式…128
カルナータ様式…125、129
カレドニア造山帯…9_12
官社…50
完数制…37
カントメント…43
官弊社…50
擬人柱…90
キプラ壁…102
キャンベルのスープ缶…59
宮殿…176
キュービット…197
穹廬…76
『驚異の工匠たち』…70
擬洋風…149
擬洋風建築…62、150
行列…185
行列道路…19
ギリシャ神殿…4
ギルド…172
木割書…196

木割法…37
『近世建築の発展段階』…144
近代建築国際会議…144
『欽定工部則例』…201
空間…144
空間計画…144
空間構造…153
『空間・時間・建築』…144
空間造形…144
『倶舎論』…114、126
グノーシス主義…204
グローバル・ヒストリー…164、165
グロテスク…92
グロリア…72
『芸術学の基礎概念』…144
『芸術活動の根源』…143
『芸術家列伝』…82
ゲシュタルトゾンク…145
ケナクル…183
建築…196
建築アカデミー…93
『建築における複合性と対比性』…59
建築論…204
建築家登録法…57
『建築家なしの建築』…64、66
建築家法…57
建築家ライセンス法…57
建築教本…202
『建築芸術の四要素』…142
『建築五オーダーの規範』…199
『建築講義要録』…202
『建築講話』…55、140
『建築史』…56
『建築十書』…36、83、90、92、198、199
『建築書(セルリオ)』…82
『建築書(ボフラン)』…93
『建築書(アルベルティ)』…139
『建築試論』…93、201
建築進化地図…13
『建築全書』…199
『建築第一巻』…199
『建築の5つのオーダー』…82
建築の木…11、13、28
『建築の七灯』…202
『建築の複合性と対立性』…203
『建築の4要素』…55
『建築百科事典』…202
『建築四書』…199
建築類型…168
『建築論(アルベルティ)』…91
『建築論(アヴェルリーノ)』…198
『建築をめざして』…203
公共空間…168
『考工記』…200
交差ヴォールト…154
公衆浴場…172
『工程做法』…201
興福寺…113
コートヤード・ハウス…48、72
古キリスト教様式…141

『国際建築』…203
国際建築家連合…57
『国際的な都市発展史』…144
国際様式…145
国幣社…50
腰折円錐形住居…70
ゴシック建築…83、154
『五種の円柱のオルドナンス』…199
『古代美術史』…139
コミュニティ・アーキテクト…209
コムーネ…184
コリント式…36
コロネード…87
コンクリート…7
コングレガシオン…44
金剛界曼荼羅…114、126
『今日の装飾芸術』…90、203
コンポジット…36

さ

『ザ・ビルダー』誌…202
ザ・モール…60
『差異と反復』…57
『錯乱のニューヨーク』…59
桟敷…193
サラセン様式…141
『三間四面堂之図』…39
『三才図絵』…201
CIAM…144
ジェージャーカブクティ様式…128
ジェネリック・シティ…8、9
シェル構造…159
シカゴ派…58
シカラ…124、130
四行八門…193
ジグラット…5、18
四合院…182
死者の都…31
市場…172
シダード…40
自治都市…184
四丁町…193
市鎮…186
実験的コミュニティ…175
シティ・ビューティフル運動…59
市廛…185
四天王寺式…113
市民的公共性…173
四面町…193
シャーストラ文献…126
ジャイナ教…107、123
車上の住居…76
シャルジャブ…48
重層空間…152
集落…169
祝祭軸線…60
樹上住居…71
シュムメトリア…4、36、91、198
『周礼』…200
上座部仏教…119、123
焼成レンガ…69

浄土変相図…114
浄土曼荼羅…114
『匠明』…34、38、197
初重曲げによるヴォールト…157
ジョグロ…47
ショップハウス…49、190
シルパ・シャーストラー…199
枝割制…38
『新科学対話』…158
新旧論争…139、199
神権…176
人工環境化…168
新古典主義…140
心柱…156
神仏判然令…50
水上住居…71
スキンチ…7、102、155
『図説建築ハンドブック』…141
ストア…171
ストゥーパ…106、108、116、117、118
『すべての国々の建築史』…141
スポリア…84、85、89、91、97
隅三角持送式天井…80
スラスト…153
聖塔…18
井籠組…79
井籠組壁構造…71
井籠組構造…80
セミラチス…13
迫持ちアーチ…157
迫持ちトラス…157
禅宗様…147
氈帳…76
前方後円墳…16
『造形芸術における形の問題』…143
装飾形成…90、91
『装飾と犯罪』…90、144
組積造…71、154
外庭型…182

た

『第一機械時代の理論とデザイン』…167
大航海時代…169
代謝型建築…15
『対照』…202
大乗仏教…119、123
太神宮…51
胎蔵曼荼羅…114
『大唐西域記』…108
大仏様…148、156
大様式…145
高床…24
高床…25
高床…70
高床建築…27、81
高床住居…27
竹の分布図…69
ダシャールナデーシャ様式…126
多柱式モスク…102
多柱室構成…102

竪穴住居…6、25、26
多柱式モスク…103
タベルナ…183、184
タブロー＝タブレロ…22
タントラ…136
チェディ…110、119
『チチュローネ』…143
チャイティヤ…106、119
チャンディ…120
中央官闕…170
中央建築家協会…55
中央神域…170
中国の円形建築…78
中国の円形倉庫…78
中国風…146
中国仏教十大寺…111
『中世建築事典』…140
チューブ構造…162
超高層…165
超高層建築…8
ツァラトゥストラ…205
吊橋…158
『デ・ステイル』…203
テアトルム…172
帝冠併合様式…150
帝冠様式…63、151
定住社会…169
ディストリブティオ…198
ディセーニョ…138
デヴァター…136
デヴァ…136
テオティワカン文化…22
デコル…198
デザイン・サーヴェイ…64
『テスタメント』…203
デミウルゴス…204
テラスハウス…188
テルマエ…172
『天工開物』…201
天竺用…146
伝統建築論争…151
天幕住居…70
ドゥパ…197
唐風…146
『東洋建築系統史論』…76
都市改造…190
都市核…45、170
都市革命…58、169
都市住宅…182
都市組織…182
『都市はツリーではない』…61
トスカナ式…36
トタン屋根…48、75
ドムス…183
ドリス式…36
ドリス式オーダー…21
トルデシーリャス条約…41
トンダイナードゥ様式…127

な

ナーガラ様式…123、124、126
中庭型…182
中庭式住居…72

長屋…186
流造…53
南伝系…119
日本建築学会…209
日本造家学会…209
日本風…146
日本様式…146
乳海攪拌…134、135
ニューヨーク建築家協会…55
貫構造…156
ネオ・ゴシック…140
ネオ・ゴシック様式…140
ネオ・ルネサンス…140
ネクロポリス…31、176

は

バードギール…72
ハイブリッド的な構造…161
『バウヴェーゼン』誌…202
バウハウス…142、203
柱・梁構造…156
バシリカ…86、172、176
バシリカ式…85
バシリカ式聖堂…87
ハスタ…197
バスティード…186
8大聖地…108
パノプティコン…174
バハ…109
バヒ…109
パラダイム…145
バラック…49
パラッツォ…188
パラティーノ…176
バラモン教…122
パレス…176
バロック…139、141
バロック様式…139
バンガロー…47、48
版築技法…15
バンド社会…169
『比較法による建築史』…141
ピクチュアレスク…141
『美術家列伝』…138
『美術史の基礎概念』…143
『美術様式論：装飾史の基本問題』…142
日干しレンガ…7、69
ビュルガーハウス…185
尋…197
ヒンドゥー…123
ヒンドゥー建築…122
ファランジュ…175
フェリペ2世の勅令…42
フォルム…171
仏教…123
仏教建築…106
『仏国記』…108
仏舎利…116
仏陀…107
普遍的空間…57
プラーナ文献…126、128
フライングバットレス…154

ブラックタウン…43
フランス式オーダー…92
フリーメーソン…204
ブリコラージュ的原理…61
『プリミティブ・アーキテクチャー』…67
プレート境界…3、4
プレートタクトニクス…3
文化伝播説…76
分離派…63
別格官幣社…50
ペンデンティヴ型半球ドーム…22
ペンデンティブ…7、102、103、155
坊墻制…185
法隆寺式…113
法隆寺建築論…11
北伝系…119
『ポスト・モダンの建築言語』…145
掘立て柱…6
ホモ・サピエンス・サピエンス…67
ポリス…170
ポルトランド・セメント…159
ホワイトタウン…43

ま

『マーナサーラ』…199
マーヤー聖堂…107
曲り梁…157
マスジット…95
マスタービルダー…207
町屋…186、192
『末期ローマの美術工芸』…142
マニエラ…138
マニエリスム…139、141
マルクト広場…184、185
曼荼羅（マンダラ）…114、134
マンダラ山…135、136
密教…126
密教マンダラ…126
ミナレット…95
ミフラーブ…95、97、102
ミンバル…95
ムカルナス…103、104
無柱空間…152
メール山…124、126、131
蒙古包…78
木材…5
モスク…95、102
モスク建築…94、95
モダニズム…62
モダニズム建築…145
『モダン・デザインのパイオニア』…145
持送りアーチ…153
持送りドーム…154
モデュルス…36、37
モンパジェ…186

や

窰洞…70
薬師寺式…113
ヤシの分布図…68
屋根葺材の分布図…69
ヤフチャール…72
UIA…57
有孔天井…80
ユートピア…174
遊牧民…70
ユーラシアプレート…3
ユーラシアプレート境界…4
ユニバーサル・スペース…57
ユルト…70
用・強・美…198
『様式』…55、142
様式…138
様式観…145
様式論争…141
洋風…146
4つのイーワーン…102104
4イーワーン・モスク…102、103
4大聖地…107

ら

ラーメン構造…156
ラウム…144
ラウム-ゲシュタルツンク…144
ラウムプラン…144
ラジバース…60
『ラスベガス』…167
ラティナ形式…124
ラマ塔…117
理想的共同体…174
リゾーム…61
立体マンダラ…127
RIBA…55、208、209
両側町…186
両部（界）曼荼羅…114
里弄…189
ルーパ・ダーツ…127
ルネサンス…141
『ルネサンスとバロック』…143
『レスプリ・ヌーヴォー』誌…203
列型…182
列肆…185
レドゥクシオン…44
レンガ・瓦の分布図…68
レンガ製造…5
ローマコンクリート…155
陸屋根建築…81
ロココ…141
ロココ様式…139
『魯班営造正式』…201
ロマネスク…141
ロングハウス…73

わ

ワクフ…101
和洋…146
和様…146

著者プロフィール

● 委員会幹事・執筆者

布野 修司(ふの・しゅうじ)
日本大学生産工学部特任教授、西安工程大学特任教授、
北京工業大学客員教授、滋賀県立大学名誉教授
専門分野＝アジア都市建築史、建築計画、地域生活空間計画
1949年 島根県生まれ
1976年 東京大学工学研究科博士過程中途退学 工学博士
著書＝『アジア都市建築史』(編著)、『世界住居誌』(編著)、『曼荼羅都市』、
『ムガル都市』(共著)、『大元都市』、『東南アジアの住居』(共著)、『カンポンの世界』
執筆担当＝口絵、はじめに、Lecture 04、Lecture 06、Lecture 09、
Column 09、Column 11、Lecture 13、Column 13、Lecture 15、
Column 15、参考文献、建築史年表

中谷 礼仁(なかたに・のりひと)
早稲田大学理工学術院教授
専門分野＝建築史・歴史工学・生環境構築史
1965年 東京都生まれ
早稲田大学大学院後期博士課程修了
著書＝『未来のコミューン　家・家族・共存のかたち』、『時のかたち』(翻訳)、
『動く大地、住まいのかたち　プレート境界を旅する』
執筆担当＝Lecture 01、Column 01

青井 哲人(あおい・あきひと)
明治大学理工学部教授
専門分野＝建築史・建築論
1970年 愛知県生まれ
京都大学博士課程中途退学、神戸芸術工科大学、人間環境大学をへて現職
著書＝『彰化一九〇六年：市区改正が都市を動かす』、『植民地神社と帝国日本』、
『明治神宮以前・以後』(共編著)、『アジア都市建築史』(共著)、
『世界住居誌』(共訳) ほか
執筆担当＝Column 04、Lecture 14

● 執筆者

岡田 保良(おかだ・やすよし)
国士舘大学大学院及びイラク古代文化研究所教授
専門分野＝古代西アジア建築史
1977年 京都大学工学研究科建築学博士課程中退　博士(工学)
著書＝『メソポタミア建築序説－門と扉の建築術－』(共編訳)、
『世界美術大全集東洋編第16巻』(共著)、『世界文化遺産の思想』(共著)、
『パラレル─建築史・西東』(共著)
執筆担当＝Lecture 02

佐藤 浩司(さとう・こうじ)
建築人類学者
専門分野＝民族建築学、東南アジア木造建築史の再構築
1954年 東京都生まれ
1983年 東京大学大学院修士課程修了
著書＝『シリーズ建築人類学《世界の住まいを読む》』(全4巻)、
「建築をとおしてみた日本」(『海と列島文化 10 海から見た日本文化』)
執筆担当＝Column 02

中川 武(なかがわ・たけし)
博物館明治村館長、早稲田大学名誉教授
専門分野＝建築史、文化財保存修復
1944年 富山県生まれ
1972年 早稲田大学大学院博士後期課程修了 工学博士
著書＝『日本の家』『日本の古建築』
執筆担当＝Lecture 03

溝口 明則(みぞぐち・あきのり)
早稲田大学研究院客員教授
専門分野＝日本建築史、アジア建築史、建築技術史
1951年 静岡県生まれ
早稲田大学大学院博士後期課程(中退) 工学博士
著書＝『数と建築　古代建築技術を支えた数の世界』、
『法隆寺建築の設計技術』、『古代建築　専制王権と世界宗教の時代』
執筆担当＝Column 03

土居 義岳(どい・よしたけ)
九州大学大学院芸術工学研究科教授
専門分野＝西洋建築史
1956年　高知県生まれ
1989年　東京大学大学院博士課程満期退学　工学博士
『言葉と建築』、『知覚と建築』(日本建築学会著作賞)
執筆担当＝Lecture 05

ケン・タダシ・オオシマ
ワシントン大学教授
専門分野＝建築史・建築論、トランスナショナルな建築の表象論。
展覧会のキュレーションも手がける
1965年アメリカ、コロラド州生まれ
ハーヴァード大学で文学、UCバークレーで建築を学び、コロンビア大学で
建築史および建築論の博士号取得
著書　『Arata Isozaki』、『International Architecture in Interwar Japan:
Constructing Kokusai Kenchiku』、『Visions of the Real 20世紀の
モダン・ハウス：理想の実現 I・II』(a+u特別号) ほか
執筆担当＝Column 06

川井 操(かわい・みさお)
滋賀県立大学環境科学部准教授
専門分野＝建築計画
1980年 島根県生まれ
2010年 滋賀県立大学環境科学研究科博士後期課程修了
執筆担当＝Column 06

加藤 耕一(かとう・こういち)
東京大学大学院工学系研究科建築学専攻教授
専門分野＝西洋建築史
1973年　東京都生まれ
2001年　東京大学大学院工学系研究科博士課程修了 博士(工学)
著書　『時がつくる建築』、『ゴシック様式成立史論』
執筆担当＝Lecture 07

戸田 穣(とだ・じょう)
金沢工業大学建築学部建築学科准教授
専門分野＝建築史
1976年 大阪府生まれ
2009年 東京大学大学院工学系研究科博士課程修了 博士(工学)

『内田祥哉 窓と建築ゼミナール』(共編著)
執筆担当=Column 07

深見 奈緒子(ふかみ・なおこ)
日本学術振興会カイロ研究連絡センター・センター長
専門分野=イスラーム建築史・インド洋建築史
1956年 群馬県生まれ
1979年 東京都立大学大学院工学研究科修士課程修了 博士(工学)
著書 『イスラーム建築の世界史』、『世界の美しいモスク』
執筆担当=Lecture 08

渡辺 菊眞(わたなべ・きくま)
高知工科大学システム工学群建築・デザイン専攻准教授
専門分野=環境建築デザイン(建築意匠・地域計画)
1971年 奈良県生まれ
1971年 京都大学大学院工学研究科生活空間学博士課程単位認定退学
作品=「タイ国境の孤児院兼学校学舎・天翔る方舟」(タイ王国)、
「日時計のあるパッシブハウス・宙地の間」(日本)
執筆担当=Column 08

黄 蘭翔(Lan-Shiang Huang)
台湾大学芸術史研究所教授兼所長
専門分野=台湾都市・建築史、アジア都市・建築史
1994年 京都大学大学院工学研究科博士課程 工学博士
著書=『越南傳統聚落、宗教建築與宮殿』、『臺灣建築史之研究:
原住民族與漢人建築』、『他者與臺灣:臺灣建築史之研究』
執筆担当=Lecture 09

山田 協太(ヤマダ・キヨウタ)
筑波大学芸術系准教授
専門分野=南アジア・インド洋世界地域研究、デザイン学
1977年 生まれ
京都大学大学院工学研究科博士課程 博士(工学)
著書=『メガシティ2 メガシティの進化と多様性』(共著)、
「コロンボ(スリランカ)下町での地域学習塾開設プロジェクト―日常の
デザイン行為から地域居住環境を考える」(『相関地域研究3 衝突と変奏の
ジャスティス』)
執筆担当=Lecture 10

下田 一太(しもだ・いちた)
文化庁文化資源活用課文化遺産国際協力室文化財調査官
専門分野=東南アジア建築史・都市史
1976年 東京都生まれ
2004年 早稲田大学大学院理工学研究科博士課程修了 博士(建築学)
著書=『コー・ケーとベン・メアレア アンコール広域拠点遺跡群の
建築学的研究』(共著)、『石が語るアンコール遺跡』(共著)
執筆担当=Column 10

杉本 俊多(すぎもと・としまさ)
広島大学大学院工学研究院名誉教授
専門分野=西洋近代建築史、現代建築デザイン論
1950年 兵庫県生まれ
東京大学大学院工学系研究科建築学専門課程博士課程修了 工学博士
著書=『ドイツ新古典主義建築』、『二〇世紀の建築思想』
執筆担当=Lecture 11、15

斎藤 公男(さいとう・まさお)
日本大学名誉教授、A-Forum代表
専門分野=空間構造デザイン
1938年 群馬県出身
1963年 日本大学理工学部大学院修士課程修了 工学博士
著書=『新しい建築のみかた』、『空間 構造 物語』
建築設計=「ファラデーホール」、「酒田市国体体育館」、「出雲ドーム」、
「山口きららドーム」、「静岡エコパスタジアム」、「金沢もてなしドーム」等
執筆担当=Lecture 12

辻 泰岳(つじ・やすたか)
慶應義塾大学特任助教
専門分野=建築史・美術史
1982年生まれ
2014年 東京大学大学院工学系研究科博士課程を修了 博士(工学)
論文=「空間から環境へ」展(1966年)について」『日本建築学会計画系論文集』
(2014年10月)。
著書=『Invisible Architecture』(共著)など。
執筆担当=Column 12

松田 法子(まつだ・のりこ)
京都府立大学 生命環境学部 環境デザイン学科 准教授
専門分野=建築史・都市史
1978年 生まれ
2006年 京都府立大学大学院人間環境科学研究科
　　　　博士後期課程修了 博士(学術)
著書=『危機と都市』(共編著)、『絵はがきの別府』ほか
執筆担当=Column 14

種田 元晴(たねだ・もとはる)
文化学園大学造形学部建築・インテリア学科助教
専門分野=日本近代建築史
1982年 東京都生まれ
2012年 法政大学大学院工学研究科博士後期課程修了 博士(工学)
著書=『立原道造夢みた建築』ほか
執筆担当=参考文献

石榑 督和(いしぐれ・まさかず)
東京理科大学工学部建築学科助教
専門分野=建築史・意匠
2014年 明治大学理工学研究科建築学専攻 博士課程修了 博士(工学)
著書=『近代日本の空間編成史』(共著)、『〈ヤミ市〉文化論』(共著)
執筆担当=世界建築史地図、世界建築史年表

砂川 晴彦(すながわ・はるひこ)
専門分野=東アジア建築・都市史
1991年 埼玉県生まれ
2019年 東京理科大学大学院工学研究科博士課程修了 博士(工学)
著書=『植民地期台湾・朝鮮の公設市場の建設過程と空間変容に関する研究』
(学位論文)
「変わる風景 活気に満ちる空間と仲卸―築地市場」(建築雑誌2018年10月号)
執筆担当=世界建築史地図、世界建築史年表

世界建築史 15 講

2019 年 4 月 10 日　第 1 版　発　行

編　者	「世界建築史15講」編集委員会
発行者	下　出　雅　徳
発行所	株式会社 彰　国　社

著作権者との協定により検印省略

Printed in Japan

Ⓒ「世界建築史 15 講」編集委員会　2019年

ISBN 978-4-395-32128-5　C3052

162-0067　東京都新宿区富久町8-21
電話 03-3359-3231（大　代　表）
振替口座　00160-2-173401
印刷：壮光舎印刷　製本：ブロケード
http://www.shokokusha.co.jp

本書の内容の一部あるいは全部を、無断で複写（コピー）、複製、および磁気または光記録媒体等への入力を禁止します。許諾については小社あてご照会ください。